—上外文库—

本书获中央高校基本科研业务费专项资助

上外文库

外语类院校人才培养的传承与创新

王雪梅 邓世平 杨露萍 何艳华 霍 炜 著

图书在版编目（CIP）数据

外语类院校人才培养的传承与创新 / 王雪梅等著.
北京：商务印书馆，2024. —（上外文库）. — ISBN 978 – 7 – 100 – 24405 – 3

Ⅰ. H3-4

中国国家版本馆 CIP 数据核字第 20242HC077 号

权利保留，侵权必究。

外语类院校人才培养的传承与创新

王雪梅 邓世平 杨露萍 何艳华 霍炜 著

商务印书馆出版
（北京王府井大街36号 邮政编码 100710）
商务印书馆发行
北京盛通印刷股份有限公司印刷
ISBN 978 – 7 – 100 – 24405 – 3

2024年11月第1版　　开本 670×970　1/16
2024年11月第1次印刷　印张 28¼

定价：148.00元

总 序
献礼上海外国语大学 75 周年校庆

光阴荏苒，岁月积淀，栉风沐雨，历久弥坚。在中华人民共和国75周年华诞之际，与共和国同成长的上海外国语大学迎来了75周年校庆。值此佳际，上外隆重推出"上外文库"系列丛书，将众多优秀上外学人的思想瑰宝精心编撰、结集成册，力求呈现一批原创性、系统性、标志性的研究成果，深耕学术之壤，凝聚智慧之光。

参天之木，必有其根；怀山之水，必有其源。回望校史，上海外国语大学首任校长姜椿芳先生，以其"为党育人、为国育才"的教育理念，为新中国外语教育事业铸就了一座不朽的丰碑。在上海俄文专科学校（上海外国语大学前身）开学典礼上，他深情嘱托学子："我们的学校不是一般的学校，而是一所革命学校。为什么叫'革命学校'？因为这所学校的学习目的非常明确，那就是满足国家的当前建设需要，让我们国家的人民能过上更加美好的生活。"为此，"语文工作队"响应国家号召，奔赴朝鲜战场；"翻译国家队"领受党中央使命，远赴北京翻译马列著作；"参军毕业生"听从祖国召唤，紧急驰援中印边境……一代又一代上外人秉承报国理念，肩负时代使命，前赴后继，勇往直前。这些红色基因持续照亮着上外人前行的道路，激励着上外人不懈奋斗，再续新篇。

播火传薪，凤兴外学；多科并进，协调发展。历经75载风雨洗礼，上外不仅积淀了深厚的学术底蕴，更见证了新中国外语教育事业的崛起与腾飞。初创之际，上外以俄语教育为主轴，为国家培养了众多急需的外语人才，成为新中国外交事业的坚实后盾。至20世纪50年代中期，上外逐渐羽翼丰满，由单一的俄语教育发展为多语种并存的外语学院。英语、法语、德语等多个专业语种的开设，不仅丰富了学校的学科体系，更为国家输送了大批精通多国语言的外交和经贸人才。乘着改革开放的春风，上外审时度势，率先转型为多科性外国语大学，以外国语言文学为龙头，文、教、经、管、法等多学科协调发展，一举打造成为培养国家急需外语人才的新高地。新世纪伊始，上外再次扬帆起航，以"高水平国际化多科性外国语大学"为目标，锐意进取，开拓创新，在学术研究、国际交流与合作等方面取得了显著成果，逐渐发展成为国别区域全球知识领域特色鲜明的世界一流外国语大学。

格高志远，学贯中外；笃学尚行，创新领航。习近平总书记在党的二十大报告中强调："着力造就拔尖创新人才，聚天下英才而用之。"新时代新征程，高校必须想国家之所想、急国家之所急、应国家之所需，更好把为党育人、为国育才落到实处。上外以实际行动探索出了一系列特色鲜明的外国语大学人才培养方案。"多语种+"卓越国际化人才培养目标，"课程育人、田野育人、智库育人"的三三制、三结合区域国别人才强化培养模式，"三进"思政育人体系，"高校+媒体"协同育人合作新模式等，都是上外在积极探索培养国际化、专业化人才道路上的重要举措，更是给党和国家交上了一份新时代外语人才培养的"上外答卷"。"上外文库"系列丛书为上外的学术道统建设、"双一流"建设提供了新思路，也为上外统一思想、凝心聚力注入了强大动力。

浦江碧水，化育文脉；七五春秋，弦歌不辍。"上外文库"系列丛书的问世，将更加有力记录上外学人辉煌的学术成就，也将激励着全体上外人锐意进取，勇攀学术高峰，为推动构建具有深厚中国底蕴、独特中国视角、鲜明时代特色的哲学社会科学大厦，持续注入更为雄厚的智识与动能！

目 录

绪 论 ………………………………………………………………… 1

第一章 文献综述 ………………………………………………… 9

第一节 外语人才与人才培养 / 11

第二节 外语类院校人才培养 / 16

第三节 简评 / 33

第二章 研究设计 ………………………………………………… 35

第一节 理论框架 / 37

第二节 研究问题 / 41

第三节 研究对象 / 42

第四节 研究方法 / 48

第三章 上海外国语大学人才培养的历史演进 ………………… 71

第一节 第一阶段：以语言类人才培养为导向的阶段
（1949年—20世纪80年代初）/ 73

第二节 第二阶段：语言类人才与复合型人才培养协调
发展的阶段（1983—2016年）/ 79

第三节　第三阶段：以"多语种+"卓越国际化人才培养为导向的阶段（2016年至今）／ 86

第四节　人才培养演进模式与特征 ／ 95

第四章　上海外国语大学人才培养调研 99

第一节　本科人才培养现状与影响因素 ／ 101

第二节　研究生人才培养现状与影响因素 ／ 229

第五章　上海外国语大学人才培养典型案例分析 283

第一节　本科人才培养典型案例 ／ 285

第二节　研究生人才培养典型案例 ／ 322

第六章　上海外国语大学人才培养的传承与创新 361

第一节　人才培养的原则：守正、创新 ／ 363

第二节　人才培养的传承 ／ 365

第三节　人才培养的创新 ／ 372

结　语 381

附　录 387

附录一　本科人才培养调查问卷 ／ 389

附录二　研究生人才培养调查问卷 ／ 400

附录三　教师访谈提纲 ／ 411

附录四　本科生访谈提纲 ／ 414

附录五　研究生访谈提纲 ／ 416

附录六　教师访谈节录 ／ 419

附录七　本科生访谈节录 ／ 432

附录八　研究生访谈节录 ／ 442

绪 论

一、研究背景

党的二十大报告明确指出"坚持教育优先发展",并强调"全面提高人才自主培养质量,着力造就拔尖创新人才"。由此可见教育和人才对我国高质量发展的重要性。外语类院校作为高等教育领域的重要组成部分,在高素质国际化人才培养中发挥重要作用,需要积极回应国家对人才培养质量提出的新要求。

中华人民共和国成立以来,特别是改革开放以来,外语类院校所培养的人才为国家的经济发展、对外开放、社会事业发展做出积极贡献。然而,新时代背景下,国家对外语类院校提出更高要求,"如何面对挑战,守正创新,实现人才培养的提质升级"成为外语类院校面临的重要课题。

(一)新时代对外语类院校人才培养的要求

当前,我国社会发展已进入新时代,随着国际影响力逐渐增强,我国正逐渐走近世界舞台中央,对外语类院校人才培养的要求呈现出多元化、多层次、多领域的特征。

共建"一带一路"和构建人类命运共同体等国家战略的实施使中国对国际传播人才的需求变得迫切。这类人才需要具备出色的外语表达能力、跨文化沟通技巧和国际传播策略,在国际社会中塑造与维护积极的国家形象,以有效地传递中国的声音和价值观。

随着我国在国际事务中发挥的作用越来越重要，国家对国际组织人才等全球治理人才的需求也日益增加。此类人才需要具备国际法律、国际事务和国际组织运作的知识，以及出色的外语能力，从而能够在联合国、世界贸易组织等国际组织工作，代表中国的利益，参与国际决策。

新时代对战略语种人才的需求正与日俱增。随着"一带一路"建设的发展，在对外合作、国际贸易、外交外事等领域，一些非通用语种被认为是战略性语种。中国需要储备大量的战略语种人才，以满足各个领域的需求，促进国际合作与交流。

同时，随着国际交流合作的不断扩展，我国对不同国别和地区的深入研究也日益重要，急需大量精通对象国语言文化，通晓对象国的国情、社情、民情的国别与区域研究人才。这些研究人才需要深刻理解特定国家和地区的历史、文化、政治与经济情况，为中国提供有关国际关系和外交政策的智库支持。

总之，新时代需要具备国际视野、能够使用外语进行跨文化交流、在国际上表达中国立场、参与国际谈判和对话、为维护和提升中国的国际声誉与话语权服务的全球治理人才。外语类院校作为培养此类人才的主阵地，面临机遇与挑战。

（二）外语类院校人才培养面临的挑战

在新时代背景下，外语类院校人才培养面临一系列挑战。一方面，人才的知识和能力结构亟待更新，聚焦语言技能和文化素养的人才培养模式已不再适应新时代的新要求。目前外语类院校在人才培养过程中，在助力学生建构跨学科知识体系和培养学生综合能力方面还存在一定不足。课程设置、教学资源、师资队伍以及评价体系尚不能与培养学科交叉型人才的需求相匹配。另一方面，以往外语类院校的人才培养多强调"向外看"，外语教育规划对学生的家国情怀和本土意识不够重视，强调语言和国外文化输入，忽视思想教育和本土元素，体现"向内看"和"向外看"相结合的教材比较匮乏。外语类院校的教师对如何在课程中融入本土文化和思想教育缺乏相应的理论与方法，所培养的人才往往无法充分理解和传播中国文化，难以深入阐释中国视角，发出中国声音。此外，人工智能等新技术迅猛发展，2022年中国教育部启动实施了教育数字化战略行动，利用丰富的慕课资源，建设上线了全球最大的国家高等教育智慧教育平台。数字化转型是世界范围内教育转型的重要方向，这一转型对外语类院校的人才培养模式也提出严峻挑战。外语类院校如何在传承优良育人传统的同时，实现培养模式、方法、路径、机制的创新，适应新时代的人才需求，成为一个不容回避的时代命题。

（三）上海外国语大学的人才培养

上海外国语大学（以下简称"上外"）作为1949年成立的外语高等学府，是教育部"211工程"与"双一流"建设高校，一直对接国家战略，致力于探索人才培养的传承与创新路径，在历史发展过程中形成了独特的育人特色，对同类院校有一定的引领和示范作用。

中华人民共和国成立初期，上外注重培养外国语言文学素养深厚的人才，为外交外事、国际交流和文化传播提供了人才支持。这一阶段，上外重视外语技能训练和文学知识传授，致力于培养通晓多国语言文化的外语精英，为中国外事部门与文化机构输送了大量外语专业人才。

改革开放以来，上外率先推动复合型外语人才培养改革，特别是新闻传播、外经外贸、国际法律等人才，将语言技能培养与其他专业知识的学习应用相结合，为国际事务和跨国企业培养复合型外语人才。

进入新时代之后，上外主动响应国家"一带一路"倡议和文化

"走出去"重大战略,提出"多语种+"卓越国际化人才培养战略,强调新时代外语人才应"会语言、通国家、精领域"。按照这一战略要求培养的学生不仅通晓多国语言,还深入了解相关国情、社情、民情,同时掌握某一专业领域知识。这一人才培养模式有助于学生积极参与全球事务,服务于国家参与全球治理的需求。

上外一直坚持外语学科发展的优良传统,不断创新学科发展与教学改革,为外语类院校人才培养积累了宝贵的经验,有必要对其人才培养的传承与创新实践进行系统考察,以探索外语类院校人才培养与发展的规律,推动教育高质量发展。

二、研究目的

本研究基于对上海外国语大学人才培养历史脉络的梳理,总结经验与规律,为新时代外语类院校人才培养探寻创新路径。具体而言,主要研究目的如下:

一是厘清上外人才培养模式的嬗变,梳理其优秀传统与历史经验。在明确人才培养模式内涵的前提下,通过查阅校史与档案,访谈相关领导或资深教授等,搜集上外人对外语人才培养的观点和研究成果,进行系统总结与分析凝练。根据国家教育政策和教育战略的变革,结合上外学科发展历程,运用丰富的史实与数据,分析上外人才培养模式的历史演变,深入探讨上外在不同历史时期的教育理念、培养特色以及不断创新的教育实践,从而更好地理解我国外语类院校人才培养的历史脉络,揭示其内在逻辑,为今后同类院校人才培养改革提供借鉴。

二是探明上外人才培养现状和影响因素,探究上外人才培养的创新本质与基本规律。从培养目标、人才规格、学科专业设置、课程设置、教学模式、教学管理、教学评估等维度全面考察上外本科生和研究生教育教学实践，一方面廓清外语类院校人才培养创新的效果，另一方面明确各类影响因素在人才培养中的不同作用，从而为未来的人才培养创新提供规律指引和理论支撑。

三是挖掘外语类院校不同类型、不同层次的人才培养的案例，为国内同类高校人才培养提供模式和案例参照。重点考察相关案例中体现的人才培养创新元素，譬如学校层面的模式创新、机构改革、机制创新、国际合作，学科层面的交叉融合与产学研一体化，专业层面在课程、师资、评估等方面所开展的创新探索，以及 AI 赋能外语类院校人才培养等。

三、研究意义

本研究具有理论和实践意义。从理论视角出发，本研究通过回顾历史发展，探究发展现状，总结成功经验，提炼相关规律，丰富外语类院校人才培养的相关研究。通过历史分析上海外国语大学人才培养模式的演变，可以更好地理解外语类院校人才培养的变革和创新过程。对外语类院校人才培养影响因素的相关研究也将为外语教育高质量发展等提供理论支撑。特别是在"双一流"、课程思政和新文科建设等教育战略背景下，探究学科交叉、语种复合、思政元素、智慧教育等对外语类院校人才培养的影响将为相关研究提供新视角。

从实践层面来看，本研究基于对上海外国语大学的案例研究，关注上外在人才培养理念、课程体系、师资队伍、教学资源、评价体系建设等方面的经验，凝练出具有鲜明特色的人才培养模式，为同类院校人才培养提供参考，并进一步提升外语类院校人才培养的质量，以服务于国家需求，持续提高我国的国际影响力。

四、本书结构

本书共包含八个部分。

绪论部分主要阐明研究背景、研究目的与研究意义。首先基于新时代背景阐释了外语类院校人才培养面临的新形势以及需要回应的挑战，阐明研究的必要性。其次就上外的人才培养进行初步介绍，简要说明将其作为考察对象的基本依据。在此基础上阐明了研究目的、理论意义与实践意义。

第一章为文献综述。本章首先明确了"外语人才""人才培养"等关键概念，继而从人才培养定位、学科建设、培养模式、教学方法、外语教育理念等方面对外语类院校的相关研究进行了系统综述，从而找出既有研究的不足，明确本研究的切入点。

第二章为研究设计。本章首先阐明用于指导研究开展的相关理论——需求分析与教育规划理论，然后基于研究目的和文献综述进一步明确了三个研究问题：（1）上外人才培养的历史演进的模式与特征如何？（2）上外人才培养的现状如何？（3）上外人才培养的影响因素有哪些？本章还就具体研究对象、研究方法、研究工具、数据收集与分析过程等进行了详细说明，勾勒出本研究的技术路线。

第三章和第四章针对主要研究问题阐述相关发现。第三章主要回答第一个研究问题。通过梳理相关文献资料，本章将上外人才培养的历程分为三个阶段，即以语言类人才培养为导向的阶段、语言类人才与复合型人才培养协调发展的阶段以及以"多语种+"卓越国际化人才培养为导向的阶段，详细阐述了各阶段的基本背景与人才培养的主要理念、核心内容、保障机制及主要效果。通过历史梳理，总结提炼上外人才培养的演进模式及其特征。第四章主要回答第二个和第三个研究问题。这一章将收集到的量化数据和质性数据进行了综合分析，在此基础上从本科和研究生两个层面呈现了上外人才培养的现状，并分别探究了本科人才培养和研究生人才培养的相关影响因素。

第五章为针对典型案例的深入研究，旨在挖掘上外人才培养的规律，重点聚焦案例中所体现的创新元素。选取的案例涵盖本科层面和研究生层面，并同时体现学科/专业层面和院系机构层面的创新探索。在学科/专业层面，选取国际新闻传播作为本科人才培养的典型案例，选取语言政策与语言教育学科作为研究生人才培养的典型案例；而院系机构层面的典型案例，则分别选择了卓越学院和高级翻译学院。本章全面梳理了每个案例的改革探索与创新实践进程，并提炼了各案例的典型特征。

第六章围绕"传承"与"创新"这对辩证统一的关键词，进一步提炼上外人才培养的典型特征。研究表明，"传承"与"创新"既是学校教育事业发展的客观要求，也是学校人才培养始终坚持的核心原则。其中，"传承"体现为上外始终坚守本土特色，坚守外语学科之本，坚守国际视野。"创新"则既有人才培养理念的创新，也有人才培养路径和机制的创新，二者相互促进、相互协调；同时，上外还不断拓展自身在国内外的影响力，发挥自身创新改革的辐射作用。

最后是本研究的结语部分，总结主要发现，探讨研究结果对理论和实践的启示，强调本研究的创新点。此外，还阐述了研究局限。

— 第一章 —

文献综述

本章将在界定外语人才、人才培养、外语类院校等核心概念的基础上，系统回顾外语类院校人才培养研究的基本概况，并说明当前持续探究外语类院校人才培养的传承与创新这一问题的重要意义。

第一节 外语人才与人才培养

一、外语人才内涵

十八大以来，为顺应时代发展大势，迎接百年未有之大变局，党中央立足于国际国内新形势，深刻把握世情、国情、党情，作出人才是实现民族振兴、赢得国际竞争主动的战略资源的重大判断，作出全方位培养、引进、使用人才的重大部署，推动新时代人才工作取得历史性成就、发生历史性变革[1]，突显了人才工作的重要性。

---

[1] 习近平：《深入实施新时代人才强国战略 加快建设世界重要人才中心和创新高地》，《求是》2021年12月16日第24期。

（一）对人才概念的理解

关于"人才是什么"的问题是一切人才培养研究的最根本问题，对人才概念的整体把握是认识人才培养并进行一切人才培养研究的必要前提，有必要对已有概念的共识与差异进行初步的比较、分析和整合，并在科学人才观的指导下，根据研究需要对人才的内涵做出多方位界定。根据《教育大辞典》的定义：人才是具有一定科学文化知识、才能和社会需要的品德，能担负一定的工作并做出贡献的人。[①] 人才可按照层次、类型、特点进行划分。(1) 按其才能表现可分为：显人才，即其才能已显露并得到社会认可的人才；潜人才，即其才能尚未得到充分表现并未被社会所承认的潜在性人才。(2) 按其贡献可分为一般人才和杰出人才。(3) 按其专业水平可分为高级人才、中级人才和初级人才。(4) 按其学识范围可分为：专才，即发展方向较集中、知识较深、活动面较专的人才；通才，即发展方向较为扩散、知识面较广、活动面较宽的人才。(5) 按其思维特征可分为：艺术型人才，即主要通过形象思维取得创造性成果的人才；逻辑型人才，即主要通过抽象思维取得创造性成果的人才；综合型人才，即形象思维与逻辑推理相结合而取得创造性成果的人才。(6) 按其发展过程可分为：早熟型人才，即早年便显露出才华的人才；晚成型人才，即大器晚成的人才。(7) 按其知识结构可分为："I"型人才，即知识有一定深度但面较窄的纵向型人才；"一"型人才，即知识面较广但缺乏深度的横向型人才；"T"型人才，即既在横向上有广博知识，又在纵向上对某一领域有深入研究的人才。(8) 按其职业特点可分为：政治、经济、军事、科学、管理、文学、艺术、教育、体育等各类专业技术人才。学校教育的任务就是培养各种类型、各种层次的人才。

---

① 顾明远主编：《教育大辞典》，上海教育出版社1998年版，第2767页。

基于对上述人才概念的分析，我们可以对人才的内涵和本质形成初步认识。作为人才，想要通过自身劳动为人类社会发展做出一定贡献，首先应该具备三个方面的关键特征或基本要素：知识、能力与道德。人才区别于普通人的根本特征在于其具备的特长或优势，即他们应在某一领域中具备超出一般人所拥有的知识或技能，并借此开展他人无法胜任的工作，创造劳动成果。

（二）外语人才内涵分析

当前，外语人才发展问题正引起社会的广泛关注，但人们对"什么是外语人才"这一问题的认知还存在较大差异，甚至对外语人才持有较大误解，最为突出的观点之一是"工具观"。这种观点将外语人才视为"工具"，将培养外语人才简单理解为培养学生听说读写的能力，这是对外语专业人才培养规律的错误认识，忽视了外语人才的专业知识和素养。其次是"单语观"，这种观念将外语人才简单地等同于从英语专业毕业的人才，持这种观点的人没有将其他通用语种、非通用语种和各类复合型外语人才纳入外语人才范畴内。"什么是外语人才"以及"哪些人属于外语人才"，直接决定"培养什么样的人"的问题，这个问题贯穿外语人才的培养、引进、使用的全过程。

不同时期、不同背景下外语教育的目的和宗旨是不一样的，外语人才的内涵和外延也经历了一个漫长的发展过程，国内学者在此过程中针对各类型外语人才的内涵展开了诸多探讨。在中华人民共和国成立后的很长一段时期内，外语教育的目的是培养具备高水平外语语言技能的"又红又专"的工具型人才，这一时期的外语人才是指能够阅读外语文献并从事翻译，尤其是笔头翻译工作的人才，他们在真实文化语境下的外语交际能力还未获得关注。改革开放以来，随着对外交往活动的增多，特别是对外经贸的发展，培养复合型外语人才成了外语教育的一个重要任务。①当时国内高校大量设立外语专业，外语人才指的是那些既懂外语又懂某一专业知识的人才。同时，外语学界也意识到创新型外语人才培养的必要性，认为新世纪外语人才也应该像其他专业人才一样，有能力去创造性地处理对外政治、经济、文化等领域中的重大问题②；创新型外语人才是复合型外语人才的补充与完善，是外语人才的未来发展方向。新时代以来，我国综合国力和国际地位大幅提升，经济全球化、文化多元化进一步发展，各类国际化全球治理人才培养、对外话语体系建设、人类命运共同体构建、中国文化"走出去"以及高校"双一流"建设随之不断加强，复合型人才已不能满足一些岗位的更高要求，国家需要一批更为尖端的国际化外语人才，希望他们能在国际交流中独当一面，能够为国家在国际社会上的发展做出贡献。因此，国际化人才可以指"具有宽广的国际化视野、良好的跨文化沟通能力，通晓国际规则，能够参与国际事务和国际竞争的人才，国际化人才一般还具有良好的学习能力、团队合作精神、创新能力、领导力、发现与解决问题的能力等"③。王雪梅认为，在经济全球化和信息化背景下，国际化人才需要拥有合理的知识体系，包括专业知识、国际知识和语言知识，同时在具备坚定的国家意识的前提下，有较强的跨文化沟通能力、创新能力和终身学习能力，能够应对多文化体系的不同问题，并在实践中不断学习。国际化人才还应该具备较深厚的人文素养、科学素养和信息素养，尤其要强调国际化人才的信息素养。④同时，创新型外语人才的内涵也进一步丰富，逐渐

---

① 陈新仁、许钧：《创新型外语人才的理念与内涵——调查与分析》，《外语界》2003年第4期，第2—6页。
② 文秋芳：《英语专业创新人才培养体系的研究与实践》，《国外外语教学》2002年第4期，第12—17页。
③ 庄智象等：《关于国际化创新型外语人才培养的思考》，《外语界》2011年第6期，第71—78页。
④ 王雪梅：《从对接国家战略视角探索外语类院校培养国际化人才的思路》，《外国语文》2014年第2期，第158—163页。

演变为具备拔尖创新能力的"多语种+"卓越国际化人才。"多语种+"卓越国际化人才的内涵是"会语言、通国家、精领域":"会语言"指具备深厚的人文素养,跨文化沟通能力和复语能力强;"通国家"即具有家国情怀和国际视野,具备国别区域知识的立体化建构与运用能力;"精领域"是精通跨专业领域知识,具备全球胜任力和参与全球治理的能力。[①]

从以上观点可见,针对外语人才内涵的阐释必定要基于人才的基本要素和本质特征进行,只是相对于其他学科领域的人才概念来说,定义外语人才需要我们特别关注其动态性特征,并明确不同类型的外语人才所拥有的知识、技能、态度与价值观,以及为做出社会贡献所要从事的具体外语实践活动。

二、人才培养内涵

人才是衡量一个国家综合国力、国际竞争力的重要标准之一。习近平总书记曾多次对人才强国战略做出深入论述,他强调,各级领导要树立人才意识,要将人才作为第一资源来培养和挖掘。就人才发展重点而言,他在中央人才工作会议上的讲话中提到,要"加快建设世界重要人才中心和创新高地",努力建设一支能够占领世界科技前沿的高素质创新型人才队伍,在关注人才培养素质和质量的同时树立国际视角,为人才强国战略奠定扎实基础,进一步提升我国人才国际竞争力。在全面建成小康社会的"七大战略"中,最根本和最重要的就是实施人才强国战略,一切建设和战略都需要人才队伍的支持。[②]

[①] 姜智彬:《"多语种+":课程思政背景下外语人才培养的内涵、路径与成效》,《外语电化教学》2020年第4期,第18—21页。

[②] 薛永武:《习近平十九大报告的人才战略思想及其启示》,《上海师范大学学报(哲学社会科学版)》2018年第5期,第40—46页。

可见，人才培养工作是我国在当前国际形势下的重中之重。

《教育大辞典》："'培养'是指教育者使学生掌握系统的科学文化知识和技能，形成思想品德，健全体魄的过程。其内涵与教育基本相同，如'培养全面发展的人'也可以说'通过教育使学生成为全面发展的人。'"[①] 有些学者认为，"人才培养"即培养人才的过程，这属于人才培养的"过程观"。实际上，从高校人才培养的角度来看，人才培养过程与人才培养体系紧密相关。人才培养过程关注高校为学生确立的知识、能力、素养结构，以及确保这种结构有效达成的观念、制度及各种条件，而人才培养体系是人才培养目标、学科布局、课程设置、师资队伍、行政管理等因素的有机结合体。因此，培养人才的显性行为需要人才培养体系等潜在条件的支撑，二者均属于"人才培养"的范畴，本研究认为人才培养既包括"培养人才的过程"，也包括"培养人才所需的条件"，而"上外人才培养"则是上外在不同时期达成学校人才培养目标的过程和支持这一过程实现的一切客观物质条件的有机结合。

第二节　外语类院校人才培养

一、外语类院校

外语类院校作为一类行业特色型大学，是顺应国家战略发展需要而产生的，肩负着为国家培养外语人才的重要使命。根据《中国教

---

① 顾明远主编：《教育大辞典》，第 2980 页。

育百科全书》,"外文类专业"指"中国本科、专科高等教育科类之一,实施外语与外事有关领域的教育",由此可将外语类院校初步定义为:承担培养国家发展所需的外语及外语相关领域人才培养任务的高等教育机构。随着社会发展,外语类院校逐渐开设了诸多非外语语言类学科,有研究进一步将外语类院校定义为:"以教授外语语言学科与部分非外语语言学科为目的;以外语与非外语学科为科学研究对象;以及以服务社会中涉外或非涉外事业发展为己任,同时兼具其他普通高校特点的高等教育机构。"[1]

外语类院校是以外国语言文学为传统优势学科、以高端外语人才培养为特色的高校。外语类院校无论是办学理念、学科布局,还是学术传统、人才培养,均具有显著的"涉外"性,特别是各校的非外语类专业,均强调与外国语言文学学科密切融合,突出外语优势。[2]在外语类院校的办学定位与发展战略中,国际化、信息化为关键要素。中华人民共和国成立以来,国家陆续成立了多所以外国语言文学为主要学科、以外语人才培养为主要目标的单科型外语高校,这些院校后逐渐被称为"中国外语类院校"。本研究所涉及的外语类院校是指最早在我国建立的8所以外语类学科专业教学、科研与社会服务为主要目的的高校,包括北京外国语大学(简称"北外")、上海外国语大学(简称"上外")、四川外国语大学(简称"川外")、西安外国语大学(简称"西外")、大连外国语大学(简称"大外")、天津外国语大学(简称"天外")、广东外语外贸大学(简称"广外")和北京第二外国语学院(简称"北二外")。这些传统外语类院校在很大程度上代表着我国外语教育的发展水平,能够比较全面地反映我国外语类院校人才培养的研究状况。

---

[1] 龚瑜:《内陆区域发展背景下外语院校复合型人才培养研究》,四川外语学院2012年硕士学位论文,第12页。

[2] 戴炜栋、王雪梅:《"双一流"背景下外语类院校的发展定位、特征与战略》,《北京第二外国语学院学报》2017年第1期,第1—17页。

二、外语类院校人才培养

外语类院校作为外语教育发展史中的典型代表，其人才培养研究随外语教育的发展呈现出显著的阶段性特点。关于外语类院校的研究主要涉及相对宏观的人才培养定位、学科与语种规划、人才培养模式，以及相对微观的教学方法与教育实践。外语界曾有学者对中华人民共和国成立 70 年和改革开放 40 年以来的外语教育发展进行过阶段性划分。[①] 借鉴已有成果，我们进一步从人才培养定位、学科建设、教学方法、教育理念和培养模式等维度出发，对外语类院校自中华人民共和国成立以来的人才培养研究分别进行综述。

（一）人才培养定位

外语类院校人才培养服务于国家政治、经济的发展，其目标跟随社会需求的变化不断发展，大致经历了从培养单一语言技能人才到培养复语型、复合型人才，以及创新型外语人才，再到培养"多语种+"卓越国际化人才等。[②]

在中华人民共和国成立初期，人民对于经济文化迅速发展的需要同当前经济文化不能满足人民需要的状况之间的矛盾决定了外语类院校人才培养的主要任务是服务于社会主义革命与建设。对当时外语类院校人才培养定位的探讨主要来自众多外语界学者的叙事性研究。[③]

[①] 戴炜栋：《我国外语教育 70 年：传承与发展》，《外语界》2019 年第 4 期，第 2—7 页；刘道义、郑旺全：《改革开放 40 年中国基础英语教育发展报告》，《课程·教材·教法》2018 年第 12 期，第 12—20 页；文秋芳：《新中国外语教育 70 年：成就与挑战》，《外语教学与研究》2019 年第 5 期，第 735—745 页。

[②] 戴炜栋：《服务国家战略 培养高端人才 推动外语教育发展》，《外语教育研究前沿》2019 年第 3 期，第 8—12 页。

[③] 胡文仲：《试论我国英语专业人才的培养：回顾与展望》，《外语教学与研究》2014 年第 1 期，第 111—117 页；文秋芳：《新中国外语教学理论 70 年发展历程》，《中国外语》2019 年第 5 期，第 14—22 页；付克：《中国外语教育史》，上海外语教育出版社 1986 年版。

我国在 20 世纪 50 年代大力发展俄语教学，主要是出于当时政治和经济建设方面的需要，为国家培养了一大批精通俄语、学习与借鉴苏联科技文化的专业人才。[①]20 世纪 50 年代，中国外语教育强调培养德智体全面发展的高级外语人才，即拥有三项基本功（政治思想、语言和文化）的"又红又专"外语人才。[②] 1964 年 10 月，《外语教育七年规划纲要》提出新建和扩建 16 所高等外语类院校等具体举措，并指出外语人才"在数量和质量上都远不能满足国家社会主义建设和外事工作的需要，整个外语教育的基础，同国家需要很不适应，呈现出尖锐的矛盾"[③]。由此可见，在当时中国高等教育水平普遍不高的情况下，外语类院校很难达到外语人才培养目标，亟须解决外语人才质和量不足的迫切问题。

改革开放之后，外语类院校除了在技能型外语人才培养上不断深化，也开始进行人才培养的转型。随着世界经济一体化的融合，处在转型变革中的市场经济亟须复合型人才。在这一背景下，上外、北外较早地提出了"复合型人才"的概念，两校分别于 1983 年和 1984 年试行复合型人才的培养。[④] 传统外语类院校自此开始设立新闻、经济、法学、教育等非语言类专业，注重制度性地培养复合型专业人才，向基于外语教学与人文和社会科学相融合的多学科大学转变。与此同时，专业外语和"非专业"外语进一步融合形成统一的外语教育体系。[⑤] 外语类院校人才培养定位研究遂转向对复合型外语人才的内

[①] 沈骑：《新中国外语教育规划 70 年：范式变迁与战略转型》，《新疆师范大学学报（哲学社会科学版）》2019 年第 5 期，第 68—77 页。

[②] 付克：《中国外语教育史》。

[③] 转引自姜锋：《建党百年与中国外语教育新使命》，《中国外语》2021 年第 4 期，第 4—11 页。

[④] 胡文仲：《试论我国英语专业人才的培养：回顾与展望》，《外语教学与研究》2014 年第 1 期，第 111—117 页。

[⑤] 姜锋：《建党百年与中国外语教育新使命》，《中国外语》2021 年第 4 期，第 4—11 页。

涵、专业能力的探讨。① 这些研究以对外语人才语言知识的掌握和专业能力的讨论为要义，外语类院校的复合型人才培养目标在新世纪得到持续巩固。李勤结合上外校情，系统论述了俄语专业复合型人才培养的目标与方向，认为培养专业或专业知识结构复合型的俄语人才是大势所趋，这一人才培养定位符合上海地区社会、经济和文化发展对外语人才的需求。② 陈乃芳明确指出北外人才培养的定位特色，首先就是要培养复合型外语人才，即保证学生在打好过硬的语言基本功的同时，加大专业建设力度，使学生在外交、经贸、法律等方面具有相当程度的专业知识，培养出不同于综合院校的涉外专业、具有外语类院校鲜明特色的复合型人才。③ 此外，外语类院校的创新型外语人才培养目标也被反复提及④，与复合型外语人才培养目标在新世纪的相当长的一段时间内并存，后一种培养规格是在前一种培养规格基础上的提升。⑤ 卢植将创新型外语人才解释为"具有创新能力和创新素质的、具备开阔国际视野和较强跨文化交际能力的复合型语言类人才"，认为国际交流是培养创新型外语人才的重要方式，外语类院校应让更

---

① 戴炜栋：《关于面向21世纪培养复合型高级外语人才发展战略的几个问题》，《外语界》1999年第4期，第2—4页；刘伟：《关于外语院校培养目标转型的几点思考》，《外语教学》1995第4期，第18—23页；张福勇：《浅谈21世纪我国高校外语专业课程体系改革》，《外语研究》2004年第6期，第60—63页。

② 李勤：《复合型外语人才的培养是21世纪外语教学的主旋律——上外俄语系教学简况和教学改革思路》，《外语学刊》1999年第2期，第1—6页。

③ 陈乃芳：《WTO与外语人才的培养》，《中国高等教育》2001年第6期，第25—27页。

④ 文秋芳：《英语专业创新人才培养体系的研究与实践》，《国外外语教学》2002年第4期，第12—17页；龙炳文：《新世纪创新型外语人才的理念与内涵》，《改革与战略》2004年第11期，第59—61页；蔡辉：《我国复合型创新外语人才培养对策》，《教育研究》2012年第12期，第91—94页；彭文钊：《以创新人才培养模式为导向的俄语专业本科教学综合改革：理念与实践——以大连外国语大学俄语专业为例》，《东北亚外语研究》2014年第1期，第7—12页。

⑤ 陈新仁、许钧：《创新型外语人才的理念与内涵——调查与分析》，《外语界》2003年第4期，第2—6页。

多的学生在国际化的学习环境和氛围中开阔视野。①

我国外语教育在新时代获得了前所未有的繁荣发展,外语类院校的国际化人才培养定位受到广泛关注。李克勇聚焦川外国际化人才培养路径,包括大力开展双语教学,积极鼓励和推动复合型专业的全外语教学,不断扩大国际交流与合作等举措。②曹德明针对外语类院校的国际化人才培养目标,提出了国际化人才的全球视野、民族情怀等六个特质。③赵继伟探讨了"十三五"期间外语类院校的办学定位与学科升级等方面的规划措施。④因此,在"双一流"背景下,外语类院校要根据自身的特色和积淀,放眼世界,在全球范围内与其他同类院校进行对比,彰显特色与优势;也可在国内或者区域内实践自身功能,从而找准自身人才培养定位。⑤2018年9月10日,习近平总书记在全国教育大会上再次强调"要大力培养掌握党和国家方针政策、具有全球视野、通晓国际规则、熟练运用外语、精通中外谈判和沟通的国际化人才,有针对性地培养'一带一路'等对外战略急需的懂外语的各类专业技术和管理人才,有计划地培养选拔优秀人才到国际组织任职"。鉴于此,面对"一带一路"倡议、西部大开发战略和西部地区经济社会发展的人才需求,西外制定了培养"具备健全人格与专业知识、国际视野与文化自觉、创新精神与实践能力的复合型、国际化人才"的总目标。⑥

---

① 卢植:《创新型外语人才培养的理念与实践》,《外语教学》2018年第1期,第50—54页。
② 李克勇:《适应教育国际化进程 打造外语院校核心竞争力》,《中国高等教育》2010年第8期,第19—20页。
③ 曹德明:《高等外语院校国际化外语人才培养的若干思考》,《外语教学理论与实践》2011年第3期,第1—5页。
④ 赵继伟:《外语类院校"十三五"规划编制策略探析》,《南昌教育学院学报》2016年第2期,第49—51页。
⑤ 戴炜栋、王雪梅:《"双一流"背景下外语类院校的发展定位、特征与战略》,《北京第二外国语学院学报》2017年第1期,第1—17页。
⑥ 王军哲:《新文科背景下外语类院校一流本科建设探索与实践》,《外语教学》2020年第1期,第3—6页。

(二)学科建设

诸多国内学者围绕中华人民共和国成立以来外语类院校的学科、语种规划做了很多探索性的研究,对我国的外语学科和语种规划提出了建设性的意见。[①] 我国外语类院校的学科规划大致经历了从单一语种到"多语种+专业"的发展道路,其专业设置在中华人民共和国成立之初受国际政治和外交关系变化的影响很大,从"俄语热"到20世纪50年代中期中苏关系的变化,英语专业慢慢恢复;再到20世纪60年代初我国与古巴及部分阿拉伯国家建立外交关系,西班牙语和阿拉伯语教学开始得以发展。[②] 总体来看,在这一时期内各外语类院校总是以单一语种的教学为主要任务,之后随着建交热潮发展,外语类院校的语种专业才越来越多。

改革开放后,在外语专业建设持续升温的同时,外语类院校积极响应改革开放的号召,开始致力于复合型、复语型专业建设。北二外于1981年成立了旅游系和外经系,改变了单科院校的局面,形成了语言学科与经济学科并存的格局。1984年北外的英语系开设了文学、语言学、新闻学、国际交流、翻译专业倾向课程,同时开设了英法双语班。李岚清副总理1994年视察北外时指出:"对北京外国语大学的培养方向是什么要进行研究。北外主要是培养外交、外贸人才,不能只靠外语,要加大内容,增加外交、外贸方面的知识,要培养复合型的人才。基础研究不能丢,但外语教学也要适应新形势的需要。"到

[①] 谭载喜:《翻译学:作为独立学科的今天、昨天与明天》,《中国翻译》2004年第3期,第33—34页;王雪梅、赵双花:《"一带一路"背景下我国高校非通用语种专业建设:现状、问题与对策》,《外语电化教学》2017年第2期,第91—96页;李志东:《外语学科国别与区域研究:发展与挑战》,《外语学刊》2021年第1期,第59—65页;杨丹:《以"101工程"非通用语振兴计划服务国家语言能力建设》,《外语界》2022年第1期,第8—13页。

[②] 戴炜栋:《我国外语专业教育60年:回顾与展望》,《中国外语》2009年第5期,第10—15页。

了 20 世纪末，北外德语系已初步形成文学、语言学、翻译学、德国外交和经济、跨文化研究等专业方向的复合型教学体制。[①] 广外、西外、大外等院校在这一时期还成立了各自的艺术学院。从外语类高校非外语专业的设置情况来看，除了北外和上外之外，其他外语类高校都是非语言类专业占了学校专业总数的大半。[②] 但是，也有学者提到外语类院校在实施学科专业和课程改革时应注意不能丧失外语专业本身的优势。[③]

随着社会对掌握扎实基本功和具备复合型专业优势的外语人才的需求持续增长，外语类院校的学科布局结构似乎难以继续满足新世纪外语人才的培养需求。虽然英语专业人才在外语类院校学生中占大部分，但其他通用语种专业以及复合型专业也开始受到重视。贾德忠对我国外语类院校的学科结构进行分析后发现，当时通用语种与非通用语种专业结构不平衡，语言专业和非语言专业开设数量不平衡，外语类院校的整体学科结构与社会对应用型外语人才数量和质量的需求很不相称，并指出学科建设是外语类院校培养复合型外语人才的首要环节，设置外交、经贸、新闻、法律等非语言学科的意义不仅在于扩大学生的知识面，而且能够为培养适应 21 世纪经济全球化时代的需要、具有扎实外语基础的专门人才提供学科支撑与保障。[④] 针对广外的学科建设现状，有学者提出了外语类院校在转型期的学科协调发展战略举措，明确了协调发展、强化重点、突出特色、扩大优势的战略

---

① 魏育青、李晶浩:《德语专业的发展》，戴炜栋主编:《高校外语专业教育发展报告（1978—2008）》，上海外语教育出版社 2008 年版，第 385—442 页。
② 杨学义、李茂林:《国内外语类高校的建立和发展之路——写在北京外国语大学建校 70 周年之际》，《国家教育行政学院学报》2011 年第 10 期，第 3—8 页。
③ 杨清海:《对外语院校专业及课程设置改革的一点思考》，《外语界》1993 年第 3 期，第 8—9 页。
④ 贾德忠:《我国外语院校学科结构亟待进行战略性调整》，《学位与研究生教育》2002 年第 10 期，第 32—35 页。

内涵。① 由此可见，加快学科结构调整，培养非语言涉外应用专业人才以及复合型人才，在当时的外语类院校改革和长期发展战略中意义重大。

进入新时代之后，我国外语类院校的复合型外语人才培养已经积累了诸多经验，北外、上外、广外等外语类院校经过多年的探索和发展，已经演变为涵盖法律、新闻、外交、经济等学科的外语文科大学，培养复合型外语人才在更广阔的范围内实现，而不限于英语专业。② "一带一路"倡议的提出也大大促进了外语类院校非通用语种专业的发展。王雪梅、赵双花从学科规划、专业拓展、人才培养、师资发展等不同层面提出了外语类院校在"一带一路"背景下建设非通用语种专业的可行性对策。③ 广外也于2017年增设共建"一带一路"国家的波斯语、捷克语、孟加拉语、塞尔维亚语、土耳其语5个语种，新增语种专业均采用"小语种+英语"的双语制培养模式。④ 北外先基本开齐176个与中国建交国家的官方用语，到了2021年，再开设101个外语语种，覆盖了所有与我国建交的国家的主要官方语言。⑤ 西外也大力加强非通用语种专业建设，积极推进人才培养模式改革，为建设"一带一路"、构建人类命运共同体等国家战略提供语言保障和人才支撑，先后开设乌尔都语、波兰语、哈萨克语等11个

---

① 李青：《教学型大学向教学研究型大学转型的策略——以广东外语外贸大学为个案》，《黑龙江高教研究》2009年第5期，第10—12页。
② 胡文仲：《试论我国英语专业人才的培养：回顾与展望》，《外语教学与研究》2014年第1期，第111—117页。
③ 王雪梅、赵双花：《"一带一路"背景下我国高校非通用语种专业建设：现状、问题与对策》，《外语电化教学》2017年第2期，第91—96页。
④ 姚瑶、吴少敏：《粤本科高校新增137个专业 广外新增5个小语种》，转引自卢植：《创新型外语人才培养的理念与实践》，《外语教学》2018年第1期，第50—54页。
⑤ 参见北京外国语大学官网，https://www.bfsu.edu.cn/overview，访问时间：2022年7月1日。

共建"一带一路"国家的语言专业。①刘宏在对外语类院校新文科建设的理论探讨中指出,下一阶段外语类院校的学科发展应从专业质量、跨学科、数字人文等方面入手,调整、完善学科布局,推进学科交叉建设。②此外,区域与国别研究作为外国语言文学学科的第五大领域进入学者视野。李志东系统回顾了外语类院校国别与区域研究学科的历史沿革、发展特点,针对当前制约学科发展的因素提出了意见和建议。③张维琪等学者则探讨了上外区域国别学的教学特色,追溯其发展历史以及研究相关课程思政建设情况。④2024年,外语教育学正式进入《研究生教育学科专业简介及其学位基本要求(试行版)》,各外语类院校也积极探索其发展。

(三)培养模式

我国外语教育界一直在实践中思考探索外语人才培养的相关问题。⑤外语人才培养需要不断创新培养模式,方能适应国家、社会对

---

① 王军哲:《全球治理人才培养视域下外语类院校课程思政建设探索与实践》,《外语电化教学》2020年第6期,第52—56页。
② 刘宏:《外语类院校新文科建设理论与实践》,《中国外语》2021年第1期,第15—16页。
③ 李志东:《外语学科国别与区域研究:发展与挑战》,《外语学刊》2021年第1期,第59—65页。
④ 张维琪、孙志伟、忻华:《区域国别学学科建设的多维探索:以上海外国语大学为例》,《国际观察》2023年第2期,第132—156页。
⑤ 胡文仲、孙有中:《突出学科特点,加强人文教育——试论当前英语专业教学改革》,《外语教学与研究》2006年第5期,第243—247页;曹德明:《以科学发展观为指导培养创新型国际化外语人才》,《外国语(上海外国语大学学报)》2007年第4期,第2—5页;庄智象、刘华初、谢宇、严凯、韩天霖、孙玉:《试论国际化创新型外语人才的培养》,《外语界》2012年第2期,第41—48页;戴炜栋、王雪梅:《"文化走出去"背景下的我国外国语言文学学科发展战略》,《解放军外国语学院学报》2015年第4期,第1—11页;胡壮麟:《对中国外语教育改革的几点认识》,《外语教学》2015年第1期,第52—55页;戴曼纯:《我国外语人才需求抽样调查》,《外语教学与研究》2016年第4期,第614—624页。

外语人才的新要求，不同时期的外语类院校人才培养目标与客观条件等决定了外语人才培养采取何种模式。在过去相当长的一段时间内，我国外语类院校遵循的是传统的语言技能型人才的单一培养模式，即片面强调外语专业知识的灌输而忽视学生综合素质的培养以及应用能力的提高，培养目标、专业设置、课程体系、教学方法等大多围绕"语言"展开，培养模式较为单一，学生的唯一任务就是把语言学好，这种模式至今仍然存在。改革开放以后，学者们开始对外语类院校的复合型外语人才的培养模式进行探索，尝试让学生学习其他语种或专业知识，对接改革开放后的社会经济发展需求。[1]进入新世纪，复合型外语人才的培养模式总体趋于成熟，大致形成以下六种模式：(1) 外语＋专业知识；(2) 外语＋专业方向；(3) 外语＋专业；(4) 专业＋外语；(5) 非通用语＋英语；(6) 双学位。[2]业内许多学者对基于以上模式的外语类院校人才培养展开研究，例如，何天云基于复合型人才定位，探讨外语类院校"英语＋新闻"的复合型人才培养模式，提出相应课程体系的建设标准。[3]王维花、王志巍则基于对8所外语类院校的调查，提出了"外语＋计算机"的人才培养模式。[4]国际化人才培养模式也受到学者关注，川外从2001年起先后与20多个国家和地区的50多所高校建立了校际合作和交流关系，广泛开展学生互派，以及海外实习"2+2""3+1"等学生联合培养模式

---

[1] 杨平：《关于复合型外语人才培养模式的探讨》，《科技进步与对策》2000年第2期，第68—69页；周玉忠：《复合型外语人才培养模式理论与实践研究——理论层面上的认识》，《宁夏大学学报（人文社会科学版）》2004年第3期，第72—75页。
[2] 戴炜栋主编：《高校外语专业教育发展报告（1978—2008）》，第19页。
[3] 何天云：《外语院校新闻专业人才培养模式探析》，《新闻界》2006年第6期，第115—116页。
[4] 王维花、王志巍：《外语院校信息技术相关专业"应用型"复合人才培养模式研究》，《现代教育技术》2010年第1期，第163—165页。

的国际教育合作与交流活动。①

目前,"多语种+"复合型国际化的外语人才培养模式已成为新时代外语类院校的主流模式。周烈针对外语类院校国际化、信息化和多元化人才培养模式的社会适应性展开探讨,建议从更新观念、学科交叉、评价改革三个方面推动外语类院校人才培养模式创新和体制转型。在新文科建设的背景下,外语类院校更加注重外语人才的跨学科交叉培养。②安利红、陈哲新从顶层设计、客观条件、实现主体三个层面介绍了大外俄语专业的国际化外语人才培养模式与实践探索,指出随着国际化人才培养趋势的发展,外语类院校要尽快形成包括国内外培养方案的完善、课程设置的对接、成绩学分的认定等国际化的管理模式,深化国际化人才培养水平。③西外将外语教育的基础优势与非外语学科有机融合,在外语专业中推进"外语+专业""外语+外语",在非外语专业中推行"专业+外语"的二"+"人才培养模式改革,实施双语、全外语教学,打造国际化、信息化"金课",形成"通用语+非通用语+非外语专业""非外语专业+多语种""非外语专业+国际行业资格认证"等"西外模式"。④广外英语专业则坚持"两轮驱动、三标并重、四位协同"的"二三四模式",旨在通过"两轮驱动""四位协同"的教学体系达到"知识、能力、素质"协调发展的人才培养目标。⑤

---

① 李克勇:《适应教育国际化进程 打造外语院校核心竞争力》,《中国高等教育》2010年第8期,第19—20页。
② 周烈:《经济全球化背景下外语院校人才培养模式的社会适应性》,《中国外语》2011年第2期,第12—16页。
③ 安利红、陈哲新:《国际化外语人才培养理论研究与实践探索——以大连外国语大学俄语专业为例》,《语言教育》2019年第1期,第52—58页。
④ 王军哲:《全球治理人才培养视域下外语类院校课程思政建设探索与实践》,《外语电化教学》2020年第6期,第52—56页。
⑤ 温宾利:《两轮驱动 三标并重 四位协同——广东外语外贸大学英语专业人才培养创新与实践》,《中国外语》2018年第3期,第15—16页。

（四）教学方法

教学方法的变化往往是叠加式的，新法往往在旧法的基础上演进而来，但并不意味着旧法的淘汰，而是二者互补存在。[1]总体而言，我国外语类院校所采用的教学方法主要有两类，既包括从国外引进后加以改造并沿用至今的传统教学方法，又包括我国学者本土创新发展的教学方法。

我国最先采用的是苏联"以课文为中心"的精读、泛读外语教学法。上外在20世纪50年代率先试行凯洛夫《教育学》方法[2]，而后国内外语类高校陆续引进了听说法，并编写了基于听说法的教材，"无论高低年级都出现了新的面貌，教学质量有了很大提高"[3]。除了以"课文为中心"和"听说领先，读写跟上"，广外李筱菊领衔试行从英国引进的交际法，其所主编的《交际英语教程》在1987年由上海外语教育出版社正式出版[4]，她进一步解释了实行交际法的四条原则：要把学生置于尽可能真实的交际情景中，交际是一种活的过程，交际活动必须由学生本人去经历，语言形式的掌握必须见于交际当中。然而，交际法在推广中受到明显阻力，因为当时我国刚刚改革开放，还不具备实施交际法的师资条件。[5]

之后，交际法又衍生出了任务型教学法，大量外语类院校学者就

---

[1] 文秋芳：《新中国外语教学理论70年发展历程》，《中国外语》2019年第5期，第14—22页。

[2] 王季愚：《回顾与展望——为中国外语教学研究会成立大会准备的发言稿》，《外国语（上海外国语学院学报）》1981年第5期，第3—8页。

[3] 胡文仲：《新中国六十年外语教育的成就与缺失》，《外语教学与研究》2009年第3期，第163—169页。

[4] 李筱菊：《一套新颖的教材——CECL教程介绍》，《外语界》1987年第3期，第10—13页。

[5] 文秋芳：《新中国外语教育70年：成就与挑战》，《外语教学与研究》2019年第5期，第735—745页。

这一方法展开了研究或运用[1]，并且教育部以大纲的形式对其进行推广。与此同时，广外王初明教授带领团队自创出了"写长法"。[2]该方法注重以写作为突破口，"以写促学"，提倡学生在大量的写作中总结经验，提升外语学习水平；在奖赏与批评的评价方法中，选择奖赏为主，以鼓励学习热情。[3]进入新时代后，该团队在前期"以写促学"的理论与实践基础上进一步探索，发展出"以续促学"和"续论"，强调在任务起始阶段提供充足输入，引导学习者开展"续写、续说、续译、续改"等各种"续"的活动，其本质是"促学"[4]，该方法在实际外语教学中取得了良好成效。[5]

此外，常俊跃带领的大外研究团队致力于将从国外引进的 CBI（Content-Based Instruction，内容依托教学法）进行本土化改造，并在 10 多年的实践中将其发展为一种新的教学理念，即 CLI（Content-Language Integration，内容语言融合教学法）。该方法强调"内容"在先，"语言"在后，以外语为媒介，在语言使用中学习内容知识，两者相互促进，实现整体学习效果大于单独学习外语或者单独学习学科内容之和。[6]与此同时，我国学者也在有意识地推出更多富有中国特

---

[1] 龚亚夫、罗少茜：《课程理论、社会建构主义理论与任务型语言教学》，《课程·教材·教法》2003 年第 1 期，第 49—53 页；魏永红：《任务型外语教学的研究：认知心理学视角》，华东师范大学出版社 2004 版；程晓堂：《任务型语言教学》，高等教育出版社 2004 年版。

[2] 王初明、牛瑞英、郑小湘：《以写促学——一项英语写作教学改革的试验》，《外语教学与研究》2000 年第 3 期，第 207—212 页。

[3] 文秋芳：《评析外语写长法》，《现代外语》2005 年第 3 期，第 308—311 页。

[4] 王初明：《从"以写促学"到"以续促学"》，《外语教学与研究》2017 年第 4 期，第 547—556、639—640 页。

[5] 周杰、王俊菊：《续论促学效应及其调节变量的元分析》，《现代外语》2023 年第 4 期，第 490—501 页。

[6] 赵永青、常俊跃、刘兆浩：《内容语言融合教学的中国高校本土化实践》，《中国外语》2020 年第 5 期，第 61—67 页；徐锦芬：《具有中国特色的内容语言融合教育理念与实践——兼评常俊跃教授团队的实践探索与理论创新》，《西安外国语大学学报》2023 年第 2 期，第 45—49 页。

色的教学法。北外文秋芳构建了"产出导向法"的教学理论与实践体系[①]，多所外语类院校已就这一方法展开教学与研究实践，取得了良好的教学效果，该方法也逐渐被广泛应用于除英语外的其他语种教学以及国际中文教育中。[②]

（五）外语教育理念

外语教育理念研究围绕在外语类院校发展历程中领风气之先的教育思想展开，旨在帮助学界加深对外语教育的系统理解，不仅具备学术理论价值，更有裨于借古鉴今，解决外语类院校面临的现实问题，推动当代外语教育事业的发展。外语教育理念的研究者一般采用资料和观点相结合的研究方法。换言之，他们常常阅读外语教育家的文章、著作与收集利益相关者的口述、记忆资料，通过校勘、分析、整理，从而获得一手资料，再对资料进行理论凝练和分析概括，最后对其外语教育思想进行系统呈现。外语教育理念主要形成于教育家对外语类院校人才培养、课程设置、教学方法、教材开发、师资聘用、教师发展等方面的观点与实践之中，相关研究的主要内容则是围绕教育家的办学观、治学观与教学观进行凝练。其中，最具代表性的当属外语界学者对北外许国璋[③]和上外王季愚[④]两位外语教育家的思想进行的讨论。

---

① 文秋芳：《构建"产出导向法"理论体系》，《外语教学与研究》2015年第4期，第547—558页。
② 霍炜、邓世平：《"产出导向法"教学有效性元分析》，《外语教育研究前沿》2023年第4期，第3—10页。
③ 李新烽：《许国璋教授谈英语自学》，《外语教学》1985年第2期，第63—65页；周流溪：《哲人修养作名师》，《外语教学与研究》2015年第5期，第773—780页。
④ 俞约法：《王季愚同志外语教育思想研究管见》，《外国语（上海外国语学院学报）》1988年第2期，第13—15页；朱振林：《王季愚办学思想述要》，《黑龙江教育（高教研究与评估）》2010年第5期，第14—15页。

刘润清从教材编写、教学方法、培养目标、教师队伍、教学科研等方面分别总结、阐释了许国璋的英语教育思想。[①] 沈骑梳理了许国璋对外语教育的重要思考，包括为国家服务的办学观、会通中外的治学观、变革与创新的教学观，借此进一步反思了当前我国外语学科发展存在的问题和不足，提出了探索和加强新时期我国外语学科发展的若干建议。[②] 周燕、张洁对30位北外老教师进行了访谈，基于对话和反思资料回顾了许国璋与北外外语教育传统的深刻渊源，详细论述了许国璋在爱国情怀、学术追求、教师培养等方面体现出的优秀学者品质，"不仅让读者看到几代教师对许老的集体追思，更是我们后来人对一种宝贵精神的努力传承"[③]。谭慧颖从"理""通""哲"三个方面探讨了许国璋的语言哲学精神，阐释了许国璋的语言哲学与当代西方语言哲学及中国传统语言哲学的关系。[④]

王季愚由于革命事业需要的客观历史和通晓外语教育规律等主观个人因素而成为国内德高望重的外语教育家。[⑤] 回顾她半个多世纪的外语教育实践，李祖培、俞约法详细描述了王季愚在学校教师队伍的建设、党政及管理干部队伍的建设、教材和图书资料的建设、现代化电教设备的建设四个方面所做的贡献，总结出王季愚的10条治学经验[⑥]；归纳出四个方面的教育思想，即"又红又专"的人才培养

---

① 刘润清：《许国璋教授与英语教育》，《外语教学与研究》1995年第1期，第72—74页。
② 沈骑：《外语学科发展的责任与使命——略论许国璋外语教育思想三观》，《当代外语研究》2015第11期，第11—14页。
③ 周燕、张洁：《在北外外语教育传统中缅怀许国璋先生》，《外语教学与研究》2015年第5期，第788—794页。
④ 谭慧颖：《"理"、"通"、"哲"之融贯——许国璋语言学思想探索》，《外语教学理论与实践》2022年第2期，第69—77页。
⑤ 俞约法：《王季愚同志外语教育思想研究管见》，《外国语（上海外国语学院学报）》1988年第2期，第13—15页。
⑥ 李祖培、俞约法：《继承和发扬季愚校长的教育思想》，《外国语（上海外国语大学学报）》1996年第4期，第4—7页。

目标、遵守规律的人才培养模式、识才护才的人才培养思想、改革创新的学科发展理念；充分展现出王季愚忠诚于党的教育事业，她勤勤恳恳服务人民的理想信念，以及谦虚谨慎、刚直不阿的优秀品质。[1] 朱振林系统概述了王季愚的"三八方针"和"三个依靠"的办学指导思想、学术建校和多样化办学的办学理念、全面发展与个性发展相统一的育人思想以及"三材建设"的学科建设思想[2]，这些具有开创性的办学思想对当今外语类院校的办学实践仍然具有非常重要的借鉴意义。王雅君、沈骑从外语规划的角度出发，整理出王季愚以国家利益为先的价值规划观、以外语国情为据的语言调查观、以"一条龙"建设为方法的人才培养观、以多元化为特色的师资建设观、外语教育与政治教育以及母语教育相结合的课程教学观、立足国情的教材编写观等外语教育观念，针对我国外语学科存在的问题提出一些对新时期我国外语教育的启示。[3] 孙超提出了王季愚以国家和民族利益为重的外语规划观、德育为先的全面育人观、严格按外语教育规律办事以及多元化的师资建设观四项外语教育思想[4]，对"一带一路"、中国文化"走出去"及新文科建设背景下的我国外语教育具有重要的启示意义和借鉴价值。

除了对以上两位外语教育家理念的探讨，学界也不乏对其他外语类院校教育家思想的关注。例如，刘蕴秋、邹为诚和束定芳分别以

---

[1] 佚名：《一位杰出的教育家——王季愚同志生平及其教育思想简述》，《外国语（上海外国语大学学报）》1996年第3期，第1—8页。

[2] 朱振林：《王季愚办学思想述要》，《黑龙江教育（高教研究与评估）》2010年第5期，第14—15页。

[3] 王雅君、沈骑：《中国外语教育规划观的传承与发展——王季愚外语教育规划思想略论》，《语言政策与语言教育》2018年第1期，第1—10页。

[4] 孙超：《王季愚外语教育理念及当代启示》，《黑龙江教育（理论与实践）》2021年第1期，第1—2页。

访谈调查法和文献分析法对李观仪的外语教育观念进行了研究[①],胡壮麟、束定芳就桂诗春的治学理念和学术思想进行总结和进一步深化[②],还有学者进行了方重、王宗炎等外语教育家的理念述评[③]以及李筱菊外语教学理念的演进[④]等方面的研究。

第三节 简评

综上所述,关于外语类院校的研究虽然在一定程度上涵盖面较广,研究主题、研究内容与研究对象多元,但囿于研究范围、研究方法等种种因素,仍未能对某一特定的外语类院校人才培养及其历程进行系统性、整体性、动态性的考察,具体表现为:第一,在我国不同的外语教育发展阶段,各外语类院校的校情、学情和而不同,已有的外语类院校研究聚焦院校人才培养定位、学科发展布局、人才培养模

[①] 刘蕴秋、邹为诚:《华东地区优秀外语教育传统研究》,《外语教学理论与实践》2009年第4期,第33—44页;束定芳:《外语教学应在传统教学法与交际教学法之间寻求融合——李观仪先生的外语教学观及外语教学实践主张》,《外语界》2019年第2期,第16—23页。

[②] 胡壮麟:《桂诗春先生的治学之道——贺诗春先生八十华诞》,《中国外语》2010年第5期,第4—7页;束定芳:《外语学习中的使用与记忆——桂诗春先生关于外语学习的再思考》,《现代外语》2017年第6期,第861—866页。

[③] 王丽媛:《常州籍著名教育家方重先生外语教育思想研究》,《江苏技术师范学院学报》2014年第1期,第89—92页;郑清斌:《虽不能至 心向往之"上外建校60周年——纪念方重先生座谈会"纪要》,《中国比较文学》2010年第1期,第149—151页;李维屏、曹航:《方重学术成就评述——纪念方重教授诞辰110周年》,《外国语(上海外国语大学学报)》2012年第5期,第90—96页;吴俊:《王宗炎先生的外语教育思想研究》,《广西师范学院学报(哲学社会科学版)》2015年第6期,第105—108页。

[④] 何安平、李华:《从交际教学理念到人文主义外语教育观的升华——解读李筱菊教授的外语教育思想发展》,《中国外语》2012年第2期,第23—28页。

式和特色教学方法等多方面的理论探索，但忽略了对特定外语类院校传统的、独具特色的发展经验的总结与应用。第二，在研究的整体性和动态性方面，已有研究大多关注我国外语教育发展的整体历史特征，辅以与外语类院校人才培养相关但零散的例证，却没有同时从历时、共时两个视角对某一院校人才培养的传承与创新特点进行系统梳理。第三，基于口头资料或者院校发展史料进行主观理论探讨是致力于外语类院校研究的学者常用的方法，访谈调查、问卷调研等实证研究方法仍然较少，而这些方法的运用对外语类院校人才培养客观事实基础的探讨有重要的补充、验证作用。第四，对外语教育家教育理念的挖掘有助于人们加深对外语教育发展的系统理解，已有研究注重知名外语教育家的教育理念的总结与宣传，而较少关注这些宝贵理念充分融入院校人才培养实践的现实路径。

上外人才培养的演变在一定意义上折射出我国外语类院校的育人发展历程，有助于我们从细微之处感知我国外语教育的真章，了解我国外语类院校的发展全貌。然而，已有的上外人才培养研究不论是从宏观视角，还是从微观视角出发，都相对较少。鉴于此，本研究以上海外国语大学为例，综合文献法、问卷法、访谈法以及案例法等方法优势，从历时、共时两个角度对外语类院校人才培养的传承与创新进行深度挖掘，总结上外宝贵的历史发展经验与优秀外语教育家的教育理念；系统回顾上外人才培养历程，描绘上外人才培养现状，总结上外人才培养经验，对全方位探索外语类院校人才培养规律，提高外语类院校人才培养质量，推动教育高质量发展具有理论意义与实践价值。

本章主要界定相关核心概念，回顾外语类院校人才培养的相关研究。文献综述表明，在新时代背景下，考察外语类院校人才培养的传承与创新具有重要的理论与实践意义。下一章将就本课题的研究设计做出详细说明。

第二章

研究设计

在上一章文献综述的基础上,本章将对研究设计进行详细阐述,重点报告研究方法、数据处理和分析过程等,具体包括需求分析理论和教育规划理论、研究问题、研究对象、所采用问卷的开发过程与基本结构,以及文本资料、访谈数据的收集与分析情况,并结合理论框架绘制本研究的技术路线图,最后对本章进行小结。

第一节 理论框架

本研究主要依据需求分析理论对上外人才培养状况进行调查。需求分析(Needs Analysis)最早出现在20世纪20年代,70年代开始受到学者们广泛关注。由于时代背景、研究视角不同,不同学者对需求分析的定义见仁见智。有学者认为其内涵主要有五方面。[①]第一为目标导向(goal-oriented),指学生当前和未来的学习和工作需求,即在外

[①] 余卫华:《需求分析在外语教学中的作用》,《外语与外语教学》2002年第8期,第20—23页。

语课程学习结束后，学生可以使用这门语言所做的事。[1]第二为社会导向（society-oriented），指学生所处的社会环境和机制认为学生应掌握的事情。第三为学习过程导向（learning-process-oriented），指学生为掌握好语言所要做的事情[2]，指学生学习语言过程中的方式和行为。第四为学习者导向（learner-oriented），指学生希望从学习中获得的内容。[3]第五为学习导向（learning-oriented），指学生在外语学习和使用中所出现的不足。[4]综上，需求分析可基于不同主体的需求或阶段实施，旨在全方位了解学生需求。已有研究中，将需求分析看作一种通过问卷、访谈、观察和内省等手段进行分析的研究技术[5]的观点受到较多认可。本书中的需求分析指针对特定学习群体——上外学生开展需求调查。

关于具体分析内容，已有研究主要有两类。一是将需求分析看作课程设置前的依据，即采用问卷、测试、访谈等方法，通过分析外语学习环境中的各类内容，来分析学生的有效需求，以根据学生需求安排后续课程。二是将需求分析看作学习目标设置的过程性参考，即使用问卷、访谈、观察等手段，分析学生目标语语境中的语言特征和困难，并将分析结果用于教学指导。两类分析内容均强调需求分析是一种实证研究视角，方法多采用问卷和访谈，并强调该视角在教学中的重要意义，可用于了解学习需求并指导教学。在实证研究中，需求分

---

[1] R. Berwick, "Needs Assessment in Language Programming: From Theory to Practice", in R. K. Johnson ed., *The Second Language Curriculum*, Cambridge University Press, 1989, pp. 48-62.

[2] H. G. Widdowson, "English for Specific Purposes: Criteria for Course Design", in L. Selinker, E. Tarone and V. Hanzedi eds., *English for Academic and Technical Purposes: Studies in Honor of Louis Trimble*, Newbury House, 1981, pp. 1-11.

[3] R. Berwick, "Needs Assessment in Language Programming: From Theory to Practice", in R. K. Johnson ed., *The Second Language Curriculum*, pp. 48-62.

[4] Pauline Robinson, *ESP Today: A Practitioner's Guide*, Prentice Hall, 1991, pp. 2-4.

[5] R. West, "Needs Analysis in Language Teaching", in *Language Teaching*, 1994, pp. 1-19；陈冰冰：《国外需求分析研究述评》，《外语教学与研究》2009年第2期，第125—130页。

析模型主要有四种。一是目标情景分析(Target Situation Analysis)模型。[1] 该模型通过收集交际信息来分析学生的未来职业要求或未来学业要求,并针对交际需求建立分析框架,将其一一对应呈现在语言目标大纲中的语言内容部分。虽然该模型对于目标分析较为细致,但同时在处理上较为耗时,且存在单一分析未来要求而忽视其他社会文化、认知情感因素等局限。[2] 二是目前情景分析(Present Situation Analysis)模型。[3] 该模型针对学生在开课前的语言优缺点进行分析,以在开始学习后拉近目前水平与目标水平间的距离。该模型虽将目标分析与学习过程相结合进行考察,但忽视学生的个体因素,如认知和情感。[4] 三是以学习为中心的分析模型[5],由注重语言运用的目标情景需求和关注语言学习的学习需求分析两个平行框架组成。目标情景需求指在目标语境下使用语言的需要,包括需求(necessities)、不足(lacks)和愿望(wants)三方面;学习需求指学生在语言学习过程中如何达成目标,包括所需要的条件和应做到的事情,如物质条件、心理条件、知识条件和支持条件四方面。[6] 虽然该模型较为简洁可操作,但在一定程度上还是弱化了对学生不足之处的调查。[7] 四是七重需求分析模型。[8] 该模型以学生为中心,对学生群体进行调查,最后总结

---

[1] John Munby, *Communicative Syllabus Design*, Cambridge University Press, 1978, pp. 60–66.
[2] 余卫华:《需求分析在外语教学中的作用》,《外语与外语教学》2002年第8期,第20—23页。
[3] R. Allwright, "Perceiving and Pursuing Learner's Needs", in M. Geddes and G. Sturtridge eds., *Individualization*, Modern English Publications, 1982.
[4] 陈冰冰:《国外需求分析研究述评》,《外语教学与研究》2009年第2期,第125—130页。
[5] Tom Hutchinson and Alan Waters, *English for Specific Purposes: A Learning-centered Approach*, Cambridge University Press, 1987, pp. 53–64.
[6] 程晓堂、孙晓慧:《英语教材分析与设计》,外语教学与研究出版社2011年版。
[7] 陈冰冰:《国外需求分析研究述评》,《外语教学与研究》2009年第2期,第125—130页。
[8] Tony Dudley-Evans and Maggie Jo St John, *Developments in English for Specific Purposes: A Multi-Disciplinary Approach*, Cambridge University Press, 1998, pp. 121–131.

出目标情景和学习环境的特点,从而规范课程设计和实施。该模型较为全面,但实施时存在一定难度。结合以上不同模型的优缺点,我们开展需求分析,具体围绕课程因素、价值因素、环境因素、文化因素、情感因素、培养效果、培养传统与创新进行调查和分析。

同时,我们采用教育规划理论对上外人才培养的传承与创新进行分析。教育规划围绕"到哪儿去""为什么去那儿""何时到那儿"进行回答,通过采用一定的教育手段和方式,制定教育政策,为个人、集体、组织和社会创造一个更好的未来。按照教育规划利益相关者所涉及的层次,教育规划可分为宏观(社会或社区)、中观(教育机构自身)和微观(个人或小团体)三个层次。[1] 宏观的教育规划指国家或者地区在特定时期围绕各层面的教育规划利益相关者对教育发展目标、发展规模、学校布局等拟订安排。[2] 中观、微观的教育规划主要是个体或小团体对自身受教育的目标、环境、条件、路径等进行设计。学校层面的教育规划处于宏观层面和微观层面之间,是衔接宏观与微观规划的关键环节,主要是指学校根据国家、省和地方各级设定的目标,围绕国家战略和社会对人才培养的需求,对课程政策、教材开发与使用、评估政策、教师发展以及各类教育资源配置做出安排。[3] 虽然教育规划在特定场景中内容不一,但仍有较多相似点,如教育的目标、学习者、教师、课程、教材、资源和评估等。[4] 具体而言,我们主要在高校层面上考察相关教育规划的理论与实践。因此,我们将教

---

[1] 张春曙编著:《教育规划理论与方法》,高等教育出版社2000年版,第19—28页。
[2] 教育部发展规划司:《教育规划理论与实践》,中国大百科全书出版社2006年版,第10页。
[3] Robert Kaplan and Richard Baldauf, *Language Planning: From Practice to Theory*, Multilingual Matters, 1997, p. 124; 沈骑、鲍敏:《改革开放以来的中国外语教育规划》,《语言战略研究》2018年第5期,第21—31页。
[4] 张春曙编著:《教育规划理论与方法》,第20—23页。

育规划界定为：学校对接国家和社会需求，采取的有目的性、主导性的教育政策及其行为，其目的是提升学校的办学质量和人才培养质量，推动学生的全面与可持续发展。本研究中，学校教育规划包括培养目标制定、课程设计和评估、师资规划、教材研发与使用等内容。具体而言，我们主要关注上外在推动人才培养过程中所进行的涉及培养目标、课程设置、教材、教法、评估等维度的各类教育规划，既全面考察规划实施的过程、内容与效果，同时也就今后学校的教育规划做出展望。具体而言，我们一方面主要基于教育规划与政策文本，探析上外人才培养相关规划的历史演进的模式和特征，并分析人才培养的典型案例，揭示相关的规划成果与经验；另一方面，结合需求分析理论，基于教育规划所涉及的课程、教材、师资、教法等因素进行需求与现状调查，并从教育规划视角探明上外人才培养的影响因素。在此基础上，进一步总结出上外人才培养的传承与创新特点，并在教育规划层面上提出相应建议。

第二节 研究问题

在已有研究的基础上，我们以上外为案例，从传承与创新的视角探讨外语类院校的人才培养问题，以及人才培养传承和创新的建构路径。具体研究问题包括：

（1）上外人才培养历史演进的模式与特征如何？

（2）上外人才培养的现状如何？

（3）上外人才培养的影响因素有哪些？

首先，依据国家教育政策和教育战略的变革，结合上外学科发展历程，运用丰富的文献史料和访谈数据，分析上外人才培养的历史演变模式。

其次，运用问卷法、访谈法和案例法，具体分析上外本科生、研究生人才培养目标、课程设置、教学资源、教学模式、教学评估等培养现状。

再次，运用问卷法、访谈法和案例法，探讨影响培养目标、人才规格、课程设置、教学模式、教学管理、教学评估等上外本科、研究生人才培养的因素，呈现上外人才培养的典型案例，以更为直接地展示上外人才培养特色，为同类院校的人才培养提供参考借鉴。

第三节　研究对象

当前，世界正在经历百年未有之大变局，我国积极参与国际社会与全球治理，国际影响力和国际地位不断提升。《国家中长期教育改革和发展规划纲要（2010—2020年）》明确提出要提高我国教育国际化水平，要培养大批具有国际视野、通晓国际规则、能够参与国际事务和国际竞争的国际化人才。新时代赋予了外语类院校人才培养的新使命，如外语类院校的课程思政建设、新文科建设、数字化转型等成为外语人才培养的热点话题，体现了人才培养的传承与创新。

上外人才培养历史较久、特色鲜明，在外语类院校中具有代表性。上外创建于1949年12月，是中华人民共和国成立后兴办的第一所高等外语学府，是教育部直属并与上海市共建、进入国家"211工程"和"双一流"建设的全国重点大学。学校主动服务于国家"一带一路"倡议和文化"走出去"重大战略,率先提出"多语种+"卓越国际化人才培养战略,全力造就能够参与全球事务的通才和通晓国别区域与领域知识的专才。[①]

上外在人才培养模式方面,具有较强的复制性与可推广性。上外的办学历史沿革可分为以下三个阶段:第一阶段(1949年—20世纪80年代初)从俄语转向多语种,实现了从单一语种到多语种的转变;第二阶段(1983—2016年)增设非语言类专业课程,从多语种迈向多学科,率先实现了从培养单纯外语类人才到培养外语与其他人文社会科学复合型人才的转变;第三阶段(2016年至今)以培养"会语言、通国家、精领域"的"多语种+"卓越国际化人才为培养目标,战略性地提出"多语种+"办学愿景。[②]基于此,上外培养的人才类型可总结为以下三种:语言类、复合型和融合型人才。这种人才培养理念符合当前国家战略的培养需求、社会发展的人才需求及个人发展的自我需求,具有复制推广性。

基于以上考虑,我们选择上外为研究对象,旨在对上外人才培养的传承与创新现状进行研究,凝练具有上外特色的人才培养模式,总结彰显特色的培养案例,为同类学科以及同类院校提供参考。本研究共访谈50位上外教师,采用总体分层抽样的办法选取对象。为减少抽样误差,取样充分考虑到教师的不同年龄、教龄、职称、学科、职务、学术影响等维度。考虑到研究目的是考察人才培养的传承与创新,本研究主要考察以下三类教师群体:荣誉资深教授、中生代资深教授、新生代资深教授。其中,对资深教授的定义如下:(1)教龄满30年,教授任职15年以上,人才培养方面有突出成绩,有突出的学

[①] 参见《上海外国语大学历史沿革》,上海外国语大学官网,http://www.shisu.edu.cn/about/introducing-sisu,访问时间:2022年7月1日。

[②] 同上。

表 2-1 访谈对象具体信息

访谈对象	分类	出生时间	人数
教师	荣誉资深教授	1950 年之前	6
	中生代资深教授	1950—1960 年	15
	新生代资深教授	1970—1980 年	29
学生	本科生	2000—2005 年	10
	研究生	1990—2000 年	9

术成绩和较大的学术影响;(2)有头衔,比如担任某个学术要职。荣誉资深教授指出生于 20 世纪 50 年代以前的教授。中生代资深教授指出生于 20 世纪 50—60 年代的教授。新生代资深教授指出生于 20 世纪 70—80 年代的教授。访谈调查的详细统计描述见表 2-1。本研究共访谈了 19 位上外学生,取样时考虑了学生所在年级(即本科生年级和研究生年级等)分布的差异。

除访谈对象外,我们通过"问卷星"线上发放本科人才培养问卷和研究生人才培养问卷。本科生问卷覆盖上外 14 个院系,分别为:英语学院、东方语学院、日本文化经济学院、俄罗斯东欧中亚学院、法语系、德语系、新闻传播学院、国际金融贸易学院、国际工商管理学院、法学院、国际关系与公共事务学院、国际教育学院、西方语系和语言研究院。发放调查问卷共计 1064 份,回收有效问卷 906 份,有效回收率为 85.15%。各学院具体的有效回收率详见表 2-2。由表 2-2 可知:第一,各院系具体的人数分布有所差别。东方语学院(20.09%)、英语学院(10.82%)、国际金融贸易学院(12.47%)人数较多,其他学院人数依次为:国际工商管理学院(9.60%)、日本文化经济学院(6.84%)、国际关系与公共事务学院(6.18%)、新闻传播学院(5.52%)、国际教育学院(4.97%)、俄罗斯东欧中亚学院

表 2-2 本科生问卷调查对象基本信息

序号	院系名称	性别	年级	专业类型
1	英语学院 n=98/10.82%	女 n=694/76.60%	大一 n=232/25.61%	外语类专业 n=524/57.84%
2	东方语学院 n=182/20.09%			
3	日本文化经济学院 n=62/6.84%			
4	俄罗斯东欧中亚学院 n=42/4.64%			
5	法语系 n=35/3.86%		大二 n=382/42.16%	
6	德语系 n=33/3.64%			
7	新闻传播学院 n=50/5.52%			四个双学位专业 n=54/5.96%
8	国际金融贸易学院 n=113/12.47%			
9	国际工商管理学院 n=87/9.60%		大三 n=204/22.52%	
10	法学院 n=33/3.64%			
11	国际关系与公共事务学院 n=56/6.18%	男 n=212/23.40%		其他专业 n=328/36.20%
12	国际教育学院 n=45/4.97%			
13	西方语系 n=39/4.30%		大四 n=88/9.71%	
14	语言研究院 n=31/3.42%			

n= 人数 / 比例

（4.64%）、西方语系（4.30%）、法语系（3.86%）、德语系（3.64%）、法学院（3.64%）、语言研究院（3.42%）。第二，从性别指标上看，女生居绝对多数，占比76.6%，男生仅占23.40%。这可能是由于调查对象来自外语类院校，男多女少为外语专业的特点。第三，从年级指标上看，调查对象中比例最高的是大二年级学生，占42.16%；其次是大一年级和大三年级学生，分别是25.61%与22.52%；最后是大四年级学生，所占比例为9.71%。第四，从专业类型上看，比例最高的是外语类专业，占57.84%；其次是其他专业，占36.20%；最后是四个双学位专业，占5.96%。

研究生调查问卷以随机抽样的方式于2021年10—11月通过"问卷星"发给研究对象，共回收524份问卷，有效问卷524份（有效回收率为100%）。调研对象的具体情况如表2-3所示。从其所属院系和专业情况来看，问卷覆盖学校22个开展研究生招生与培养的院系，分别来自外语、教育、国际关系、新闻传播、国际金融、工商管理等专业（类）。从性别上来看，女生约占79%，男生约占21%；就年级而言，硕士一年级、硕士二年级、硕士三年级、博士一年级、博士二年级、博士三年级、其他（刚毕业的博士）的受访者分别约占17.60%、38.90%、23.30%、6.90%、6.50%、5.30%、1.50%。以上调研对象的分布情况与学校学生性别结构及各年级学生数量的比例情况基本相符。

表2-3 研究生问卷调查对象基本信息

序号	院系名称	性别	年级
1	英语学院 n=109/20.80%		
2	东方语学院 n=48/9.16%		

续表一

序号	院系名称	性别	年级
3	日本文化经济学院 n=26/4.96%	女 n=414/79.01%	硕士一年级 n=92/17.56%
4	俄罗斯东欧中亚学院 n=34/6.49%		
5	法语系 n=6/1.15%		
6	德语系 n=7/1.34%		硕士二年级 n=204/38.93%
7	新闻传播学院 n=72/13.74%		
8	国际金融贸易学院 n=20/3.82%		硕士三年级 n=122/23.28%
9	国际工商管理学院 n=13/2.48%		
10	法学院 n=19/3.63%		博士一年级 n=36/6.87%
11	国际关系与公共事务学院 n=15/2.86%		
12	高级翻译学院 n=10/1.91%		博士二年级 n=34/6.49%
13	国际文化交流学院 n=16/3.05%		
14	国际教育学院 n=43/8.21%	男 n=110/20.99%	博士三年级 n=28/5.34%
15	西方语系 n=36/6.87%		
16	语言研究院 n=26/4.96%		其他 n=8/1.53%
17	马克思主义学院 n=2/0.38%		

续表二

序号	院系名称	性别	年级
18	继续教育学院 n=2/0.38%		
19	体育教学部 n=1/0.19%		
20	文学研究院 n=15/2.86%		
21	上海全球治理与区域国别研究院 n=2/0.38%		
22	语料库研究院 n=2/0.38%		

n= 人数 / 比例

第四节　研究方法

　　研究方法主要分为量化研究和质性研究。[①] 混合研究方法指"在一项研究中收集分析定量和定性数据，并尝试整合这两种方法"[②]。换言之，混合研究方法指在一项研究或一系列研究中混合使用定量和定性方法，以更好地了解研究问题。[③] 这种研究方法涉及广泛的数据收

[①] John W. Creswell, *Educational Research: Planning, Conducting, and Evaluating Quantitative and Qualitative Research*, MA: Pearson, 2012, pp. 111–115.

[②] Zoltán Dörnyei, *Research Methods in Applied Linguistics*, Oxford University Press, 2007, p. 164.

[③] John W. Creswell and Plano Clark, *Designing and Conducting Mixed Methods Research*, Sage Publications, 2011, p. 46.

集、合并、整合、链接或嵌入，以及分析。定量研究指通过经验方法和统计学方法来描述与解释现象[1]，包括调查研究、实验研究和因果比较研究。其中调查研究和实验研究较为常用。调查研究指"通过调查人口样本，提供样本趋势、态度或意见的数字描述"[2]。调查研究须量化意见、态度和行为，并得到总体样本状况。调查对象通常为有部分相似性特征的群体，有时也会将不同群体按相似性特征分为不同小组，以通过解释关系验证提出的假设。定量研究的结果是一种标准化的统计数据，被研究者广泛使用。

不同的研究人员对定性研究有不同的定义。有的研究者认为定性研究指一系列解释性和自然实践活动，如访谈、实地考察、图片拍摄等。[3] 在自然环境中，定性研究人员对所观察到的现象进行理解和解释。[4] 与以定性研究的自然实践场景特点来概括定性研究的定义不同，有的研究者更强调从研究设计和探究方法上来定义，认为定性研究指围绕一个社会学或人类学的研究问题；研究人员在自然环境中收集数据，并通过归纳和演绎的方式分析数据，以建立相应的模式或主题来发出参与者的声音，并提供对问题的复杂描述与解释[5]，指出大多数定性研究具有一些共性特征：(1)研究人员经常在参与者所在的自然环境中收集数据。他们通过与参与者实际交流和记录参与者的行为

---

[1] Cohen Louis and Manion Lawrence, *Research Methods in Education*, Groom Helm Ltd., 1980.

[2] John W. Creswell, *Qualitative Inquiry & Research Design: Choosing among Five Approaches*, Sage Publications, 2013, p. 52.

[3] N. K. Denzin and Y. S. Lincoln, "Introduction: The Discipline and Practice of Qualitative Research", in N. K. Denzin and Y. S. Lincoln eds., *The SAGE Handbook of Qualitative Research*, Sage Publications, 2011, p. 3.

[4] N. K. Denzin and Y. S. Lincoln eds., *The SAGE Handbook of Qualitative Research*, p. 3.

[5] John W. Creswell, *Qualitative Inquiry & Research Design: Choosing among Five Approaches*, p. 52.

来收集数据。(2)在定性研究中,研究人员是关键的研究工具,研究人员以开放式的问题形式来分析文本、观察行为和访谈调查,从而收集数据。(3)定性研究重视参与者的声音。对于研究人员来说,参与者对研究问题持有的各种观点比他们自己的观点更重要。(4)定性研究过程是动态变化的,这表现为研究人员可能不会遵循他们初始的研究计划,而是随着数据收集的进行,相关研究问题、数据收集方式等会发生变化。从以上定义和特征中可以发现,定性研究更适用于以探索为目的,跟踪调查某一个群体,从而解释定量研究无法解释的现象,如问卷中无法测量出来的内容。定性研究方法通常包括叙事法、现象学方法、扎根理论研究方法、民族志方法、访谈法、案例研究等。[1]

综上,我们使用混合研究方法,以更全面地回答研究问题,具体步骤为:(1)以所能获取的文献资料为分析对象,对其进行分析整理,汇总已有数据,以分析上外人才培养的历史演变模式;(2)以上外本科生、研究生为样本,大规模问卷调查上外本科和研究生人才培养的现状与影响因素;(3)以上外本科生、研究生和相应的教师为对象,开展访谈以深入了解培养的现状与影响因素,探索上外人才培养的典型案例,并总结上外人才培养的传承与创新内容;(4)以上外典型的本科生、硕士生人才培养为案例,总结上外人才培养的典型特征,凝练上外人才培养模式。具体说明如下。

一、文献法

文献法指依据已有的研究基础,对文献进行查阅、分析和整理,以找出事物的本质属性进而探析问题和内容的一种研究方法。文献可

---

[1] John W. Creswell, *Qualitative Inquiry & Research Design: Choosing among Five Approaches*, p. 52.

分为三种等级：一次、二次和三次文献。①一次文献指原始文献，即以文献创作者的实践为创作依据，是直接记录事件经过和研究成果的材料，如原始的新闻报道等。二次文献指对原始文献加工和整理，以系统化、条理化地呈现，如访谈录等。三次文献指在二次文献的基础上，对某范围内的一次文献深入分析之后形成的材料，如综述、专题报告等。由于本书研究对象为上外人才培养，较为聚焦，因此查找文献时，三类文献都有所涉及。

文献综述部分主要包括通过中国国家图书馆和中国知网等国内数据库检索"人才培养""人才培养目标""人才培养方案""人才培养路径""人才培养模式""人才培养特色"等关键词而得到的著作、期刊论文、报纸文章、会议文章等。检索过程也采用了顺查法，在阅读检索文献的过程中利用文献后面所列的参考文献，逐一追查这些文献，并及时根据研究问题对检索文献进行分类与评述。此外，研究者也从教育部官网、上外官网等网站检索到了上外本科和研究生人才培养方案等文本内容，并搜集了上外年报、年鉴、校志等史料与教授访谈录、传记等材料，以尽可能全面、准确地了解上外人才培养的历史及现状。我们反复阅读原始文本资料，多人协商对原始资料进行条理化分析，并撰写相应的分析小结，最后通过集体讨论、核对整理完成本书。

二、问卷法

作为主要的定量研究方法，问卷法属于第一手研究，其文本工具类似于表格或其他可能的单词，用于衡量人们的行为、态度、特征等。②为了确定问卷的组成部分，我们基于已有的人才培养文献、上

---

① 裴娣娜：《教育科学研究方法导论》，安徽教育出版社1995年版，第92页。
② 秦晓晴：《外语教学问卷调查法》，外语教学与研究出版社2009年版。

外官网信息及公开的史料，针对外语类院校、外语学科的人才培养特色，最终确定问卷由两部分组成，由此形成了本科、研究生人才培养预试问卷。第一部分为基本信息，第二部分包括对培养方案的总体评价及分项评价（各培养环节设计、培养环境、组织与支持条件、培养特色和培养效果）。本研究问卷包含五级李克特量表题（1=不同意，5=完全同意）和选择题。为保证问卷具有良好的信效度，我们在完成问卷编写后于2021年9月初开始发放问卷进行试测，并在回收后进行了信效度检测。

我们将设计好的问卷发给某外语类院校学生进行先导研究，从总的有效问卷中抽取500份进行因子分析。因为信效度分析主要是针对量表类题目，所以我们对问卷中的量表类题目进行因子分析。量表常用的信度检验方法是α系数判断，系数大于0.9表示各个维度非常理想。常用的效度检验方法是KMO系数、累积方差和因子负荷结合进行判断。KMO值越大表示变量间的共同因素越多，量表越适合进行分析。因子负荷量通常要大于0.3，越接近1越好。第一次因子分析的结果显示抽取因子的结果不理想，所以删除了一道题项。第二次因子分析得出信度α=0.969（表2-4），效度KMO=0.964（表2-5）。当成分为10时累积方差解释率为75.872%（表2-6），去除"负荷值<0.3"的选项后共抽取十个因子（表2-7）。我们按照十个因子将所有题项整理为十个维度，分别为：课程教学、课外实践、跨校培养、国际交流、本科生导师制、思政教学、环境因素、文化场馆、学校认同感和培养效果。我们为选定的调查院校制定了统一的调查要求（主要包括对问卷分发的原因解释、具体问题的理解、问卷结果的研究使用等），委托各位调查员在相应的学院进行问卷调查，并于2021年11月1日至2022年1月1日之间陆续回收调查问卷。最后共回收1064份，有效问卷906份，有效回收率约为85.15%，符合要求。

表 2-4　本科生问卷信度结果

可靠性统计	
克隆巴赫 Alpha	项数（个）
0.949	64

表 2-5　本科生问卷效度结果

KMO 检验和巴特利特球形检验		
KMO 取样适切性量数		0.964
巴特利特球形度检验	近似卡方	63298.744
	自由度	1770
	显著性	0.000

表 2-6　本科生问卷解释的总方差

单位：%

成分	初始特征值			提取载荷平方和			旋转载荷平方和		
	总计	方差百分比	累积	总计	方差百分比	累积	总计	方差百分比	累积
1	25.794	42.991	42.991	25.794	42.991	42.991	9.012	15.020	15.020
2	3.620	6.034	49.024	3.620	6.034	49.024	6.252	10.421	25.440
3	3.101	5.168	54.192	3.101	5.168	54.192	5.041	8.401	33.842
4	2.626	4.376	58.568	2.626	4.376	58.568	5.001	8.335	42.176
5	2.277	3.795	62.363	2.277	3.795	62.363	4.847	8.078	50.254
6	2.165	3.609	65.972	2.165	3.609	65.972	4.087	6.811	57.065
7	1.763	2.939	68.911	1.763	2.939	68.911	3.184	5.306	62.371
8	1.553	2.589	71.500	1.553	2.589	71.500	3.016	5.026	67.397
9	1.503	2.505	74.005	1.503	2.505	74.005	2.994	4.990	72.387
10	1.120	1.867	75.872	1.120	1.867	75.872	2.091	3.485	75.872

提取方法：主成分分析法（11 之后未显示）。

表 2-7 本科生问卷旋转后的成分矩阵[a]

旋转后的成分矩阵[a]

	成分									
	1	2	3	4	5	6	7	8	9	10
您所在专业的课程设置适应社会经济发展的实际需要	0.554									
您所在专业的课程结构合理	0.639									
您所在专业的课程形式多样（如设置拼盘课、教授研讨课、学位公共课等）	0.577									
您所在专业的课程具有前沿性	0.611									
您所在专业开设的文文交叉类课程多	0.456									
您所在专业开设的文理交叉或文工交叉类课程多	0.347									
教材形式多样（例如，除了纸质教材，还有其他形式的教材）	0.715									
教材内容的选择与专业要求相符合	0.722									
教材内容反映了本学科的前沿研究成果	0.745									
教材概念准确、理论阐述严谨，符合学生需求	0.747									
教材设计符合先易后难、难易结合的要求	0.741									
课程的考核评价方式多样	0.684									

续表一

旋转后的成分矩阵[a]

	成分									
	1	2	3	4	5	6	7	8	9	10
各种课程考核方式的构成（出勤、平时表现、测试成绩等）比例合理	0.629									
课程考核方式能够科学检测学生的学习效果	0.674									
教师的科研水平高	0.492									
教师的教学能力强	0.515									
教师的信息技术素养好	0.476									
教师有敬业精神	0.424									
本科生导师制对我的课程学习有帮助		0.770								
本科生导师制对我的专业知识建构有帮助		0.782								
本科生导师制对我的科研训练有帮助		0.716								
本科生导师制对我的职业生涯规划有帮助		0.715								
本科生导师制对我的思想品德塑造有帮助		0.792								
本科生导师制对我的心理健康有帮助		0.769								

续表二

旋转后的成分矩阵[a]

	成分									
	1	2	3	4	5	6	7	8	9	10
本科生导师制对我的日常生活有帮助		0.732								
老师会在课堂上与我们讨论当下国际国内的热点问题，引导我们思考			0.710							
老师会挖掘课程内容背后的人物、故事和规律等体现出来的精神，对我们进行社会主义核心价值观教育			0.729							
老师会结合课堂内容引导我们关注中华优秀传统文化、革命文化、社会主义先进文化			0.751							
老师会结合课堂内容提醒我们养成文明行为、规则意识、法治意识、遵守公共秩序			0.767							
老师会结合课堂内容对我们进行职业理想和职业道德教育			0.717							
老师身正为范、严于律己，潜移默化地影响我们			0.678							
学校举办的各类讲座促进了我的发展				0.633						
学校开展的各类工作坊促进了我的发展				0.721						
学校组织的各类竞赛促进了我的发展				0.751						

续表三

旋转后的成分矩阵[a]

	成分									
	1	2	3	4	5	6	7	8	9	10
学校组织的创新创业等项目促进了我的发展				0.718						
学校组织的学生校外实习促进了我的发展				0.686						
英语角、多语角、多语文化节等多语活动促进了我的发展				0.620						
学校提供的国际交流机会多					0.991					
学校提供的国际交流项目形式多样					0.992					
学校提供的国际交流项目质量高					0.988					
学校的教室、图书馆、研讨室、独立学习空间等基础条件能够满足我的学习需要						0.769				
学校的实验室等科研场所与条件能够满足我的学习需要						0.725				
学校的数据库、纸质与电子图书资源能够满足我的学习需要						0.727				
学校提供的网络、软件等条件能够满足我的学习需要						0.725				
语博馆展出的内容丰富了我的专业知识							0.965			
语博馆展出的内容提升了我的文化素养							0.975			

续表四

旋转后的成分矩阵[a]

	\multicolumn{10}{c	}{成分}
	1	2	3	4	5	6	7	8	9	10
语博馆展出的我国语言文字相关内容提升了我的家国情怀							0.977			
语博馆展出的世界语言文字相关内容有助于我形成世界眼光							0.977			
跨学科、跨院系的选课制度对我的发展有帮助								0.305		
跨层级（本硕博打通）选课制度对我的发展有帮助								0.413		
跨校辅修、互认学分制度对我的发展有帮助								0.370		
学校与许多校外机构建立合作培养机制对我的发展有帮助								0.395		
我认同学校提出的致力于建成国别区域全球知识领域特色鲜明的世界一流外国语大学的办学定位									0.710	
我认同学校提出的"会语言、通国家、精领域"的"多语种+"卓越国际化人才培养目标									0.748	
我认同学校将政治定力（在世界眼光下保持自己的文化认同、民族认同和国家认同）、语言能力（精通至少一门外语）、学科能力（能掌握并运用经贸、历史、文学、教育、法律等某一领域知识的能力）、话语能力（能讲清、讲好中国故事，并且能够让外国人听得懂）列为学生的关键素养的提法									0.724	

第二章 研究设计 | 59

续表五

旋转后的成分矩阵[a]

	成分									
	1	2	3	4	5	6	7	8	9	10
我认同学校着力推进的"跨、通、融"("跨"指的是跨语种、跨专业、跨学科、跨学校、跨国界,"通"指的是充分借助平台建设打通各种壁垒,"融"指的是形成有利于交叉融合的制度安排和文化环境)的人才培养路径									0.748	
我能够保持政治定力和判断能力,在世界眼光下保持自己的文化认同、民族认同和国家认同										0.610
我具备全球化时代的语言能力,精通至少一门外语,能够用其开展跨文化沟通										0.800
我具备熟练掌握并应用某一专业领域(如经贸、金融、法律、教育、文学、历史、哲学等)知识的能力										0.806
我具有较好的话语能力,能讲清、讲好中国故事,并且能够让外国人听得懂										0.816

提取方法:主成分分析法。
旋转方法:凯撒正态化最大方差法。
a: 旋转在 8 次迭代后已收敛。

我们同时基于研究生教育相关文献自主设计开发了《上海外国语大学研究生人才培养调查问卷（试测版）》，围绕研究生培养的各环节展开调查，以便了解上外研究生人才培养的现状。我们采用专家评定法来确保问卷的内容效度，即邀请多位专家对问卷质量进行把关，对内容效度进行考察。经过三轮专家评价，我们对一些题项的内容及表达进行了修改，每轮专家评价后均邀请调查对象进行试测，从调查对象的视角来了解问卷的题项和表达是否适当，最终形成《上海外国语大学研究生人才培养调查问卷（正式版）》。修订后的调查问卷共有 52 个题目（含基本信息题 5 项，其他题 47 项），共计 52 个题项。基本信息包括受访者的性别、所属年级、所属院系、所在二级学科、研究方向等。问卷正文则涉及课程教学、学术活动、中期考核、导师指导、国际交流、学位论文等各培养环节以及支持条件，还有"多语种+"的人才培养理念、学术环境与制度建设、学生的学术能力和学术素养评价等方面。问卷题项有量表题（共有 34 道。其中有 9 道为矩阵量表题，即每道题内含若干子项。若将所有子项单独计算，共有量表题项 51 个）、单选题（10 题，含基本信息 3 题）、多选题（5 题）以及填空题（3 题，含基本信息 2 题）四种类型。向全校各学院研究生（含硕士研究生和博士研究生）发放调查问卷，要求填写者根据实际情况回答。

我们通过信度（表 2-8）和效度（表 2-9）检验以确保问卷的科学性。我们采用最大方差法对量表进行降维处理，获得旋转后的成分矩阵。可以看出，该量表共形成十个主成分，能够解释 76.778% 的方差（表 2-10），表明所抽取的主轴因子均分别能够较好地解释变量的变异量，较全面地反映了量表包含因子的内容。我们可以据此对各个题项进行合理归类，以达到简化量表的目的。根据探索性因子分析的结果（表 2-11），51 个量表题项（含矩阵量表析出的题项）按照因子载荷值可以分成十类。根据数据特征值并结合本研究的实际，我们将该量表的十个因子分别命名为"导师""其他师资""跨学科政策措施""'多语种+'理念""国际交流""国际学术发表""学术实践""学风建设""支持条件"以及"人才培养效果"。

表2-8 研究生问卷信度结果

可靠性统计	
克隆巴赫 Alpha	项数（个）
0.967	71

表2-9 研究生问卷效度结果

KMO检验和巴特利特球形检验		
KMO取样适切性量数		0.962
巴特利特球形度检验	近似卡方	25444.727
	自由度	1275
	显著性	0.000

表2-10 研究生问卷解释的总方差

单位：%

成分	初始特征值			提取载荷平方和			旋转载荷平方和		
	总计	方差百分比	累积	总计	方差百分比	累积	总计	方差百分比	累积
1	23.920	46.903	46.903	23.920	46.903	46.903	6.959	13.644	13.644
2	3.113	6.103	53.006	3.113	6.103	53.006	6.427	12.603	26.247
3	2.596	5.089	58.096	2.596	5.089	58.096	4.637	9.092	35.339
4	1.792	3.514	61.610	1.792	3.514	61.610	3.933	7.713	43.051
5	1.626	3.189	64.799	1.626	3.189	64.799	3.666	7.188	50.239

续表

成分	初始特征值			提取载荷平方和			旋转载荷平方和		
	总计	方差百分比	累积	总计	方差百分比	累积	总计	方差百分比	累积
6	1.608	3.154	67.952	1.608	3.154	67.952	3.203	6.280	56.519
7	1.295	2.539	70.491	1.295	2.539	70.491	3.085	6.049	62.568
8	1.175	2.303	72.795	1.175	2.303	72.795	3.043	5.967	68.536
9	1.027	2.014	74.809	1.027	2.014	74.809	2.234	4.380	72.915
10	1.004	1.969	76.778	1.004	1.969	76.778	1.970	3.863	76.778
11	0.757	1.484	78.261						

提取方法：主成分分析法（12之后未显示）。

在探索性因子分析之后，我们使用克隆巴赫Alpha对基于效度分析结果得到的十个因子构成的十个维度的信度进行检验，确定其内部一致性。如表2-12所示，量表总体以及所有子量表的克隆巴赫Alpha均大于0.8，因此，该量表具有较好的信度，各因子包含的题项具有较强的内部一致性。

我们使用SPSS25.0软件对两份问卷所得的调查数据进行了具体分析：（1）使用描述性统计分析人才培养现状；（2）使用Pearson相关分析研究人才培养的影响因素与培养结果的相关关系；（3）使用回归分析研究影响因素与培养结果的影响关系。

三、访谈法

我们主要采用半结构化的访谈方式。依据研究问题，教师访谈提纲主要包括教师的学习经历、教学经历、管理经历等方面（详见附录三）。学生访谈提纲主要围绕课程因素、价值因素、环境因素、文化因素、情感因素、培养效果、培养传统与创新进行展开（详见附录四、五）。

第二章 研究设计 | 63

表 2-11 研究生问卷旋转后的成分矩阵

旋转后的成分矩阵[a]

	成分									
	1	2	3	4	5	6	7	8	9	10
导师重视对我研究方法的训练	0.814	0.217	0.137	0.119	0.128	0.125	0.136	0.116	0.068	0.072
导师指导我做出长期的学术生涯发展规划	0.804	0.272	0.160	0.106	0.122	0.137	0.110	0.088	0.112	0.063
导师的建议或反馈能够有效指导我的学习与研究	0.800	0.155	0.144	0.080	0.057	0.088	0.113	0.212	0.169	0.042
导师注重引导我关注学科前沿	0.796	0.178	0.115	0.092	0.085	0.185	0.101	0.170	0.137	0.075
导师鼓励我开展跨学科研究，并能给予指导	0.788	0.250	0.257	0.099	0.115	0.092	0.059	0.163	0.064	0.104
导师不仅指导我为学，也指导我为人	0.783	0.163	0.107	0.123	0.105	0.063	0.116	0.168	0.091	0.044
导师提供足够的参与课题研究的机会	0.747	0.196	0.132	0.102	0.135	0.299	0.095	0.093	-0.008	0.091
导师希望我的研究能够体现出外语类院校的特色	0.690	0.181	0.142	0.204	0.120	0.110	0.095	0.163	0.113	0.093
具有批判意识，能够快速找到某项研究的不足	0.211	0.812	0.162	0.144	0.090	0.166	0.079	0.035	0.065	0.058
具有问题意识，能提出研究问题，敏锐捕捉潜在的研究课题	0.216	0.802	0.106	0.095	0.139	0.177	0.120	0.076	0.108	0.094
能根据研究问题做出可行的研究方案或实验设计	0.213	0.780	0.150	0.136	0.166	0.137	0.128	0.055	0.123	0.099
学术语言能力较强，能用外语撰写高质量的学术论文	0.189	0.754	0.227	0.187	0.115	0.053	0.060	0.151	-0.062	0.084
具备开展跨学科研究的知识储备和能力	0.217	0.734	0.209	0.237	0.188	0.119	0.091	0.132	-0.007	0.102
能将本学科的知识、理论等用于了解解决研究实践中遇到的问题	0.216	0.716	0.139	0.189	0.136	0.138	0.171	0.149	0.188	0.105

续表一

旋转后的成分矩阵[a]

	成分									
	1	2	3	4	5	6	7	8	9	10
外语交流能力较强，能清晰表达自己的学术观点	0.211	0.713	0.124	0.260	0.120	0.054	0.120	0.102	0.038	0.081
了解本研究方向的知识只结构与研究方法	0.197	0.702	0.188	0.151	0.127	0.131	0.185	0.139	0.230	0.089
学校开设文理交叉或文工交叉类课程多（例如语言与计算机科学，语言与数学，语言与生物学等）	0.155	0.219	0.697	0.156	0.149	0.181	0.163	0.092	-0.077	0.093
学校已建立有助于跨学科交叉研究的体制机制	0.206	0.310	0.630	0.237	0.206	0.121	0.138	0.186	0.211	0.204
学校开设的研究方法类课程多	0.201	0.233	0.621	0.128	0.099	0.170	0.366	0.057	0.070	0.032
学校开设的文交叉类课程多（如外语与法律、外语与政治、外语与外国历史等）	0.211	0.167	0.619	0.268	0.152	0.107	0.151	0.132	0.179	0.068
学校已建立跨学科、跨专业、跨层级的选课制度	0.216	0.211	0.615	0.215	0.178	0.146	0.103	0.178	0.278	0.171
学校跨学科研究氛围浓厚	0.191	0.214	0.590	0.197	0.152	0.101	0.173	0.293	0.251	0.225
学校的研究生课程教学突出对学生创新思维能力的培养	0.296	0.224	0.513	0.151	0.181	0.202	0.205	0.291	0.137	0.083
学校开设的课程具有前沿性	0.268	0.208	0.495	0.171	0.176	0.166	0.233	0.329	0.183	-0.030
您所在的专业能体现出鲜明的"多语种+"特色	0.156	0.209	0.191	0.775	0.168	0.157	0.144	0.099	0.094	0.006
您认为"多语种+"的理念和人才培养模式对您的研究生生涯的影响	0.136	0.224	0.197	0.733	0.079	0.085	0.114	0.120	0.033	0.207

续表二

旋转后的成分矩阵[a]

	成分									
	1	2	3	4	5	6	7	8	9	10
您经常参与"多语种+"的活动	0.091	0.297	0.206	**0.726**	0.236	0.169	0.078	0.030	-0.015	0.044
给您上过课的老师,注重"多语种+"能力的培养	0.234	0.207	0.196	**0.709**	0.181	0.105	0.118	0.189	0.121	0.120
您了解学校"多语种+"的人才培养理念	0.154	0.235	0.114	**0.692**	0.068	0.118	0.181	0.103	0.164	0.139
学校提供的国际交流机会多	0.142	0.191	0.145	0.159	**0.831**	0.124	0.171	0.141	0.135	0.129
国际交流项目形式多样	0.153	0.221	0.158	0.189	**0.828**	0.111	0.166	0.116	0.151	0.117
国际交流项目质量高	0.180	0.230	0.243	0.161	**0.763**	0.152	0.175	0.202	0.098	0.096
导师的国际合作项目多	0.280	0.263	0.251	0.211	**0.711**	0.162	0.159	0.106	0.005	0.137
您有参与下列学术实践活动的机会:申请校级科研项目	0.214	0.146	0.134	0.113	0.132	**0.809**	0.109	0.070	0.077	0.157
您有参与下列学术实践活动的机会:参与各类课题研究	0.250	0.195	0.195	0.185	0.110	**0.759**	0.066	0.125	0.032	0.138
您有参与下列学术实践活动的机会:参与跨学科合作研究	0.214	0.207	0.330	0.173	0.230	**0.725**	0.031	0.116	-0.007	0.069
您有参与下列学术实践活动的机会:参与学术研讨会或学术演讲活动	0.196	0.213	0.068	0.131	0.055	**0.718**	0.184	0.170	0.233	0.012
您对教室、图书馆、研讨室、独立学习空间等基础条件满意	0.145	0.154	0.136	0.160	0.082	0.105	**0.747**	0.110	0.241	0.001
您对学校的数据库、纸质与电子图书资源满意	0.145	0.128	0.242	0.172	0.162	0.076	**0.716**	0.118	0.065	0.175
您对学校的网络、软件满意	0.142	0.233	0.227	0.130	0.196	0.088	**0.679**	0.172	0.098	0.213

续表三

旋转后的成分矩阵[a]

	成分									
	1	2	3	4	5	6	7	8	9	10
您对实验室等科研场所与条件满意	0.228	0.205	0.254	0.135	0.264	0.124	**0.635**	0.137	0.101	0.080
学校教师在自己的研究领域中开展了较深入的研究	0.338	0.151	0.160	0.149	0.155	0.160	0.170	**0.706**	0.207	0.137
学校师资队伍的职称结构合理	0.342	0.200	0.265	0.137	0.172	0.170	0.142	**0.691**	0.051	0.145
学校师资队伍的年龄结构合理	0.335	0.211	0.218	0.128	0.131	0.152	0.172	**0.691**	0.149	0.135
学校教师知识广博，注重开展跨学科教学与研究	0.351	0.148	0.236	0.192	0.194	0.101	0.145	**0.691**	0.135	0.066
学校重视加强对学生的学术诚信教育	0.229	0.153	0.181	0.119	0.128	0.124	0.234	0.191	**0.777**	0.082
学校重视提升学生的学术规范意识	0.275	0.174	0.263	0.148	0.162	0.128	0.209	0.209	**0.712**	0.104
学校已建设专门的学风建设机构和制度	0.271	0.215	0.396	0.158	0.237	0.130	0.179	0.091	**0.488**	0.205
学校出版多语种期刊，为学生提供了国际学术发表的阵地	0.111	0.226	0.227	0.243	0.256	0.159	0.159	0.167	0.042	**0.732**
学校成立外语／多语种写作中心，为学生的国际学术发表提供了切实有效的指导	0.159	0.251	0.347	0.230	0.325	0.139	0.089	0.120	0.082	**0.653**
学校鼓励研究生在国外学术期刊上发表论文	0.265	0.183	0.056	0.131	0.039	0.186	0.284	0.159	0.224	**0.602**

提取方法：主成分分析。
旋转方法：凯撒正态化最大方差法。
a：旋转在 7 次迭代后已收敛。

表 2-12　研究生问卷量表各维度的信度分析

维度	克隆巴赫 Alpha	项数（个）
导师	0.953	8
其他师资	0.925	4
跨学科政策措施	0.928	8
"多语种+"理念	0.903	5
国际交流	0.950	4
学术实践	0.899	4
支持条件	0.864	4
学风建设	0.873	3
国际学术发表	0.843	3
人才培养效果	0.949	8

量表总体信度情况：克隆巴赫 Alpha=0.967，题项数为 51 个。

我们随机抽取了 19 名涵盖各年级的学生进行单独面对面、电话的半结构化访谈。访谈时间为 20—90 分钟，征得访谈对象同意后对访谈的内容进行录音。转写成文本时，每份访谈的转写文本独立成档。讨论中如有引用访谈数据，则使用本科生 S1—S10 与研究生 D1、M1—M8 代替访谈人姓名的形式。本科生访谈数据共收集了 495 分 11 秒，转写文本 102860 字；研究生访谈数据共收集了 315 分 58 秒，转写文本 75519 字。教师（编码为 T1—T50）访谈中，荣誉资深教授访谈数据共收集了 724 分 32 秒，转写文本 142542 字；中生代资深教授访谈数据共收集了 1136 分 56 秒，转写文本 259742 字；新生代资深教授访谈数据共收集了 1340 分 37 秒，转写文本 511311 字（表 2-13）。如果文本转写中出现不清之处，则通过邮件、短信形式邀请访谈对象确认。所有质化数据采用扎根理论研究方法[1]归纳整理。为保证数据分析的可信

---

[1] Strauss Anselm and Corbin Juliet, *Basics of Qualitative Research: Techniques and Procedures for Developing Grounded Theory*, Sage Publications, 1998, pp. 9–10.

表 2-13　访谈数据收集

访谈对象	分类	访谈时长（mm:ss）	转写后字数（字）
教师	荣誉资深教授	724:32	142542
	中生代资深教授	1136:56	259742
	新生代资深教授	1340:37	511311
学生	本科生	495:11	102860
	研究生	315:58	75519

度，首先，课题组成员各自完成一份访谈数据编码；随后进行集体核对与讨论。确定了一致的编码方案后，我们对剩余文本进行编码分析。

四、案例法

案例法又称"个案法""个案研究法"。案例法是社会科学领域中较为常见的研究方法。案例研究是指对一个计划、一个人、一起事件、一个机构或一个社会团体等特定对象的研究。有学者认为案例具指一个有明确界限的对象，而不是泛指的内容。[1] 案例法侧重描绘案例的特殊性与复杂性。但案例研究不是纯理论的研究，而是经验性的研究，需对选取的案例进行深入探究，在于回答"为什么"和"怎么样"的问题。[2] 案例法是否使用得当取决于所进行的研究设计及结果呈现等是否规范科学。[3] 由此，案例通常指具有某种特征或特别代表意义的内容，可以是具有典型性的教师、学生、方案等。为了凝练出

---

[1] Robert E. Stake, *The Art of Case Studies Research*, Sage Publications, 1995, p. 17.
[2] Robert K. Yin, *Case Study Research: Design and Methods*, Sage Publications, 1994, p. 13.
[3] 许悦婷、李展：《个案研究方法在我国外语教育研究中的使用情况评述——以近20年（1998—2018）发表的核心期刊论文为例》，《中国外语》2020年第3期，第103—111页。

上外人才培养的传承与创新特色，特别是上外人才培养采取的创新内容，我们选取了上外本科生（复合型人才、卓越学院人才）、研究生（语言政策与语言教育人才、高级翻译学院人才）的典型培养案例，并对其进行深入分析，以期为人才培养研究提供具体可行的思路和解决方案。

总之，为确保研究信度，我们通过文献法、问卷法、访谈法等不同研究方法，得到了学生、教师等不同来源的量化与质化数据，形成了多数据收集方法、多元来源视角、多元分析核对的三角验证。[1] 我们首先以文献检索所收集到的资料为研究依托，对人才培养进行文献述评；其次通过问卷和访谈相结合的方法调研上外人才培养的历史演进、现状、影响因素等内容。其中，问卷调查旨在从整体角度获取上外本科生、研究生的人才培养现状与需求。访谈旨在对上外教师和学生进行深度访谈，以描述上外师生对人才培养的具体观点。此外，为总结出上外人才培养的历史演进与典型案例，文献史料也是重要的数据分析来源。结合以上数据分析，最后凝练出上外人才培养的传承与创新特色，为外语学科、外语院校的人才培养发展提供参考性的建议。

整合文献综述、理论框架、研究方法，我们绘制了本研究的技术路线图（图2-1），用于指导研究工作的开展。

如图2-1所示，整个研究以教育规划理论和需求分析理论为指导，通过文本分析、访谈、问卷相结合的方法研究上外人才培养的历史演进的模式与特征、现状和影响因素，并通过对典型案例的分析，进一步探究上外人才培养的创新举措。在此基础上，我们提炼出上外人才培养的根本遵循，总结上外如何通过传承与创新实现人才培养的改革发展。

---

[1] Sharan B. Merriam, *Qualitative Research and Case Study Applications in Education*, Jossey-Bass Publishers, 2001.

```
                    需求分析理论        教育规划理论
                         │                │
                         └────────┬───────┘
                                  ▼
    ┌─────────┐            ┌──────────────────────────┐
    │ 文献研究 │ ---------> │ 上外人才培养的历史演进模式与特征 │
    └─────────┘            └──────────────────────────┘
         ↕   文献                    │
             资料                    ▼
                            ┌──────────────────────┐
                            │ 上外人才培养的现状调研   │
    ┌─────────┐             └──────────────────────┘
    │ 调查研究 │ --------->           │
    └─────────┘                      ▼
         问卷                ┌──────────────────────────┐
         访谈                │ 上外人才培养的影响因素分析 │
                            └──────────────────────────┘
                                     │
                                     ▼
                        ┌─────────────────────────┐  ┌────────┐
                        │ 上外人才培养的典型创新举措 │──│ 案例分析 │
                        └─────────────────────────┘  └────────┘
                                     │
                                     ▼
                    ┌──────────────────────────────┐
                    │ 上外人才培养的根本遵循：传承与创新 │
                    └──────────────────────────────┘
```

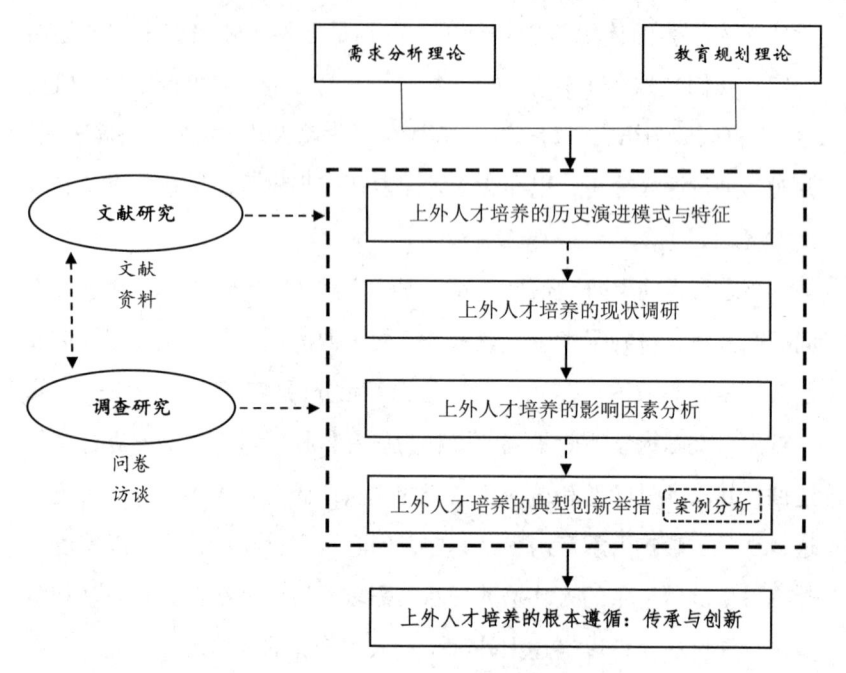

图 2-1 本研究的技术路线图

本章主要构建了理论框架，提出具体研究问题，并就研究对象、研究方法等做具体说明，绘制了本研究的技术路线图。下一章将重点回答第一个研究问题，即探讨上外人才培养历史演进的模式与特征。

第三章

上海外国语大学人才培养的历史演进

本章共四节，主要回答本研究的第一个研究问题。通过文本分析我们将上外人才培养的历程分为三个阶段，即以语言类人才培养为导向的阶段、语言类人才与复合型人才培养协调发展的阶段以及以"多语种+"卓越国际化人才培养为导向的阶段，详细阐述了每一阶段的基本背景与人才培养的主要理念、核心内容、保障机制及主要效果；同时根据历史梳理，总结上外人才培养的历史演进的模式与特征。

第一节
第一阶段：以语言类人才培养为导向的阶段（1949年—20世纪80年代初）

一、基本背景

办学之初，作为一所俄文专科学校，学校教学呈现一定的培训特征；直到1952年以后，才逐渐从培训式教学走向正规化教学。1956年，学校更名为"上海外国语学院"，国家批准增设英语、法语、德语等专业,学制改为四年,之后虽经历波折但总体上仍不断发展。到 20 世纪 80 年代初期,学校已设有俄语、英语、德语、法语、日语、西班牙语、阿拉伯语等十几个语种专业,人才培养的规模进一步扩大。上外在该阶段围绕培养翻译人才和未来师资的目标,实现了正规化办学,并逐渐形成了自身的办学理念与办学特色。

二、主要理念

总体而言,从建校至 20 世纪 80 年代初,学校的主要目标是培养外国语言文学的专业人才。[①]这一时期全国外语专业人才培养的大方向是为国家输送翻译干部[②],同时培养外语教师。1954 年政务院批准的《关于全国俄文教学工作的指示》中就明确指出:"俄文专科学校的任务是培养翻译干部(约占 70%)和一部分师资(约占 30%)。"学校密切对接国家建设和发展的需要,承担为国家培养急需的各类翻译人才的重要使命和任务。例如,为适应全国第一个五年计划的实施,1953 年 2 月,根据"一五"计划及苏联援建 156 项重点工程的要求,学校在教学中增设了冶金、燃料、机械、地质、电子、电机、化工等专业班,旨在培养熟悉专业的高级工业翻译人才。值得一提的是,尽管翻译人才的培养主要强调语言基本功的训练,但学校在人才培养的过程中并未忽视对人文素养的培养以及思想政治教育工作。同时,学校在开展外语教学的同时,也会为学生提供用外语学习基础工业和工程技术知识的机会,以便使学生毕业后能尽快适应国家工业建设相关领域对翻译人才的需求。

---

① 李良佑、刘犁:《外语教育往事谈——教授们的回忆》,上海外语教育出版社 1988 年版,第 326 页。
② 许国璋:《外语界的自省和自强》,《外语教学与研究》1992 年第 4 期,第 1 页。

三、核心内容

学校办学初期，受当时条件限制，教学带有一定的突击性质，课程也只有政治与俄语两门。自 1952 年以后，学校逐渐从培训式教学走向正规化教学。1955 年以后，学校开始执行全国统一的三年制俄语专业教学计划。这一计划强化了语言技能训练，俄语课程逐渐分设为讲读、会话、语法、翻译等不同课型[1]，同时增加了文学史和文学选读类课程。但总体上，这份全国统一的教学计划偏重语言知识，对于文化知识课程的重视度不够。[2] 英语方面，1961 年在中央宣传部的主持下，上外与其他高校联合讨论制定了一份五年制的英语专业教学方案，其中必修的专业课包括英语、英语语言理论（英语语音学、词汇学和语法、修辞）、语言学概论、文学概论、英美历史和概况、欧洲文学史、英美文学史、中国文学史、英美文学作品选读、汉语（包括习作）、第二外国语等。[3] 可以看出，这是一份以语言和文学为中心的教学方案，与 20 世纪 50 年代的俄语专业教学计划相比，这份方案中文学类课程大幅增加，且被纳入了必修课范围。这份方案大致执行到 60 年代中期。"文革"结束后，教育部下发了《外语学院英语专业四年制教学计划（试行草案）》，该计划在总体结构上与 1961 年的英语专业教学方案基本一致。总体而言，这一时期，国家对于外语人才培养是全国"一盘棋"，全国外语类院校执行统一的教学计划。受国家教育政策影响，上外在这一时期的实际办学过程中，逐渐形成了以外国语言文学人才培养为导向的办学格局。

---

[1] 束定芳主编：《外语教育往事谈（第二辑）：外语名家与外语学习》，上海外语教育出版社 2005 年版，第 68—70 页。
[2] 李良佑、张日昇、刘犁：《中国英语教学史》，上海外语教育出版社 1988 年版，第 422 页。
[3] 同上书，第 424—425 页。

这一时期，上外虽然主要根据国家的外语教育政策进行课程体系建设，但在教学方法上却开始寻求创新。1965年，上外英语系开始试行"听说领先法"，以听说带动读写，以读写巩固和提高听说能力，在重视培养学生的实际交流能力的同时确保学生读写水平的提升。[①]学校教师并没有照搬国外"听说教学法"的做法，而是融入了自己的思考，根据当时的教情、学情对该方法进行了充分的本土化改造。[②]后来，"上外英语"成为一段时期内各校英语教学追求的一种目标，一方面，学生在单词、词组、句子乃至段落的语音语调方面向上外英语发音最准确、最地道、最标准的老师学习；另一方面，在与英语相关的文学、翻译、外文报刊阅读、英美概况和英语写作等课程方面，上外也形成了自己的教育特色。[③]在教学方法改革的带动下，学校在一定程度上摆脱了统一教学方案和"统编教材"的束缚，在实际教学中适当调整教学内容、不断改进教学设计。其中，大一年级重语音语调训练，大一、大二年级强化口语与听力训练，并广泛利用电教设备，创设或模拟外语环境，要求学生用外语问答和交谈，课外广泛开展各类外语活动，进一步激发学生的学习兴趣。[④]经过长期探索，学校逐渐在人才培养上凝练出一定特色，学生的听说读写能力都得到了较好发展，学习主动性不断增强。

[①] 束定芳主编：《外语教育往事谈（第二辑）：外语名家与外语学习》，第15页。

[②] 尚外英：《一二年级英语课试行"听说领先"的初步经验》，《外语教学与研究》1965第3期，第14—21页。

[③] 王恩铭：《从"英美概况"走向"英语国家概况"和"英美文化"——40年英语教育改革之感想》，庄智象主编：《往事历历40年回眸：知名外语学者与改革开放2》，上海外语教育出版社2018年版，第430—434页。

[④] 院史编写组编著：《上海外国语学院简史（1949—1989）》，上海外语教育出版社1989年版，第68页。

四、保障机制

这一时期，学校采取了多种措施来保障外语人才培养的顺利开展。首先是师资队伍建设。办学初期，学校除了自聘教师外，主要从在沪居住多年的苏联侨民中聘任教师。1952年以后，随着正规化教学秩序的建立，学校的师资队伍建设也逐渐走上正轨。一方面，学校以开放的姿态广泛延揽人才，既从全国各地的综合性大学中陆续聘来了方重、凌达扬、漆竹生、徐仲年、王燕生等教授，也从社会上招聘了100多名英语、德语、法语人才，其中包括不少学有专长的知名人士，如董任坚、郑若谷、李振南、陈炳章、杨寿林、李晓、许天福、厉家祥、董寿山等。[①]另一方面，学校从毕业生中选拔优秀者留校担任助教，助教制度的实施起到了充实教师队伍的作用。例如，1951年起，学校从一期学员中选留了20位俄语学生留校任助教[②]；而从1961年到1965年，每年都有法语毕业生留校担任教师。[③]学校采用"师傅带徒弟"的办法，聘任精通外语的专家作为指导老师来带一批助教，教师在专家指导下经过集体备课以后方能进课堂上课，这样在解决师资紧张问题的同时也保证了教学质量。学校还通过组织赴外留学、到外校进修、开办研究生班和教师进修班等措施进一步提升师资质量[④]；另外这一时期青年教师的成长也得益于学校与社会的联动，"社会上有翻译的需求，比如电影译制厂需要翻译旁白片，系里会组织教研室一起翻译"[⑤]，这类活动往往使青年教师可以在业务上快速成

[①] 参见上海外国语大学档案馆、校史馆、世界语言博物馆：《SISU文脉 | 上外学年1956》，http://amm.shisu.edu.cn/3d/7a/c11294a146810/page.htm。

[②] 杨凡：《与时代同频共振，创新外语类院校发展》，《语言政策与语言教育》2021年第1期，第4页。

[③] 李良佑、刘犁：《外语教育往事谈——教授们的回忆》，第249页。

[④] 院史编写组编著：《上海外国语学院简史（1949—1989）》，第44—47页。

[⑤] 参见徐瑞华：《用赤诚之爱开启上外西语之窗》，《SISU文脉 | 口述校史》，https://amm.shisu.edu.cn/3c/72/c11294a146546/page.htm。

长和进步。其次是教材体系建设。在俄语方面，学校聘请苏联专家前来指导教材建设，编写了俄语读本和俄语会话教材。在英语方面，为适应"听说领先法"教学的需要，学校摆脱"统编教材"的束缚，开始自编全套英语教材。[①]此外，虽然这一时期校外环境不够稳定，但学校坚持完善图书资料、电教设备等教学辅助设施，健全学籍管理、请假销假、考核评分等各项规章制度，保障教学秩序[②]；同时一直坚持小班化教学，以有效保障学生外语实践能力的提升。[③]

在开展专业教学的同时，学校人才培养也十分重视提升学生的思想政治素质。思想政治教育、中共党史、时事政治等课程一直是学校外语专业课程体系的重要组成部分。同时，学校在 1957 年就开始建立辅导员制度，并于 1958 年正式发布《关于在学生中建立学习辅导员制度的试行方案》，助力学生成长。在学校的努力下，学生的思想政治觉悟明显提高，毕业后奔赴全国各地为社会主义建设贡献青春；有些学生还参与了边境自卫反击战，发挥自己的专长，保家卫国[④]，对学校后来的校风、学风产生了积极影响。

五、主要效果

这一时期的人才培养探索取得了较好的成效，为政府部门和一些大型项目工程输送了大批翻译人才。这一时期学校培养的外语人才的语言基本功比较扎实，且形成了踏实的学风；20 世纪 60 年代开展的教学法改革，既有效活跃了课堂气氛，也增强了学生的表达能力，

---

① 束定芳主编：《外语教育往事谈（第二辑）：外语名家与外语学习》，第 15 页。
② 院史编写组编著：《上海外国语学院简史（1949—1989）》，第 68—69 页。
③ 李良佑、刘犁：《外语教育往事谈——教授们的回忆》，第 315 页。
④ 院史编写组编著：《上海外国语学院简史（1949—1989）》，第 40—41 页。

同时提高了学生阅读和写作能力的质与量。①这一时期毕业的许多学生，后来都奋斗在社会主义建设的第一线，为国家的发展做出了重要贡献。例如，1954年毕业的学生李骥昌毕业后就一直战斗在为"大国重器"（海军装备）服务的光荣行列里。他先后参与海军五六十年代接收、仿制苏联舰艇的设计工作，后来又参加了核潜艇和航空母舰研制过程中相关资料的翻译工作。他说："在校最后半年学校安排的全程理化和基础工业知识俄语教学内容，对于我能迅速掌握工程技术俄语，从而很快适应工作要求并较圆满完成翻译任务来说，是有极大帮助的。"②可见，这一时期的人才培养探索回应了当时国家建设的迫切需求，同时也将培养复合型人才的办学基因深植于学校的办学历史中，成为后来学校开启复合型人才培养改革的先声。

第二节
第二阶段：语言类人才与复合型人才培养协调发展的阶段（1983—2016年）

一、基本背景

改革开放以后，我国与其他国家的经贸合作和商务往来逐渐增多，国家与社会对应用型外语人才的需求日益迫切。于是，上外在

---

① 章振邦：《也谈我国外语教改问题》，《外国语（上海外国语大学学报）》2003年第4期，第1—6页。
② 杨凡：《与时代同频共振，创新外语类院校发展》，《语言政策与语言教育》2021年第1期，第5页。

1984年决定进行办学战略的调整。在当年举行的建校35周年纪念大会上，学校领导做了《改革教育体制，培养新型外语人才》的报告，明确提出要将学校从单科性外语学院建设为多科性的应用文科类外国语大学。随着学校办学定位的改变，学校人才培养也开始出现新举措，并行出现了两条改革路径：一是为适应国家经济社会发展的需要，学校从1983年开始，陆续设立了国际新闻（英语）、对外经济贸易（英语、日语）、对外汉语（英语）、外事管理（英语）、国际经济法（法语）和教育传播与技术（英语）等复合型新专业，既呼应了学校办学战略的调整，为学校向多学科大学发展奠定了基础，也由此掀开了复合型外语人才培养模式改革的序幕。二是学校在坚持外语专业的教学传统的同时，也对语言文学类专业进行了改革，通过增设选修课、强化第二外语教学、改革小语种专业学制及推进双语教学等途径，切实提升外语类专业的人才培养质量。以上两条改革路径标志着学校的人才培养正式步入语言类人才与复合型人才培养协调发展的新阶段。

二、主要理念

这一时期，学校一方面继续办好各语种专业，另一方面通过实践探索着力推进复合型外语人才培养改革。1985年学校的"七五"规划将"通过多学制、多规格、多专业、多层次的办学路径，培养大批拥护党的领导，坚持走社会主义道路，身体健康，掌握有关涉外文科专业知识和技能，能独立解决问题的高质量的新型外语人才"作为学校的人才培养目标。这一目标的关键点在于"掌握有关涉外文科专业知识和技能"，即在语言知识和技能之外，学生还应具备涉外应用文科方面的专业能力，以满足新形势下市场对人才的新要求。学校从国际新闻等专业开始试点，逐步推动"人文专业+英语""英语专业+人文专业"等类型的复合型人才培养改革，同时在非英语外语专业中推行

"非英语外语专业+英语"改革,逐渐探索出一条"四型一辅"的改革路径,即外语专业型、复合专业型(如国际经贸、国际会计、国际新闻、国际金融等)、专业方向型(在原有语言专业中增设6门至8门体现复合型专业特点的课程)、双外语型(主修语种加辅修语种)、辅修制(为主修专业成绩优良的学生增设辅修专业)。[1]"四型一辅"充分体现了学校将语言类人才培养与复合型人才培养并举的办学理念,既巩固了学校的办学基础,使语言类专业焕发了新的生机,又拓展了学校的人才培养格局,为社会输送了大量新型人才。

三、核心内容

复合型人才培养改革是一项系统工程,概而言之,主要有两条路径:一是积极筹建培养复合型外语人才的新专业,如国际新闻、国际经贸等;二是在传统外语类专业人才培养体系中增加其他专业知识或其他语种的教学。第一种路径主要是在保证专业性的同时突显外语特色。以1983年推出的国际新闻专业为例,学制拓展为六年,其中前三年侧重打好英语基础,后三年侧重进行新闻专业训练;主要包括基础英语综合、高级英语综合、英语阅读、听说、写作、翻译理论与技巧等语言基本功课程,以及大众传播理论、新闻学概论、新闻词汇学、英语新闻写作与实践、英语新闻编辑、英语报刊选读、新闻分析与解释性报道、西方新闻史、中国新闻史、汉语新闻写作、新闻工作实习等新闻专业课程或实践环节。进一步分析上述课程体系,我们可以发现以下几个特点:第一,除英语新闻编辑等少数课程外,语言类课程与新闻类专业课程基本处于"并置"状态,两类课程之间的"交集"比较少,因此复合型人才的培养高度依赖于两类课程的"叠加",

---

[1] 戴炜栋主编:《高校外语专业教育发展报告(1978—2008)》,第79页。

这样一来课程总量比较多，学制也自然需要拉长。第二，该专业非常重视外语基本功训练，语言技能类课程贯穿六年的学习生涯，体现出该专业人才培养的鲜明的外语特色。第三，在新闻专业中，既有"史"（开设了西方新闻史、中国新闻史等课程），又有"论"（开设了大众传播理论、新闻学概论等课程），同时注重新闻实践类课程的设置（从新闻写作到新闻编辑再到新闻报道、新闻分析等各环节的课程一应俱全），为学生建构了完整的新闻学学科的知识体系与能力结构。第四，在课程学习的同时，该专业还非常重视实习，明确将新闻工作实习纳入课程体系。新闻工作实习为20个学分，占学分总数的8.3%。学生分批到中国日报社、新华社、北京周报社、中国建设报社等媒体单位实习，将理论学习与工作实践紧密结合。此外，该课程体系还设有汉语新闻写作课程，说明学校在坚持专业的外语特色的同时，也认识到母语素养和能力对于开展新闻工作的重要性。这一模式取得了很大成功，后来学校又在更多人文社科专业中推行这一模式，逐渐完善了复合型人才培养的体系。

第二条路径是专门针对外语专业进行改革，其中尤以双外语改革为代表，即积极构建"外语专业＋英语"的人才培养模式（以各非英语语种专业学生辅修英语为主，此外也有阿拉伯语专业辅修波斯语的情况）。例如，在阿拉伯语专业中，融入英语课程的学习，设立阿拉伯语（辅修英语）专业。该专业的教学计划中不仅开设阿拉伯语的听说读写译等语言技能课程以及阿拉伯文学、历史、社会、经济等方面的课程，还设置了专门的英语必修课模块。[①]该模块共需修满40个学分（该专业总计需修满170学分），占该专业总学分的近四分之一（23.53%）。模块内设有基础英语、英语视听说、英语写作、英语翻译理论与实践等课程，可有效提升学生的英语听说读写译技能。

---

① 丁俊：《中国阿拉伯语教育史纲》，中国社会科学出版社2006年版，第169—171页。

另外，学校其他类型的人才培养模式也分别体现了以上两种改革路径。比如，除了直接开设复合型专业，学校还积极推进专业方向型改革。学生通过系统学习6门至8门体现复合型专业特点的课程，进一步拓展自身的知识与能力结构。这一模式既在部分语言类专业中推行，也在一些复合型专业中实施。对外语专业而言，这种改革体现的是"外语+人文社科"的培养理念，例如自20世纪80年代开始，英语专业的选修课不断增加，涉及的人文社科领域包括语言、文学、文化、历史、地理、经贸、新闻、外交、法律、宗教等。以经贸方向为例，相应的选修课程有外贸英语、英语外贸函电写作、国际金融、国际贸易、进出口服务等。[1]对于复合型专业而言，这一模式可以助力学生形成双复合专业的知识与能力结构，例如国际经贸专业的学生，通过学习国际金融相关课程，在掌握外语的同时，既获得了对国际经贸领域的全面把握，也对国际金融领域有了基本认识；同时国际金融领域的课程也有助于学生深化对国际经贸相关问题的理解。此外，对于未实施专业方向型改革的语言类专业的学生，可以借由辅修制成为复合型人才。学校为主修专业成绩优良的学生增设辅修专业（学生辅修的专业均为复合型专业，如国际企业管理、涉外保险、国际广告等）。辅修课程成绩合格的学生，由学校颁发辅修证书，以补充主修专业。[2]

四、保障机制

学校通过深化改革，在师资、教材、组织体系和财力资源等方面形成了较为完善的保障机制，推动复合型人才培养的改革。

---

[1] 李良佑、张日昇、刘犁：《中国英语教学史》，第440—441页。
[2] 丁智勇：《面向21世纪的外语人才——关于上外复合型外语人才的培养目标与课程体系》，《外语界》1998年第2期，第4—7页。

首先，学校把师资队伍建设作为提高人才培养水平的关键，自20世纪80年代就明确了"阶梯式培养"师资队伍的思路，从选拔三个梯队到组建"学科骨干梯队"，积极采取有效措施，营造了有利于高层次人才培养和成长的良好环境；重视中青年教师的培养，不断提升中青年教师的学历学位层次和教学科研能力。同时，学校积极拓展师资来源，形成了开放多元的师资队伍建设模式。以传播专业（英语）为例，其师资主要有以下来源。外语老师是学校原有的师资，相对比较充足。传播专业方面的教师的来源比较多元化：一部分由原来的外语教师转行而来，这批老师原本也是英语专业的，通过自学传播学方面的内容，逐渐实现了自身的转型，其特点是语言能力扎实，而且具备更广阔的视野；另一部分来自校内的其他部门，例如从学校的宣传部门调配了北京电影学院毕业、在上外从事宣传工作的教师担任摄影课教师，从学校的电教馆聘请了一部分教师担任相关实践课的教师等，这部分教师的特点是自身是传播相关专业出身的，具备较高的专业资质，又有丰富的实践经验，同时由于长期在上外工作，对于学校的人才培养理念和方向有较好的把握；还有一部分教师是从校外聘请的，例如学校从上海交通大学聘请了专门的录音课教师，从南京航空航天大学聘请了长期从事媒体技术工作的工程师担任摄像课教师等，这部分教师由于来自不同的院校，可以进一步为学生打开视野。

其次，基于复合型人才培养理念的教材建设经历了一个逐渐发展的过程。其中外语课程一般使用国内学者（其中很多是上外学者）编写并由上海外语教育出版社出版的外语专业教材，这类教材保证了外语教学内容的系统性和科学性。专业方向类课程一开始多采用自编教材，后来逐渐引进国外原版教材，由教师使用外语教授教材内容，这既有利于巩固学生的外语基本功，同时也有助于培养学生用外语从事专业活动的能力。通过不断积累与发展，学校联合校外的院校、单位，开始在国内建设、出版相关的专业课教材，经过不断努力，逐渐打造出一套融合学校复合型人才培养理念的教材体系，有效保障了人才培养改革的顺利进行。

最后，在财力资源方面，学校也做了妥善安排。例如，在《上海外国语学院英语系国际新闻专业 1983 年招生简章》中明确规定：学生学习期间按本科生待遇，但学校第一年每月给每位学生发放 10 元奖学金，学习期满成绩合格的可以获得双专业文凭，学校授予双专业的学士学位，享受硕士研究生的工资待遇。这一系列的制度安排有效保障了复合型人才培养改革的顺利实施。

五、主要效果

这一时期的人才培养改革取得了显著成效。一方面，学校通过增设选修课、深化第二外语与第三外语课程、推进辅修制等途径，使原有的外语专业得到深入发展，人才培养规格进一步提高。另一方面，学校秉承前瞻性眼光在国内率先开启复合型人才培养改革，极大地激发了学生的潜能，帮助学生搭建了更为综合的知识体系与能力结构。培养出来的学生不仅具有较高的外语能力与水平，在相关专业方面也形成了基本的理论知识体系，掌握了相关专业的一些技能，并具备了一定的专业实践能力，"在工作市场内很有竞争力，很受社会的欢迎"[1]。更为重要的是，此类人才培养模式有助于学生拓宽学习视野和眼界，使学生有意识地整合不同方面的资源与工具，并逐渐形成从专业视角发现问题、分析问题、解决问题的能力。由于具备复合型的专业能力与素质，不少学生毕业后均成长为各行各业的中坚力量。这一

---

[1] 周源源、王媛：《口述校史 上外首届对外经贸专业校友狄琳：永立潮头敢为先 奋斗精神代相传》，http://amm.shisu.edu.cn/41/e5/c11294a147941/page.htm。

时期的人才培养改革在不影响学生的英语技能基本功的前提下，拓宽了学生的知识面和就业面，为国家的外交外事、对外经贸、对外文化交流等领域输送了大量高质量人才。①

第三节
第三阶段：以"多语种+"卓越国际化人才培养为导向的阶段（2016年至今）

一、基本背景

新时代以来，外语类院校人才培养所面临的内外部环境都发生了很大变化。从外部环境来看，机遇与挑战并存。随着共建"一带一路"倡议和构建人类命运共同体等国家战略的持续推进，国家需要更多的国别区域知识，需要更多能以国际视野理解与解决全球问题的拔尖创新人才、非通用语种人才、国际组织人才以及国别和区域研究人才。与此同时，大数据、人工智能等新技术的快速发展也对外语人才培养提出了严峻挑战，外语教育内部仍存在"重视语言有余，但理论方法与能力培养不足，国别区域知识供给不够"等问题②，传统的教育方式已经难以适应时代发展的新要求。另一方面，从校内来看，经过60多年的发展，学校语种不断丰富，学科领域尤其是人文社科领

---

① 戴炜栋：《风雨沧桑四十年——英语教学往事谈》，《外国语（上海外国语大学学报）》2003年第3期，第12—15页。
② 姜锋：《我与中国改革开放后外语教育的40年不解之缘》，庄智象主编：《往事历历40年回眸：知名外语学者与改革开放2》，第201页。

域得以拓展，完成了从外语技能人才培养到外语复合型人才培养的转变，学校多语种、跨学科、跨文化的综合优势逐渐显现，为学校推进跨学科、跨专业人才培养理念，推动"多语种+"人才培养培育了丰厚的土壤。[①] 因此，上外立足时代需求，对学校的办学定位和人才培养目标进行调整，经过一段时间的实践探索与酝酿研讨，于 2016 年 7 月正式确定了建成国别区域全球知识领域特色鲜明的世界一流外国语大学的全新定位以及"会语言、通国家、精领域"的"多语种+"卓越国际化人才培养目标，构筑了全新的人才培养模式。上外人才培养进入一个新发展阶段。

二、主要理念

这一时期，"多语种+"是上外人才培养最重要、最核心的理念。其中，"多语种"是指精通两门以上的外语，具有较强的跨文化沟通能力；"+"则强调在多语能力的基础上，"打破专业、学科壁垒，以人文通识教育培养学生的价值观自觉，以社会科学方法论的教学促进国别区域研究意识，以问题导向提升学生在某一领域的专精"[②]。"+"不是简单相加，而是要做到交叉融合，通过课程、教师、教材、机制等方面的具体举措，跨越语种、学科、专业的界限，培养学生融通国别与领域、善于调动多学科专业知识和能力储备分析与解决全球各领域的现实问题的能力。学校将这一理念的核心凝练为"会语言、通国家、精领域"。其中"会语言"突显多语能力的重要性，强调语言能力作为学生认识与理解世界的窗口的价值；"通国家"则要求学生建构国别区域

[①] 曹德明：《"多语种+"卓越国际化人才培养理念与实施路径分析》，《外国语言与文化》2017 年第 1 期，第 11—17 页。

[②] 姜智彬：《"多语种+"：课程思政背景下外语人才培养的内涵、路径与成效》，《外语电化教学》2020 年第 4 期，第 18—21 页。

知识体系，形成对语言对象国的全面而深刻的理解，为助力实现中外真正意义上的"通心"筑牢知识根基；"精领域"不仅意味着对某一专业领域知识的掌握，而且对学生实现语言与专业领域知识的融合提出了要求，以便学生将来具备用外语从事专业活动的行动力以及参与全球治理的综合能力。可以看出，这一人才培养理念在重视语言能力、彰显外语底色的同时，还将"通"与"专"紧密结合，即学生既要掌握国别区域理论与实践的一般知识，通晓特定国别区域的国情（区情）、社情、民情，又能学有专长，能够发现、分析并解决专业领域中的具体和实践问题。该理念为培养兼具家国情怀与国际视野、具备厚重的人文底蕴和综合能力、面向现实与未来的高素质人才指明了方向。

三、核心内容

上外着重推动以"跨、通、融"为核心的改革举措，从培养平台、专业内涵、课程体系等方面加强建设，实现跨语种、跨专业、跨学科、跨院系、跨学校、跨国界协同，将上述"多语种+"的人才培养理念落到实处。首先，"多语种+"理念本身所具有的多语种、跨专业乃至跨学科的特征决定了其落实要通过打造特色平台来整合与优化资源，而不能仅仅依靠专业和课程的完善或非整体性改革。近年来，上外通过搭建跨专业、跨学科、跨院系的人才培养平台，持续推进多语种的语言能力培养与专业教育的有机融合：一是成立卓越学院，整合学校优质资源打造多语种高级翻译人才实验班、多语种国别区域人才实验班、多语种国际组织人才实验班、多语种外交外事人才实验班四个拔尖创新人才本科生培养平台。这四个平台主要对接国家和时代需求，培养国家急需的擅长多元文化理解与沟通、能够参与全球治理的"多语种+"国际型战略人才。二是在语言类院系和复合型院系中分别打造不同特色的人才培养平台。例如在英语学院创建高端英语专业人才人文实验班，试点高端专业研究人才培养，让学生从学习英语转向研究性学习；而在复合型院系中，作为注重和突显专业能力的一种"多语种+"模式，学校以法学院、国际工商管理学院等复合型院系为基础，设立涉外卓越法律人才实验班、制定卓越管理人才实验计划等，探索"+多语种"式的复合型人才培养，强调"精领域"的理念，培养可以参与各领域的全球事务的人才。三是通过建设语言研究院、文学研究院、语料库研究院、上海全球治理与区域国别研究院等跨学科研究的教学实体（2024年11月语言研究院与语料库研究院合并成立语言科学研究院），实现学科交叉或交叉学科的高层次研究生人才的培养。在搭建新平台和基于现有平台进行创新的协同推动下，学校的人才培养呈现出许多新的特点：一是特色人才培养项目进一步增加。学校实施了卓越学院国际组织人才研究生项目、区域国别研究特色研究生项目等，培养国家急需的拔尖人才。近年来学校还实施了法语外语教学法、全球治理与国际组织人才等硕士双学位项目，深化研究生层次的复合型人才培养。二是培养的特色人才类型进一步丰富，目前开展的卓越国际化人才培养改革已形成涉外法治人才、国际传播人才、国际组织后备人才、复合型国际金融人才、高端翻译人才培养等类型。其中，涉外法治人才培养方面，学校通过联合涉外法务部门和国际律所等打造多语种涉外法治实习实践教学平台，已培养21个语种的法律硕士；而依托国际新闻传播硕士班、多语种国际新闻传播硕士研究生项目，已培养15个语种的国际新闻传播硕士生；高端翻译人才培养方面，则开始推动翻译"+科技""+国际传播""+国际组织"等高层次、应用型翻译领军人才培养。此外，学校正着力推进培养本硕博一体化卓越人才培养，逐步打通各层次人才培养的壁垒，在资源共享的同时实现人才的全过程一体化培养。

其次，学校围绕"多语种+"理念不断加强专业建设，拓展专业内涵。学校立足语言优势，突出专业特色，积极布局共建"一带一路"国家语种专业和新文科前沿交叉学科专业，推动人文社科与现代科技融合，前瞻性地培养具备多种外语能力且融通人类学、历史学、地理学等学科研究能力的国别区域紧缺人才。一方面，学校以跨学科理念为指导，持续改革现有专业。例如，利用中外合作办学的优势，西方语系的西班牙语专业加强英语学习，推进企业管理方向的建设，使学生既能精通西班牙语，了解西语国家的基本情况，同时又熟练掌握英语，且对企业管理这一领域有较为全面的认识，从而真正达到"会语言、通国家、精领域"。另一方面，学校对接新文科的发展思路，通过整合校内教学资源，积极申报开办双学士学位人才培养项目[1]，作为实现语言类学科与非语言类学科交叉融合的一种创新路径。例如，"英语＋国际政治"这一新设的复合型专业将政治学的核心课程有体系地引入英语专业，开阔了专业培养的视野，有助于学生形成深厚的"人文积淀＋具体的社科方法"的复合优势。

再次，课程是育人的主渠道，平台和专业的创新最终要靠课程体系来实现，学校高度重视课程设置在"多语种＋"人才培养改革中的作用，通过优化通识教育课程、完善专业教育的核心课程设置、拓展"多语种＋"系列课程建设、推动跨学科交叉类课程布局，形成具有跨学科特点的模块结构和课程体系。在本科层面，以世界历史、区域国别、全球治理和人文素养等为切入点，推进通识教育和公共外语教学改革，形成了一套包括多元文明与国际视野、中华文明与文化传承、艺术鉴赏与审美情趣等十大模块领域的通识课程群，为培养学生的多语能力、国际视野、人文素养打下坚实基础。[2]同时，学校将"多语种+"与跨学科理念不断融入专业核心课程和特色课程建设中，

---

[1] 截至2024年1月，上外已获批设立"英语＋国际政治""翻译＋工商管理""德语＋工商管理双学位""外交学＋法语""俄语＋工商管理""日语＋工商管理"等多个本科层面的双学士学位招生专业。

[2] 曹德明：《"多语种+"卓越国际化人才培养理念与实施路径分析》，《外国语言与文化》2017年第1期，第11—17页。

打造多元化、模块化、特色化的课程体系。例如，高端英语专业人才人文实验班将研究方法类课程、中西比较课程、研讨课程、系列讲座与学生的读书报告、专题研讨会等相结合，构建起大类平台课程、专业核心课程、专业知识课程、专业实践课程四大课程板块，使学生积累深厚的人文底蕴和研究功底。涉外卓越法律人才实验班的课程设置则突出国际化、复合型、实践性的特色，由外籍专家参与培养，核心课程和特色课程采用全英文授课，以达到培养通晓国际规则、参与国际法律事务、提供国际化法律服务的高端法律人才的目标。卓越学院的课程体系由通识教育板块、英语强化板块、语言专业板块、特色方向板块（翻译素养或国别区域研究方法或国际组织人才素养或外交外事人才素养）、国际课程板块等构成，不仅关注学生的语言能力和人文素养，还可以让学生形成对某一特定领域的深刻理解，学生的学术视野、国家理解力和跨文化沟通能力都能在课程学习过程中得到充分锻炼与提升。研究生层面的课程创新在重视语言能力的同时，更为突显课程的广度、深度与前沿性。学校着力打破外国语言文学学科以语种为界的固有培养模式，按照外语学科的五大研究方向，整合多院系、多学科的师资力量，集中开发一系列跨院系、跨项目、跨平台的学位基础课程，并在全校范围内推进课程共享。例如，由语料库研究院等院系牵头，联合校内外相关单位，将研究成果与教学实践相结合，开发出科学研究中的文本分析技术、语言数据科学概论、语言数据与语言研究、语言数据与人工智能等交叉学科课程群，为学校的语言跨学科研究人才培养奠定了坚实基础。除了自主构建、开发"多语种+"课程体系，学校在本硕博各层次教学实践中也会通过引入国外高校的国际慕课等在线课程，或者直接以引智等方式聘请国外知名学者进行面授或线上授课，这些国际课程作为"多语种+"课程体系的必要拓展或延伸，对于启迪学生理解和解决全球治理等相关领域的问题起到积极的推动作用。

同时，上外还围绕"多语种+"人才培养战略积极构建以外语为特色的思政教育体系，践行立德树人的根本使命。一方面，学校作为上海市课程思政整体改革领航高校，将思政教育教学与专业学习、语言教育相结合，开创了"思政教育+专业教学""思政教学+语言教育""党建活动+语言学习"等育人模式，完善双语特色思政课、多语种专业思政和综合素养课程为一体的课程思政体系，推动多语种版本的《习近平谈治国理政》进课堂、进头脑。同时，学校还促成马克思主义学院与语言类院系合作开设中外时文选读、德语经典文献阅读等特色鲜明的创新思政课程。另一方面，学校各院系积极探索在复合型专业、语言类专业的不同课程中融入课程思政理念的具体路径，以实现"润物无声"的人才培养效果。此外，学校还深入挖掘我国外语教育史和校史资源，推出"上外故事"校史常设展览，积极发挥校史资源的育人功能，以外语特色思政资源浇灌学生心灵，作为"多语种+"课程思政教育体系的补充和延伸。

四、保障机制

学校为"多语种+"人才培养提供了全方位、立体化的多维保障机制。首先，在师资队伍方面，学校一方面通过双聘、外聘等灵活机制会聚"多语种+"英才，加强非通用语种的人才储备，建设战略语言队伍，引进并组建交叉学科团队，搭建创新学术梯队，优化师资团队结构；同时，制定外国专家聘任方面的规章制度，坚持分类型、分层次优化外国专家队伍结构，提高外国专家的引智效益，依托高等学校学科创新引智计划（又称"111计划"）提升外国专家的层次与质量。另一方面，学校积极为"多语种+"教师队伍提供发展空间，完善教师教育体系，设立六大海外研修项目，通过课程建设、科学研究、田野调查、海外研修、攻读学位等提升教师的国际化水平；同时，探索建立具有上外特色的教师多元评价体系，构建适应不同语种、不同专业、不同发展阶段、不同岗位类型的教师的聘用与评价体系，激发教师培育"多语种+"人才的积极性和创造力。

其次，学校通过创新机制为"多语种+"人才培养提供有效保障。学校秉持促进学生多元与个性化成长的理念，建立完全学分制，在全校范围内推动所有专业课程的自由选课，并健全免修、免听、重修、转专业等一系列配套制度，为"多语种+"人才培养提供了良好的制度环境。同时，学校在一些特色化项目中推行更为灵活多元的机制，以适应不同项目的"多语种+"人才培养的个性化需要，例如在涉外卓越法律人才实验班中推行中外联合培养、校内外联合培养和三导师制，在卓越学院中推行准入准出"旋转门"式动态管理机制，为学生制定个性化培养方案和有针对性的学习计划。另外，学校大力推行科教协同育人机制，以学术研究、智库建设、实习实践带动人才培养：一方面支持研究生进课题组、进实验室、进科研团队，提升学术能力；另一方面，为学生提供直接参与各类智库的课题调研与资政报告写作的机会，实现智库育人；此外，建立优秀学生赴国际组织实习的机制，师生团队开展国际田野调查、进行专题调研，培养学生的世界眼光，让学生在多元文化环境中实现"通国家"和"精领域"。

再次，学校为"多语种+"人才培养提供了充分的支持条件，在硬件设施方面，建设智慧教室，成立多语种语言教学中心，助力"多语种+"教学，打造"书香校园"体系，开辟图书馆、教学楼、宿舍楼、咖啡吧、阅读角等多处共享学习带，营造有利于不同学科专业的学生交流、研讨、合作的学习共享空间。同时，学校重点打造人工智能与数据科学应用实验室等一批面向全校和社会开放的新文科实验室，发挥实验室在凝聚不同学科专业的智力资源方面的关键作用，实现数据共享、协同攻关，推进跨学科协同育人。此外，学校支持校园多语景观、"多语角"、"多语文化带"等的建设，营造浓厚的"多语种+"校园文化，使学生始终浸润在"多语种+"环境中，全方位接受"多语种+"人才培养理念的熏陶。

五、主要效果

经过一段时间的改革探索，上外"多语种+"人才培养取得了显著成效，学生的政治定力、语言能力、学科能力和话语能力不断提升，得到同类院校、同行专家和社会公众的广泛认可；毕业生的毕业去向落实率继续位居部属高校前列，被国家外交外事部门录用的毕业生数量显著增长。[1] 在政治定力方面，得益于"多语种+"课程思政理念，上外学生思想素质过硬，活跃于对外交流事业的第一线，为联通中外做出了贡献。他们充分发挥语言专长，撰写应急语言服务简报，参与多语种童书互译共读项目，参与机场、社区线上线下翻译等志愿服务。在语言能力方面，95%的语言类专业毕业生熟练掌握至少两门外语。[2] 许多学生多次在各种国家级语言类赛事上获奖，在高级别的国际论坛或会议上担任翻译并出色完成任务。例如，上外高级翻译学院的硕士研究生多次为中俄青年圆桌论坛等重要国际交流活动提供多语种同声传译服务，获得一致好评。在学科能力方面，学生在校期间的专业水平和创新能力都得到较大提升，并展现出明显的跨学科优势，毕业后广泛就职于外交外事、金融、翻译、国际组织等领域[3]，能够充

---

[1] 姜锋：《提升全球话语能力 培养"多语种+"卓越人才 为建设国别区域全球知识领域特色鲜明的世界一流外国语大学继续奋斗——在中国共产党上海外国语大学第十五次代表大会上的报告》，2021年9月。
[2] 姜智彬：《"多语种+"：课程思政背景下外语人才培养的内涵、路径与成效》，《外语电化教学》2020年第4期，第18—21页。
[3] 《上海外国语大学构建"多语种+"模式培养卓越国际化人才》，http://edu.sh.gov.cn/xwzx_jyjb/20171101/0015-xw_94723.html。

分适应不同行业和领域（尤其是涉外行业和领域）对特色人才的独特需求。以上外法学院为例，按照"多语种+"理念培养出来的学生拥有宽广的国际法律视野和较高的跨文化法律理解能力，毕业后从事涉外法律服务的学生占比超过70%，许多毕业生选择到涉外律师事务所、涉外金融机构、会计师事务所、外资企业、银行等机构单位就业，展现出良好的专业水准。① 在话语能力方面，学校对接国家战略需求，在外语人才培养上走"高级定制"路线，从过去教会学生讲好外语，到如今引导学生讲好中国故事。例如，学生基于微观文化视角实现拉近中外交往距离②，通过在新媒体上发布多语种采写成果讲好中国共产党的故事。③ 以上案例体现出上外学生的话语能力在不断增强。

第四节　人才培养演进模式与特征

纵观70多年来上外人才培养的发展过程，可以发现学校始终紧紧围绕国家和时代需求，在坚守外国语言文学人才培养的优良传统的同时，不断进行改革探索，循序渐进地拓展人才培养的路径。建校之后的30多年间，学校实现了办学秩序的正规化，从单一的俄文专科学校逐渐发展为提供多种语言教育的外语学院，会聚起一支干事创

---

① 李卓谦：《专访上海外国语大学法学院院长：培养"多语种+"卓越法律人才》，https://m.thepaper.cn/baijiahao_4698870。
② 东方卫视：《如何讲好"中国故事"？上外师生分享"妙招"》，https://m.thepaper.cn/newsDetail_forward_13398924。
③ 吴金娇、钱俊妮：《多语种讲好党的诞生地故事，上海外国语大学行走的党课让学子"走新"又"走心"》，https://wenhui.whb.cn/third/baidu/202105/07/403550.html。

业的外语师资队伍,不断探索适合外语人才培养的教学方法、课程设置、教材体系,为国家外交外事事业和社会主义建设输送了大量语言类人才。从20世纪80年代初开始,随着一批复合型专业的设立,学校开始了由语言类单科学院向多科性应用学科外国语大学的转变[①],进入了语言类人才与复合型人才培养协调发展的阶段,依托外语优势,通过新设外语特色明显的人文社科专业,一方面实现了学科的多元化,另一方面也为拓展传统语言类专业的人才培养内涵提供了条件。在这一阶段,通过语言与人文社科专业不同形式的复合,学校为学生构建了多元化的复合型知识体系与能力结构。同时,不同语种的复合,不仅培养了学生的复语能力,也为下一阶段学校探索"多语种+"卓越国际化人才培养积累了经验。随着新时代的到来,学校开始推行新形势下的人才培养改革,语言与专业的深度融合开始提上议事日程。在第二阶段30多年的复合型、复语型人才培养实践基础上,"多语种+"人才培养理念被正式提出,上外正式进入了以培养"会语言、通国家、精领域"的卓越国际化人才为导向的新阶段(图3-1)。综合来看,学校人才培养的演进呈现如下几个特征。

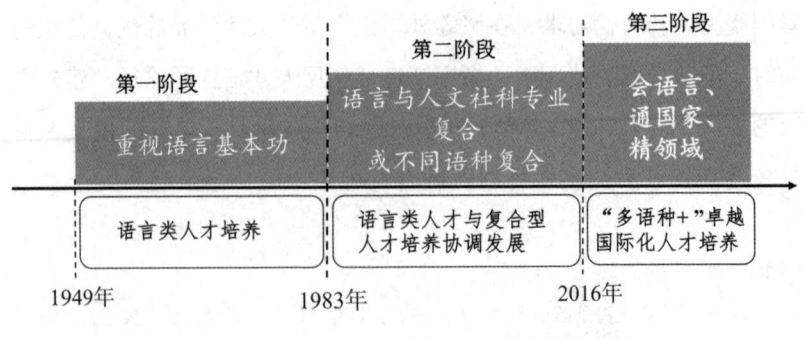

图 3-1 上海外国语大学人才培养的发展演进

[①] 吴友富、曹德明、陈万里、缪迅:《上海外国语大学办学史上的三次飞跃——庆祝上海外国语大学60华诞》,http://info.shisu.edu.cn/00/04/c177a4/page.psp。

首先，自建校至今，上外人才培养理念的内涵得到持续丰富。在从单一俄语教学发展到多语种办学的过程中，人才培养的外语底蕴逐渐形成。继而在进一步夯实外语底蕴的基础上，学校开始试办外语特色鲜明的复合型专业，从此复合型专业与外语类专业在复合的过程中得以相互补充、相互促进，使学校逐渐完成了从培养单一的语言类人才到同时培养语言类人才与复合型人才的历史性转变，人才培养内涵得到第一次大拓展。同时，复语型人才培养也取得显著成效，积累了宝贵的实践经验。此后，随着多语种、多学科格局的确立和完善，学校通过总结与提炼复语型、复合型人才培养的经验，并深度整合各类资源，大胆探索，将一个个学生培养成具备多语能力同时又精通一定专业领域的卓越人才，实现了人才培养内涵的第二次跃升。可以看出，每一阶段的人才培养理念的拓展，都建立在前一阶段所积累的丰厚实践经验之上，经过长期蕴蓄，学校的人才培养内涵不断丰富，呈现螺旋式上升之势。

其次，学校人才培养的演进呈现系统化、综合化的特点。从70多年的上外人才培养演进史来看，每一次人才培养改革都是全方位、成体系的。在结合国家和时代需求以及学校的办学基础上提出新的培养理念后，学校对院系组织结构、学科专业设置以及各个专业的课程体系进行重组与革新，调整师资队伍建设思路，更新教材教法，修正和完善体制机制、规章制度，整合优化各类资源的配置，打通人才培养理念落实的各个环节。这种演进模式保证了人才培养理念的拓展升级能真正得以落实，从而达到提高人才培养质量的效果。学校在办学历史中形成了坚持改革的优良传统，达成了"创新是最大的传承"这一共识，明确了唯有坚持系统化的创新才能实现人才培养的真正升级。因此，每当改革的号角响起，学校上下总能以最快的速度统一思想，进而形成联动机制，通过推行全方位的政策措施合力推动人才培养新格局的形成。

最后，在不断转变、丰富的同时，上外的人才培养也体现出自身的特色和坚持。这种特色和坚持主要体现在以下三个方面：一是人才培养始终坚守外语特色。没有外语的参与，国际新闻等复合型专业便失去了"灵魂"，"多语种+"人才培养便沦为一纸空谈。因此，不管是培养复合型人才还是"多语种+"人才，其根基都在于学校所打造的外语底蕴。多年来学校无论如何改革，始终强调学生外语能力的重要性，坚持特色立校，将外国语大学的特色鲜明地体现在人才培养的每一个环节中。二是人才培养始终坚持对接国家的战略需求和时代的发展趋势。从建校初期服务于国家的外交外事战略，到后来服务于经济发展和文化"走出去"战略，再到新时代服务于"一带一路"倡议与人类命运共同体的构建，学校始终坚守为党、为国家、为社会主义建设事业培养人才的初心，培养符合国家和社会要求的特色型人才。三是始终坚持立德树人，重视学生思想政治教育。从显性设置多种思想政治教育课程，到将课程思政理念融入学校教育的各个专业、各种类型的课程以及各个教学环节中，以达到"春风化雨"之效果。上外在办学历史的各个阶段，一直坚持助力学生树立正确的世界观、人生观、价值观，引导学生在形成世界眼光的同时始终保持家国情怀，确保其全球素养的中国视角。总之，学校的人才培养在变化中有"不变"，在改革中有"守正"，在创新的过程中始终有传承。

本章通过历史梳理，总结了上外人才培养的演进模式与特征。研究发现，自建校至今，上外人才培养理念的内涵持续丰富，人才培养的演进呈现系统化、综合化的特点。上外的人才培养在坚持外语特色、坚持对接国家战略、坚持立德树人的同时，一直不断推进改革与创新，实现了一个又一个重要跨越。下一章将分析人才培养现状调研的相关发现。

— 第四章 —

上海外国语大学人才培养调研

上一章探讨了上外人才培养的历史演变。本章将主要回答第二个研究问题，一方面，基于共时视角，通过问卷和访谈相结合的方式收集数据，从本科生和研究生两个层面调研上外人才培养的现状；另一方面，通过对量化数据的统计与分析，结合访谈的相关发现，进一步探究影响上外人才培养的相关因素。

第一节　本科人才培养现状与影响因素

一、本科人才培养现状

（一）课程培养

通过调研，我们发现了在语言课程（如综合英语、视听说、泛读等）中教师经常采用的教学策略的情况（表4-1）。由表4-1可见，外语类专业与其他专业的教师选择"与学生展开互动""让学生在课堂上进行专题发言""组织学生分组进行讨论""给出明确任务及任务说明，让学生围绕任务进行学习"的占比较大。这说明在语言教学方面，所

表 4-1 本科语言课程教学策略

选项	外语类专业 [人数（比例）]	四个双学位专业/其他专业 [人数（比例）]
与学生展开互动	458（87.40%）	297（77.75%）
让学生在课堂上进行专题发言	408（77.86%）	255（66.75%）
组织学生分组进行讨论	336（64.12%）	223（58.38%）
给出明确任务及任务说明，让学生围绕任务进行学习	352（67.18%）	231（60.47%）
在课堂上组织游戏、表演节目	138（26.34%）	69（18.06%）
课堂小测验	244（46.56%）	98（25.65%）
组织竞赛	57（10.88%）	17（4.45%）
其他	7（1.34%）	7（1.83%）

外语类专业有效填写人数为 524，四个双学位专业/其他专业有效填写人数为 382。

有专业的语言教师都采用了丰富的教学策略，注重与学生开展互动。通过这些小测验，教师可以更有效地监控学生对课程内容的掌握程度，同时也鼓励学生更加积极地参与课堂学习活动。此外，外语类专业的教师选择"课堂小测验""在课堂上组织游戏、表演节目""组织竞赛"的教学策略的占比也相对突出。这可能与外语类专业本身相对注重语言技能的测试有关。总之，这些策略的实施体现出任课教师以形成性评价为抓手，运用各种丰富的活动形式，提升语言课程培养的全面性，并助推语言能力综合评价的现代化发展。①

研究发现了在专业课程中教师经常采用的教学策略的情况（表4-2）。由表4-2可见，教师多"与学生展开互动""让学生在课堂上进

---

① 刘建达、杨满珍：《试论外语考试的中国式现代化》，《中国考试》2023 年第 2 期。

表4-2 本科专业课程教学策略

选项	外语类专业 [人数（比例）]	四个双学位专业/其他专业 [人数（比例）]
与学生展开互动	419（79.96%）	230（60.21%）
让学生在课堂进行专题发言	356（67.94%）	237（62.04%）
组织学生分组进行讨论	287（54.77%）	217（56.81%）
给出明确任务及任务说明，让学生围绕任务进行学习	369（70.42%）	264（69.11%）
在课堂上组织游戏、表演节目	139（26.53%）	42（10.99%）
课堂小测验	206（39.31%）	135（35.34%）
组织竞赛	42（8.02%）	18（4.71%）
其他	8（1.53%）	9（2.36%）

外语类专业有效填写人数为524，四个双学位专业/其他专业有效填写人数为382。

行专题发言""组织学生分组进行讨论""给出明确任务及任务说明，让学生围绕任务进行学习"。这说明在专业课程教学方面，语言教师都采用了丰富的教学策略，注重与学生开展互动。此外，外语类专业的教师选择"课堂小测验""在课堂上组织游戏、表演节目""组织竞赛"的教学策略的占比也相对突出，这与外语类专业的语言技能课上教师采用的教学策略较为相似。"在课堂上组织游戏、表演节目"的策略选择可能与外语专业课程（如文学、翻译、语用学、社会语言学等）的特点有关，如文学课上经常出现小说、剧本等，开展表演活动较易操作。与语言技能课不同，四个双学位专业/其他专业的专业课上，教师也比较注重采用"课堂小测验"的形式，实施教学。

此外，本研究还调查了学生对于专业课程的评价：①您所在专业的课程设置适应社会经济发展的实际需要；②您所在专业的课程结构合理；③您所在专业的课程形式多样；④您所在专业的课程具有前沿性；⑤您所在专业开设的文文交叉类课程多；⑥您所在专业开设的文理交叉或文工交叉类课程多。

关于①（表4-3-1），整体比例分别为：比较同意（47.46%）>非常同意（29.91%）>不确定（16.23%）>比较不同意（4.30%）>非常不同意（2.10%）。由此可见，大多数学生认为所在专业的课程设置较能适应社会经济发展的实际需要。但从性别角度看，男生的"非常同意"比例（41.04%）高于女生（26.51%）。从年级角度看，不同年级间差异较明显：大一年级"非常同意"占比最高（45.69%）；而大二、大三、大四年级此类占比较低，分别为30.37%、17.65%和14.77%。这可能是由于大一年级学生刚入学，对与高中侧重点不同的课程较为认可，认为其与社会发展需要较为紧密；而高年级学生对该点同意度较低，一方面可能受年级增长影响，另一方面可能是因为课程与现实需求的匹配度还不够高。从专业角度看，不同专业的学生对此态度略有区别：双学位专业的学生的同意度较高，"非常同意"比例为42.59%，而外语类、其他专业的学生多表示"比较同意"（比例分别为45.42%、53.05%）。这可能是由于双学位专业的学生在人才培养方面，多以就业价值为主导，并且拥有的跨学科、跨院系、跨校等选修课程资源较多，相应地注重社会经济发展的实际需要的课程资源较多。

关于②（表4-3-2），整体比例分别为：比较同意（42.72%）>非常同意（26.16%）>不确定（18.65%）>比较不同意（7.73%）>非常不同意（4.75%）。由此可见，大多数学生认为所在专业的课程结构合理。但从性别角度看，女生的"比较同意"比例（45.53%）高于男生（33.49%）。从年级角度看，不同年级间差异较明显：大一年级"非常同意"占比最高（43.97%）；而大二、大三、大四年级此类占比较低，分别为25.13%、14.22%和11.36%。这可能是由于大一年级课程比重相对较高，学生对此感受更深；而随着年级增长，课程比重降低，学生感受

表 4-3-1　本科专业课程设置

基本信息		① 您所在专业的课程设置适应社会经济发展的实际需要									合计人数
		非常不同意		比较不同意		不确定		比较同意		非常同意		
		人数	比例(%)	人数	比例(%)	人数	比例(%)	人数	比例(%)	人数	比例(%)	
性别	合计	19	2.10	39	4.30	147	16.23	430	47.46	271	29.91	906
	男生	5	2.36	14	6.60	25	11.79	81	38.21	87	41.04	212
	女生	14	2.02	25	3.60	122	17.58	349	50.29	184	26.51	694
年级	合计	19	2.10	39	4.30	147	16.23	430	47.46	271	29.91	906
	大一	3	1.29	4	1.72	24	10.34	95	40.95	106	45.69	232
	大二	4	1.05	17	4.45	56	14.66	189	49.48	116	30.37	382
	大三	7	3.43	10	4.90	44	21.57	107	52.45	36	17.65	204
	大四	5	5.68	8	9.09	23	26.14	39	44.32	13	14.77	88
专业	合计	19	2.10	39	4.30	147	16.23	430	47.46	271	29.91	906
	外语类	12	2.29	27	5.15	85	16.22	238	45.42	162	30.92	524
	双学位	0	0.00	1	1.85	12	22.22	18	33.33	23	42.59	54
	其他	7	2.13	11	3.35	50	15.24	174	53.05	86	26.22	328

逐渐模糊。从专业角度看，不同专业的学生对此态度略有区别：双学位专业的学生的同意度较高，"非常同意"比例为37.04%，而外语类、其他专业的学生多表示"比较同意"（比例分别为43.89%、42.99%）。这可能是由于双学位专业的课程涉及两个专业，课程资源较为丰富，并

表 4-3-2 本科专业课程结构

基本信息		② 您所在专业的课程结构合理									合计人数
		非常不同意		比较不同意		不确定		比较同意		非常同意	
		人数	比例(%)	人数	比例(%)	人数	比例(%)	人数	比例(%)	人数	比例(%)	
性别	合计	43	4.75	70	7.73	169	18.65	387	42.72	237	26.16	906
	男生	12	5.66	16	7.55	32	15.09	71	33.49	81	38.21	212
	女生	31	4.47	54	7.78	137	19.74	316	45.53	156	22.48	694
年级	合计	43	4.75	70	7.73	169	18.65	387	42.72	237	26.16	906
	大一	4	1.72	4	1.72	29	12.50	93	40.09	102	43.97	232
	大二	18	4.71	32	8.38	75	19.63	161	42.15	96	25.13	382
	大三	17	8.33	22	10.78	39	19.12	97	47.55	29	14.22	204
	大四	4	4.55	12	13.64	26	29.55	36	40.91	10	11.36	88
专业	合计	43	4.75	70	7.73	169	18.65	387	42.72	237	26.16	906
	外语类	11	2.10	28	5.34	81	15.46	230	43.89	174	33.21	524
	双学位	3	5.56	2	3.70	13	24.07	16	29.63	20	37.04	54
	其他	29	8.84	40	12.20	75	22.87	141	42.99	43	13.11	328

且学生自主选择的余地相对更大。

关于③(表4-3-3),整体比例分别为:比较同意(41.39%)>非常同意(25.17%)>不确定(18.76%)>比较不同意(11.92%)>非常不同意(2.76%)。由此可见,大多数学生认为所在专业的课程形式多

表 4-3-3　本科专业课程形式

基本信息		③ 您所在专业的课程形式多样									合计人数
		非常不同意		比较不同意		不确定		比较同意		非常同意		
		人数	比例(%)	人数	比例(%)	人数	比例(%)	人数	比例(%)	人数	比例(%)	
性别	合计	25	2.76	108	11.92	170	18.76	375	41.39	228	25.17	906
	男生	2	0.94	29	13.68	30	14.15	72	33.96	79	37.26	212
	女生	23	3.31	79	11.38	140	20.17	303	43.66	149	21.47	694
年级	合计	25	2.76	108	11.92	170	18.76	375	41.39	228	25.17	906
	大一	2	0.86	19	8.19	40	17.24	86	37.07	85	36.64	232
	大二	12	3.14	43	11.26	82	21.47	151	39.53	94	24.61	382
	大三	10	4.90	29	14.22	26	12.75	105	51.47	34	16.67	204
	大四	1	1.14	17	19.32	22	25.00	33	37.50	15	17.05	88
专业	合计	25	2.76	108	11.92	170	18.76	375	41.39	228	25.17	906
	外语类	12	2.29	55	10.50	96	18.32	201	38.36	160	30.53	524
	双学位	0	0.00	7	12.96	9	16.67	19	35.19	19	35.19	54
	其他	13	3.96	46	14.02	65	19.82	155	47.26	49	14.94	328

样。但从性别角度看，女生的"比较同意"比例（43.66%）高于男生（33.96%）。从年级角度看，不同年级间差异不大明显：大一、大二、大三、大四年级"比较同意"占比最高，分别为37.07%、39.53%、51.47%和37.50%。从专业角度看，不同专业的学生对此态度差异也

不大，外语类、双学位、其他专业的学生的"比较同意"比例分别为38.36%、35.19%、47.26%。这说明形式多样的课程是该校课程设置较为公认的普遍特点。

关于④（表4-3-4），整体比例分别为：比较同意（41.06%）>非常同意（26.93%）>不确定（22.19%）>比较不同意（7.17%）>非常不同意（2.65%）。由此可见，大多数学生认为所在专业的课程具有前沿性。但从性别角度看，女生的"比较同意"比例（44.38%）高于男生（30.19%）。从年级角度看，不同年级间差异较明显：大一年级"非常同意"占比最高（40.09%）；而大二、大三、大四年级此类占比较低，分别为27.23%、16.67%和14.77%。这可能是由于大一年级课程比重相对较高，学生对此感受更深；而随着年级增长，课程比重降低，学生感受逐渐模糊。从专业角度看，不同专业的学生对此态度略有区别：双学位专业的学生的同意度较高，"非常同意"比例为40.74%，而外语类、其他专业的学生多表示"比较同意"（比例分别为36.64%、50.00%）。这可能是由于双学位专业的课程涉及两个专业，课程资源较为丰富。这也说明在当前的教育背景下，双学位专业的人才培养已经成为外语教育领域的一个重要焦点，课程资源丰富，并且学生的认同度相对较高。

关于⑤（表4-3-5），整体比例分别为：比较同意（38.85%）>非常同意（27.70%）>不确定（19.54%）>比较不同意（10.60%）>非常不同意（3.31%）。由此可见，大多数学生认为所在专业开设的文文交叉类课程多。但从性别角度看，女生的"比较同意"比例（40.49%）高于男生（33.49%）。从年级角度看，不同年级间差异不大明显：大一、大二、大三、大四年级"比较同意"占比最高，分别为40.95%、38.74%、38.73%和34.09%。从专业角度看，不同专业的学生对此态度略有区别：双学位专业的学生的同意度较高，"非常同意"比例为44.44%，而外语类、其他专业的学生多表示"比较同意"（比例分别为

表 4-3-4　本科课程的前沿性

基本信息		④ 您所在专业的课程具有前沿性									合计
		非常不同意		比较不同意		不确定		比较同意		非常同意	
		人数	比例(%)	人数	比例(%)	人数	比例(%)	人数	比例(%)	人数	比例(%)	人数
性别	合计	24	2.65	65	7.17	201	22.19	372	41.06	244	26.93	906
	男生	5	2.36	15	7.08	43	20.28	64	30.19	85	40.09	212
	女生	19	2.74	50	7.20	158	22.77	308	44.38	159	22.91	694
年级	合计	24	2.65	65	7.17	201	22.19	372	41.06	244	26.93	906
	大一	2	0.86	10	4.31	37	15.95	90	38.79	93	40.09	232
	大二	9	2.36	22	5.76	81	21.20	166	43.46	104	27.23	382
	大三	9	4.41	20	9.80	52	25.49	89	43.63	34	16.67	204
	大四	4	4.55	13	14.8	31	35.23	27	30.68	13	14.77	88
专业	合计	24	2.65	65	7.17	201	22.19	372	41.06	244	26.93	906
	外语类	12	2.29	41	7.82	112	21.37	192	36.64	167	31.87	524
	双学位	2	3.70	3	5.56	11	20.37	16	29.63	22	40.74	54
	其他	10	3.05	21	6.40	78	23.78	164	50.00	55	16.77	328

40.08%、38.72%)。这可能是由于上外积极培养具备多种外语能力且融通人类学、历史学、地理学等学科研究能力的人才，充分体现出了文文交叉的跨学科特色。

表 4-3-5 本科开设的文文交叉类课程

基本信息		⑤您所在专业开设的文文交叉类课程多										合计人数
		非常不同意		比较不同意		不确定		比较同意		非常同意		
		人数	比例(%)	人数	比例(%)	人数	比例(%)	人数	比例(%)	人数	比例(%)	
性别	合计	30	3.31	96	10.60	177	19.54	352	38.85	251	27.70	906
	男生	5	2.36	21	9.91	32	15.09	71	33.49	83	39.15	212
	女生	25	3.60	75	10.81	145	20.89	281	40.49	168	24.21	694
年级	合计	30	3.31	96	10.60	177	19.54	352	38.85	251	27.70	906
	大一	5	2.16	12	5.17	35	15.09	95	40.95	85	36.64	232
	大二	12	3.14	32	8.38	82	21.47	148	38.74	108	28.27	382
	大三	11	5.39	34	16.67	38	18.63	79	38.73	42	20.59	204
	大四	2	2.27	18	20.45	22	25.00	30	34.09	16	18.18	88
专业	合计	30	3.31	96	10.60	177	19.54	352	38.85	251	27.70	906
	外语类	10	1.91	49	9.35	86	16.41	210	40.08	169	32.25	524
	双学位	2	3.70	7	12.96	6	11.11	15	27.78	24	44.44	54
	其他	18	5.49	40	12.20	85	25.91	127	38.72	58	17.68	328

关于⑥(表 4-3-6)，整体比例分别为：比较同意(27.70%)＞非常同意(21.52%)＞不确定(18.87%)＞比较不同意(16.89%)＞非常不同意(15.01%)。由此可见，大多数学生认为所在专业开设的文理交叉或文工交叉类课程多。但从性别角度看，男生的"非常同意"比

表 4-3-6　本科开设的文理交叉或文工交叉类课程

基本信息		⑥ 您所在专业开设的文理交叉或文工交叉类课程多									合计人数
		非常不同意		比较不同意		不确定		比较同意		非常同意	
		人数	比例(%)	人数	比例(%)	人数	比例(%)	人数	比例(%)	人数	比例(%)	
性别	合计	136	15.01	153	16.89	171	18.87	251	27.70	195	21.52	906
	男生	29	13.68	25	11.79	35	16.51	54	25.47	69	32.55	212
	女生	107	15.42	128	18.44	136	19.60	197	28.39	126	18.16	694
年级	合计	136	15.01	153	16.89	171	18.87	251	27.70	195	21.52	906
	大一	22	9.48	29	12.50	49	21.12	65	28.02	67	28.88	232
	大二	37	9.69	64	16.75	75	19.63	113	29.58	93	24.35	382
	大三	52	25.49	43	21.08	31	15.20	52	25.49	26	12.75	204
	大四	25	28.41	17	19.32	16	18.18	21	23.86	9	10.23	88
专业	合计	136	15.01	153	16.89	171	18.87	251	27.70	195	21.52	906
	外语类	108	20.61	103	19.66	85	16.22	110	20.99	118	22.52	524
	双学位	10	18.52	7	12.96	7	12.96	13	24.07	17	31.48	54
	其他	18	5.49	43	13.11	79	24.09	128	39.02	60	18.29	328

例(32.55%)高于女生(18.16%)。从年级角度看,不同年级间差异不大:大一、大二、大三、大四年级"比较同意"占比较高,分别为28.02%、29.58%、25.49% 和 23.86%。从专业角度看,不同专业的学生对此态度略有区别:外语类、双学位专业的学生"非常同意"比

例分别为 22.52%、31.48%，而其他专业的学生"比较同意"占比最高（39.02%）。这可能受外语类院校的特色影响，外语类、双学位专业与经济、法律等其他专业相比，文理交叉或文工交叉类的课程培养还处于探索阶段，如由语料库研究院等院系牵头，开发出的科学研究中的文本分析技术、语言数据科学概论、语言数据与语言研究、语言数据与人工智能等交叉学科课程群刚刚开设不久，学生的反馈并不明显。

从表 4-3-7 中可以看出，在对于本科课程的整体评价中，学生最为同意"专业课程设置适应社会经济发展的实际需要"，其余同意度由高到低依次是"文文交叉类课程多""专业课程具有前沿性""专业课程结构合理""专业课程形式多样"。可见该校整体的课程设置较为合理多样。由于该校为外语类文科院校，因此所开设的文文交叉类课程多，而开设的文理交叉或文工交叉类课程相对较少。上外最初依托自身的文科优势，进行了较多的文文交叉融合探索，之后在新文科背景下也积极尝试文理交叉，如在"外语＋国际传播""外语＋国际政治""外语＋国际经济""外语＋国际法"等方面开展了较多的文文交叉融合，而"外语＋人工智能"等也在逐步开展，并成立脑与认知科学应用重点实验室，运用认知神经科学的方法研究语言学、管理学、经济学等；自主增设了国别与区域研究、语言数据科学与应用等二级交叉学科，推动数据科学与语料库研究等文理交叉融合。[①]值得注意的是，在开展跨学科研究时，重视外语学科的特殊性是非常关键的[②]，即无论将外语与哪个学科相结合，都应始终致力于提升学生的听说读写的能力和翻译技能，其目的在于加强学生的外语沟通能力，

---

① 李岩松：《新文科背景下关键土著语言人才培养的探索》，《外语界》2022 年第 1 期。
② 黄国文：《新工科、新医科、新农科、新文科与外语学科建设的关系》，《中国外语》2023 年第 5 期。

表 4-3-7　本科课程整体评价

选项	非常不同意[人数（比例）]	比较不同意[人数（比例）]	不确定[人数（比例）]	比较同意[人数（比例）]	非常同意[人数（比例）]
专业课程设置适应社会经济发展的实际需要	19（2.10%）	39（4.30%）	147（16.23%）	430（47.46%）	271（29.91%）
专业课程结构合理	43（4.75%）	70（7.73%）	169（18.65%）	387（42.72%）	237（26.16%）
专业课程形式多样	25（2.76%）	108（11.92%）	170（18.76%）	375（41.39%）	228（25.17%）
专业课程具有前沿性	24（2.65%）	65（7.17%）	201（22.19%）	372（41.06%）	244（26.93%）
文文交叉类课程多	30（3.31%）	96（10.60%）	177（19.54%）	352（38.85%）	251（27.70%）
文理交叉或文工交叉类课程多	136（15.01%）	153（16.89%）	171（18.87%）	251（27.70%）	195（21.52%）
小计	277（5.10%）	531（9.77%）	1035（19.04%）	2167（39.86%）	1426（26.23%）

同时还要着力拓展学生在外语以外的学科领域中的相关知识。总之，专业课程培养策略的选择需要多方面考虑，从而为学生提供更广阔的学习视角和更多元化的职业选择。

（二）教材资源

本研究调查了学生对专业课使用的教材的评价情况：①教材形式多样；②教材内容的选择与专业要求相符合；③教材内容反映了本学科的前沿研究成果；④教材概念准确、理论阐述严谨，符合学生需求；⑤教材设计符合先易后难、难易结合的要求。

表 4-4-1　本科教材形式

<table>
<tr><th rowspan="3">基本信息</th><th colspan="10">① 教材形式多样</th><th rowspan="3">合计人数</th></tr>
<tr><th colspan="2">非常不同意</th><th colspan="2">比较不同意</th><th colspan="2">不确定</th><th colspan="2">比较同意</th><th colspan="2">非常同意</th></tr>
<tr><th>人数</th><th>比例(%)</th><th>人数</th><th>比例(%)</th><th>人数</th><th>比例(%)</th><th>人数</th><th>比例(%)</th><th>人数</th><th>比例(%)</th></tr>
<tr><td rowspan="3">性别</td><td colspan="1">合计</td><td>20</td><td>2.21</td><td>104</td><td>11.48</td><td>148</td><td>16.34</td><td>387</td><td>42.72</td><td>247</td><td>27.26</td><td>906</td></tr>
<tr><td>男生</td><td>6</td><td>2.83</td><td>23</td><td>10.85</td><td>34</td><td>16.04</td><td>71</td><td>33.49</td><td>78</td><td>36.79</td><td>212</td></tr>
<tr><td>女生</td><td>14</td><td>2.02</td><td>81</td><td>11.67</td><td>114</td><td>16.43</td><td>316</td><td>45.53</td><td>169</td><td>24.35</td><td>694</td></tr>
<tr><td rowspan="5">年级</td><td>合计</td><td>20</td><td>2.21</td><td>104</td><td>11.48</td><td>148</td><td>16.34</td><td>387</td><td>42.72</td><td>247</td><td>27.26</td><td>906</td></tr>
<tr><td>大一</td><td>2</td><td>0.86</td><td>20</td><td>8.62</td><td>42</td><td>18.10</td><td>89</td><td>38.36</td><td>79</td><td>34.05</td><td>232</td></tr>
<tr><td>大二</td><td>9</td><td>2.36</td><td>46</td><td>12.04</td><td>61</td><td>15.97</td><td>162</td><td>42.41</td><td>104</td><td>27.23</td><td>382</td></tr>
<tr><td>大三</td><td>4</td><td>1.96</td><td>28</td><td>13.73</td><td>31</td><td>15.20</td><td>93</td><td>45.59</td><td>48</td><td>23.53</td><td>204</td></tr>
<tr><td>大四</td><td>5</td><td>5.68</td><td>10</td><td>11.36</td><td>14</td><td>15.91</td><td>43</td><td>48.86</td><td>16</td><td>18.18</td><td>88</td></tr>
<tr><td rowspan="4">专业</td><td>合计</td><td>20</td><td>2.21</td><td>104</td><td>11.48</td><td>148</td><td>16.34</td><td>387</td><td>42.72</td><td>247</td><td>27.26</td><td>906</td></tr>
<tr><td>外语类</td><td>10</td><td>1.91</td><td>53</td><td>10.11</td><td>80</td><td>15.27</td><td>213</td><td>40.65</td><td>168</td><td>32.06</td><td>524</td></tr>
<tr><td>双学位</td><td>1</td><td>1.85</td><td>9</td><td>16.67</td><td>11</td><td>20.37</td><td>15</td><td>27.78</td><td>18</td><td>33.33</td><td>54</td></tr>
<tr><td>其他</td><td>9</td><td>2.74</td><td>42</td><td>12.80</td><td>57</td><td>17.38</td><td>159</td><td>48.48</td><td>61</td><td>18.60</td><td>328</td></tr>
</table>

关于①（表4-4-1），整体比例分别为：比较同意（42.72%）＞非常同意（27.26%）＞不确定（16.34%）＞比较不同意（11.48%）＞非常不同意（2.21%）。由此可见，大多数学生认为教材形式多样。但从性别角度看，男生的"非常同意"比例（36.79%）高于女生（24.35%）。

从年级角度看,不同年级间差异不大明显:大一、大二、大三、大四年级"比较同意"占比最高,分别为38.36%、42.41%、45.59%和48.86%。从专业角度看,不同专业的学生对此态度略有区别:外语类、其他专业的学生的"比较同意"比例分别为40.65%、48.48%,而双学位专业的学生"非常同意"占比最高(33.33%)。这可能受双学位专业本身特点影响。

关于②(表4-4-2),整体比例分别为:比较同意(49.01%)>非常同意(34.66%)>不确定(11.59%)>比较不同意(3.31%)>非常不同意(1.43%)。由此可见,大多数学生认为教材内容的选择与专业要求相符合。但从性别角度看,男生的"非常同意"比例(41.98%)高于女生(32.42%)。从年级角度看,不同年级间差异较明显:大一年级"非常同意"占比最高(50.86%);而大二、大三、大四年级占比最高的为"比较同意",分别为50.00%、55.88%和53.41%。这可能是由于大一年级课程比重相对较高,学生教材使用较多,对此感受更深;而随着年级增长,课程比重降低,教材使用频率降低,学生感受逐渐模糊。从专业角度看,不同专业的学生对此态度略有区别:双学位专业的学生"非常同意"占比最高(42.59%),而外语类、其他专业的学生多表示"比较同意"(比例分别为45.99%、56.40%)。这可能受双学位专业本身特点影响。

关于③(表4-4-3),整体比例分别为:比较同意(37.20%)>非常同意(25.94%)>不确定(22.96%)>比较不同意(10.38%)>非常不同意(3.53%)。由此可见,大多数学生认为教材内容反映了本学科的前沿研究成果。但从性别角度看,男生的"非常同意"比例(33.96%)高于女生(23.49%)。从年级角度看,不同年级间差异较明显:大一年级"非常同意"占比最高(38.79%);而大二、大三、大四年级占比最高的为"比较同意",分别为39.53%、35.78%和36.36%。这可能是由于大一年级课程比重相对较高,学生对此感受更深;而

表 4-4-2 本科教材内容与专业要求的匹配度

基本信息		② 教材内容的选择与专业要求相符合									合计人数
		非常不同意		比较不同意		不确定		比较同意		非常同意		
		人数	比例(%)	人数	比例(%)	人数	比例(%)	人数	比例(%)	人数	比例(%)	
性别	合计	13	1.43	30	3.31	105	11.59	444	49.01	314	34.66	906
	男生	3	1.42	6	2.83	19	8.96	95	44.81	89	41.98	212
	女生	10	1.44	24	3.46	86	12.39	349	50.29	225	32.42	694
年级	合计	13	1.43	30	3.31	105	11.59	444	49.01	314	34.66	906
	大一	1	0.43	5	2.16	16	6.90	92	39.66	118	50.86	232
	大二	6	1.57	11	2.88	49	12.83	191	50.00	125	32.72	382
	大三	3	1.47	10	4.90	26	12.75	114	55.88	51	25.00	204
	大四	3	3.41	4	4.50	14	15.91	47	53.41	20	22.73	88
专业	合计	13	1.43	30	3.31	105	11.59	444	49.01	314	34.66	906
	外语类	5	0.95	11	2.10	47	8.97	241	45.99	220	41.98	524
	双学位	1	1.85	6	11.11	6	11.11	18	33.33	23	42.59	54
	其他	7	2.13	13	3.96	52	15.85	185	56.40	71	21.65	328

随着年级增长，学生感受逐渐模糊。从专业角度看，不同专业的学生对此态度略有区别：双学位专业的学生"非常同意"占比最高（37.04%），而外语类、其他专业的学生多表示"比较同意"（比例分别为 33.40%、45.12%）。

表 4-4-3　本科教材内容反映本学科前沿研究成果

<table>
<tr><th rowspan="3">基本信息</th><th colspan="10">③ 教材内容反映了本学科的前沿研究成果</th><th rowspan="3">合计人数</th></tr>
<tr><th colspan="2">非常不同意</th><th colspan="2">比较不同意</th><th colspan="2">不确定</th><th colspan="2">比较同意</th><th colspan="2">非常同意</th></tr>
<tr><th>人数</th><th>比例(%)</th><th>人数</th><th>比例(%)</th><th>人数</th><th>比例(%)</th><th>人数</th><th>比例(%)</th><th>人数</th><th>比例(%)</th></tr>
<tr><td rowspan="3">性别</td><td>合计</td><td>32</td><td>3.53</td><td>94</td><td>10.38</td><td>208</td><td>22.96</td><td>337</td><td>37.20</td><td>235</td><td>25.94</td><td>906</td></tr>
<tr><td>男生</td><td>9</td><td>4.25</td><td>24</td><td>11.32</td><td>42</td><td>19.81</td><td>65</td><td>30.66</td><td>72</td><td>33.96</td><td>212</td></tr>
<tr><td>女生</td><td>23</td><td>3.31</td><td>70</td><td>10.09</td><td>166</td><td>23.92</td><td>272</td><td>39.19</td><td>163</td><td>23.49</td><td>694</td></tr>
<tr><td rowspan="5">年级</td><td>合计</td><td>32</td><td>3.53</td><td>94</td><td>10.38</td><td>208</td><td>22.96</td><td>337</td><td>37.20</td><td>235</td><td>25.94</td><td>906</td></tr>
<tr><td>大一</td><td>2</td><td>0.86</td><td>12</td><td>5.17</td><td>47</td><td>20.26</td><td>81</td><td>34.91</td><td>90</td><td>38.79</td><td>232</td></tr>
<tr><td>大二</td><td>15</td><td>3.93</td><td>36</td><td>9.42</td><td>85</td><td>22.25</td><td>151</td><td>39.53</td><td>95</td><td>24.87</td><td>382</td></tr>
<tr><td>大三</td><td>9</td><td>4.41</td><td>32</td><td>15.69</td><td>52</td><td>25.49</td><td>73</td><td>35.78</td><td>38</td><td>18.63</td><td>204</td></tr>
<tr><td>大四</td><td>6</td><td>6.82</td><td>14</td><td>15.91</td><td>24</td><td>27.27</td><td>32</td><td>36.36</td><td>12</td><td>13.64</td><td>88</td></tr>
<tr><td rowspan="4">专业</td><td>合计</td><td>32</td><td>3.53</td><td>94</td><td>10.38</td><td>208</td><td>22.96</td><td>337</td><td>37.20</td><td>235</td><td>25.94</td><td>906</td></tr>
<tr><td>外语类</td><td>17</td><td>3.24</td><td>55</td><td>10.50</td><td>112</td><td>21.37</td><td>175</td><td>33.40</td><td>165</td><td>31.49</td><td>524</td></tr>
<tr><td>双学位</td><td>1</td><td>1.85</td><td>8</td><td>14.81</td><td>11</td><td>20.37</td><td>14</td><td>25.93</td><td>20</td><td>37.04</td><td>54</td></tr>
<tr><td>其他</td><td>14</td><td>4.27</td><td>31</td><td>9.45</td><td>85</td><td>25.91</td><td>148</td><td>45.12</td><td>50</td><td>15.24</td><td>328</td></tr>
</table>

关于④（表 4-4-4），整体比例分别为：比较同意（48.34%）＞非常同意（29.25%）＞不确定（14.90%）＞比较不同意（5.30%）＞非常不同意（2.21%）。由此可见，大多数学生认为教材概念准确、理论阐述严谨，符合学生需求。但从性别角度看，男生的"非常同意"比例（38.21%）

表 4-4-4　教材概念、理论以及与学生需求的契合

基本信息		④ 教材概念准确、理论阐述严谨，符合学生需求									合计人数
		非常不同意		比较不同意		不确定		比较同意		非常同意		
		人数	比例（%）	人数	比例（%）	人数	比例（%）	人数	比例（%）	人数	比例（%）	
性别	合计	20	2.21	48	5.30	135	14.90	438	48.34	265	29.25	906
	男生	5	2.36	10	4.72	27	12.74	89	41.98	81	38.21	212
	女生	15	2.16	38	5.48	108	15.56	349	50.29	184	26.51	694
年级	合计	20	2.21	48	5.30	135	14.90	438	48.34	265	29.25	906
	大一	2	0.86	8	3.45	28	12.07	97	41.81	97	41.81	232
	大二	8	2.09	22	5.76	55	14.40	189	49.48	108	28.27	382
	大三	8	3.92	11	5.39	31	15.20	111	54.41	43	21.08	204
	大四	2	2.27	7	7.95	21	23.86	41	46.59	17	19.32	88
专业	合计	20	2.21	48	5.30	135	14.90	438	48.34	265	29.25	906
	外语类	9	1.72	24	4.58	66	12.60	241	45.99	184	35.11	524
	双学位	0	0.00	7	12.96	9	16.67	16	29.63	22	40.74	54
	其他	11	3.35	17	5.18	60	18.29	181	55.18	59	17.99	328

高于女生（26.51%）。从年级角度看，不同年级间差异不大明显：大一、大二、大三、大四年级"比较同意"占比较高，分别为41.81%、49.48%、54.41%和46.59%。从专业角度看，不同专业的学生对此态度略有区别：双学位专业的学生"非常同意"占比最高（40.74%），而外语

表 4-4-5　本科教材设计

基本信息		⑤ 教材设计符合先易后难、难易结合的要求									合计人数
		非常不同意		比较不同意		不确定		比较同意		非常同意	
		人数	比例(%)	人数	比例(%)	人数	比例(%)	人数	比例(%)	人数	比例(%)	
性别	合计	20	2.21	50	5.52	161	17.77	398	43.93	277	30.57	906
	男生	5	2.36	15	7.08	31	14.62	81	38.21	80	37.74	212
	女生	15	2.16	35	5.04	130	18.73	317	45.68	197	28.39	694
年级	合计	20	2.21	50	5.52	161	17.77	398	43.93	277	30.57	906
	大一	2	0.86	10	4.31	30	12.93	90	38.79	100	43.10	232
	大二	10	2.62	22	5.76	72	18.85	168	43.98	110	28.80	382
	大三	6	2.94	16	7.84	35	17.16	101	49.51	46	22.55	204
	大四	2	2.27	2	2.27	24	27.27	39	44.32	21	23.86	88
专业	合计	20	2.21	50	5.52	161	17.77	398	43.93	277	30.57	906
	外语类	7	1.34	21	4.01	71	13.55	225	42.94	200	38.17	524
	双学位	0	0.00	6	11.11	11	20.37	16	29.63	21	38.89	54
	其他	13	3.96	23	7.01	79	24.09	157	47.87	56	17.07	328

类、其他专业的学生多表示"比较同意"（比例分别为 45.99%、55.18%）。

关于⑤（表 4-4-5），整体比例分别为：比较同意（43.93%）＞非常同意（30.57%）＞不确定（17.77%）＞比较不同意（5.52%）＞非常不同意（2.21%）。由此可见，大多数学生认为教材的设计符合先易后难、难易结合的要求。但从性别角度看，男生的"非常同意"比例（37.74%）高于女生（28.39%）。从年级角度看，不同年级间差异较明显：大一年级"非常同意"占比最高（43.10%）；而大二、大三、大四年级占比最高的为"比较同意"，分别为43.98%、49.51%和44.32%。从专业角度看，不同专业的学生对此态度略有区别，双学位专业的学生"非常同意"占比最高（38.89%），而外语类、其他专业的学生多表示"比较同意"（比例分别为42.94%、47.87%）。

从表4-4-6中可以看出，在对于本科教材资源的整体评价中，学生的"非常同意"比例由高到低依次是"教材内容的选择与专业要求相符合""教材设计符合先易后难、难易结合的要求""教材概念准确、理论阐述严谨，符合学生需求"。"教材形式多样""教材内容反映了本学科的前沿研究成果"，这两点学生的同意度相对较低。关于这两点，不同专业的学生差异较大，双学位专业的学生的同意度较高，而外语类、其他专业的学生的同意度不明显。

本研究调查了本科教师使用的教学资源类型（表4-4-7），结果发现"教科书"（95.03%）、"课件"（85.54%）、"图片、音视频等多媒体素材"（75.39%）是教师较常使用的资源。教师也较常使用"教师自编教学材料"（44.70%）、"试题"（45.70%）。此外，本研究发现教师也会使用学术资源，如"期刊论文"（22.19%）和"报纸文章"（27.04%），这说明该校的人才培养较为注重学生的学术素养，顺应了新时代高校人才培养应注重学生科研能力的教学定位。[①] 因此，这种重视本科生科研能力的教学定位，不仅符合新时代高等教育的发展趋势，也为高校人才培养提供了新的方向和动力。

---

① 蔡基刚：《高校英语教学范式新转移：从语言技能训练到科研能力培养》，《外语研究》2019年第3期；樊晓燕：《新文科背景下我国外语学科博士研究生科研能力实证研究》，《西安外国语大学学报》2023年第2期。

表 4-4-6　学生对于本科教材资源的整体评价

选项	非常不同意 [人数（比例）]	比较不同意 [人数（比例）]	不确定 [人数（比例）]	比较同意 [人数（比例）]	非常同意 [人数（比例）]
教材形式多样	20（2.21%）	104（11.48%）	148（16.34%）	387（42.72%）	247（27.26%）
教材内容的选择与专业要求相符合	13（1.43%）	30（3.31%）	105（11.59%）	444（49.01%）	314（34.66%）
教材内容反映了本学科的前沿研究成果	32（3.53%）	94（10.38%）	208（22.96%）	337（37.20%）	235（25.94%）
教材概念准确、理论阐述严谨，符合学生需求	20（2.21%）	48（5.30%）	135（14.90%）	438（48.34%）	265（29.25%）
教材设计符合先易后难、难易结合的要求	20（2.21%）	50（5.52%）	161（17.77%）	398（43.93%）	277（30.57%）
小计	105（2.32%）	326（7.20%）	757（16.71%）	2004（44.24%）	1338（29.54%）

表 4-4-7　本科教师使用的教学资源类型

选项	人数	比例（%）
教科书	861	95.03
教师自编教学材料	405	44.70
课件	775	85.54
图片、音视频等多媒体素材	683	75.39
试题	414	45.70
微课、慕课等网络课程	260	28.70
期刊论文	201	22.19

续表

选项	人数	比例（%）
报纸文章	245	27.04
其他	3	0.33

本题有效填写人数为906。

（三）考核方式

本研究调查了学生对所学课程的考核方式的评价情况：①课程的考核评价方式多样；②各种课程考核方式的构成比例合理；③课程考核方式能够科学检测学生的学习效果。

关于①（表4-5-1），整体比例分别为：比较同意（50.66%）>非常同意（27.48%）>不确定（13.25%）>比较不同意（7.28%）>非常不同意（1.32%）。由此可见，大多数学生认为课程的考核评价方式多样。但从性别角度看，男生的"非常同意"比例（35.38%）高于女生（25.07%）。从年级角度看，不同年级间差异不大明显：大一、大二、大三、大四年级"比较同意"占比最高，分别为44.40%、53.40%、54.90%和45.45%。从专业角度看，不同专业的学生对此态度略有区别：双学位专业的学生的"非常同意"与"比较同意"比例相同（40.74%），而外语类、其他专业的学生多表示"比较同意"（比例分别为46.95%、58.23%）。

关于②（表4-5-2），整体比例分别为：比较同意（53.09%）>非常同意（33.33%）>不确定（10.04%）>比较不同意（2.54%）>非常不同意（0.99%）。由此可见，大多数学生认为各种课程考核方式的构成比例合理。但从性别角度看，男生的"非常同意"比例（41.98%）高于女生（30.69%）。从年级角度看，不同年级间差异较明显：大一年级"非常同意"占比最高（45.69%）；而大二、大三、大四年级占比最高

表 4-5-1　本科课程的考核评价方式

基本信息		① 课程的考核评价方式多样										合计人数
		非常不同意		比较不同意		不确定		比较同意		非常同意		
		人数	比例(%)	人数	比例(%)	人数	比例(%)	人数	比例(%)	人数	比例(%)	
性别	合计	12	1.32	66	7.28	120	13.25	459	50.66	249	27.48	906
	男生	2	0.94	14	6.60	29	13.68	92	43.40	75	35.38	212
	女生	10	1.44	52	7.49	91	13.11	367	52.88	174	25.07	694
年级	合计	12	1.32	66	7.28	120	13.25	459	50.66	249	27.48	906
	大一	1	0.43	9	3.88	29	12.50	103	44.40	90	38.79	232
	大二	6	1.57	25	6.54	49	12.83	204	53.40	98	25.65	382
	大三	4	1.96	18	8.82	26	12.75	112	54.90	44	21.57	204
	大四	1	1.14	14	15.91	16	18.18	40	45.45	17	19.32	88
专业	合计	12	1.32	66	7.28	120	13.25	459	50.66	249	27.48	906
	外语类	4	0.76	34	6.49	69	13.17	246	46.95	171	32.63	524
	双学位	1	1.85	4	7.41	5	9.26	22	40.74	22	40.74	54
	其他	7	2.13	28	8.54	46	14.02	191	58.23	56	17.07	328

的为"比较同意"，分别为 55.76%、56.86% 和 60.23%。从专业角度看，不同专业的学生对此态度区别不大，"比较同意"占比较高，分别为 48.66%、42.59% 和 61.89%。

表 4-5-2 本科课程考核方式的构成

基本信息		② 各种课程考核方式的构成比例合理									合计人数
		非常不同意		比较不同意		不确定		比较同意		非常同意	
		人数	比例(%)	人数	比例(%)	人数	比例(%)	人数	比例(%)	人数	比例(%)	
性别	合计	9	0.99	23	2.54	91	10.04	481	53.09	302	33.33	906
	男生	1	0.47	5	2.36	21	9.91	96	45.28	89	41.98	212
	女生	8	1.15	18	2.59	70	10.09	385	55.48	213	30.69	694
年级	合计	9	0.99	23	2.54	91	10.04	481	53.09	302	33.34	906
	大一	1	0.43	4	1.72	22	9.48	99	42.67	106	45.69	232
	大二	5	1.31	12	3.14	33	8.64	213	55.76	119	31.15	382
	大三	3	1.47	4	1.96	23	11.27	116	56.86	58	28.44	204
	大四	0	0.00	3	3.41	13	14.77	53	60.23	19	21.59	88
专业	合计	9	0.99	23	2.54	91	10.04	481	53.09	302	33.34	906
	外语类	3	0.57	10	1.91	51	9.73	255	48.66	205	39.13	524
	双学位	0	0.00	2	3.70	6	11.11	23	42.59	23	42.59	54
	其他	6	1.83	11	3.35	34	10.37	203	61.89	74	22.56	328

关于③(表4-5-3),整体比例分别为:比较同意(49.23%)>非常同意(28.48%)>不确定(15.67%)>比较不同意(4.97%)>非常不同意(1.66%)。由此可见,大多数学生认为课程考核方式能够科学检测学生的学习效果。但从性别角度看,男生的"非常同意"比例

表 4-5-3　本科课程考核方式检测学生的学习效果情况

基本信息		③ 课程考核方式能够科学检测学生的学习效果									合计人数
		非常不同意		比较不同意		不确定		比较同意		非常同意		
		人数	比例（%）	人数	比例（%）	人数	比例（%）	人数	比例（%）	人数	比例（%）	
性别	合计	15	1.66	45	4.97	142	15.67	446	49.23	258	28.48	906
	男生	3	1.42	8	3.77	34	16.04	91	42.92	76	35.85	212
	女生	12	1.73	37	5.33	108	15.56	355	51.15	182	26.22	694
年级	合计	15	1.66	45	4.97	142	15.67	446	49.23	258	28.48	906
	大一	2	0.86	9	3.88	22	9.48	97	41.81	102	43.97	232
	大二	7	1.83	15	3.93	66	17.28	193	50.52	101	26.44	382
	大三	5	2.45	16	7.84	34	16.67	106	51.96	43	21.08	204
	大四	1	1.14	5	5.68	20	22.73	50	56.82	12	13.64	88
专业	合计	15	1.66	45	4.97	142	15.67	446	49.23	258	28.48	906
	外语类	6	1.15	20	3.82	67	12.79	245	46.76	186	35.50	524
	双学位	0	0.00	2	3.70	7	12.96	20	37.04	25	46.30	54
	其他	9	2.74	23	7.01	68	20.73	181	55.18	47	14.33	328

（35.85%）高于女生（26.22%）。从年级角度看，不同年级间差异较明显：大一年级"非常同意"占比最高（43.97%）；而大二、大三、大四年级占比最高的为"比较同意"，分别为 50.52%、51.96% 和 56.82%。从专业角度看，不同专业的学生对此态度略有区别：双学位专业的学

表 4-5-4　教师采用的考核方式

选项	人数	比例（%）
作业	465	51.32
课堂表现（发言、汇报展示等）	499	55.08
平时测验	209	23.07
考勤	195	21.52
期中考试	331	36.53
期末考试	712	78.59
学期论文	234	25.83

本题有效填写人数为 906。

生"非常同意"占比最高（46.30%），而外语类、其他专业的学生多表示"比较同意"（比例分别为 46.76%、55.18%）。

本研究调查了教师采用的考核方式（表 4-5-4），得到的结果是"期末考试"占比最高（78.59%），随后是"课堂表现（发言、汇报展示等）"（55.08%）、"作业"（51.32%）。此外，结果显示"学期论文"占比为 25.83%，这与前文中教师使用的学术资源占比较为一致，再次说明该校的人才培养较为注重学生的学术素养和科研能力。这符合新时代高等教育的发展趋势，即重视提升学生的科研能力，并将此作为人才培养的核心教学理念。[①]

（四）教师评价

本研究调查了学生对本校老师的整体评价：①科研水平高；②教学能力强；③信息技术素养好；④有敬业精神。

关于①（表 4-6-1），整体比例分别为：比较同意（43.05%）> 非

---

① 蔡基刚：《高校英语教学范式新转移：从语言技能训练到科研能力培养》，《外语研究》2019 年第 3 期。

表 4-6-1　本科生对教师科研水平的认识

基本信息		① 科研水平高										合计人数
		非常不同意		比较不同意		不确定		比较同意		非常同意		
		人数	比例(%)	人数	比例(%)	人数	比例(%)	人数	比例(%)	人数	比例(%)	
性别	合计	9	0.99	20	2.21	111	12.25	390	43.05	376	41.50	906
	男生	2	0.94	6	2.83	23	10.85	76	35.85	105	49.53	212
	女生	7	1.01	14	2.02	88	12.68	314	45.24	271	39.05	694
年级	合计	9	0.99	20	2.21	111	12.25	390	43.05	376	41.50	906
	大一	1	0.43	0	0.00	21	9.05	83	35.78	127	54.74	232
	大二	6	1.57	9	2.36	41	10.73	171	44.76	155	40.58	382
	大三	2	0.98	7	3.43	30	14.71	101	49.51	64	31.37	204
	大四	0	0.00	4	4.55	19	21.59	35	39.77	30	34.09	88
专业	合计	9	0.99	20	2.21	111	12.25	390	43.05	376	41.50	906
	外语类	4	0.76	8	1.53	54	10.31	197	37.60	261	49.81	524
	双学位	1	1.85	1	1.85	8	14.81	22	40.74	22	40.74	54
	其他	4	1.22	11	3.35	49	14.94	171	52.13	93	28.35	328

常同意（41.50%）＞不确定（12.25%）＞比较不同意（2.21%）＞非常不同意（0.99%）。由此可见，大多数学生认为教师的科研水平较高。但从性别角度看，男生的"非常同意"比例（49.53%）高于女生（39.05%）。从年级角度看，不同年级间差异较明显：大一年级"非

常同意"占比最高（54.74%）；而大二、大三、大四年级占比最高的为"比较同意"，分别为44.76%、49.51%和39.77%。从专业角度看，不同专业的学生对此态度略有区别：外语类专业的学生"非常同意"占比最高（49.81%）；而双学位、其他专业的学生"比较同意"占比高，分别为40.74%、52.13%。这可能受外语类院校的办学特色影响，外语学科是该校发展的优势学科，拥有实力强的学术团队。

关于②（表4-6-2），整体比例分别为：比较同意（42.16%）>非常同意（41.72%）>不确定（11.26%）>比较不同意（3.53%）>非常不同意（1.32%）。由此可见，大多数学生认为教师的教学能力较强。但从性别角度看，男生的"非常同意"比例（52.36%）高于女生（38.47%）。从年级角度看，不同年级间差异较明显：大一年级"非常同意"占比最高（59.91%）；而大二、大三、大四年级占比最高的为"比较同意"，分别为45.55%、46.57%和40.91%。从专业角度看，不同专业的学生对此态度略有区别：外语类专业的学生"非常同意"占比最高（51.72%）；而双学位、其他专业的学生的"比较同意"比例较高，分别为40.74%、52.74%。这一现象很可能是由外语类院校的办学特色所影响的。在这些院校中，外语学科不仅是学校发展的核心和优势学科，还拥有相当丰富的教学资源。同时，这些院校通常会聚了一批教学经验丰富、专业能力强的外语教师，这些教师不仅在语言教学方面拥有高水平的专业素养，还具备跨文化交际能力和国际视野，能够为学生提供更加丰富与国际化的教学内容[①]，因此教师的教学能力受到学生肯定。

[①] 梁彤、屈社明：《基于教学文化谱系的国际化外语人才培养研究现状分析》，《外语教学》2023年第2期；杨帆、许庆豫：《教师对学校环境的感知与专业发展》，《教育学报》2017年第1期。

表 4-6-2　本科生对教师教学能力的认识

基本信息		② 教学能力强									合计人数
		非常不同意		比较不同意		不确定		比较同意		非常同意		
		人数	比例(%)	人数	比例(%)	人数	比例(%)	人数	比例(%)	人数	比例(%)	
性别	合计	12	1.32	32	3.53	102	11.26	382	42.16	378	41.72	906
	男生	2	0.94	7	3.30	20	9.43	72	33.96	111	52.36	212
	女生	10	1.44	25	3.60	82	11.82	310	44.67	267	38.47	694
年级	合计	12	1.32	32	3.53	102	11.26	382	42.16	378	41.72	906
	大一	1	0.43	1	0.43	14	6.03	77	33.19	139	59.91	232
	大二	8	2.09	12	3.14	35	9.16	174	45.55	153	40.05	382
	大三	2	0.98	14	6.86	35	17.16	95	46.57	58	28.43	204
	大四	1	1.14	5	5.68	18	20.45	36	40.91	28	31.82	88
专业	合计	12	1.32	32	3.53	102	11.26	382	42.16	378	41.72	906
	外语类	3	0.57	15	2.86	48	9.16	187	35.69	271	51.72	524
	双学位	1	1.85	1	1.85	8	14.81	22	40.74	22	40.74	54
	其他	8	2.44	16	4.88	46	14.02	173	52.74	85	25.91	328

关于③（表 4-6-3），整体比例分别为：比较同意（42.05%）＞非常同意（39.30%）＞不确定（13.91%）＞比较不同意（3.31%）＞非常不同意（1.43%）。由此可见，大多数学生认为教师的信息技术素养好。但从性别角度看，男生的"非常同意"比例（47.17%）高于女生

表 4-6-3　本科生对教师信息技术素养的认识

基本信息		③ 信息技术素养好									合计人数
		非常不同意		比较不同意		不确定		比较同意		非常同意		
		人数	比例(%)	人数	比例(%)	人数	比例(%)	人数	比例(%)	人数	比例(%)	
性别	合计	13	1.43	30	3.31	126	13.91	381	42.05	356	39.30	906
	男生	2	0.94	6	2.83	35	16.51	69	32.55	100	47.17	212
	女生	11	1.59	24	3.46	91	13.11	312	44.96	256	36.88	694
年级	合计	13	1.43	30	3.31	126	13.91	381	42.05	356	39.30	906
	大一	1	0.43	2	0.86	28	12.07	78	33.62	123	53.02	232
	大二	6	1.57	11	2.88	37	9.69	177	46.34	151	39.52	382
	大三	6	2.94	8	3.92	40	19.61	92	45.10	58	28.43	204
	大四	0	0.00	9	10.23	21	23.86	34	38.64	24	27.27	88
专业	合计	13	1.43	30	3.31	126	13.91	381	42.05	356	39.30	906
	外语类	6	1.15	15	2.86	67	12.79	190	36.26	246	46.94	524
	双学位	0	0.00	2	3.70	10	18.52	21	38.89	21	38.89	54
	其他	7	2.13	13	3.96	49	14.94	170	51.83	89	27.14	328

（36.88%）。从年级角度看，不同年级间差异较明显：大一年级"非常同意"占比最高（53.02%）；而大二、大三、大四年级占比最高的为"比较同意"，分别为46.34%、45.10%和38.64%。从专业角度看，不同专业的学生对此态度略有区别：外语类专业的学生"非常同意"

占比最高（46.94%）；而双学位、其他专业的学生的"比较同意"比例较高，分别为38.89%、51.83%。这可能与外语学科为该校的优势学科和相关信息素养等培训工作比较扎实有关。①

关于④（表4-6-4），整体比例分别为：非常同意（51.76%）＞比较同意（40.73%）＞不确定（5.52%）＞比较不同意（1.55%）＞非常不同意（0.44%）。由此可见，大多数学生认为教师有敬业精神。但从性别角度看，男生的"非常同意"比例（60.85%）高于女生（48.98%）。从年级角度看，不同年级间差异较明显：大一、大二、大四年级"非常同意"占比最高（64.22%、50.53%、44.32%），而大三年级占比最高的为"比较同意"（48.04%）。年级差异产生的原因可能是大三年级通常经历了奖学金评比、实习就业、出国交流等问题，存在情绪不稳定的情况，因此对教师有敬业精神的同意度相对较低。从专业角度看，不同专业的学生对此态度略有区别：外语类专业的学生"非常同意"占比最高（60.11%），而双学位、其他专业的学生多表示"比较同意"（比例分别为48.15%、50.00%）。这可能是因为外语类院校的外语类专业的教师较为积极，敬业精神更为突显。

从表4-6-5中可以看出，在对教师的整体评价中，学生最为同意教师"有敬业精神"，其余按同意度由高到低依次是"教学能力强""科研水平高""信息技术素养好"。在访谈中，多名学生提到了教师的为人为学对学生的引领作用，如本科生S4提到"我觉得我们学校老师都是非常具有人文素养的。而且他们对待学生也都是因材施教的……他们可能会针对你的情况，然后再去跟你聊；或者说根据你问题再去帮你解答"，本科生S6也提到"有的教师可能就是有一种对他所学的这个专业、所讲的这个课程的热情，这是比较打动

---

① 杨帆、许庆豫：《教师对学校环境的感知与专业发展》，《教育学报》2017年第1期。

表 4-6-4　本科生对教师敬业精神的认识

基本信息		④ 有敬业精神									合计人数
		非常不同意		比较不同意		不确定		比较同意		非常同意	
		人数	比例(%)	人数	比例(%)	人数	比例(%)	人数	比例(%)	人数	比例(%)	
性别	合计	4	0.44	14	1.55	50	5.52	369	40.73	469	51.76	906
	男生	1	0.47	3	1.42	12	5.66	67	31.60	129	60.85	212
	女生	3	0.43	11	1.59	38	5.48	302	43.52	340	48.98	694
年级	合计	4	0.44	14	1.55	50	5.52	369	40.73	469	51.76	906
	大一	1	0.43	1	0.43	5	2.16	76	32.76	149	64.22	232
	大二	1	0.26	8	2.09	20	5.24	160	41.88	193	50.53	382
	大三	2	0.98	2	0.98	14	6.86	98	48.04	88	43.14	204
	大四	0	0.00	3	3.41	11	12.50	35	39.77	39	44.32	88
专业	合计	4	0.44	14	1.55	50	5.52	369	40.73	469	51.76	906
	外语类	3	0.57	6	1.15	21	4.01	179	34.16	315	60.11	524
	双学位	0	0.00	1	1.85	4	7.41	26	48.15	23	42.59	54
	其他	1	0.30	7	2.13	25	7.62	164	50.00	131	39.94	328

我的"。因此，高校可从对师德的教育、宣传、监督和奖惩方面进行提升。①

---

① 田甜、程华东：《提升高校教师师德修养的路径探析》，《中国高等教育》2022 年 Z1 期。

表 4-6-5　本科生对教师的整体评价

选项	非常不同意 ［人数 （比例）］	比较不同意 ［人数 （比例）］	不确定 ［人数 （比例）］	比较同意 ［人数 （比例）］	非常同意 ［人数 （比例）］
科研水平高	9（0.99%）	20（2.21%）	111（12.25%）	390（43.05%）	376（41.50%）
教学能力强	12（1.32%）	32（3.53%）	102（11.26%）	382（42.16%）	378（41.73%）
信息技术素养好	13（1.43%）	30（3.31%）	126（13.91%）	381（42.05%）	356（39.30%）
有敬业精神	4（0.44%）	14（1.55%）	50（5.52%）	369（40.73%）	469（51.76%）
小计	38（1.05%）	96（2.65%）	389（10.73%）	1522（42.00%）	1579（43.57%）

此外，与双学位、其他专业的学生相比，外语专业的学生的总体同意度最高。这可能受外语类院校的办学特色影响。外语学科是该校发展的优势学科，外语教学资源较为丰富，外语教师的教学能力、科研能力较强，促进了教师的专业发展。①

（五）课外实践

本研究调查了学生对学校的课外实践活动的评价情况：①学校举办的各类讲座促进了我的发展；②学校开展的各类工作坊促进了我的发展；③学校组织的各类竞赛促进了我的发展；④学校组织的创新创业等项目促进了我的发展；⑤学校组织的学生校外实习促进了我的发展；⑥英语角、多语角、多语文化节等多语活动促进了我的发展。

---

① 杨帆、许庆豫：《教师对学校环境的感知与专业发展》，《教育学报》2017 年第 1 期；梁彤、屈社明：《基于教学文化谱系的国际化外语人才培养研究现状分析》，《外语教学》2023 年第 2 期。

表 4-7-1 本科生对讲座资源的认识

基本信息		①学校举办的各类讲座促进了我的发展									合计人数
		非常不同意		比较不同意		不确定		比较同意		非常同意	
		人数	比例(%)	人数	比例(%)	人数	比例(%)	人数	比例(%)	人数	比例(%)	
性别	合计	18	1.99	45	4.97	126	13.91	412	45.47	305	33.66	906
	男生	6	2.83	10	4.72	16	7.55	84	39.62	96	45.28	212
	女生	12	1.73	35	5.04	110	15.85	328	47.26	209	30.12	694
年级	合计	18	1.99	45	4.97	126	13.91	412	45.47	305	33.66	906
	大一	3	1.29	3	1.29	19	8.19	97	41.81	110	47.42	232
	大二	6	1.57	21	5.50	59	15.45	172	45.03	124	32.45	382
	大三	7	3.43	17	8.33	34	16.67	94	46.08	52	25.49	204
	大四	2	2.27	4	4.55	14	15.91	49	55.68	19	21.59	88
专业	合计	18	1.99	45	4.97	126	13.91	412	45.47	305	33.66	906
	外语类	12	2.29	18	3.44	68	12.98	220	41.98	206	39.31	524
	双学位	1	1.85	2	3.70	7	12.96	20	37.04	24	44.45	54
	其他	5	1.52	25	7.62	51	15.55	172	52.44	75	22.87	328

关于①(表4-7-1),整体比例分别为:比较同意(45.47%)>非常同意(33.66%)>不确定(13.91%)>比较不同意(4.97%)>非常不同意(1.99%)。由此可见,大多数学生认为学校举办的各类讲座促进了学生的发展。但从性别角度看,男生的"非常同意"比例(45.28%)

高于女生（30.12%）。从年级角度看，不同年级间差异较明显：大一年级"非常同意"占比最高（47.42%）；而大二、大三、大四年级占比最高的为"比较同意"，分别为45.03%、46.08%和55.68%。从专业角度看，不同专业的学生对此态度略有区别：双学位专业的学生"非常同意"占比最高（44.45%），而外语类、其他专业的学生多表示"比较同意"（比例分别为41.98%、52.44%）。这可能是因为双学位专业的学生共享两个专业的资源，讲座资源较为丰富，而且学生自主选择的机会更多，学生从讲座中获益更多。

关于②（表4-7-2），整体比例分别为：比较同意（38.41%）>非常同意（31.57%）>不确定（22.08）>比较不同意（6.29%）>非常不同意（1.66%）。由此可见，大多数学生认为学校开展的各类工作坊促进了学生的发展。但从性别角度看，男生的"非常同意"比例（41.51%）高于女生（28.52%）。从年级角度看，大一年级"非常同意"占比最高（45.69%），随后为大二、大三、大四年级（31.15%、20.59%和21.59%）。从专业角度看，不同专业的学生对此态度略有区别：双学位专业的学生的"非常同意"比例为46.30%，外语类、其他专业的学生的"非常同意"比例依次为44.47%、28.96%。这可能是因为双学位专业的学生参与的讲座更多，从讲座中获益更多。

关于③（表4-7-3），整体比例分别为：比较同意（38.08%）>非常同意（27.48%）>不确定（23.51%）>比较不同意（7.40%）>非常不同意（3.53%）。由此可见，大多数学生认为学校组织的各类竞赛促进了学生的发展。但从性别角度看，男生的"非常同意"比例（39.62%）高于女生（23.78%）。这可能是因为男生更喜欢参与各类竞赛，受益较多。从年级角度看，不同年级间差异较明显：大一年级"非常同意"占比最高（40.09%）；而大二、大三、大四年级占比最高的为"比较同意"，分别为40.05%、39.71%和38.64%。这可能是由于大一年级刚入学对各类竞赛较有热情，参与较为积极；而随着年级增长，学

表 4-7-2　本科生对各类工作坊的认识

基本信息		②学校开展的各类工作坊促进了我的发展									合计人数
		非常不同意		比较不同意		不确定		比较同意		非常同意	
		人数	比例(%)	人数	比例(%)	人数	比例(%)	人数	比例(%)	人数	比例(%)	
性别	合计	15	1.66	57	6.29	200	22.08	348	38.41	286	31.57	906
	男生	4	1.89	16	7.55	37	17.45	67	31.60	88	41.51	212
	女生	11	1.59	41	5.91	163	23.49	281	40.49	198	28.53	694
年级	合计	15	1.66	57	6.29	200	22.08	348	38.41	286	31.57	906
	大一	2	0.86	4	1.72	41	17.67	79	34.05	106	45.69	232
	大二	6	1.57	16	4.19	87	22.77	154	40.31	119	31.15	382
	大三	6	2.94	24	11.76	46	22.55	86	42.16	42	20.59	204
	大四	1	1.14	13	14.77	26	29.55	29	32.95	19	21.59	88
专业	合计	15	1.66	57	6.29	200	22.08	348	38.41	286	31.57	906
	外语类	6	1.15	10	1.91	47	8.97	228	43.51	233	44.47	524
	双学位	0	0.00	1	1.85	6	11.11	22	40.74	25	46.30	54
	其他	2	0.61	9	2.74	39	11.89	183	55.79	95	28.96	328

生对于此类活动的热情有所减退。从专业角度看，不同专业的学生对此态度略有区别：外语类、双学位专业的学生"非常同意"占比较高（33.01%、38.89%）；而其他专业的学生"比较同意"占比最高，比例为 46.95%。这可能是因为外语类、双学位专业的学生是外语类院校

表 4-7-3　本科生对各类竞赛的认识

基本信息		③学校组织的各类竞赛促进了我的发展										合计人数
		非常不同意		比较不同意		不确定		比较同意		非常同意		
		人数	比例(%)	人数	比例(%)	人数	比例(%)	人数	比例(%)	人数	比例(%)	
性别	合计	32	3.53	67	7.40	213	23.51	345	38.08	249	27.48	906
	男生	7	3.30	17	8.02	35	16.51	69	32.55	84	39.62	212
	女生	25	3.60	50	7.20	178	25.65	276	39.77	165	23.78	694
年级	合计	32	3.53	67	7.40	213	23.51	345	38.08	249	27.48	906
	大一	5	2.16	7	3.02	50	21.55	77	33.19	93	40.09	232
	大二	9	2.36	29	7.59	88	23.04	153	40.05	103	26.96	382
	大三	14	6.86	21	10.29	50	24.51	81	39.71	38	18.63	204
	大四	4	4.55	10	11.36	25	28.41	34	38.64	15	17.04	88
专业	合计	32	3.53	67	7.40	213	23.51	345	38.08	249	27.48	906
	外语类	16	3.05	32	6.11	130	24.81	173	33.02	173	33.02	524
	双学位	2	3.70	4	7.41	9	16.67	18	33.33	21	38.89	54
	其他	14	4.27	31	9.45	74	22.56	154	46.95	55	16.77	328

的培养主体，相关资源较为丰富，举办的各类竞赛较多。

关于④（表4-7-4），整体比例分别为：比较同意（37.53%）＞非常同意（28.92%）＞不确定（20.42%）＞比较不同意（7.84%）＞非常不同意（5.30%）。由此可见，大多数学生认为学校组织的创新创业等

表 4-7-4 本科生对创新创业等项目的认识

基本信息		④ 学校组织的创新创业等项目促进了我的发展									合计人数
		非常不同意		比较不同意		不确定		比较同意		非常同意	
		人数	比例(%)	人数	比例(%)	人数	比例(%)	人数	比例(%)	人数	比例(%)	
性别	合计	48	5.30	71	7.84	185	20.42	340	37.53	262	28.92	906
	男生	14	6.60	14	6.60	31	14.62	65	30.66	88	41.52	212
	女生	34	4.90	57	8.21	154	22.19	275	39.63	174	25.07	694
年级	合计	48	5.30	71	7.84	185	20.42	340	37.53	262	28.91	906
	大一	3	1.29	4	1.72	48	20.69	83	35.78	94	40.52	232
	大二	18	4.71	32	8.38	69	18.06	153	40.05	110	28.80	382
	大三	22	10.78	29	14.21	42	20.59	69	33.82	42	20.61	204
	大四	5	5.68	6	6.82	26	29.55	35	39.77	16	18.18	88
专业	合计	48	5.30	71	7.84	185	20.42	340	37.53	262	28.92	906
	外语类	26	4.96	34	6.49	102	19.47	184	35.11	178	33.97	524
	双学位	3	5.56	5	9.26	8	14.81	19	35.19	19	35.19	54
	其他	19	5.79	32	9.76	75	22.87	137	41.77	65	19.81	328

项目促进了学生的发展。但从性别角度看，男生的"非常同意"比例（41.52%）高于女生（25.07%）。这可能是因为男生更喜欢参与各类项目，受益较多。从年级角度看，不同年级间差异较明显：大一年级"非常同意"占比最高（40.52%）；而大二、大三、大四年级占比最高

的为"比较同意",分别为40.05%、33.82%和39.77%。这可能是由于大一年级刚入学对各类项目较有热情,参与较为积极;而随着年级增长,大二、大三年级对于此类活动的热情有所减退;大四年级面临毕业,参与各类创业项目较多。从专业角度看,不同专业的学生对此态度区别不大:外语类、双学位、其他专业的学生"比较同意"占比较高,分别为35.11%、35.19%和41.77%。

关于⑤(表4-7-5),整体比例分别为:比较同意(36.64%)＞非常同意(28.37%)＞不确定(23.40%)＞比较不同意(6.40%)＞非常不同意(5.19%)。由此可见,大多数学生认为学校组织的学生校外实习促进了学生的发展。但从性别角度看,男生的"非常同意"比例(41.98%)高于女生(24.20%)。这可能是因为男生更喜欢参与各类校外实习,受益较多。从年级角度看,不同年级间差异较明显:大一年级"非常同意"占比最高(40.95%);而大二、大三、大四年级占比最高的为"比较同意",分别为40.31%、29.90%和36.36%。这可能是由于大一年级刚入学对校外实习较有热情,参与较为积极;而随着年级增长,大二、大三对于此类活动的热情有所减退;大四年级面临毕业,实习热情有所增加("非常同意"和"比较同意"的比例分别为14.78%、36.36%)。从专业角度看,不同专业的学生对此态度略有区别:外语类、双学位专业的学生"非常同意"占比最高(33.20%、38.88%),而其他专业的学生多表示"比较同意"(比例为45.12%)。这可能是因为外语类、双学位专业的资源较为丰富,学生可参与的实习项目较多。

关于⑥(表4-7-6),整体比例分别为:比较同意(41.06%)＞非常同意(33.22%)＞不确定(18.65%)＞比较不同意(5.19%)＞非常不同意(1.88%)。由此可见,大多数学生认为英语角、多语角、多语文化节等多语活动促进了学生的发展。但从性别角度看,男生的"非常同意"比例(41.50%)高于女生(30.69%)。这可能是因为男生更喜欢

表 4-7-5　本科生对校外实习的认识

基本信息		⑤ 学校组织的学生校外实习促进了我的发展										合计人数
		非常不同意		比较不同意		不确定		比较同意		非常同意		
		人数	比例(%)	人数	比例(%)	人数	比例(%)	人数	比例(%)	人数	比例(%)	
性别	合计	47	5.19	58	6.40	212	23.40	332	36.64	257	28.37	906
	男生	11	5.19	13	6.13	42	19.81	57	26.89	89	41.98	212
	女生	36	5.19	45	6.48	170	24.50	275	39.63	168	24.20	694
年级	合计	47	5.19	58	6.40	212	23.40	332	36.64	257	28.37	906
	大一	1	0.43	4	1.72	47	20.26	85	36.64	95	40.95	232
	大二	13	3.40	18	4.71	89	23.30	154	40.31	108	28.28	382
	大三	26	12.75	25	12.25	51	25.00	61	29.90	41	20.10	204
	大四	7	7.95	11	12.50	25	28.41	32	36.36	13	14.78	88
专业	合计	47	5.19	58	6.40	212	23.40	332	36.64	257	28.37	906
	外语类	22	4.20	32	6.11	128	24.43	168	32.06	174	33.20	524
	双学位	4	7.41	3	5.56	10	18.52	16	29.63	21	38.88	54
	其他	21	6.40	23	7.01	74	22.56	148	45.12	62	18.91	328

参与这类活动，受益较多。从年级角度看，不同年级间差异较明显：大一年级"非常同意"占比最高（47.85%）；而大二、大三、大四年级占比最高的为"比较同意"，分别为43.46%、43.14%和37.50%。这可能是由于大一年级刚入学对这类活动较有热情，参与较为积极；而

表 4-7-6 本科生对各类校园外语活动的认识

基本信息		⑥ 英语角、多语角、多语文化节等多语活动促进了我的发展									合计人数
		非常不同意		比较不同意		不确定		比较同意		非常同意	
		人数	比例(%)	人数	比例(%)	人数	比例(%)	人数	比例(%)	人数	比例(%)	
性别	合计	17	1.88	47	5.19	169	18.65	372	41.06	301	33.22	906
	男生	3	1.42	13	6.13	34	16.04	74	34.91	88	41.50	212
	女生	14	2.02	34	4.90	135	19.45	298	42.94	213	30.69	694
年级	合计	17	1.88	47	5.19	169	18.65	372	41.06	301	33.22	906
	大一	1	0.43	3	1.29	32	13.79	85	36.64	111	47.85	232
	大二	6	1.57	17	4.45	69	18.06	166	43.46	124	32.46	382
	大三	10	4.90	17	8.33	41	20.10	88	43.14	48	23.53	204
	大四	0	0.00	10	11.36	27	30.68	33	37.50	18	20.46	88
专业	合计	17	1.88	47	5.19	169	18.65	372	41.06	301	33.22	906
	外语类	5	0.95	21	4.01	88	16.79	201	38.36	209	39.89	524
	双学位	2	3.70	3	5.56	7	12.96	19	35.19	23	42.59	54
	其他	10	3.05	23	7.01	74	22.56	152	46.34	69	21.04	328

随着年级增长，大二、大三、大四年级的学生对于此类活动的热情有所减退。从专业角度看，不同专业的学生对此态度略有区别：外语类、双学位专业的学生"非常同意"占比最高（39.89%、42.59%），而其他专业的学生多表示"比较同意"（比例为46.34%）。这可能是因为

表 4-7-7　本科生对学校的课外实践活动的整体评价

选项	非常不同意[人数（比例）]	比较不同意[人数（比例）]	不确定	比较同意[人数（比例）]	非常同意[人数（比例）]
各类讲座促进了我的发展	18（1.99%）	45（4.97%）	126（13.91%）	412（45.47%）	305（33.66%）
各类工作坊促进了我的发展	15（1.66%）	57（6.29%）	200（22.08%）	348（38.41%）	286（31.56%）
各类竞赛促进了我的发展	32（3.53%）	67（7.40%）	213（23.51%）	345（38.08%）	249（27.48%）
创新创业等项目促进了我的发展	48（5.3%）	71（7.84%）	185（20.42%）	340（37.53%）	262（28.91%）
学生校外实习促进了我的发展	47（5.19%）	58（6.40%）	212（23.40%）	332（36.64%）	257（28.37%）
多语活动促进了我的发展	17（1.88%）	47（5.19%）	169（18.65%）	372（41.06%）	301（33.22%）
小计	177（3.26%）	345（6.35%）	1105（20.33%）	2149（39.53%）	1660（30.53%）

外语类、双学位专业的学生受自身外语专业影响，较为偏重语言，并深刻认识到语言的重要性。

从表 4-7-7 中可以看出，在对学校的课外实践活动的整体评价中，学生较为同意以下活动对自身发展的重要性：学校举办的各类讲座（33.66%）、多语活动（33.22%）、各类工作坊（31.56%），可以体现出学校注重培养具有学术能力和多语能力的人才。[1] 此外，创新创业等项目也受到学生的好评（28.91%）。

---

① 姜锋、李岩松：《"立德树人"目标下外语教育的新定位与全球治理人才培养模式创新》，《外语电化教学》2020 年第 6 期。

(六)跨学科、跨院系、跨层级及跨校培养

本研究调查了学生对学校的跨学科、跨院系、跨层级及跨校培养的评价情况：①跨学科、跨院系的选课制度对我的发展有帮助；②跨层级选课制度对我的发展有帮助；③跨校辅修、互认学分制度对我的发展有帮助；④学校与许多校外机构建立合作培养机制对我的发展有帮助。

关于①（表4-8-1），整体比例分别为：比较同意（44.37%）＞非常同意（36.43%）＞不确定（15.34%）＞比较不同意（2.43%）＞非常不同意（1.43%）。由此可见，大多数学生认为跨学科、跨院系的选课制度对学生的发展有帮助。但从性别角度看，男生的"非常同意"比例（47.17%）高于女生（33.14%）。从年级角度看，不同年级间差异较明显：大一年级"非常同意"占比最高（50.43%）；而大二、大三、大四年级占比最高的为"比较同意"，分别为45.03%、50.49%和48.86%。从专业角度看，不同专业的学生对此态度略有区别：外语类、双学位专业的学生"非常同意"占比最高（42.93%、40.74%）；而其他专业的学生"比较同意"占比最高，比例为55.18%。

关于②（表4-8-2），整体比例分别为：比较同意（38.30%）＞非常同意（33.34%）＞不确定（21.19%）＞比较不同意（4.30%）＞非常不同意（2.87%）。由此可见，大多数学生认为跨层级选课制度对学生的发展有帮助。但从性别角度看，男生的"非常同意"比例（43.87%）高于女生（30.11%）。从年级角度看，不同年级间差异较明显：大一年级"非常同意"占比最高（48.28%）；而大二、大三、大四年级占比最高的为"比较同意"，分别为40.05%、39.71%和37.50%。从专业角度看，不同专业的学生对此态度略有区别：外语类、双学位专业的学生"非常同意"占比最高（39.31%、46.30%）；而其他专业的学生"比较同意"占比最高，比例为46.04%。

表 4-8-1　本科生对跨学科、跨院系的选课制度的认识

基本信息		①跨学科、跨院系的选课制度对我的发展有帮助									合计人数
		非常不同意		比较不同意		不确定		比较同意		非常同意	
		人数	比例（%）	人数	比例（%）	人数	比例（%）	人数	比例（%）	人数	比例（%）	
性别	合计	13	1.43	22	2.43	139	15.34	402	44.37	330	36.43	906
	男生	4	1.89	7	3.30	34	16.04	67	31.60	100	47.17	212
	女生	9	1.30	15	2.16	105	15.13	335	48.27	230	33.14	694
年级	合计	13	1.43	22	2.43	139	15.34	402	44.37	330	36.43	906
	大一	1	0.43	2	0.86	28	12.07	84	36.21	117	50.43	232
	大二	6	1.57	11	2.88	51	13.35	172	45.03	142	37.17	382
	大三	3	1.47	7	3.43	42	20.59	103	50.49	49	24.02	204
	大四	3	3.41	2	2.27	18	20.45	43	48.86	22	25.01	88
专业	合计	13	1.43	22	2.43	139	15.34	402	44.37	330	36.43	906
	外语类	6	1.15	14	2.67	78	14.89	201	38.36	225	42.93	524
	双学位	2	3.70	1	1.85	9	16.67	20	37.04	22	40.74	54
	其他	5	1.52	7	2.13	52	15.85	181	55.18	83	25.32	328

关于③（表4-8-3），整体比例分别为：比较同意（40.51%）＞非常同意（34.88%）＞不确定（18.98%）＞比较不同意（3.75%）＞非常不同意（1.88%）。由此可见，大多数学生认为跨校辅修、互认学分制度对学生的发展有帮助。但从性别角度看，男生的"非常同意"比例

表 4-8-2　本科生对跨层级选课制度的认识

基本信息		②跨层级选课制度对我的发展有帮助									合计人数
		非常不同意		比较不同意		不确定		比较同意		非常同意		
		人数	比例(%)	人数	比例(%)	人数	比例(%)	人数	比例(%)	人数	比例(%)	
性别	合计	26	2.87	39	4.30	192	21.19	347	38.30	302	33.34	906
	男生	6	2.83	8	3.77	39	18.40	66	31.13	93	43.87	212
	女生	20	2.88	31	4.47	153	22.05	281	40.49	209	30.11	694
年级	合计	26	2.87	39	4.30	192	21.19	347	38.30	302	33.34	906
	大一	1	0.43	2	0.86	37	15.95	80	34.48	112	48.28	232
	大二	11	2.88	16	4.19	82	21.47	153	40.05	120	31.41	382
	大三	10	4.90	17	8.33	49	24.02	81	39.71	47	23.04	204
	大四	4	4.55	4	4.55	24	27.27	33	37.50	23	26.13	88
专业	合计	26	2.87	39	4.30	192	21.19	347	38.30	302	33.34	906
	外语类	13	2.48	23	4.39	103	19.66	179	34.16	206	39.31	524
	双学位	2	3.70	1	1.85	9	16.67	17	31.48	25	46.30	54
	其他	11	3.35	15	4.57	80	24.39	151	46.04	71	21.65	328

（44.81%）高于女生（31.85%）。从年级角度看，不同年级间差异较明显：大一年级"非常同意"占比最高（49.57%）；而大二、大三、大四年级占比最高的为"比较同意"，分别为40.58%、46.57%和40.91%。从专业角度看，不同专业的学生对此态度略有区别：外语类、双学位

表4-8-3 本科生对跨校辅修、互认学分制度的认识

<table>
<tr><th rowspan="3">基本信息</th><th colspan="10">③跨校辅修、互认学分制度对我的发展有帮助</th><th rowspan="3">合计人数</th></tr>
<tr><th colspan="2">非常不同意</th><th colspan="2">比较不同意</th><th colspan="2">不确定</th><th colspan="2">比较同意</th><th colspan="2">非常同意</th></tr>
<tr><th>人数</th><th>比例(%)</th><th>人数</th><th>比例(%)</th><th>人数</th><th>比例(%)</th><th>人数</th><th>比例(%)</th><th>人数</th><th>比例(%)</th></tr>
<tr><td rowspan="3">性别</td><td>合计</td><td>17</td><td>1.88</td><td>34</td><td>3.75</td><td>172</td><td>18.98</td><td>367</td><td>40.51</td><td>316</td><td>34.88</td><td>906</td></tr>
<tr><td>男生</td><td>6</td><td>2.83</td><td>4</td><td>1.89</td><td>44</td><td>20.75</td><td>63</td><td>29.72</td><td>95</td><td>44.81</td><td>212</td></tr>
<tr><td>女生</td><td>11</td><td>1.59</td><td>30</td><td>4.32</td><td>128</td><td>18.44</td><td>304</td><td>43.80</td><td>221</td><td>31.85</td><td>694</td></tr>
<tr><td rowspan="5">年级</td><td>合计</td><td>17</td><td>1.88</td><td>34</td><td>3.75</td><td>172</td><td>18.98</td><td>367</td><td>40.51</td><td>316</td><td>34.88</td><td>906</td></tr>
<tr><td>大一</td><td>1</td><td>0.43</td><td>2</td><td>0.86</td><td>33</td><td>14.22</td><td>81</td><td>34.91</td><td>115</td><td>49.57</td><td>232</td></tr>
<tr><td>大二</td><td>9</td><td>2.36</td><td>17</td><td>4.45</td><td>72</td><td>18.85</td><td>155</td><td>40.58</td><td>129</td><td>33.76</td><td>382</td></tr>
<tr><td>大三</td><td>6</td><td>2.94</td><td>10</td><td>4.90</td><td>44</td><td>21.57</td><td>95</td><td>46.57</td><td>49</td><td>24.02</td><td>204</td></tr>
<tr><td>大四</td><td>1</td><td>1.14</td><td>5</td><td>5.68</td><td>23</td><td>26.14</td><td>36</td><td>40.91</td><td>23</td><td>26.13</td><td>88</td></tr>
<tr><td rowspan="4">专业</td><td>合计</td><td>17</td><td>1.88</td><td>34</td><td>3.75</td><td>172</td><td>18.98</td><td>367</td><td>40.51</td><td>316</td><td>34.88</td><td>906</td></tr>
<tr><td>外语类</td><td>8</td><td>1.53</td><td>21</td><td>4.01</td><td>98</td><td>18.70</td><td>184</td><td>35.11</td><td>213</td><td>40.65</td><td>524</td></tr>
<tr><td>双学位</td><td>2</td><td>3.70</td><td>1</td><td>1.85</td><td>8</td><td>14.81</td><td>21</td><td>38.89</td><td>22</td><td>40.75</td><td>54</td></tr>
<tr><td>其他</td><td>7</td><td>2.13</td><td>12</td><td>3.66</td><td>66</td><td>20.12</td><td>162</td><td>49.39</td><td>81</td><td>24.70</td><td>328</td></tr>
</table>

专业的学生"非常同意"占比最高（40.65%、40.75%）；而其他专业的学生"比较同意"占比最高，比例为49.39%。

关于④（表4-8-4），整体比例分别为：非常同意（33.77%）>比较同意（39.74%）>不确定（19.54%）>比较不同意（4.64%）>非常不

表 4-8-4　本科生对学校与许多校外机构建立合作培养机制的认识

<table>
<tr><th rowspan="2">基本信息</th><th colspan="10">④ 学校与许多校外机构建立合作培养机制对我的发展有帮助</th><th rowspan="2">合计人数</th></tr>
<tr><th colspan="2">非常不同意</th><th colspan="2">比较不同意</th><th colspan="2">不确定</th><th colspan="2">比较同意</th><th colspan="2">非常同意</th></tr>
<tr><td></td><td>人数</td><td>比例(%)</td><td>人数</td><td>比例(%)</td><td>人数</td><td>比例(%)</td><td>人数</td><td>比例(%)</td><td>人数</td><td>比例(%)</td><td></td></tr>
<tr><td rowspan="3">性别</td><td>合计</td><td>21</td><td>2.32</td><td>42</td><td>4.64</td><td>177</td><td>19.54</td><td>360</td><td>39.74</td><td>306</td><td>33.77</td><td>906</td></tr>
<tr><td>男生</td><td>4</td><td>1.89</td><td>9</td><td>4.25</td><td>41</td><td>19.34</td><td>70</td><td>33.02</td><td>88</td><td>41.51</td><td>212</td></tr>
<tr><td>女生</td><td>17</td><td>2.45</td><td>33</td><td>4.76</td><td>136</td><td>19.60</td><td>290</td><td>41.79</td><td>218</td><td>31.41</td><td>694</td></tr>
<tr><td rowspan="5">年级</td><td>合计</td><td>21</td><td>2.32</td><td>42</td><td>4.64</td><td>177</td><td>19.54</td><td>360</td><td>39.74</td><td>306</td><td>33.77</td><td>906</td></tr>
<tr><td>大一</td><td>1</td><td>0.43</td><td>4</td><td>1.72</td><td>37</td><td>15.95</td><td>79</td><td>34.05</td><td>111</td><td>47.84</td><td>232</td></tr>
<tr><td>大二</td><td>7</td><td>1.83</td><td>17</td><td>4.45</td><td>76</td><td>19.90</td><td>158</td><td>41.36</td><td>124</td><td>32.46</td><td>382</td></tr>
<tr><td>大三</td><td>10</td><td>4.90</td><td>14</td><td>6.86</td><td>41</td><td>20.10</td><td>88</td><td>43.14</td><td>51</td><td>25.00</td><td>204</td></tr>
<tr><td>大四</td><td>3</td><td>3.41</td><td>7</td><td>7.95</td><td>23</td><td>26.14</td><td>35</td><td>39.77</td><td>20</td><td>22.73</td><td>88</td></tr>
<tr><td rowspan="4">专业</td><td>合计</td><td>21</td><td>2.32</td><td>42</td><td>4.64</td><td>177</td><td>19.54</td><td>360</td><td>39.74</td><td>306</td><td>33.77</td><td>906</td></tr>
<tr><td>外语类</td><td>10</td><td>1.91</td><td>26</td><td>4.96</td><td>98</td><td>18.70</td><td>182</td><td>34.73</td><td>208</td><td>39.69</td><td>524</td></tr>
<tr><td>双学位</td><td>2</td><td>3.70</td><td>0</td><td>0.00</td><td>7</td><td>12.96</td><td>21</td><td>38.89</td><td>24</td><td>44.44</td><td>54</td></tr>
<tr><td>其他</td><td>9</td><td>2.74</td><td>16</td><td>4.88</td><td>72</td><td>21.95</td><td>157</td><td>47.87</td><td>74</td><td>22.56</td><td>328</td></tr>
</table>

同意（2.32%）。由此可见，大多数学生认为学校与许多校外机构建立合作培养机制对学生的发展有帮助。但从性别角度看，男生的"非常同意"比例（41.51%）高于女生（31.41%）。从年级角度看，不同年级间差异较明显：大一年级"非常同意"占比最高（47.84%）；而大二、

表 4-8-5　本科生对学校的跨学科、跨院系、
跨层级及跨校培养的整体评价

选项	非常不同意[人数（比例）]	比较不同意[人数（比例）]	不确定[人数（比例）]	比较同意[人数（比例）]	非常同意[人数（比例）]
跨学科、跨院系的选课制度对我的发展有帮助	13（1.43%）	22（2.43%）	139（15.34%）	402（44.37%）	330（36.43%）
跨层级选课制度对我的发展有帮助	26（2.87%）	39（4.30%）	192（21.19%）	347（38.30%）	302（33.34%）
跨校辅修、互认学分制度对我的发展有帮助	17（1.88%）	34（3.75%）	172（18.98%）	367（40.51%）	316（34.88%）
学校与许多校外机构建立合作培养机制对我的发展有帮助	21（2.32%）	42（4.64%）	177（19.54%）	360（39.74%）	306（33.77%）
小计	77（2.12%）	137（3.78%）	680（18.76%）	1476（40.73%）	1254（34.60%）

大三、大四年级占比最高的为"比较同意"，分别为41.36%、43.14%和39.77%。从专业角度看，不同专业的学生对此态度略有区别：外语类、双学位专业的学生"非常同意"占比最高（39.69%、44.44%）；而其他专业的学生"比较同意"占比最高，比例为47.87%。

从表4-8-5中可以看出，在对学校的跨学科、跨院系、跨层级及跨校培养的整体评价中，学生最为同意"跨学科、跨院系的选课制度对我的发展有帮助"（36.43%），其次是"跨校辅修、互认学分制度

对我的发展有帮助"（34.88%）。可见对学生影响最大的是跨学科、跨院系的选课制度及跨校辅修、互认学分制度，这两项制度有助于实现资源共享，达到丰富学生的跨学科知识的目标，符合当前新文科背景下人才培养理念与社会人才需求。[①] 在访谈中，我们也发现学生对于跨学科、复合型知识的掌握较为认同，如本科生 S4 提到"我身边选择辅修的同学也挺多的，他们可能觉得自己如果只是读了英语专业的话，就比较单一，所以我身边大多数英语专业的同学都辅修"。但是也有学生提到跨学科核心课程选修制度、文理交叉类课程开设还有待改进，如本科生 S3 提到"我们接触跨学科的话，其实最主要的就是通识选修课。其他院系开的一些大类平台课程，我们是可以选修的。但是像院系开设的基础课程，比如说我们日语中非常专业的小班课程，有一些老师甚至是不允许任何人来旁听的。这样一来，如果你想接触其他专业的核心专业课的话，机会会比较少一些。文理、文工交叉类课程，我基本上没有见到过"。

（七）跨国培养

本研究调查了学生参加学校各类国际交流项目的情况（表4-9），得到的结果是有过交流经历的学生占10.38%。而根据2024年8月上

表4-9 本科生参加学校各类国际交流项目的情况

选项	人数	比例（%）
参加过学校各类国际交流项目	94	10.38
未参加过学校各类国际交流项目	812	89.62

本题有效填写人数为906。

[①] 黄国文：《新工科、新医科、新农科、新文科与外语学科建设的关系》，《中国外语》2023年第5期。

外官网介绍，本科生出国（境）访学比例高达50%。究其原因，可能与疫情导致国际交流减少有关。

本研究进一步对有过交流经历的学生追问其对国际交流项目的看法：①学校提供的国际交流机会多；②学校提供的国际交流项目形式多样；③学校提供的国际交流项目质量高。

关于①（表4-10-1），整体比例分别为：非常同意（42.55%）>比较同意（31.91%）>不确定/比较不同意（10.64%）>非常不同意（4.26%）。由此可见，大多数学生认为学校提供的国际交流机会多。但从性别角度看，男生的"非常同意"比例（60.00%）高于女生（36.24%）。从年级角度看，不同年级间差异较明显：大一、大二年级"非常同意"占比最高（71.43%、57.70%）；而大三、大四年级占比最高的为"比较同意"，分别为34.38%和40.91%。这可能是由于大一、大二年级学生出国交流的项目较多；而大三、大四年级多面临升学或就业，出国积极性不高。从专业角度看，不同专业的学生对此态度略有区别：外语类、双学位专业的学生"非常同意"占比最高（44.00%、50.00%），而其他专业的学生多表示"比较同意"（60.00%）。这可能是由于外语类、双学位专业的资源相对丰富，国际交流机会更多。

关于②（表4-10-2），整体比例分别为：非常同意（38.30%）>比较同意（37.23%）>不确定（11.70%）>比较不同意（7.45%）>非常不同意（5.32%）。由此可见，大多数学生认为学校提供的国际交流项目形式多样。但从性别角度看，男生的"非常同意"比例（44.00%）高于女生（36.23%）。从年级角度看，不同年级间差异较明显：大一、大二年级"非常同意"占比最高（71.43%、57.68%）；而大三、大四年级占比最高的为"比较同意"，分别为34.38%、54.55%。这可能是由于大一、大二年级学生出国交流的项目较多；而大四年级多面临升学或就业，对国际交流项目的关注度和参与度相对较低。从专业角度

表4-10-1 本科生对学校提供的国际交流机会的认识

基本信息		①学校提供的国际交流机会多										合计人数
		非常不同意		比较不同意		不确定		比较同意		非常同意		
		人数	比例(%)	人数	比例(%)	人数	比例(%)	人数	比例(%)	人数	比例(%)	
性别	合计	4	4.26	10	10.64	10	10.64	30	31.91	40	42.55	94
	男生	0	0.00	2	8.00	1	4.00	7	28.00	15	60.00	25
	女生	4	5.80	8	11.59	9	13.04	23	33.33	25	36.24	69
年级	合计	4	4.26	10	10.64	10	10.64	30	31.91	40	42.55	94
	大一	1	7.14	0	0.00	0	0.00	3	21.43	10	71.43	14
	大二	0	0.00	2	7.69	2	7.69	7	26.92	15	57.70	26
	大三	2	6.25	5	15.63	5	15.63	11	34.38	9	28.11	32
	大四	1	4.55	3	13.64	3	13.64	9	40.91	6	27.26	22
专业	合计	4	4.26	10	10.64	10	10.64	30	31.91	40	42.55	94
	外语类	4	5.33	9	12.00	9	12.00	20	26.67	33	44.00	75
	双学位	0	0.00	1	25.00	0	0.00	1	25.00	2	50.00	4
	其他	0	0.00	0	0.00	1	6.67	9	60.00	5	33.33	15

看,不同专业的学生对此态度略有区别:外语类、双学位专业的学生"非常同意"占比最高(38.66%、50.00%),而其他专业的学生多表示"比较同意"(53.33%)。这可能是由于外语类、双学位专业的资源相对丰富,国际交流形式更多。

表 4-10-2 本科生对学校提供的国际交流项目形式的认识

基本信息		②学校提供的国际交流项目形式多样									合计人数
		非常不同意		比较不同意		不确定		比较同意		非常同意		
		人数	比例(%)	人数	比例(%)	人数	比例(%)	人数	比例(%)	人数	比例(%)	
性别	合计	5	5.32	7	7.45	11	11.70	35	37.23	36	38.30	94
	男生	1	4.00	2	8.00	1	4.00	10	40.00	11	44.00	25
	女生	4	5.80	5	7.25	10	14.49	25	36.23	25	36.23	69
年级	合计	5	5.32	7	7.45	11	11.70	35	37.23	36	38.30	94
	大一	1	7.14	0	0.00	0	0.00	3	21.43	10	71.43	14
	大二	0	0.00	1	3.85	1	3.85	9	34.62	15	57.68	26
	大三	3	9.38	4	12.5	6	18.75	11	34.38	8	24.99	32
	大四	1	4.55	2	9.1	4	18.18	12	54.55	3	13.62	22
专业	合计	5	5.32	7	7.45	11	11.70	35	37.23	36	38.30	94
	外语类	5	6.67	6	8.00	9	12.00	26	34.67	29	38.66	75
	双学位	0	0.00	1	25.00	0	0.00	1	25.00	2	50.00	4
	其他	0	0.00	0	0.00	2	13.33	8	53.33	5	33.34	15

关于③（表4-10-3），整体比例分别为：非常同意/比较同意（36.17%）＞不确定（13.83%）＞非常不同意（9.57%）＞比较不同意（4.26%）。由此可见，大多数学生认为学校提供的国际交流项目质量较高。但从性别角度看，男女之间差异不大：男生的"非常同意"比

表 4-10-3　本科生对学校提供的国际交流项目质量的认识

基本信息		③ 学校提供的国际交流项目质量高									合计人数
		非常不同意		比较不同意		不确定		比较同意		非常同意	
		人数	比例(%)	人数	比例(%)	人数	比例(%)	人数	比例(%)	人数	比例(%)	
性别	合计	9	9.57	4	4.26	13	13.83	34	36.17	34	36.17	94
	男生	1	4.00	2	8.00	3	12.00	10	40.00	9	36.00	25
	女生	8	11.59	2	2.90	10	14.49	24	34.78	25	36.24	69
年级	合计	9	9.57	4	4.26	13	13.83	34	36.17	34	36.17	94
	大一	1	7.14	0	0.00	0	0.00	3	21.43	10	71.43	14
	大二	0	0.00	1	3.85	2	7.69	8	30.77	15	57.69	26
	大三	6	18.75	2	6.25	7	21.88	11	34.38	6	18.74	32
	大四	2	9.09	1	4.55	4	18.18	12	54.55	3	13.63	22
专业	合计	9	9.57	4	4.26	13	13.83	34	36.17	34	36.17	94
	外语类	8	10.67	3	4.00	12	16.00	25	33.33	27	36.00	75
	双学位	0	0.00	1	25.00	0	0.00	1	25.00	2	50.00	4
	其他	1	6.67	0	0.00	1	6.67	8	53.33	5	33.33	15

例为36.00%，女生为36.24%。从年级角度看，不同年级间差异较明显：大一、大二年级"非常同意"占比最高（71.43%、57.69%）；而大三、大四年级占比最高的为"比较同意"，分别为34.38%、54.55%。从专业角度看，不同专业的学生对此态度略有区别：外语类、双学位

表 4-10-4　本科生对学校提供的国际交流项目的整体评价

选项	非常不同意 [人数（比例）]	比较不同意 [人数（比例）]	不确定 [人数（比例）]	比较同意 [人数（比例）]	非常同意 [人数（比例）]
学校提供的国际交流机会多	4（4.26%）	10（10.64%）	10（10.64%）	30（31.91%）	40（42.55%）
学校提供的国际交流项目形式多样	5（5.32%）	7（7.45%）	11（11.7%）	35（37.23%）	36（38.30%）
学校提供的国际交流项目质量高	9（9.57%）	4（4.26%）	13（13.83%）	34（36.17%）	34（36.17%）
小计	18（6.38%）	21（7.45%）	34（12.06%）	99（35.11%）	110（39.01%）

专业的学生"非常同意"占比最高（36.00%、50.00%），而其他专业的学生多表示"比较同意"（53.33%）。这可能是由于外语类、双学位专业的资源相对丰富，学校提供的国际交流项目质量较高。这较为契合外语类院校的国际化人才培养路径，即让更多的学生在国际化的学习环境和氛围中开阔国际视野与提高跨文化交际能力。[1]

从表 4-10-4 中可以看出，在对学校提供的国际交流项目的整体评价中，学生最为同意"学校提供的国际交流机会多"（选"非常同意"和"比较同意"的共 74.46%），其次为"学校提供的国际交流项目形式多样"（选"非常同意"和"比较同意"的共 75.53%）与"学校提供的国际交流项目质量高"（选"非常同意"和"比较同意"的共 72.34%）。访谈数据显示，外语类、双学位专业的资源相对丰富，而其他专业的资源相对较少。如本科生 S3 提到非语言专业的国际交流机会相对较少，

---

[1] 卢植：《创新型外语人才培养的理念与实践》，《外语教学》2018 年第 1 期。

"我们日本文化经济学院的国际交流项目非常多。除了长期交换（比如说半年、一年的交换）以外，我们还有很多短期的研讨会，或者交流会……但是据我了解，有新传专业的同学跟我讲，他们对外交流的机会就很少，然后也没有什么特别好的大学……我们学校其他非外语语种的专业，提供的交流机会会少一些"。因此，国际交流项目应注重项目形式的创新多元，并注重建立与高水平大学的联系，从而培养传播外语学科研究成果的国际化人才。[①]

（八）本科生导师制

本研究调查了学生对本科生导师制的评价情况：①本科生导师制对我的课程学习有帮助；②本科生导师制对我的专业知识建构有帮助；③本科生导师制对我的科研训练有帮助；④本科生导师制对我的职业生涯规划有帮助；⑤本科生导师制对我的思想品德塑造有帮助；⑥本科生导师制对我的心理健康有帮助；⑦本科生导师制对我的日常生活有帮助。

关于①（表 4-11-1），整体比例分别为：比较同意（43.82%）＞非常同意（38.63%）＞不确定（12.69%）＞比较不同意（3.20%）＞非常不同意（1.66%）。由此可见，大多数学生认为本科生导师制在课程学习方面对学生的帮助较大。但从性别角度看，男生的"非常同意"比例（49.05%）高于女生（35.45%）。从年级角度看，不同年级间差异较明显：大一年级"非常同意"占比最高（52.59%）；而大二、大三、大四年级占比最高的为"比较同意"，分别为 43.46%、51.96% 和 43.18%。从专业角度看，不同专业的学生对此态度略有区别：外语类、双学位专业的学生"非常同意"占比最高（46.75%、40.74%），而其他专业的

[①] 范晨虹、党争胜：《"一带一路"背景下的国际化人才培养和高校外语教育改革》，《中国高等教育》2023 年第 20 期。

表 4-11-1 本科生导师制对学生课程学习的帮助

<table>
<tr><th colspan="2" rowspan="2">基本信息</th><th colspan="10">① 本科生导师制对我的课程学习有帮助</th><th rowspan="2">合计人数</th></tr>
<tr><th colspan="2">非常不同意</th><th colspan="2">比较不同意</th><th colspan="2">不确定</th><th colspan="2">比较同意</th><th colspan="2">非常同意</th></tr>
<tr><td colspan="2"></td><td>人数</td><td>比例(%)</td><td>人数</td><td>比例(%)</td><td>人数</td><td>比例(%)</td><td>人数</td><td>比例(%)</td><td>人数</td><td>比例(%)</td><td></td></tr>
<tr><td rowspan="3">性别</td><td>合计</td><td>15</td><td>1.66</td><td>29</td><td>3.20</td><td>115</td><td>12.69</td><td>397</td><td>43.82</td><td>350</td><td>38.63</td><td>906</td></tr>
<tr><td>男生</td><td>2</td><td>0.94</td><td>10</td><td>4.72</td><td>22</td><td>10.38</td><td>74</td><td>34.91</td><td>104</td><td>49.05</td><td>212</td></tr>
<tr><td>女生</td><td>13</td><td>1.87</td><td>19</td><td>2.74</td><td>93</td><td>13.40</td><td>323</td><td>46.54</td><td>246</td><td>35.45</td><td>694</td></tr>
<tr><td rowspan="5">年级</td><td>合计</td><td>15</td><td>1.66</td><td>29</td><td>3.20</td><td>115</td><td>12.69</td><td>397</td><td>43.82</td><td>350</td><td>38.63</td><td>906</td></tr>
<tr><td>大一</td><td>3</td><td>1.29</td><td>3</td><td>1.29</td><td>17</td><td>7.33</td><td>87</td><td>37.50</td><td>122</td><td>52.59</td><td>232</td></tr>
<tr><td>大二</td><td>3</td><td>0.79</td><td>16</td><td>4.19</td><td>53</td><td>13.87</td><td>166</td><td>43.46</td><td>144</td><td>37.69</td><td>382</td></tr>
<tr><td>大三</td><td>7</td><td>3.43</td><td>6</td><td>2.94</td><td>30</td><td>14.71</td><td>106</td><td>51.96</td><td>55</td><td>26.96</td><td>204</td></tr>
<tr><td>大四</td><td>2</td><td>2.27</td><td>4</td><td>4.55</td><td>15</td><td>17.05</td><td>38</td><td>43.18</td><td>29</td><td>32.95</td><td>88</td></tr>
<tr><td rowspan="4">专业</td><td>合计</td><td>15</td><td>1.66</td><td>29</td><td>3.20</td><td>115</td><td>12.69</td><td>397</td><td>43.82</td><td>350</td><td>38.63</td><td>906</td></tr>
<tr><td>外语类</td><td>6</td><td>1.15</td><td>11</td><td>2.10</td><td>51</td><td>9.73</td><td>211</td><td>40.27</td><td>245</td><td>46.75</td><td>524</td></tr>
<tr><td>双学位</td><td>0</td><td>0.00</td><td>1</td><td>1.85</td><td>10</td><td>18.52</td><td>21</td><td>38.89</td><td>22</td><td>40.74</td><td>54</td></tr>
<tr><td>其他</td><td>9</td><td>2.74</td><td>17</td><td>5.18</td><td>54</td><td>16.46</td><td>165</td><td>50.30</td><td>83</td><td>25.32</td><td>328</td></tr>
</table>

学生的"非常同意"比例为 25.32%。

关于②(表 4-11-2),整体比例分别为:比较同意(43.49%)>非常同意(38.63%)>不确定(13.02%)>比较不同意(3.20%)>非常不同意(1.66%)。由此可见,大多数学生认为本科生导师制在专业

表 4-11-2　本科生导师制对学生专业知识建构的帮助

基本信息		② 本科生导师制对我的专业知识建构有帮助									合计人数
		非常不同意		比较不同意		不确定		比较同意		非常同意		
		人数	比例(%)	人数	比例(%)	人数	比例(%)	人数	比例(%)	人数	比例(%)	
性别	合计	15	1.66	29	3.20	118	13.02	394	43.49	350	38.63	906
	男生	2	0.94	10	4.72	20	9.43	76	35.85	104	49.06	212
	女生	13	1.87	19	2.74	98	14.12	318	45.82	246	35.45	694
年级	合计	15	1.66	29	3.20	118	13.02	394	43.49	350	38.63	906
	大一	3	1.29	2	0.86	20	8.62	86	37.07	121	52.16	232
	大二	3	0.79	14	3.66	54	14.14	169	44.24	142	37.17	382
	大三	6	2.94	8	3.92	29	14.22	102	50.00	59	28.92	204
	大四	3	3.41	5	5.68	15	17.05	37	42.05	28	31.81	88
专业	合计	15	1.66	29	3.20	118	13.02	394	43.49	350	38.63	906
	外语类	5	0.95	12	2.29	58	11.07	206	39.31	243	46.38	524
	双学位	0	0.00	1	1.85	9	16.67	25	46.30	19	35.18	54
	其他	10	3.05	16	4.88	51	15.55	163	49.70	88	26.82	328

知识建构方面对学生有帮助。但从性别角度看，男生的"非常同意"比例（49.06%）高于女生（35.45%）。从年级角度看，不同年级间差异不大明显：大二、大三、大四年级"比较同意"占比最高，分别为44.24%、50.00% 和 42.05%，而大一年级占比最高的为"非常同意"

（52.16%）。从专业角度看，不同专业的学生对此态度略有区别：双学位、其他专业的学生"比较同意"占比最高（46.30%、49.70%），而外语类专业的学生多表示"非常同意"（46.38%）。这说明新文科背景下，外语类院校在坚持外语类专业建设的同时，也加大了对复合型人才培养的关注和规划。①

关于③（表4-11-3），整体比例分别为：比较同意（38.19%）>非常同意（34.88%）>不确定（18.43%）>比较不同意（5.41%）>非常不同意（3.09%）。由此可见，大多数学生认为本科生导师制在科研训练方面对学生有帮助。但从性别角度看，男生的"非常同意"比例（44.81%）高于女生（31.84%）。从年级角度看，不同年级间差异较明显：大一年级"非常同意"占比最高（47.41%）；而大二、大三、大四年级占比最高的为"比较同意"，分别为38.48%、42.16%和43.18%。从专业角度看，不同专业的学生对此态度略有区别：外语类专业的学生"非常同意"占比最高（40.46%）；而双学位、其他专业的学生"比较同意"占比最高，分别为38.89%、42.68%。这与前文得到的结论相一致，即外语类专业的教师在课程设置方面较为注重培养学生的学术研究能力，外语类专业的教师在科研训练方面投入较多。

关于④（表4-11-4），整体比例分别为：比较同意（40.73%）>非常同意（34.88%）>不确定（17.22%）>比较不同意（4.86%）>非常不同意（2.32%）。由此可见，大多数学生认为本科生导师制在职业生涯规划方面对学生有帮助。但从性别角度看，男生的"非常同意"比例（46.23%）高于女生（31.41%）。从年级角度看，不同年级间差异较明显：大一年级"非常同意"占比最高（47.84%）；而大二、大三、大四

---

① 王军哲：《新文科背景下外语类院校一流本科建设探索与实践》，《外语教学》2020年第1期。

表 4-11-3　本科生导师制对学生科研训练的帮助

基本信息		③本科生导师制对我的科研训练有帮助									合计人数
		非常不同意		比较不同意		不确定		比较同意		非常同意	
		人数	比例(%)	人数	比例(%)	人数	比例(%)	人数	比例(%)	人数	比例(%)	
性别	合计	28	3.09	49	5.41	167	18.43	346	38.19	316	34.88	906
	男生	6	2.83	10	4.72	26	12.26	75	35.38	95	44.81	212
	女生	22	3.17	39	5.62	141	20.32	271	39.05	221	31.84	694
年级	合计	28	3.09	49	5.41	167	18.43	346	38.19	316	34.88	906
	大一	3	1.29	6	2.59	38	16.38	75	32.33	110	47.41	232
	大二	7	1.83	24	6.28	75	19.63	147	38.48	129	33.77	382
	大三	13	6.37	15	7.35	37	18.14	86	42.16	53	25.98	204
	大四	5	5.68	4	4.55	17	19.32	38	43.18	24	27.27	88
专业	合计	28	3.09	49	5.41	167	18.43	346	38.19	316	34.88	906
	外语类	13	2.48	26	4.96	88	16.79	185	35.31	212	40.46	524
	双学位	0	0.00	2	3.70	12	22.22	21	38.89	19	35.19	54
	其他	15	4.57	21	6.40	67	20.43	140	42.68	85	25.91	328

年级占比最高的为"比较同意",分别为40.84%、43.63%和42.05%。从专业角度看,不同专业的学生对此态度略有区别:外语类、双学位专业的学生"非常同意"占比最高(41.40%、37.04%),而其他专业的学生"比较同意"占比最高(46.04%)。这说明外语类院校在职业生涯

表 4-11-4　本科生导师制对学生职业生涯规划的帮助

<table>
<tr><th colspan="2" rowspan="2">基本信息</th><th colspan="10">④ 本科生导师制对我的职业生涯规划有帮助</th><th rowspan="2">合计人数</th></tr>
<tr><th colspan="2">非常不同意</th><th colspan="2">比较不同意</th><th colspan="2">不确定</th><th colspan="2">比较同意</th><th colspan="2">非常同意</th></tr>
<tr><td colspan="2"></td><td>人数</td><td>比例(%)</td><td>人数</td><td>比例(%)</td><td>人数</td><td>比例(%)</td><td>人数</td><td>比例(%)</td><td>人数</td><td>比例(%)</td><td></td></tr>
<tr><td rowspan="3">性别</td><td>合计</td><td>21</td><td>2.32</td><td>44</td><td>4.86</td><td>156</td><td>17.22</td><td>369</td><td>40.73</td><td>316</td><td>34.88</td><td>906</td></tr>
<tr><td>男生</td><td>4</td><td>1.89</td><td>9</td><td>4.25</td><td>32</td><td>15.09</td><td>69</td><td>32.55</td><td>98</td><td>46.23</td><td>212</td></tr>
<tr><td>女生</td><td>17</td><td>2.45</td><td>35</td><td>5.04</td><td>124</td><td>17.87</td><td>300</td><td>43.23</td><td>218</td><td>31.41</td><td>694</td></tr>
<tr><td rowspan="5">年级</td><td>合计</td><td>21</td><td>2.32</td><td>44</td><td>4.86</td><td>156</td><td>17.22</td><td>369</td><td>40.73</td><td>316</td><td>34.88</td><td>906</td></tr>
<tr><td>大一</td><td>2</td><td>0.86</td><td>3</td><td>1.29</td><td>29</td><td>12.50</td><td>87</td><td>37.50</td><td>111</td><td>47.84</td><td>232</td></tr>
<tr><td>大二</td><td>5</td><td>1.31</td><td>18</td><td>4.71</td><td>75</td><td>19.63</td><td>156</td><td>40.84</td><td>128</td><td>33.51</td><td>382</td></tr>
<tr><td>大三</td><td>8</td><td>3.92</td><td>15</td><td>7.35</td><td>35</td><td>17.16</td><td>89</td><td>43.63</td><td>57</td><td>27.94</td><td>204</td></tr>
<tr><td>大四</td><td>6</td><td>6.82</td><td>8</td><td>9.09</td><td>17</td><td>19.32</td><td>37</td><td>42.05</td><td>20</td><td>22.73</td><td>88</td></tr>
<tr><td rowspan="4">专业</td><td>合计</td><td>21</td><td>2.32</td><td>44</td><td>4.86</td><td>156</td><td>17.22</td><td>369</td><td>40.73</td><td>316</td><td>34.88</td><td>906</td></tr>
<tr><td>外语类</td><td>12</td><td>2.29</td><td>18</td><td>3.44</td><td>78</td><td>14.89</td><td>199</td><td>37.98</td><td>217</td><td>41.40</td><td>524</td></tr>
<tr><td>双学位</td><td>1</td><td>1.85</td><td>2</td><td>3.70</td><td>12</td><td>22.22</td><td>19</td><td>35.19</td><td>20</td><td>37.04</td><td>54</td></tr>
<tr><td>其他</td><td>8</td><td>2.44</td><td>24</td><td>7.32</td><td>66</td><td>20.12</td><td>151</td><td>46.04</td><td>79</td><td>24.09</td><td>328</td></tr>
</table>

规划方面稍微侧重于外语类专业与双学位专业，对于其他专业的重视度相对低些。

关于⑤（表 4-11-5），整体比例分别为：非常同意/比较同意（41.06%）>不确定（13.58%）>比较不同意（2.87%）>非常不同意

表4-11-5　本科生导师制对学生思想品德塑造的帮助

基本信息		⑤ 本科生导师制对我的思想品德塑造有帮助									合计人数
		非常不同意		比较不同意		不确定		比较同意		非常同意		
		人数	比例（%）	人数	比例（%）	人数	比例（%）	人数	比例（%）	人数	比例（%）	
性别	合计	13	1.43	26	2.87	123	13.58	372	41.06	372	41.06	906
	男生	1	0.47	9	4.25	24	11.32	75	35.38	103	48.58	212
	女生	12	1.73	17	2.45	99	14.27	297	42.80	269	38.76	694
年级	合计	13	1.43	26	2.87	123	13.58	372	41.06	372	41.06	906
	大一	2	0.86	5	2.16	20	8.62	75	32.33	130	56.03	232
	大二	3	0.79	9	2.36	57	14.92	159	41.62	154	40.31	382
	大三	5	2.45	7	3.43	32	15.69	103	50.49	57	27.94	204
	大四	3	3.41	5	5.68	14	15.91	35	39.77	31	35.23	88
专业	合计	13	1.43	26	2.87	123	13.58	372	41.06	372	41.06	906
	外语类	5	0.95	11	2.10	55	10.50	196	37.40	257	49.05	524
	双学位	0	0.00	1	1.85	13	24.07	19	35.19	21	38.89	54
	其他	8	2.44	14	4.27	55	16.77	157	47.87	94	28.66	328

（1.43%）。由此可见，大多数学生认为本科生导师制在思想品德塑造方面对学生有帮助。但从性别角度看，男生的"非常同意"比例（48.58%）高于女生（38.76%）。从年级角度看，不同年级间差异较明显：大一年级"非常同意"占比最高（56.03%）；而大二、大三、大四

年级占比最高的为"比较同意",分别为41.62%、50.49%和39.77%。从专业角度看,不同专业的学生对此态度略有区别:外语类、双学位专业的学生"非常同意"占比最高(49.05%、38.89%),而其他专业的学生"比较同意"占比最高(47.87%)。这说明外语类院校在思想品德塑造方面稍微侧重于外语类专业与双学位专业,对于其他专业的重视度相对低些。

关于⑥(表4-11-6),整体比例分别为:非常同意(39.74%)>比较同意(38.74%)>不确定(16.34%)>比较不同意(3.42%)>非常不同意(1.77%)。由此可见,大多数学生认为本科生导师制在心理健康方面对学生有帮助。但从性别角度看,男生的"非常同意"比例(48.58%)高于女生(37.03%)。从年级角度看,不同年级间差异较明显:大一年级"非常同意"占比最高(53.88%);而大二、大三、大四年级占比最高的为"比较同意",分别为40.31%、45.59%和36.36%。从专业角度看,不同专业的学生对此态度略有区别:外语类、双学位专业的学生"非常同意"占比最高(48.09%、42.59%),而其他专业的学生"比较同意"占比最高(46.65%)。这说明外语类院校在心理健康方面稍微侧重于外语类专业与双学位专业,对于其他专业的重视度相对低些,可能是因为外语类院校对外语类专业和双学位专业的学生学业要求更高,学生的心理健康容易受到影响。

关于⑦(表4-11-7),整体比例分别为:比较同意(37.31%)>非常同意(37.09%)>不确定(18.10%)>比较不同意(5.08%)>非常不同意(2.43%)。由此可见,大多数学生认为本科生导师制在日常生活方面对学生有帮助。但从性别角度看,男生的"非常同意"比例(44.34%)高于女生(34.87%)。从年级角度看,不同年级间差异较明显:大一年级"非常同意"占比最高(49.57%);而大二、大三、大四年级占比最高的为"比较同意",分别为37.17%、42.65%和34.09%。从专业角度看,不同专业的学生对此态度略有区别:外

表 4-11-6　本科生导师制对学生心理健康的帮助

基本信息		⑥ 本科生导师制对我的心理健康有帮助									合计人数
		非常不同意		比较不同意		不确定		比较同意		非常同意		
		人数	比例(%)	人数	比例(%)	人数	比例(%)	人数	比例(%)	人数	比例(%)	
性别	合计	16	1.77	31	3.42	148	16.34	351	38.74	360	39.74	906
	男生	2	0.94	10	4.72	39	18.40	58	27.36	103	48.58	212
	女生	14	2.02	21	3.03	109	15.71	293	42.22	257	37.03	694
年级	合计	16	1.77	31	3.42	148	16.34	351	38.74	360	39.74	906
	大一	2	0.86	6	2.59	27	11.64	72	31.03	125	53.88	232
	大二	4	1.05	12	3.14	65	17.02	154	40.31	147	38.48	382
	大三	6	2.94	8	3.92	40	19.61	93	45.59	57	27.94	204
	大四	4	4.55	5	5.68	16	18.18	32	36.36	31	35.23	88
专业	合计	16	1.77	31	3.42	148	16.34	351	38.74	360	39.74	906
	外语类	6	1.15	14	2.67	69	13.17	183	34.92	252	48.09	524
	双学位	1	1.85	2	3.70	13	24.07	15	27.78	23	42.59	54
	其他	9	2.74	15	4.57	66	20.12	153	46.65	85	25.91	328

语类、双学位专业的学生"非常同意"占比最高(45.04%、37.04%),而其他专业的学生"比较同意"占比最高(42.38%)。这说明外语类院校中外语类专业与双学位专业的导师相对更关注学生的日常生活,并给予帮助。

表 4-11-7 本科生导师制对学生日常生活的帮助

基本信息		⑦ 本科生导师制对我的日常生活有帮助									合计人数
		非常不同意		比较不同意		不确定		比较同意		非常同意	
		人数	比例(%)	人数	比例(%)	人数	比例(%)	人数	比例(%)	人数	比例(%)	
性别	合计	22	2.43	46	5.08	164	18.10	338	37.31	336	37.09	906
	男生	3	1.42	13	6.13	33	15.57	69	32.55	94	44.34	212
	女生	19	2.74	33	4.76	131	18.88	269	38.76	242	34.87	694
年级	合计	22	2.43	46	5.08	164	18.10	338	37.31	336	37.09	906
	大一	3	1.29	7	3.02	28	12.07	79	34.05	115	49.57	232
	大二	4	1.05	18	4.71	79	20.68	142	37.17	139	36.39	382
	大三	10	4.90	14	6.86	40	19.61	87	42.65	53	25.98	204
	大四	5	5.68	7	7.95	17	19.32	30	34.09	29	32.95	88
专业	合计	22	2.43	46	5.08	164	18.10	338	37.31	336	37.09	906
	外语类	11	2.10	14	2.67	79	15.08	184	35.11	236	45.04	524
	双学位	1	1.85	3	5.56	15	27.78	15	27.78	20	37.04	54
	其他	10	3.05	29	8.84	70	21.34	139	42.38	80	24.39	328

从表 4-11-8 中可以看出，在对本科生导师制的整体评价中，学生较为同意本科生导师制对学生的思想品德塑造（41.06%）、心理健康（39.74%）、课程学习（38.63%）、专业知识建构（38.63%）有帮助。

表 4-11-8　本科生对本科生导师制的整体评价

选项	非常不同意 ［人数 （比例）］	比较不同意 ［人数 （比例）］	不确定 ［人数 （比例）］	比较同意 ［人数 （比例）］	非常同意 ［人数 （比例）］
本科生导师制对我的课程学习有帮助	15（1.66%）	29（3.20%）	115（12.69%）	397（43.82%）	350（38.63%）
本科生导师制对我的专业知识建构有帮助	15（1.66%）	29（3.20%）	118（13.02%）	394（43.49%）	350（38.63%）
本科生导师制对我的科研训练有帮助	28（3.09%）	49（5.41%）	167（18.43%）	346（38.19%）	316（34.88%）
本科生导师制对我的职业生涯规划有帮助	21（2.32%）	44（4.86%）	156（17.22%）	369（40.73%）	316（34.88%）
本科生导师制对我的思想品德塑造有帮助	13（1.43%）	26（2.87%）	123（13.58%）	372（41.06%）	372（41.06%）
本科生导师制对我的心理健康有帮助	16（1.77%）	31（3.42%）	148（16.34%）	351（38.74%）	360（39.74%）
本科生导师制对我的日常生活有帮助	22（2.43%）	46（5.08%）	164（18.10%）	338（37.31%）	336（37.09%）
小计	130（2.05%）	254（4.01%）	991（15.63%）	2567（40.48%）	2400（37.84%）

这与该校坚持的立德树人的教育理念和培养目标相一致，致力于培养学生的综合素质，注重德才兼备。①

---

① 姜锋、李岩松：《"立德树人"目标下外语教育的新定位与全球治理人才培养模式创新》，《外语电化教学》2020 年第 6 期。

(九)课程思政教学

本研究调查了任课老师的课程思政教学情况：①老师会在课堂上与我们讨论当下国际国内的热点问题，引导我们思考；②老师会挖掘课程内容背后的人物、故事和规律等体现出来的精神，对我们进行社会主义核心价值观教育；③老师会结合课堂内容引导我们关注中华优秀传统文化、革命文化、社会主义先进文化；④老师会结合课堂内容提醒我们养成文明行为、规则意识、法治意识，遵守公共秩序；⑤老师会结合课堂内容对我们进行职业理想和职业道德教育；⑥老师身正为范、严于律己，潜移默化地影响我们。

关于①（表4-12-1），整体比例分别为：比较同意（48.23%）>非常同意（40.18%）>不确定（8.61%）>比较不同意（2.43%）>非常不同意（0.55%）。由此可见，大多数学生认为老师会在课堂上与学生讨论当下国际国内的热点问题，引导学生思考。但从性别角度看，男生的"非常同意"比例（46.23%）高于女生（38.33%）。从年级角度看，不同年级间差异较明显：大一年级"非常同意"占比最高（51.29%）；而大二、大三、大四年级占比最高的为"比较同意"，分别为51.31%、50.49%和47.73%。从专业角度看，不同专业的学生对此态度略有区别：外语类、双学位专业的学生"非常同意"占比最高（45.42%、50.00%），而其他专业的学生多表示"比较同意"（58.23%）。

关于②（表4-12-2），整体比例分别为：比较同意（47.79%）>非常同意（38.96%）>不确定（10.15%）>比较不同意（2.21%）>非常不同意（0.88%）。由此可见，大多数学生认为老师会挖掘课程内容背后的人物、故事和规律等体现出来的精神，对学生进行社会主义核心价值观教育。但从性别角度看，男生的"非常同意"比例（42.92%）高于女生（37.75%）。从年级角度看，不同年级间差异较明显：大一年级"非常同意"占比最高（51.72%）；而大二、大三、大四年级占比最高的为"比较同意"，分别为50.26%、50.98%和48.86%。从专业角

表4-12-1　本科生对课程思政教学的感知（1）

基本信息		① 老师会在课堂上与我们讨论当下国际国内的热点问题，引导我们思考										合计人数
		非常不同意		比较不同意		不确定		比较同意		非常同意		
		人数	比例(%)	人数	比例(%)	人数	比例(%)	人数	比例(%)	人数	比例(%)	
性别	合计	5	0.55	22	2.43	78	8.61	437	48.23	364	40.18	906
	男生	1	0.47	8	3.77	17	8.02	88	41.51	98	46.23	212
	女生	4	0.58	14	2.02	61	8.78	349	50.29	266	38.33	694
年级	合计	5	0.55	22	2.43	78	8.61	437	48.23	364	40.18	906
	大一	2	0.86	1	0.43	14	6.04	96	41.38	119	51.29	232
	大二	1	0.26	8	2.09	27	7.07	196	51.31	150	39.27	382
	大三	2	0.98	9	4.41	25	12.26	103	50.49	65	31.86	204
	大四	0	0.00	4	4.55	12	13.63	42	47.73	30	34.09	88
专业	合计	5	0.55	22	2.43	78	8.61	437	48.23	364	40.18	906
	外语类	4	0.76	12	2.29	46	8.78	224	42.75	238	45.42	524
	双学位	0	0.00	1	1.85	4	7.41	22	40.74	27	50.00	54
	其他	1	0.30	9	2.74	28	8.55	191	58.23	99	30.18	328

度看，不同专业的学生对此态度略有区别：外语类、双学位专业的学生"非常同意"占比最高（44.47%、46.30%），而其他专业的学生多表示"比较同意"（55.79%）。

表 4-12-2　本科生对课程思政教学的感知（2）

基本信息		② 老师会挖掘课程内容背后的人物、故事和规律等体现出来的精神，对我们进行社会主义核心价值观教育										合计人数
		非常不同意		比较不同意		不确定		比较同意		非常同意		
		人数	比例(%)	人数	比例(%)	人数	比例(%)	人数	比例(%)	人数	比例(%)	
性别	合计	8	0.88	20	2.21	92	10.15	433	47.79	353	38.96	906
	男生	2	0.94	7	3.30	20	9.43	92	43.40	91	42.92	212
	女生	6	0.86	13	1.87	72	10.37	341	49.14	262	37.75	694
年级	合计	8	0.88	20	2.21	92	10.15	433	47.79	353	38.96	906
	大一	2	0.86	1	0.43	15	6.47	94	40.52	120	51.72	232
	大二	2	0.52	8	2.09	34	8.90	192	50.26	146	38.22	382
	大三	3	1.47	7	3.43	29	14.22	104	50.98	61	29.90	204
	大四	1	1.14	4	4.55	14	15.91	43	48.86	26	29.55	88
专业	合计	8	0.88	20	2.21	92	10.15	433	47.79	353	38.96	906
	外语类	6	1.15	10	1.91	47	8.97	228	43.51	233	44.47	524
	双学位	0	0.00	1	1.85	6	11.11	22	40.74	25	46.30	54
	其他	2	0.61	9	2.74	39	11.89	183	55.79	95	28.96	328

关于③（表4-12-3），整体比例分别为：比较同意（44.92%）>非常同意（40.84%）>不确定（11.15%）>比较不同意（2.21%）>非常不同意（0.88%）。由此可见，大多数学生认为老师会结合课堂内容引

表4-12-3 本科生对课程思政教学的感知（3）

基本信息		③ 老师会结合课堂内容引导我们关注中华优秀传统文化、革命文化、社会主义先进文化										合计人数
		非常不同意		比较不同意		不确定		比较同意		非常同意		
		人数	比例(%)	人数	比例(%)	人数	比例(%)	人数	比例(%)	人数	比例(%)	
性别	合计	8	0.88	20	2.21	101	11.15	407	44.92	370	40.84	906
	男生	1	0.47	8	3.77	25	11.79	79	37.26	99	46.70	212
	女生	7	1.01	12	1.73	76	10.95	328	47.26	271	39.05	694
年级	合计	8	0.88	20	2.21	101	11.15	407	44.92	370	40.84	906
	大一	1	0.43	2	0.86	13	5.60	87	37.50	129	55.60	232
	大二	1	0.26	8	2.09	37	9.69	183	47.91	153	40.05	382
	大三	5	2.45	6	2.94	38	18.63	93	45.59	62	30.39	204
	大四	1	1.14	4	4.55	13	14.77	44	50.00	26	29.55	88
专业	合计	8	0.88	20	2.21	101	11.15	407	44.92	370	40.84	906
	外语类	6	1.15	9	1.72	54	10.31	214	40.84	241	45.99	524
	双学位	0	0.00	0	0.00	5	9.26	23	42.59	26	48.15	54
	其他	2	0.61	11	3.35	42	12.80	170	51.83	103	31.40	328

导学生关注中华优秀传统文化、革命文化、社会主义先进文化。但从性别角度看，男生的"非常同意"比例（46.70%）高于女生（39.05%）。从年级角度看，不同年级间差异较明显：大一年级"非常同意"占

比最高（55.60%）；而大二、大三、大四年级占比最高的为"比较同意"，分别为47.91%、45.59%和50.00%。从专业角度看，不同专业的学生对此态度略有区别：外语类、双学位专业的学生"非常同意"占比最高（45.99%、48.15%），而其他专业的学生多表示"比较同意"（51.83%）。

关于④（表4-12-4），整体比例分别为：比较同意（46.14%）＞非常同意（43.05%）＞不确定（8.83%）＞比较不同意（1.43%）＞非常不同意（0.55%）。由此可见，大多数学生认为老师会结合课堂内容提醒学生养成文明行为、规则意识、法治意识，遵守公共秩序。但从性别角度看，男生的"非常同意"比例（49.06%）高于女生（41.21%）。从年级角度看，不同年级间差异较明显：大一年级"非常同意"占比最高（57.76%）；而大二、大三、大四年级占比最高的为"比较同意"，分别为50.26%、49.51%和42.05%。从专业角度看，不同专业的学生对此态度略有区别：外语类、双学位专业的学生"非常同意"占比最高（48.66%、46.30%），而其他专业的学生多表示"比较同意"（52.74%）。

关于⑤（表4-12-5），整体比例分别为：比较同意（46.58%）＞非常同意（41.83%）＞不确定（9.16%）＞比较不同意（1.88%）＞非常不同意（0.55%）。由此可见，大多数学生认为老师会结合课堂内容对学生进行职业理想和职业道德教育。但从性别角度看，男生的"非常同意"比例（48.58%）高于女生（39.77%）。从年级角度看，不同年级间差异较明显：大一年级"非常同意"占比最高（54.31%）；而大二、大三、大四年级占比最高的为"比较同意"，分别为49.48%、49.02%和43.18%。从专业角度看，不同专业的学生对此态度略有区别：外语类专业的学生"非常同意"占比最高（47.90%），而双学位、其他专业的学生多表示"比较同意"（46.30%、53.96%）。这与前文"本科生导师制对于我的职业生涯规划有帮助"中得到的结论较为一致，即外语类专业的学生在职业生涯教育方面得到更充分的指导。

表 4-12-4　本科生对课程思政教学的感知（4）

基本信息		④ 老师会结合课堂内容提醒我们养成文明行为、规则意识、法治意识，遵守公共秩序									合计人数
		非常不同意		比较不同意		不确定		比较同意		非常同意	
		人数	比例(%)	人数	比例(%)	人数	比例(%)	人数	比例(%)	人数	比例(%)	
性别	合计	5	0.55	13	1.43	80	8.83	418	46.14	390	43.05	906
	男生	0	0.00	6	2.83	20	9.43	82	38.68	104	49.06	212
	女生	5	0.72	7	1.01	60	8.65	336	48.41	286	41.21	694
年级	合计	5	0.55	13	1.43	80	8.83	418	46.14	390	43.05	906
	大一	1	0.43	2	0.86	7	3.02	88	37.93	134	57.76	232
	大二	1	0.26	6	1.57	26	6.81	192	50.26	157	41.10	382
	大三	3	1.47	4	1.96	30	14.71	101	49.51	66	32.35	204
	大四	0	0.00	1	1.14	17	19.32	37	42.05	33	37.50	88
专业	合计	5	0.55	13	1.43	80	8.83	418	46.14	390	43.05	906
	外语类	3	0.57	6	1.15	38	7.25	222	42.37	255	48.66	524
	双学位	0	0.00	0	0.00	6	11.11	23	42.59	25	46.30	54
	其他	2	0.61	7	2.13	36	10.98	173	52.74	110	33.54	328

关于⑥（表 4-12-6），整体比例分别为：非常同意（46.69%）＞比较同意（43.82%）＞不确定（7.95%）＞比较不同意（1.10%）＞非常不同意（0.44%）。由此可见，大多数学生认为老师身正为范、严于律己，

表4-12-5　本科生对课程思政教学的感知（5）

基本信息		⑤ 老师会结合课堂内容对我们进行职业理想和职业道德教育									合计人数
		非常不同意		比较不同意		不确定		比较同意		非常同意	
		人数	比例(%)	人数	比例(%)	人数	比例(%)	人数	比例(%)	人数	比例(%)	
性别	合计	5	0.55	17	1.88	83	9.16	422	46.58	379	41.83	906
	男生	0	0.00	5	2.36	19	8.96	85	40.09	103	48.58	212
	女生	5	0.72	12	1.73	64	9.22	337	48.56	276	39.77	694
年级	合计	5	0.55	17	1.88	83	9.16	422	46.58	379	41.83	906
	大一	1	0.43	3	1.29	7	3.02	95	40.95	126	54.31	232
	大二	1	0.26	6	1.57	28	7.33	189	49.48	158	41.36	382
	大三	3	1.47	7	3.43	30	14.71	100	49.02	64	31.37	204
	大四	0	0.00	1	1.14	18	20.45	38	43.18	31	35.23	88
专业	合计	5	0.55	17	1.88	83	9.16	422	46.58	379	41.83	906
	外语类	3	0.57	10	1.91	40	7.63	220	41.98	251	47.90	524
	双学位	0	0.00	0	0.0	5	9.26	25	46.30	24	44.44	54
	其他	2	0.61	7	2.13	38	11.59	177	53.96	104	31.71	328

潜移默化地影响学生。但从性别角度看，男生的"非常同意"比例（54.25%）高于女生（44.38%）。从年级角度看，不同年级间差异较明显：大一、大二年级"非常同意"占比最高（59.91%、46.34%）；而大三、大四年级占比最高的为"比较同意"，分别为50.98%和50.00%。

表4-12-6 本科生对课程思政教学的感知（6）

基本信息		⑥ 老师身正为范、严于律己，潜移默化地影响我们										合计人数
		非常不同意		比较不同意		不确定		比较同意		非常同意		
		人数	比例(%)	人数	比例(%)	人数	比例(%)	人数	比例(%)	人数	比例(%)	
性别	合计	4	0.44	10	1.10	72	7.95	397	43.82	423	46.69	906
	男生	1	0.47	5	2.36	15	7.08	76	35.85	115	54.25	212
	女生	3	0.43	5	0.72	57	8.21	321	46.25	308	44.38	694
年级	合计	4	0.44	10	1.10	72	7.95	397	43.82	423	46.69	906
	大一	1	0.43	2	0.86	10	4.31	80	34.48	139	59.91	232
	大二	1	0.26	4	1.05	31	8.12	169	44.24	177	46.34	382
	大三	2	0.98	3	1.47	19	9.31	104	50.98	76	37.25	204
	大四	0	0.00	1	1.14	12	13.64	44	50.00	31	35.23	88
专业	合计	4	0.44	10	1.10	72	7.95	397	43.82	423	46.69	906
	外语类	3	0.57	4	0.76	36	6.87	200	38.17	281	53.63	524
	双学位	0	0.00	1	1.85	6	11.11	22	40.74	25	46.30	54
	其他	1	0.30	5	1.52	30	9.15	175	53.35	117	35.67	328

从专业角度看，不同专业的学生对此态度略有区别：外语类、双学位专业的学生"非常同意"占比最高（53.63%、46.30%），而其他专业的学生多表示"比较同意"（53.35%）。这与前文"本科生导师制对我的思想品德塑造有帮助"中得到的结论较为一致，即外语类、双学位专业

的学生更为充分地感知到教师潜移默化的思政理念引导。

从表4-12-7中可以看出，在对课程思政教学的整体感知中，学生最为同意"老师身正为范、严于律己，潜移默化地影响我们"(46.69%)，其次为"老师会结合课堂内容提醒我们养成文明行为、规则意识、法治意识，遵守公共秩序"(43.05%)，随后是"老师会结合课堂内容对我们进行职业理想和职业道德教育"(41.83%)、"老师会结合课堂内容引导我们关注中华优秀传统文化、革命文化、社会主义先进文化"

表4-12-7 本科生对课程思政教学的整体感知

选项	非常不同意[人数（比例）]	比较不同意[人数（比例）]	不确定[人数（比例）]	比较同意[人数（比例）]	非常同意[人数（比例）]
老师会在课堂上与我们讨论当下国际国内的热点问题，引导我们思考	5（0.55%）	22（2.43%）	78（8.61%）	437（48.23%）	364（40.18%）
老师会挖掘课程内容背后的人物、故事和规律等体现出来的精神，对我们进行社会主义核心价值观教育	8（0.88%）	20（2.21%）	92（10.15%）	433（47.79%）	353（38.96%）
老师会结合课程内容引导我们关注中华优秀传统文化、革命文化、社会主义先进文化	8（0.88%）	20（2.21%）	101（11.15%）	407（44.92%）	370（40.84%）

续表

选项	非常不同意 [人数 （比例）]	比较不同意 [人数 （比例）]	不确定 [人数 （比例）]	比较同意 [人数 （比例）]	非常同意 [人数 （比例）]
老师会结合课堂内容提醒我们养成文明行为、规则意识、法治意识，遵守公共秩序	5 （0.55%）	13 （1.43%）	80 （8.83%）	418 （46.14%）	390 （43.05%）
老师会结合课堂内容对我们进行职业理想和职业道德教育	5 （0.55%）	17 （1.88%）	83 （9.16%）	422 （46.58%）	379 （41.83%）
老师身正为范、严于律己，潜移默化地影响我们	4 （0.44%）	10 （1.10%）	72 （7.95%）	397 （43.82%）	423 （46.69%）
小计	35 （0.64%）	102 （1.88%）	506 （9.31%）	2514 （46.25%）	2279 （41.92%）

（40.84%），"老师会在课堂上与我们讨论当下国际国内的热点问题，引导我们思考"（40.18%）。可以看出，课程思政教学是一种隐性教学，主要的教学方式一方面是教师自身的育德和育能，身正为范[①]；另一方面是教师将思政元素有机地融入教学之中[②]，学生更为同意前者。但

[①] 张清、高嘉楠：《课程思政融入涉外法治外语人才培养模式探究》，《山东外语教学》2023 年第 3 期。

[②] 王雪梅、何艳华：《外语专业课程思政：学科特色与实践路径——王雪梅教授访谈录》，《语言教育》2021 年第 2 期。

现实中后者运用相对较多,如本科生 S3 指出"老师在课堂当中融入蛮多的一些思政元素,比如说语音课就用《习近平谈治国理政》里面的一些句子作为我们纠正语音的材料。语法课上也有一些,比如说拿一个句子出来,分析这个句子的语法结构,它也是来自《习近平谈治国理政》的。我们也有在精读课或者口译课上接触一些政治相关的词汇"。

(十)环境因素

本研究调查了学生对学校办学条件的看法:①学校的教室、图书馆、研讨室、独立学习空间等基础条件能够满足我的学习需要;②学校的实验室等科研场所与条件能够满足我的学习需要;③学校的数据库、纸质与电子图书资源能够满足我的学习需要;④学校提供的网络、软件等条件能够满足我的学习需要。

关于①(表 4-13-1),整体比例分别为:比较同意(35.10%)>非常同意(31.24%)>比较不同意(13.91%)>不确定(13.69%)>非常不同意(6.07%)。由此可见,大多数学生认为学校的教室、图书馆、研讨室、独立学习空间等基础条件能够满足学生的学习需要。但从性别角度看,男生的"非常同意"比例(40.57%)高于女生(28.39%)。从年级角度看,不同年级间差异较明显:大一年级"非常同意"占比最高(45.26%);而大二、大三、大四年级占比最高的为"比较同意",分别为 34.29%、36.27% 和 32.95%。从专业角度看,不同专业的学生对此态度略有区别:外语类、双学位专业的学生"非常同意"占比较高(35.88%、33.33%),而其他专业的学生多表示"比较同意"(39.63%)。

关于②(表 4-13-2),整体比例分别为:比较同意(34.88%)>非常同意(30.46%)>不确定(24.06%)>比较不同意(6.51%)>非常不同意(4.08%)。由此可见,大多数学生认为学校的实验室等科研场所与条件能够满足学生的学习需要。但从性别角度看,男生的"非常

表 4-13-1　本科生对教室、图书馆、研讨室、
独立学习空间等基础条件的看法

基本信息		① 学校的教室、图书馆、研讨室、独立学习空间等基础条件能够满足我的学习需要									合计人数
		非常不同意		比较不同意		不确定		比较同意		非常同意	
		人数	比例(%)	人数	比例(%)	人数	比例(%)	人数	比例(%)	人数	比例(%)	
性别	合计	55	6.07	126	13.91	124	13.69	318	35.10	283	31.24	906
	男生	15	7.08	20	9.43	20	9.43	71	33.49	86	40.57	212
	女生	40	5.76	106	15.27	104	14.99	247	35.59	197	28.39	694
年级	合计	55	6.07	126	13.91	124	13.69	318	35.10	283	31.24	906
	大一	6	2.59	18	7.76	19	8.19	84	36.21	105	45.26	232
	大二	18	4.71	58	15.18	59	15.45	131	34.29	116	30.37	382
	大三	25	12.25	32	15.69	33	16.18	74	36.27	40	19.61	204
	大四	6	6.82	18	20.45	13	14.77	29	32.95	22	25.00	88
专业	合计	55	6.07	126	13.91	124	13.69	318	35.10	283	31.24	906
	外语类	29	5.53	69	13.17	68	12.98	170	32.44	188	35.88	524
	双学位	2	3.70	8	14.81	8	14.81	18	33.33	18	33.33	54
	其他	24	7.32	49	14.94	48	14.63	130	39.63	77	23.48	328

表 4-13-2　本科生对实验室等科研场所与条件的看法

基本信息		② 学校的实验室等科研场所与条件能够满足我的学习需要										合计人数
		非常不同意		比较不同意		不确定		比较同意		非常同意		
		人数	比例(%)	人数	比例(%)	人数	比例(%)	人数	比例(%)	人数	比例(%)	
性别	合计	37	4.08	59	6.51	218	24.06	316	34.88	276	30.46	906
	男生	12	5.66	10	4.72	41	19.34	60	28.30	89	41.98	212
	女生	25	3.60	49	7.06	177	25.50	256	36.89	187	26.95	694
年级	合计	37	4.08	59	6.51	218	24.06	316	34.88	276	30.46	906
	大一	4	1.72	1	0.43	48	20.69	76	32.76	103	44.40	232
	大二	13	3.40	25	6.54	94	24.61	140	36.65	110	28.80	382
	大三	16	7.84	23	11.27	50	24.51	73	35.78	42	20.59	204
	大四	4	4.55	10	11.36	26	29.55	27	30.68	21	23.86	88
专业	合计	37	4.08	59	6.51	218	24.06	316	34.88	276	30.46	906
	外语类	15	2.86	27	5.15	116	22.14	178	33.97	188	35.88	524
	双学位	3	5.56	3	5.56	12	22.22	16	29.63	20	37.04	54
	其他	19	5.79	29	8.84	90	27.44	122	37.20	68	20.73	328

同意"比例（41.98%）高于女生（26.95%）。从年级角度看，不同年级间差异较明显：大一年级"非常同意"占比最高（44.40%）；而大二、大三、大四年级占比最高的为"比较同意"，分别为36.65%、35.78%和30.68%。从专业角度看，不同专业的学生对此态度略有区别：外

表 4-13-3　本科生对数据库、纸质与电子图书资源的看法

基本信息		③ 学校的数据库、纸质与电子图书资源能够满足我的学习需要										合计人数
		非常不同意		比较不同意		不确定		比较同意		非常同意		
		人数	比例(%)	人数	比例(%)	人数	比例(%)	人数	比例(%)	人数	比例(%)	
性别	合计	31	3.42	59	6.51	121	13.36	385	42.49	310	34.22	906
	男生	9	4.25	7	3.30	27	12.74	77	36.32	92	43.40	212
	女生	22	3.17	52	7.49	94	13.54	308	44.38	218	31.41	694
年级	合计	31	3.42	59	6.51	121	13.36	385	42.49	310	34.22	906
	大一	4	1.72	7	3.02	25	10.78	86	37.07	110	47.41	232
	大二	10	2.62	23	6.02	48	12.57	174	45.55	127	33.25	382
	大三	13	6.37	22	10.78	28	13.73	90	44.12	51	25.00	204
	大四	4	4.55	7	7.95	20	22.73	35	39.77	22	25.00	88
专业	合计	31	3.42	59	6.51	121	13.36	385	42.49	310	34.22	906
	外语类	14	2.67	24	4.58	63	12.02	210	40.08	213	40.65	524
	双学位	0	0.00	7	12.96	10	18.52	21	38.89	16	29.63	54
	其他	17	5.18	28	8.54	48	14.63	154	46.95	81	24.70	328

语类、双学位专业的学生"非常同意"占比最高（35.88%、37.04%），而其他专业的学生多表示"比较同意"（37.20%）。

关于③（表4-13-3），整体比例分别为：比较同意（42.49%）>

非常同意（34.22%）＞不确定（13.36%）＞比较不同意（6.51%）＞非常不同意（3.42%）。由此可见，大多数学生认为学校的数据库、纸质与电子图书资源能够满足学生的学习需要。但从性别角度看，男生的"非常同意"比例（43.40%）高于女生（31.41%）。从年级角度看，不同年级间差异较明显：大一年级"非常同意"占比最高（47.41%）；而大二、大三、大四年级占比最高的为"比较同意"，分别为45.55%、44.12%和39.77%。从专业角度看，不同专业的学生对此态度略有区别：外语类专业的学生"非常同意"占比最高（40.65%），而双学位、其他专业的学生多表示"比较同意"（38.89%、46.95%）。

关于④（表4-13-4），整体比例分别为：比较同意（39.85%）＞非常同意（31.13%）＞不确定（14.46%）＞比较不同意（8.72%）＞非常不同意（5.85%）。由此可见，大多数学生认为学校提供的网络、软件等条件能够满足学生的学习需要。但从性别角度看，男生的"非常同意"比例（41.98%）高于女生（27.81%）。从年级角度看，不同年级间差异较明显：大一年级"非常同意"占比最高（45.69%）；而大二、大三、大四年级占比最高的为"比较同意"，分别为42.67%、40.69%和31.82%。从专业角度看，不同专业的学生对此态度略有区别：双学位专业的学生"非常同意"占比最高（35.19%），而外语类、其他专业的学生多表示"比较同意"（37.40%、44.82%）。

从表4-13-5中可以看出，在对学校办学条件的整体评价中，学生最为同意学校的数据库、纸质与电子图书资源（34.22%）和教室、图书馆、研讨室、独立学习空间等基础条件（31.24%）能够满足其学习需要。而"学校的实验室等科研场所与条件能够满足我的学习需要"的"非常同意"比例最低（30.46%）。

本研究进一步调查了学生认为可加强的办学条件（表4-13-6），结果发现学生最希望"新建或改建教室、自习室"（67.88%），其次是"改善校内网络条件"（57.95%），随后是"加强校外实习基地建设"

表 4-13-4　本科生对网络、软件等条件的看法

基本信息		④ 学校提供的网络、软件等条件能够满足我的学习需要									合计人数
		非常不同意		比较不同意		不确定		比较同意		非常同意	
		人数	比例(%)	人数	比例(%)	人数	比例(%)	人数	比例(%)	人数	比例(%)	
性别	合计	53	5.85	79	8.72	131	14.46	361	39.85	282	31.13	906
	男生	11	5.19	12	5.66	26	12.26	74	34.91	89	41.98	212
	女生	42	6.05	67	9.65	105	15.13	287	41.35	193	27.81	694
年级	合计	53	5.85	79	8.72	131	14.46	361	39.85	282	31.13	906
	大一	5	2.16	10	4.31	24	10.34	87	37.50	106	45.69	232
	大二	16	4.19	38	9.95	54	14.14	163	42.67	111	29.06	382
	大三	25	12.25	20	9.80	33	16.18	83	40.69	43	21.08	204
	大四	7	7.95	11	12.50	20	22.73	28	31.82	22	25.00	88
专业	合计	53	5.85	79	8.72	131	14.46	361	39.85	282	31.13	906
	外语类	26	4.96	40	7.63	67	12.79	196	37.40	195	37.21	524
	双学位	2	3.70	6	11.11	9	16.67	18	33.33	19	35.19	54
	其他	25	7.62	33	10.06	55	16.77	147	44.82	68	20.73	328

（42.27%）、"购买图书与数据库等电子资源"（41.28%）等。由此可见，学生对于教室、自习室等基础设施建设及网络环境建设的需求更大，对于实习保障、电子学习保障等的需求也较大。关于教室改善方面，本科生 S1 提到"学院有非常多的教室设施还没有更新……

表 4-13-5　本科生对学校办学条件的整体评价

选项	非常不同意 [人数（比例）]	比较不同意 [人数（比例）]	不确定 [人数（比例）]	比较同意 [人数（比例）]	非常同意 [人数（比例）]
学校的教室、图书馆、研讨室、独立学习空间等基础条件能够满足我的学习需要	55（6.07%）	126（13.91%）	124（13.69%）	318（35.10%）	283（31.24%）
学校的实验室等科研场所与条件能够满足我的学习需要	37（4.08%）	59（6.51%）	218（24.06%）	316（34.88%）	276（30.46%）
学校的数据库、纸质与电子图书资源能够满足我的学习需要	31（3.42%）	59（6.51%）	121（13.36%）	385（42.49%）	310（34.22%）
学校提供的网络、软件等条件能够满足我的学习需要	53（5.85%）	79（8.72%）	131（14.46%）	361（39.85%）	282（31.13%）
小计	176（4.86%）	323（8.91%）	594（16.39%）	1380（38.08%）	1151（31.76%）

体验不是很好"；本科生 S3 具体指出学院教室的空调设备需要完善，"上外的教室因为没有空调，冬天可能是因为日本文化经济学院的位置和角度问题吧，真的很冷，是没有办法写字的那种冷。我们都是那种 20 多个人的小教室，没有空调，真的好冷；夏天又好热好闷，比较艰苦"；本科生 S7 也指出了空调需增加的问题，"东方语学院是没有空调的，冬天冻手，夏天闷热，喘不过气儿"。这些说明学生的

表 4-13-6　本科生认为可加强的办学条件

选项	人数	比例(%)
加强实验室建设	186	20.53
加强校外实习基地建设	383	42.27
购买图书与数据库等电子资源	374	41.28
改善校内网络条件	525	57.95
扩建运动场地	206	22.74
新建或改建教室、自习室	615	67.88
其他	57	6.29

本题有效填写人数为906。

学习环境需要进一步改善，各学院的学习空间需要完善以保证学生能全身心地投入学习。

（十一）文化因素

本研究以上外世界语言博物馆（以下简称"语博馆"）为例，了解学校文化场馆的情况，结果发现66.78%的学生参观过语博馆（表4-14），随后进一步调查了语博馆对学生个人发展的作用：①语博馆展出的内容丰富了我的专业知识；②语博馆展出的内容提升了我的文化素养；③语博馆展出的我国语言文字相关内容提升了我的家国情怀；④语博馆展出的世界语言文字相关内容有助于我形成世界眼光。

表 4-14　本科生参观文化场馆（上外世界语言博物馆）的情况

是否参观过上外世界语言博物馆	人数	比例(%)
是	605	66.78
否	301	33.22

本题有效填写人数为906。

表 4-15-1 文化场馆（上外世界语言博物馆）对本科生专业知识的影响

基本信息		① 语博馆展出的内容丰富了我的专业知识									合计人数
		非常不同意		比较不同意		不确定		比较同意		非常同意		
		人数	比例(%)	人数	比例(%)	人数	比例(%)	人数	比例(%)	人数	比例(%)	
性别	合计	8	1.32	28	4.63	78	12.89	239	39.50	252	41.65	605
	男生	2	1.36	8	5.44	10	6.80	44	29.93	83	56.46	147
	女生	6	1.31	20	4.37	68	14.85	195	42.58	169	36.90	458
年级	合计	8	1.32	28	4.63	78	12.89	239	39.50	252	41.65	605
	大一	1	0.54	5	2.70	15	8.11	61	32.97	103	55.68	185
	大二	4	1.41	14	4.95	39	13.78	118	41.70	108	38.16	283
	大三	1	0.99	8	7.92	19	18.81	45	44.55	28	27.72	101
	大四	2	5.56	1	2.78	5	13.89	15	41.67	13	36.11	36
专业	合计	8	1.32	28	4.63	78	12.89	239	39.50	252	41.65	605
	外语类	3	0.82	13	3.55	36	9.84	138	37.70	176	48.09	366
	双学位	2	6.67	0	0.00	4	13.33	11	36.67	13	43.33	30
	其他	3	1.44	15	7.18	38	18.18	90	43.06	63	30.14	209

关于①（表4-15-1），整体比例分别为：非常同意（41.65%）>比较同意（39.50%）>不确定（12.89%）>比较不同意（4.63%）>非常不同意（1.32%）。由此可见，大多数学生认为语博馆展出的内容丰富了学生的专业知识。但从性别角度看，男生的"非常同意"比例

(56.46%)高于女生(36.90%)。从年级角度看,不同年级间差异较明显:大一年级"非常同意"占比最高(55.68%);而大二、大三、大四年级占比最高的为"比较同意",分别为41.70%、44.55%和41.67%。从专业角度看,不同专业的学生对此态度略有区别:外语类、双学位专业的学生"非常同意"占比最高(48.09%、43.33%),而其他专业的学生多表示"比较同意"(43.06%)。

关于②(表4-15-2),整体比例分别为:比较同意(43.47%)>非常同意(41.98%)>不确定(11.57%)>比较不同意(2.31%)>非常不同意(0.66%)。由此可见,大多数学生认为语博馆展出的内容提升了学生的文化素养。但从性别角度看,男生的"非常同意"比例(53.06%)高于女生(38.43%)。从年级角度看,不同年级间差异较明显:大一年级"非常同意"占比最高(55.68%);而大二、大三、大四年级占比最高的为"比较同意",分别为44.88%、50.50%和55.56%。从专业角度看,不同专业的学生对此态度略有区别:外语类专业的学生"非常同意"占比最高(48.36%);而双学位、其他专业的学生"比较同意"占比最高,比例为43.33%、47.85%。

关于③(表4-15-3),整体比例分别为:非常同意(45.29%)>比较同意(44.63%)>不确定(7.60%)>比较不同意(1.49%)>非常不同意(0.99%)。由此可见,大多数学生认为语博馆展出的我国语言文字相关内容提升了学生的家国情怀。但从性别角度看,男生的"非常同意"比例(56.46%)高于女生(41.70%)。从年级角度看,不同年级间差异较明显:大一年级"非常同意"占比最高(58.92%);而大二、大三、大四年级占比最高的为"比较同意",分别为45.23%、52.48%和58.33%。从专业角度看,不同专业的学生对此态度略有区别:外语类、双学位专业的学生"非常同意"占比最高(51.64%、46.67%);而其他专业的学生"比较同意"占比最高,比例为51.20%。

表 4-15-2　文化场馆（上外世界语言博物馆）对本科生文化素养的影响

基本信息		② 语博馆展出的内容提升了我的文化素养									合计人数
		非常不同意		比较不同意		不确定		比较同意		非常同意	
		人数	比例(%)	人数	比例(%)	人数	比例(%)	人数	比例(%)	人数	比例(%)	
性别	合计	4	0.66	14	2.31	70	11.57	263	43.47	254	41.98	605
	男生	2	1.36	3	2.04	13	8.84	51	34.69	78	53.06	147
	女生	2	0.44	11	2.40	57	12.45	212	46.29	176	38.43	458
年级	合计	4	0.66	14	2.31	70	11.57	263	43.47	254	41.98	605
	大一	1	0.54	3	1.62	13	7.03	65	35.14	103	55.68	185
	大二	1	0.35	8	2.83	37	13.07	127	44.88	110	38.87	283
	大三	0	0.00	2	1.98	16	15.84	51	50.50	32	31.68	101
	大四	2	5.56	1	2.78	4	11.11	20	55.56	9	25.00	36
专业	合计	4	0.66	14	2.31	70	11.57	263	43.47	254	41.98	605
	外语类	2	0.55	6	1.64	31	8.47	150	40.98	177	48.36	366
	双学位	1	3.33	0	0.00	4	13.33	13	43.33	12	40.00	30
	其他	1	0.48	8	3.83	35	16.75	100	47.85	65	31.10	209

关于④（表 4-15-4），整体比例分别为：非常同意（47.44%）＞比较同意（42.15%）＞不确定（7.93%）＞比较不同意（1.82%）＞非常不同意（0.66%）。由此可见，大多数学生认为语博馆展出的世界语言文字相关内容有助于学生形成世界眼光。但从性别角度看，男

表 4-15-3 文化场馆（上外世界语言博物馆）对本科生家国情怀的影响

<table>
<tr><th colspan="2" rowspan="2">基本信息</th><th colspan="10">③语博馆展出的我国语言文字相关内容提升了我的家国情怀</th><th rowspan="2">合计人数</th></tr>
<tr><th colspan="2">非常不同意</th><th colspan="2">比较不同意</th><th colspan="2">不确定</th><th colspan="2">比较同意</th><th colspan="2">非常同意</th></tr>
<tr><td colspan="2"></td><td>人数</td><td>比例(%)</td><td>人数</td><td>比例(%)</td><td>人数</td><td>比例(%)</td><td>人数</td><td>比例(%)</td><td>人数</td><td>比例(%)</td><td></td></tr>
<tr><td rowspan="3">性别</td><td>合计</td><td>6</td><td>0.99</td><td>9</td><td>1.49</td><td>46</td><td>7.60</td><td>270</td><td>44.63</td><td>274</td><td>45.29</td><td>605</td></tr>
<tr><td>男生</td><td>2</td><td>1.36</td><td>1</td><td>0.68</td><td>8</td><td>5.44</td><td>53</td><td>36.05</td><td>83</td><td>56.46</td><td>147</td></tr>
<tr><td>女生</td><td>4</td><td>0.87</td><td>8</td><td>1.75</td><td>38</td><td>8.30</td><td>217</td><td>47.38</td><td>191</td><td>41.70</td><td>458</td></tr>
<tr><td rowspan="5">年级</td><td>合计</td><td>6</td><td>0.99</td><td>9</td><td>1.49</td><td>46</td><td>7.60</td><td>270</td><td>44.63</td><td>274</td><td>45.29</td><td>605</td></tr>
<tr><td>大一</td><td>1</td><td>0.54</td><td>1</td><td>0.54</td><td>6</td><td>3.24</td><td>68</td><td>36.76</td><td>109</td><td>58.92</td><td>185</td></tr>
<tr><td>大二</td><td>2</td><td>0.71</td><td>4</td><td>1.41</td><td>28</td><td>9.89</td><td>128</td><td>45.23</td><td>121</td><td>42.76</td><td>283</td></tr>
<tr><td>大三</td><td>2</td><td>1.98</td><td>3</td><td>2.97</td><td>8</td><td>7.92</td><td>53</td><td>52.48</td><td>35</td><td>34.65</td><td>101</td></tr>
<tr><td>大四</td><td>1</td><td>2.78</td><td>1</td><td>2.78</td><td>4</td><td>11.11</td><td>21</td><td>58.33</td><td>9</td><td>25.00</td><td>36</td></tr>
<tr><td rowspan="4">专业</td><td>合计</td><td>6</td><td>0.99</td><td>9</td><td>1.49</td><td>46</td><td>7.60</td><td>270</td><td>44.63</td><td>274</td><td>45.29</td><td>605</td></tr>
<tr><td>外语类</td><td>4</td><td>1.09</td><td>4</td><td>1.09</td><td>18</td><td>4.92</td><td>151</td><td>41.26</td><td>189</td><td>51.64</td><td>366</td></tr>
<tr><td>双学位</td><td>1</td><td>3.33</td><td>0</td><td>0.00</td><td>3</td><td>10.00</td><td>12</td><td>40.00</td><td>14</td><td>46.67</td><td>30</td></tr>
<tr><td>其他</td><td>1</td><td>0.48</td><td>5</td><td>2.39</td><td>25</td><td>11.96</td><td>107</td><td>51.20</td><td>71</td><td>33.97</td><td>209</td></tr>
</table>

生的"非常同意"比例（61.22%）高于女生（43.01%）。从年级角度看，不同年级间差异较明显：大一、大二年级"非常同意"占比最高（61.62%、45.23%）；而大三、大四年级占比最高的为"比较同意"，分别为 49.50% 和 50.00%。从专业角度看，不同专业的学生对

表 4-15-4 文化场馆（上外世界语言博物馆）对本科生世界眼光的影响

基本信息		④ 语博馆展出的世界语言文字相关内容有助于我形成世界眼光										合计人数
		非常不同意		比较不同意		不确定		比较同意		非常同意		
		人数	比例(%)	人数	比例(%)	人数	比例(%)	人数	比例(%)	人数	比例(%)	
性别	合计	4	0.66	11	1.82	48	7.93	255	42.15	287	47.44	605
	男生	1	0.68	3	2.04	10	6.80	43	29.25	90	61.22	147
	女生	3	0.66	8	1.75	38	8.30	212	46.29	197	43.01	458
年级	合计	4	0.66	11	1.82	48	7.93	255	42.15	287	47.44	605
	大一	1	0.54	1	0.54	6	3.24	63	34.05	114	61.62	185
	大二	1	0.35	5	1.77	25	8.83	124	43.82	128	45.23	283
	大三	1	0.99	4	3.96	11	10.89	50	49.50	35	34.65	101
	大四	1	2.78	1	2.78	6	16.67	18	50.00	10	27.78	36
专业	合计	4	0.66	11	1.82	48	7.93	255	42.15	287	47.44	605
	外语类	3	0.82	5	1.37	21	5.74	142	38.80	195	53.28	366
	双学位	0	0.00	0	0.00	4	13.33	12	40.00	14	46.67	30
	其他	1	0.48	6	2.87	23	11.00	101	48.33	78	37.32	209

此态度略有区别：外语类、双学位专业的学生"非常同意"占比最高（53.28%、46.67%）；而其他专业的学生"比较同意"占比最高，比例为48.33%。

表4-15-5 本科生对文化场馆（上外世界语言博物馆）影响的整体评价

选项	非常不同意 ［人数 （比例）］	比较不同意 ［人数 （比例）］	不确定 ［人数 （比例）］	比较同意 ［人数 （比例）］	非常同意 ［人数 （比例）］
语博馆展出的内容丰富了我的专业知识	8 （1.32%）	28 （4.63%）	78 （12.89%）	239 （39.50%）	252 （41.65%）
语博馆展出的内容提升了我的文化素养	4 （0.66%）	14 （2.31%）	70 （11.57%）	263 （43.47%）	254 （41.98%）
语博馆展出的我国语言文字相关内容提升了我的家国情怀	6 （0.99%）	9 （1.49%）	46 （7.60%）	270 （44.63%）	274 （45.29%）
语博馆展出的世界语言文字相关内容有助于我形成世界眼光	4 （0.66%）	11 （1.82%）	48 （7.93%）	255 （42.15%）	287 （47.44%）
小计	22 （0.91%）	62 （2.56%）	242 （10.00%）	1027 （42.44%）	1067 （44.09%）

从表4-15-5中可以看出，在对语博馆的整体评价中，学生最为同意"语博馆展出的世界语言文字相关内容有助于我形成世界眼光"（47.44%），其次是"语博馆展出的我国语言文字相关内容提升了我的家国情怀"（45.29%）、"语博馆展出的内容提升了我的文化素养"（41.98%），最后是"语博馆展出的内容丰富了我的专业知识"（41.65%），可见语博馆较大地发挥了培养学生的世界眼光和家国情怀的作用。

表 4-15-6　学生参观文化场馆（上外世界语言博物馆）的目的

选项	人数	比例（%）
参与语博馆组织的各类讲座	251	41.49
因专业学习需要而来馆学习	191	31.57
增长见识	403	66.61
休闲娱乐	231	38.18
担任语博馆的志愿者、讲解员等	38	6.28
集体活动，要求必须参加	314	51.90
其他	3	0.50

本题有效填写人数为 605。

从表 4-15-6 中可以看出，在学生参观语博馆的目的中，学生最为同意"增长见识"（66.61%），可见学生对语博馆的资源有较大的学习兴趣，语博馆较大地拓宽了学生的知识视野。另外，也有较大部分的学生选择"集体活动，要求必须参加"（51.90%），说明语博馆举办了较多的集体活动，为学生提供参与机会。此外，研究结果显示"参与语博馆组织的各类讲座"（41.49%）和"因专业学习需要而来馆学习"（31.57%）的占比也较高，说明语博馆已成为专业培养、学术育人的重要场所，受到了学生们的喜爱。本科生 S4 在访谈中提到在语博馆的上课经历既帮助其增长了知识，也提高了学习兴趣："我可能印象比较深刻的是我们的老师让我们去博物馆上课。因为语博馆那边有一些语言学相关的知识，老师会带我们在语博馆里面上课，我们感觉又新奇又好玩，又能学到知识，这让我印象比较深刻。"

综上，文化因素，特别是文化场馆在培养人才的过程中扮演着至关重要的角色。文化是塑造个人价值观、行为准则和思维方式的重要因素。文化场馆在人才培养中应注重融入世界视野下的多模态元素，以有效地帮助学生建立更为全面和深入的世界观与价值观。例如，通过在语博馆学习不同的语言、文化等，学生能够更好地理解和尊重多元文化，培养国际视野与跨文化交流能力。此外，文化因素还能激发学生的创造性和创新精神。在多元文化的环境中，学生能够接触不同的思维模式和解决问题的方法，从而激发他们的创造力与批判性思维。这对于培养能够适应快速变化的现代社会的创新人才至关重要。

（十二）情感因素

本研究调查了人才培养效果：①我认同学校提出的致力于建成国别区域全球知识领域特色鲜明的世界一流外国语大学的办学定位；②我认同学校提出的"会语言、通国家、精领域"的"多语种+"卓越国际化人才培养目标；③我认同学校将政治定力、语言能力、学科能力、话语能力列为学生的关键素养的提法；④我认同学校着力推进的"跨、通、融"的人才培养路径。

关于①（表4-16-1），整体比例分别为：非常同意（48.79%）>比较同意（41.28%）>不确定（7.84%）>比较不同意（1.10%）>非常不同意（0.99%）。由此可见，学生较为认同学校提出的致力于建成国别区域全球知识领域特色鲜明的世界一流外国语大学的办学定位。但从性别角度看，男生的"非常同意"比例（56.60%）高于女生（46.40%）。从年级角度看，不同年级间差异较明显：大一、大二年级"非常同意"占比最高（63.36%、49.48%）；而大三、大四年级占比最高的为"比较同意"，分别为49.02%和43.18%。从专业角度看，不同专业的学生对此态度略有区别：外语类、双学位专业的学生"非常同意"占比最高（55.34%、55.56%）；而其他专业的学生"比较同意"占比最高，比例为50.30%。

表 4-16-1 本科生对学校办学定位的认同情况

基本信息		① 我认同学校提出的致力于建成国别区域全球知识领域特色鲜明的世界一流外国语大学的办学定位								合计人数
		非常不同意		比较不同意		不确定		比较同意		非常同意		
		人数	比例(%)	人数	比例(%)	人数	比例(%)	人数	比例(%)	人数	比例(%)	
性别	合计	9	0.99	10	1.10	71	7.84	374	41.28	442	48.79	906
	男生	3	1.42	1	0.47	16	7.55	72	33.96	120	56.60	212
	女生	6	0.86	9	1.30	55	7.93	302	43.52	322	46.40	694
年级	合计	9	0.99	10	1.10	71	7.84	374	41.28	442	48.79	906
	大一	1	0.43	0	0.00	4	1.72	80	34.48	147	63.36	232
	大二	3	0.79	1	0.26	33	8.64	156	40.84	189	49.48	382
	大三	4	1.96	7	3.43	22	10.78	100	49.02	71	34.80	204
	大四	1	1.14	2	2.27	12	13.64	38	43.18	35	39.77	88
专业	合计	9	0.99	10	1.10	71	7.84	374	41.28	442	48.79	906
	外语类	5	0.95	5	0.95	34	6.49	190	36.26	290	55.34	524
	双学位	1	1.85	0	0.00	4	7.41	19	35.19	30	55.56	54
	其他	3	0.91	5	1.52	33	10.06	165	50.30	122	37.20	328

关于②（表4-16-2），整体比例分别为：非常同意（49.45%）＞比较同意（39.40%）＞不确定（8.50%）＞比较不同意（1.66%）＞非常不同意（0.99%）。由此可见，学生较为认同学校提出的"会语言、通

表 4-16-2　本科生对学校人才培养目标的认同情况

<table>
<tr><th colspan="2" rowspan="3">基本信息</th><th colspan="10">② 我认同学校提出的"会语言、通国家、精领域"的"多语种＋"卓越国际化人才培养目标</th><th rowspan="3">合计人数</th></tr>
<tr><th colspan="2">非常不同意</th><th colspan="2">比较不同意</th><th colspan="2">不确定</th><th colspan="2">比较同意</th><th colspan="2">非常同意</th></tr>
<tr><th>人数</th><th>比例（%）</th><th>人数</th><th>比例（%）</th><th>人数</th><th>比例（%）</th><th>人数</th><th>比例（%）</th><th>人数</th><th>比例（%）</th></tr>
<tr><td rowspan="3">性别</td><td>合计</td><td>9</td><td>0.99</td><td>15</td><td>1.66</td><td>77</td><td>8.50</td><td>357</td><td>39.40</td><td>448</td><td>49.45</td><td>906</td></tr>
<tr><td>男生</td><td>2</td><td>0.94</td><td>7</td><td>3.30</td><td>19</td><td>8.96</td><td>61</td><td>28.77</td><td>123</td><td>58.02</td><td>212</td></tr>
<tr><td>女生</td><td>7</td><td>1.01</td><td>8</td><td>1.15</td><td>58</td><td>8.36</td><td>296</td><td>42.65</td><td>325</td><td>46.83</td><td>694</td></tr>
<tr><td rowspan="5">年级</td><td>合计</td><td>9</td><td>0.99</td><td>15</td><td>1.66</td><td>77</td><td>8.50</td><td>357</td><td>39.40</td><td>448</td><td>49.45</td><td>906</td></tr>
<tr><td>大一</td><td>1</td><td>0.43</td><td>3</td><td>1.29</td><td>4</td><td>1.72</td><td>74</td><td>31.90</td><td>150</td><td>64.66</td><td>232</td></tr>
<tr><td>大二</td><td>2</td><td>0.52</td><td>4</td><td>1.05</td><td>39</td><td>10.21</td><td>154</td><td>40.31</td><td>183</td><td>47.91</td><td>382</td></tr>
<tr><td>大三</td><td>5</td><td>2.45</td><td>6</td><td>2.94</td><td>22</td><td>10.78</td><td>95</td><td>46.57</td><td>76</td><td>37.25</td><td>204</td></tr>
<tr><td>大四</td><td>1</td><td>1.14</td><td>2</td><td>2.27</td><td>12</td><td>13.64</td><td>34</td><td>38.64</td><td>39</td><td>44.32</td><td>88</td></tr>
<tr><td rowspan="4">专业</td><td>合计</td><td>9</td><td>0.99</td><td>15</td><td>1.66</td><td>77</td><td>8.50</td><td>357</td><td>39.40</td><td>448</td><td>49.45</td><td>906</td></tr>
<tr><td>外语类</td><td>5</td><td>0.95</td><td>10</td><td>1.91</td><td>38</td><td>7.25</td><td>174</td><td>33.21</td><td>297</td><td>56.68</td><td>524</td></tr>
<tr><td>双学位</td><td>2</td><td>3.70</td><td>1</td><td>1.85</td><td>3</td><td>5.56</td><td>20</td><td>37.04</td><td>28</td><td>51.85</td><td>54</td></tr>
<tr><td>其他</td><td>2</td><td>0.61</td><td>4</td><td>1.22</td><td>36</td><td>10.98</td><td>163</td><td>49.70</td><td>123</td><td>37.50</td><td>328</td></tr>
</table>

国家、精领域"的"多语种＋"卓越国际化人才培养目标。但从性别角度看，男生的"非常同意"比例（58.02%）高于女生（46.83%）。从年级角度看，不同年级间差异较明显：大三年级"比较同意"占比最高

(46.57%);而大一、大二、大四年级占比最高的为"非常同意",分别为64.66%、47.91%和44.32%。从专业角度看,不同专业的学生对此态度略有区别,外语类、双学位专业的学生"非常同意"占比最高(56.68%、51.85%);而其他专业的学生"比较同意"占比最高,比例为49.70%。

关于③(表4-16-3),整体比例分别为:非常同意(49.01%)＞比较同意(41.28%)＞不确定(7.40%)＞比较不同意(1.43%)＞非常不同意(0.88%)。由此可见,大多数学生较为认同学校将政治定力、语言能力、学科能力、话语能力列为学生的关键素养的提法。但从性别角度看,男生的"非常同意"比例(55.19%)高于女生(47.12%)。从年级角度看,不同年级间差异较明显:大一、大二年级"非常同意"占比最高(65.95%、47.64%);而大三、大四年级占比最高的为"比较同意",分别为49.51%和44.32%。从专业角度看,不同专业的学生对此态度略有区别:外语类、双学位专业的学生"非常同意"占比最高(55.92%、55.56%);而其他专业的学生"比较同意"占比最高,比例为50.30%。

关于④(表4-16-4),整体比例分别为:非常同意(49.45%)＞比较同意(39.85%)＞不确定(8.39%)＞比较不同意(1.66%)＞非常不同意(0.66%)。由此可见,大多数学生较为认同学校着力推进的"跨、通、融"的人才培养路径。但从性别角度来看,男生的"非常同意"比例(56.13%)高于女生(47.41%)。从年级角度看,不同年级间差异较明显:大一、大二、大四年级"非常同意"占比最高(65.52%、48.95%、42.05%);而大三年级占比最高的为"比较同意",比例为50.98%。从专业角度看,不同专业的学生对此态度略有区别:外语类、双学位专业的学生"非常同意"占比最高(55.92%、51.85%);而其他专业的学生"比较同意"占比最高,比例为48.17%。

表 4-16-3 本科生对学生的关键素养的认同情况

基本信息		③ 我认同学校将政治定力、语言能力、学科能力、话语能力列为学生的关键素养的提法										合计人数
			非常不同意		比较不同意		不确定		比较同意		非常同意		
			人数	比例(%)	人数	比例(%)	人数	比例(%)	人数	比例(%)	人数	比例(%)	
性别	合计 || 8	0.88	13	1.43	67	7.40	374	41.28	444	49.01	906
	男生 || 1	0.47	3	1.42	17	8.02	74	34.91	117	55.19	212
	女生 || 7	1.01	10	1.44	50	7.20	300	43.23	327	47.12	694
年级	合计 || 8	0.88	13	1.43	67	7.40	374	41.28	444	49.01	906
	大一 || 1	0.43	0	0.00	3	1.29	75	32.33	153	65.95	232
	大二 || 2	0.52	3	0.79	36	9.42	159	41.62	182	47.64	382
	大三 || 5	2.45	7	3.43	17	8.33	101	49.51	74	36.27	204
	大四 || 0	0.00	3	3.41	11	12.50	39	44.32	35	39.77	88
专业	合计 || 8	0.88	13	1.43	67	7.40	374	41.28	444	49.01	906
	外语类 || 5	0.95	7	1.34	29	5.53	190	36.26	293	55.92	524
	双学位 || 1	1.85	0	0.00	4	7.41	19	35.19	30	55.56	54
	其他 || 2	0.61	6	1.83	34	10.37	165	50.30	121	36.89	328

表 4-16-4　本科生对学校人才培养路径的认同情况

基本信息		④ 我认同学校着力推进的"跨、通、融"的人才培养路径									合计人数
		非常不同意		比较不同意		不确定		比较同意		非常同意		
		人数	比例(%)	人数	比例(%)	人数	比例(%)	人数	比例(%)	人数	比例(%)	
性别	合计	6	0.66	15	1.66	76	8.39	361	39.85	448	49.45	906
	男生	0	0.00	5	2.36	18	8.49	70	33.02	119	56.13	212
	女生	6	0.86	10	1.44	58	8.36	291	41.93	329	47.41	694
年级	合计	6	0.66	15	1.66	76	8.39	361	39.85	448	49.45	906
	大一	1	0.43	1	0.43	8	3.45	70	30.17	152	65.52	232
	大二	2	0.52	3	0.79	38	9.95	152	39.79	187	48.95	382
	大三	3	1.47	9	4.41	16	7.84	104	50.98	72	35.29	204
	大四	0	0.00	2	2.27	14	15.91	35	39.77	37	42.05	88
专业	合计	6	0.66	15	1.66	76	8.39	361	39.85	448	49.45	906
	外语类	3	0.57	9	1.72	35	6.68	184	35.11	293	55.92	524
	双学位	1	1.85	0	0.00	6	11.11	19	35.19	28	51.85	54
	其他	2	0.61	6	1.83	35	10.67	158	48.17	127	38.72	328

从表 4-16-5 中可以看出，在对学校提出的办学定位、人才培养目标、学生的关键素养、人才培养路径的整体评价中，学生最为同意"我认同学校着力推进的'跨、通、融'的人才培养路径"（49.45%）和"我认同学校提出的'会语言、通国家、精领域'的'多语种+'卓越

表 4-16-5　学生对学校提出的办学定位、人才培养目标、学生的关键素养、人才培养路径的整体评价

选项	非常不同意 [人数（比例）]	比较不同意 [人数（比例）]	不确定 [人数（比例）]	比较同意 [人数（比例）]	非常同意 [人数（比例）]
我认同学校提出的致力于建成国别区域全球知识领域特色鲜明的世界一流外国语大学的办学定位	9（0.99%）	10（1.10%）	71（7.84%）	374（41.28%）	442（48.79%）
我认同学校提出的"会语言、通国家、精领域"的"多语种+"卓越国际化人才培养目标	9（0.99%）	15（1.66%）	77（8.50%）	357（39.40%）	448（49.45%）
我认同学校将政治定力、语言能力、学科能力、话语能力列为学生的关键素养的提法	8（0.88%）	13（1.43%）	67（7.40%）	374（41.28%）	444（49.01%）
我认同学校着力推进的"跨、通、融"的人才培养路径	6（0.66%）	15（1.66%）	76（8.39%）	361（39.85%）	448（49.45%）
小计	32（0.88%）	53（1.46%）	291（8.03%）	1466（40.45%）	1782（49.17%）

国际化人才培养目标"（49.45%）。这一点在访谈数据中得到了较多验证，在被问到是否了解培养目标时，多数学生指出入学时就了解并直接回答出学校与具体学院或者专业的培养目标，如本科生 S3 提到"'多语种+''会语言、通国家、精领域'的目标，是我们一开始入学就了解的……我们专业，我大概知道一点点，首先要非常熟练地掌握日语，了解日本国情，了解日本文化。如果可以的话，在经贸或者外交等各种领域之中发挥我们的专业特长。我们专业本身开的课程跟经贸、外交等其他学科关系不大，但是学院希望我们成为跨学科人才"。同时，学校的"多语种+"氛围较为浓厚，如本科生 S5 提到"学校到处都是这种语言景观，我作为学生也深受感染，我觉得这真的是一种潜移默化的感受，是一种很开放的、包容的、现代的感觉。其实这是很让人振奋的。我以后如果有空的话，自己会多学一点语言"。

本研究调查了本科生对上外在本科人才培养方面的优良传统的认识（表 4-16-6），结果得出"重视语言教学，尤其是语言基本功的培养"（86.64%）占比最高，可见基本功的训练是上外人才培养的主要传

表 4-16-6　本科生对上外在本科人才培养方面的优良传统的认识

选项	人数	比例（%）
重视语言教学，尤其是语言基本功的培养	785	86.64
实施本科生导师制，指导学生成才	260	28.70
注重实践教学，培养实践能力	355	39.18
教师学识广博，认真敬业	400	44.15
重视国际合作，推进人才的国际化培养	394	43.49
重视第二课堂建设，拓展学生的学习方式	131	14.46
其他	7	0.77

本题有效填写人数为 906。

统。"教师学识广博，认真敬业"（44.15%）的占比也较高，体现出师资队伍建设是人才培养的重要部分。此外，学生较为同意上外"重视国际合作，推进人才的国际化培养"（43.49%），这与上外一直秉承的办学定位、人才培养目标、人才规格相一致。

（十三）培养效果

本研究调查了学生对各项能力的自我评价：①我能够保持政治定力和判断能力，在世界眼光下保持自己的文化认同、民族认同和国家认同；②我具备全球化时代的语言能力，精通至少一门外语，能够用其开展跨文化沟通；③我具备熟练掌握并应用某一专业领域知识的能力；④我具有较好的话语能力，能讲清、讲好中国故事，并且能够让外国人听得懂。

关于①（表4-17-1），整体比例分别为：非常同意（45.14%）>比较同意（43.93%）>不确定（9.16%）>比较不同意（1.32%）>非常不同意（0.44%）。由此可见，大多数学生能够保持政治定力和判断能力，在世界眼光下保持自己的文化认同、民族认同和国家认同。但从性别角度看，男生的"非常同意"比例（57.08%）高于女生（41.50%）。从年级角度看，不同年级间差异较明显：大一、大二年级"非常同意"占比最高（53.88%、45.55%）；而大三、大四年级占比最高的为"比较同意"，分别为50.00%和48.86%。从专业角度看，不同专业的学生对此态度略有区别：外语类、双学位专业的学生"非常同意"占比最高（49.81%、48.15%）；而其他专业的学生"比较同意"占比最高，比例为51.22%。

关于②（表4-17-2），整体比例分别为：比较同意（44.26%）>非常同意（32.45%）>不确定（18.76%）>比较不同意（3.53%）>非常不同意（0.99%）。由此可见，大多数学生具备全球化时代的语言能力，精通至少一门外语，能够用其开展跨文化沟通。但从性别角

表 4-17-1　本科生对自身政治定力和判断能力的认识

基本信息		① 我能够保持政治定力和判断能力，在世界眼光下保持自己的文化认同、民族认同和国家认同									合计人数
		非常不同意		比较不同意		不确定		比较同意		非常同意	
		人数	比例(%)	人数	比例(%)	人数	比例(%)	人数	比例(%)	人数	比例(%)	
性别	合计	4	0.44	12	1.32	83	9.16	398	43.93	409	45.14	906
	男生	2	0.94	1	0.47	13	6.13	75	35.38	121	57.08	212
	女生	2	0.29	11	1.59	70	10.09	323	46.54	288	41.50	694
年级	合计	4	0.44	12	1.32	83	9.16	398	43.93	409	45.14	906
	大一	1	0.43	4	1.72	16	6.90	86	37.07	125	53.88	232
	大二	3	0.79	2	0.52	36	9.42	167	43.72	174	45.55	382
	大三	0	0.00	4	1.96	22	10.78	102	50.00	76	37.25	204
	大四	0	0.00	2	2.27	9	10.23	43	48.86	34	38.64	88
专业	合计	4	0.44	12	1.32	83	9.16	398	43.93	409	45.14	906
	外语类	2	0.38	9	1.72	43	8.21	209	39.89	261	49.81	524
	双学位	1	1.85	1	1.85	5	9.26	21	38.89	26	48.15	54
	其他	1	0.30	2	0.61	35	10.67	168	51.22	122	37.20	328

度看，男生的"非常同意"比例（47.64%）高于女生（27.81%）。从年级角度看，不同年级间差异较明显：大一年级"非常同意"占比最高（40.52%）；而大二、大三、大四年级占比最高的为"比较同

表 4-17-2　本科生对自身语言能力的认识

基本信息		② 我具备全球化时代的语言能力，精通至少一门外语，能够用其开展跨文化沟通										合计人数
		非常不同意		比较不同意		不确定		比较同意		非常同意		
		人数	比例(%)	人数	比例(%)	人数	比例(%)	人数	比例(%)	人数	比例(%)	
性别	合计	9	0.99	32	3.53	170	18.76	401	44.26	294	32.45	906
	男生	4	1.89	6	2.83	28	13.21	73	34.43	101	47.64	212
	女生	5	0.72	26	3.75	142	20.46	328	47.26	193	27.81	694
年级	合计	9	0.99	32	3.53	170	18.76	401	44.26	294	32.45	906
	大一	5	2.16	5	2.16	43	18.53	85	36.64	94	40.52	232
	大二	2	0.52	13	3.40	80	20.94	165	43.19	122	31.94	382
	大三	1	0.49	12	5.88	34	16.67	101	49.51	56	27.45	204
	大四	1	1.14	2	2.27	13	14.77	50	56.82	22	25.00	88
专业	合计	9	0.99	32	3.53	170	18.76	401	44.26	294	32.45	906
	外语类	5	0.95	13	2.48	87	16.60	222	42.37	197	37.60	524
	双学位	2	3.70	2	3.70	7	12.96	21	38.89	22	40.74	54
	其他	2	0.61	17	5.18	76	23.17	158	48.17	75	22.87	328

意"，分别为43.19%、49.51%和56.82%。从专业角度看，不同专业的学生对此态度略有区别：双学位专业的学生"非常同意"占比最高（40.74%）；而外语类、其他专业的学生"比较同意"占比最高，比

表 4-17-3　本科生对自身某一专业领域知识的认识

基本信息		③ 我具备熟练掌握并应用某一专业领域知识的能力									合计人数
		非常不同意		比较不同意		不确定		比较同意		非常同意		
		人数	比例(%)	人数	比例(%)	人数	比例(%)	人数	比例(%)	人数	比例(%)	
性别	合计	18	1.99	72	7.95	225	24.83	358	39.51	233	25.72	906
	男生	4	1.89	15	7.08	35	16.51	74	34.91	84	39.62	212
	女生	14	2.02	57	8.21	190	27.38	284	40.92	149	21.47	694
年级	合计	18	1.99	72	7.95	225	24.83	358	39.51	233	25.72	906
	大一	3	1.29	22	9.48	58	25.00	71	30.60	78	33.62	232
	大二	6	1.57	23	6.02	96	25.13	154	40.31	103	26.96	382
	大三	7	3.43	20	9.80	49	24.02	93	45.59	35	17.16	204
	大四	2	2.27	7	7.95	22	25.00	40	45.45	17	19.32	88
专业	合计	18	1.99	72	7.95	225	24.83	358	39.51	233	25.72	906
	外语类	14	2.67	47	8.97	144	27.48	169	32.25	150	28.63	524
	双学位	1	1.85	4	7.41	8	14.81	24	44.44	17	31.48	54
	其他	3	0.91	21	6.40	73	22.26	165	50.30	66	20.12	328

例为 42.37%、48.17%。

关于③（表 4-17-3），整体比例分别为：比较同意（39.51%）＞非常同意（25.72%）＞不确定（24.83%）＞比较不同意（7.95%）＞非常不同意（1.99%）。由此可见，大多数学生具备熟练掌握并应用某一专业领域知识的能力。但从性别角度看，男生的"非常同意"比例（39.62%）高于女生（21.47%）。从年级角度看，不同年级间差异较明显：大一年级"非常同意"占比最高（33.62%）；而大二、大三、大四年级占比最高的为"比较同意"，分别为40.31%、45.59%和45.45%。从专业角度看，不同专业的学生对此态度区别不大：外语类、双学位、其他专业的学生"比较同意"占比最高，分别为32.25%、44.44%、50.30%。

关于④（表4-17-4），整体比例分别为：比较同意（43.38%）＞非常同意（27.37%）＞不确定（23.18%）＞比较不同意（4.64%）＞非常不同意（1.43%）。由此可见，大多数学生具有较好的话语能力，能讲清、讲好中国故事，并且能够让外国人听得懂。但从性别角度看，男生的"非常同意"比例（37.26%）高于女生（24.35%）。从年级角度看，不同年级间差异不大明显：大一、大二、大三、大四年级"比较同意"占比最高，分别为37.07%、41.10%、49.02%和56.82%。从专业角度看，不同专业的学生对此态度区别不大：外语类、双学位、其他专业的学生"比较同意"占比最高，分别为39.89%、46.30%、48.48%。这说明各年级、各专业的学生认为话语能力比较重要，在人才培养中应予以重视。

从表4-17-5中可以看出，在对自身能力的整体评价中，学生最为同意"我能够保持政治定力和判断能力，在世界眼光下保持自己的文化认同、民族认同和国家认同"（45.14%），其次是"我具备全球化时代的语言能力，精通至少一门外语，能够用其开展跨文化沟通"（32.45%）。这说明学生的政治定力较强、家国意识较强。语言能力的认可度排名第二，说明学生对自身的语言能力较为满意。随后是"我具有较好的话语能力，能讲清、讲好中国故事，并且能够让外国人听得懂"（27.37%），这说明学生有较强的全球胜任力与治理能力，

表 4-17-4　本科生对自身话语能力的认识

基本信息		④ 我具有较好的话语能力，能讲清、讲好中国故事，并且能够让外国人听得懂										合计人数
			非常不同意		比较不同意		不确定		比较同意		非常同意		
			人数	比例(%)	人数	比例(%)	人数	比例(%)	人数	比例(%)	人数	比例(%)	
性别	合计 || 13	1.43	42	4.64	210	23.18	393	43.38	248	27.37	906
	男生 || 3	1.42	7	3.30	38	17.92	85	40.09	79	37.26	212
	女生 || 10	1.44	35	5.04	172	24.78	308	44.38	169	24.35	694
年级	合计 || 13	1.43	42	4.64	210	23.18	393	43.38	248	27.37	906
	大一 || 4	1.72	12	5.17	51	21.98	86	37.07	79	34.05	232
	大二 || 3	0.79	17	4.45	94	24.61	157	41.10	111	29.06	382
	大三 || 4	1.96	11	5.39	49	24.02	100	49.02	40	19.61	204
	大四 || 2	2.27	2	2.27	16	18.18	50	56.82	18	20.45	88
专业	合计 || 13	1.43	42	4.64	210	23.18	393	43.38	248	27.37	906
	外语类 || 7	1.34	22	4.20	122	23.28	209	39.89	164	31.30	524
	双学位 || 2	3.70	4	7.41	6	11.11	25	46.30	17	31.48	54
	其他 || 4	1.22	16	4.88	82	25.00	159	48.48	67	20.43	328

表 4-17-5　本科生对自身能力的整体认识

选项	非常不同意 [人数（比例）]	比较不同意 [人数（比例）]	不确定 [人数（比例）]	比较同意 [人数（比例）]	非常同意 [人数（比例）]
我能够保持政治定力和判断能力，在世界眼光下保持自己的文化认同、民族认同和国家认同	4（0.44%）	12（1.32%）	83（9.16%）	398（43.93%）	409（45.14%）
我具备全球化时代的语言能力，精通至少一门外语，能够用其开展跨文化沟通	9（0.99%）	32（3.53%）	170（18.76%）	401（44.26%）	294（32.45%）
我具备熟练掌握并应用某一专业领域知识的能力	18（1.99%）	72（7.95%）	225（24.83%）	358（39.51%）	233（25.72%）
我具有较好的话语能力，能讲清、讲好中国故事，并且能够让外国人听得懂	13（1.43%）	42（4.64%）	210（23.18%）	393（43.38%）	248（27.37%）
小计	44（1.21%）	158（4.36%）	688（18.98%）	1550（42.77%）	1184（32.67%）

有较强的话语意识和能力。最后是"我具备熟练掌握并应用某一专业领域知识的能力"（25.72%），这与以往所认为的知识本位有所不同。培养学生的政治定力、语言能力、学科能力和话语能力，较好地体现

了新时代的人才培养特色,为国家整体的全球话语能力建设做出外国语大学不负于世界和时代的贡献。①

二、本科人才培养影响因素

（一）相关性检验

相关分析通常被用来分析变量之间的线性关联程度,它是回归分析的前提和基础,其任务是对变量之间是否存在必然的联系,以及联系的方式、变动的方向和变动的程度等做出符合实际的判断。仅当变量间的相关性达到统计学上的显著水平时,进行回归分析才具有实际的研究价值。本研究对本科生培养各维度与培养效果进行相关分析,结果如表4-18所示。

结果显示培养效果和人才培养各维度的相关系数均为正值,显著性 sig=0.00<0.01,即在0.01水平（双尾）上,相关关系是显著的,表明培养效果和人才培养各维度之间存在显著的正相关关系。但培养效

表4-18 本科生培养各维度与培养效果的相关分析

		课程教学	价值因素	课外实践	国际交流	环境因素	文化因素	跨校培养	情感因素	培养效果
培养效果	皮尔逊相关性	0.50**	0.50**	0.47**	0.14**	0.38**	0.14**	0.44**	0.50**	1
	sig.（双尾）	0.00	0.00	0.00	0.00	0.00	0.00	0.00	0.00	
	个案数	906	906	906	906	906	906	906	906	906

**：在0.01水平（双尾）上,相关性显著。

---

① 姜锋等:《习近平外交思想国际传播的意义、机遇与挑战》,《国际观察》2022年第2期。

果与各维度相关系数存在较大差别。

学生培养效果和课程教学、价值因素之间的相关系数为 0.50，显著性 sig=0.00<0.01，即在 0.01 水平（双尾）上，培养效果和课程教学、价值因素呈显著中度正相关。学生培养效果和情感因素之间的相关系数为 0.50，显著性 sig=0.00<0.01，即在 0.01 水平（双尾）上，培养效果和情感因素呈显著中度正相关。

培养效果和课外实践、跨校培养、环境因素的相关系数分别为 0.47、0.44、0.38，显著性 sig=0.00<0.01，即在 0.01 水平（双尾）上，培养效果和课外实践、跨校培养、环境因素呈显著弱度正相关。

培养效果和国际交流、文化因素的相关系数均为 0.14，显著性 sig=0.00<0.01，即在 0.01 水平（双尾）上，培养效果和国际交流、文化因素呈显著弱度正相关。

该结果表明，学生培养效果与课程教学、情感因素、价值因素关系相对密切，这说明人才培养应以具体的建设目标和要求为指引，加强建设人才价值因素，形成人才培养路径，从而推动人才培养实践。①

（二）本科人才培养的影响因素

相关系数指出了学生培养效果与人才培养各维度之间的关系。本研究进一步对两个变量进行回归分析，从而指明相关关系的方向，依次验证因素之间是否存在因果关系。表 4-19 显示培养效果的平均值为 4.01，这说明人才培养效果显著。在与培养效果相关的影响因素中，情感因素的平均值最高，为 4.36，这验证了情感因素对人才培养

---

① 张晓报、陈慧青：《我国高校双学位教育的困境与出路》，《黑龙江高教研究》2017 年第 11 期；王立非、宋海玲：《新文科指引下的复合型商务英语人才培养理念与路径》，《外语界》2021 年第 5 期。

表 4-19　本科生培养相关影响因素的描述性统计

	平均值	标准偏差	个案数
培养效果	4.01	0.73	906
课程教学	3.98	0.69	906
价值因素	4.17	0.68	906
课外实践	3.88	0.89	906
国际交流	0.41	1.25	906
环境因素	3.83	0.97	906
文化因素	2.85	2.10	906
跨校培养	4.02	0.84	906
情感因素	4.36	0.72	906

的重要影响，即情感因素越完善，学生培养效果越好。平均值排名第二的是价值因素（4.17）。这可能是因为上外从 2001 年大一新生入学起就推出本科生导师制。本科生导师有明确的考核规定，如坚定的政治方向、高度的责任心、一定的学术造诣等，以及在任职与指导过程中审查、指导学生的效果等。本科生导师制贯穿大学本科四年[1]，本科生导师对本科生影响较大，帮助本科生在学术与生活中成长成才。调查结果也显示本科生导师对学生的帮助包括课程学习、专业知识建构、科研训练、职业生涯规划、思想品德塑造、心理健康和日常生活。如本科生 S3 在访谈中指出导师在心理健康、课程学习和专业知识建构等方面的育人作用：

> 我们导师每周一的中午是"office hour"，我们可以去找他问问题或者聊天……导师说，学习上要自学的课文看不懂，可以

---

[1] 缪迅：《上海外国语大学实行本科生导师制》，《上海教育》2001 年第 24 期。

去找他看看；或者学习方法上感觉自己学得太累，可以去找他聊聊天；或者心情不太好，也可以去找他疏解疏解。

这说明本科生导师制的实行影响了人才培养效果，验证了学者们关于本科生导师制的重要性的研究。①

在课程思政建设方面，上外于2014年在全国率先提出建设具有外语类院校特色的思想政治教育体系，推进思想政治教育与外语专业教学深度融合；在本科层面打造思政"课程链"，将改革成果固化到培养方案中。②相关教学改革成果验证了课程思政的实行影响了人才培养效果。③这种综合性的人才培养策略不仅提高了教育的质量，也更好地适应了社会和经济发展的需求。④

最后，平均值排名第三的影响因素是跨校培养（4.02）。上外实行跨校辅修，如1998年始开展"上海市东北片普通高校合作办学"⑤，学生跨校学习德语等专业；2006年开设松江校区的跨校辅修专业课程⑥；2014年开始进行长三角地区的交换生招生。⑦并且从访谈数据中可知，学生对跨校培养有较高的关注度和认同度，如大一年级的S1

---

① 李世辉、李香花：《"学生-学术-学科"三位一体大学生创新能力培养模式研究》，《中国高等教育》2020年第8期；张毅、杨仁树：《本科生全程导师制的内涵、运行模式、育人特色及积极作用——基于北京科技大学推行本科生全程导师制的实践探索》，《思想教育研究》2022年第2期。
② 王雪梅：《关键土著语言通识课程视域下的外语教师课程力发展》，《山东外语教学》2021年第6期。
③ 王会花、施卫萍：《外语专业课程思政教学改革实践路径探析》，《外语界》2021年第6期。
④ 王雪梅、何艳华：《外语专业课程思政：学科特色与实践路径——王雪梅教授访谈录》，《语言教育》2021年第2期。
⑤ http://www.newoaa.shisu.edu.cn/81/2d/c6667a98605/page.htm.
⑥ http://www.newoaa.shisu.edu.cn/81/5c/c6667a98652/page.htm.
⑦ http://www.newoaa.shisu.edu.cn/85/1a/c6354a99610/page.htm.

表示自己关注过相关信息：

> 所有学院好像都有这个机会，就是跨校辅修。在上外教务处的官网上，可以看到往年有哪些课程和怎么选拔，我记得在了解辅修的时候是看到过的。

可见学生认可跨学科、跨院系、跨院校的选课及学分互认制度。此制度有利于促进资源的共享，实现丰富学生跨学科知识的目标，不仅与当前新文科环境下的人才培养理念相契合，同时也满足了社会对人才的需求。[1]

从表4-20中可以看出，复相关系数 R 为 0.578，说明因变量原始值和通过回归方程得到的因变量间的预测值相对较强。R 方为 0.334，调整后 R 方为 0.328，说明自变量可以解释因变量 32.8% 的变化。

在回归方程的显著性检验（表4-21）中，F=56.258，sig=0.00<0.01，说明回归模型在 0.01 的水平上是显著的。

从表4-22中看出，环境因素、文化因素、跨校培养的回归系数

表 4-20 本科生培养影响因素模型

模型摘要[b]				
模型	R	R 方	调整后 R 方	标准估算的错误
1	0.578[a]	0.334	0.328	0.599

a：预测变量，即情感因素、国际交流、文化因素、环境因素、跨校培养、价值因素、课外实践、课程教学。
b：因变量，即培养效果。

---

[1] 黄国文：《新工科、新医科、新农科、新文科与外语学科建设的关系》，《中国外语》2023年第5期。

B 未达到显著水平（p<0.05）。其余自变量的回归系数均达到显著水平（p ⩾ 0.05）。这一结果说明环境因素、文化因素、跨校培养对回归方程贡献很小，不构成有效的预测变量；而其余自变量对回归方程贡献

表 4-21　本科生培养影响因素模型的显著性检验

模型		平方和	自由度	均方	F	显著性
1	回归	161.947	8	20.243	56.258	0.000[b]
	残差	322.769	897	0.360		
	总计	484.716	905			

ANOVA[a]

a：因变量，即培养效果。
b：预测变量，即情感因素、国际交流、文化因素、环境因素、跨校培养、价值因素、课外实践、课程教学。

表 4-22　本科生培养影响因素模型的回归系数

系数[a]

模型		未标准化系数		标准化系数	t	显著性
		B	标准错误	Beta		
1	（常量）	1.267	0.138		9.160	0.000
	课程教学	0.176	0.051	0.165	3.451	0.001
	价值因素	0.139	0.051	0.130	2.716	0.007
	课外实践	0.078	0.038	0.095	2.057	0.040
	国际交流	0.050	0.016	0.086	3.124	0.002
	环境因素	0.002	0.028	0.003	0.082	0.935
	文化因素	−0.010	0.010	−0.029	−1.016	0.310
	跨校培养	0.034	0.037	0.039	0.924	0.356
	情感因素	0.236	0.040	0.232	5.867	0.000

a：因变量，即培养效果。

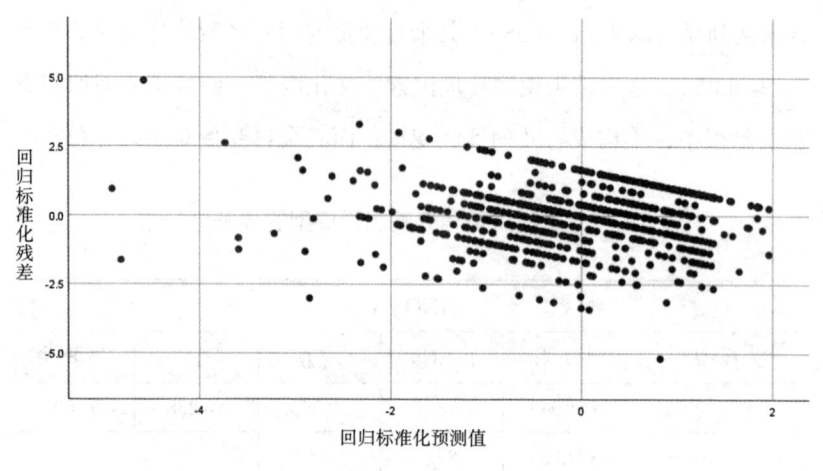

图 4-1　预测散点图

很大，能够有效预测因变量。

本研究运行多元线性回归分析检验人才培养各维度变量对培养效果的预测作用。图4-1显示预测变量与残差的关系，绝大多数的观测量聚集在以（0，0）为圆心，±2为边界的椭圆中，表明分析误差呈正态分布，且误差与预测变量之间不相关，满足多元线性回归统计适用条件，回归统计结果可信。

1. 课程教学

为了验证变量之间是否存在线性趋势，本研究对人才培养各维度分别进行了线性回归分析。首先对自变量x（课程教学）和因变量y（培养效果）进行线性回归分析。模型汇总结果（表4-23）显示R方为0.251，调整后R方为0.250，说明自变量可以解释因变量25%的变化。对回归方程的显著性进行方差分析（表4-24），F值为302.878，sig=0.00<0.01，说明回归模型在0.01的水平上是显著的，模型可以使用。系数a进一步检测了回归系数的显著水平，结果（表4-25）显示常数项为1.894，回归系数为0.533，显著性sig=0.00<0.01，说明回归系数在0.01的水平上显著，可以建立回归模型，即y=1.894+0.533x。

以课程教学为自变量 x，培养效果为因变量 y 绘制散点图。如图 4-2 所示，自变量和因变量之间存在线性趋势。进一步绘制回归线，即最优拟合线（line of best fit）。

表 4-23　课程教学对本科生培养效果的影响模型

模型摘要[b]				
模型	R	R方	调整后R方	标准估算的错误
1	0.501[a]	0.251	0.250	0.634

a：预测变量，即课程教学。
b：因变量，即培养效果。

表 4-24　课程教学对本科生培养效果的影响方差分析

ANOVA[a]					
模型		平方和	自由度	均方	F	显著性
1	回归	121.644	1	121.644	302.878	0.000[b]
	残差	363.072	904	0.402		
	总计	484.716	905			

a：因变量，即培养效果。
b：预测变量，即课程教学。

表 4-25　课程教学对本科生培养效果的影响模型的系数

系数[a]						
模型		未标准化系数		标准化系数	t	显著性
		B	标准错误	Beta		
1	（常量）	1.894	0.124		15.333	0.000
	课程教学	0.533	0.031	0.501	17.403	0.000

a：因变量，即培养效果。

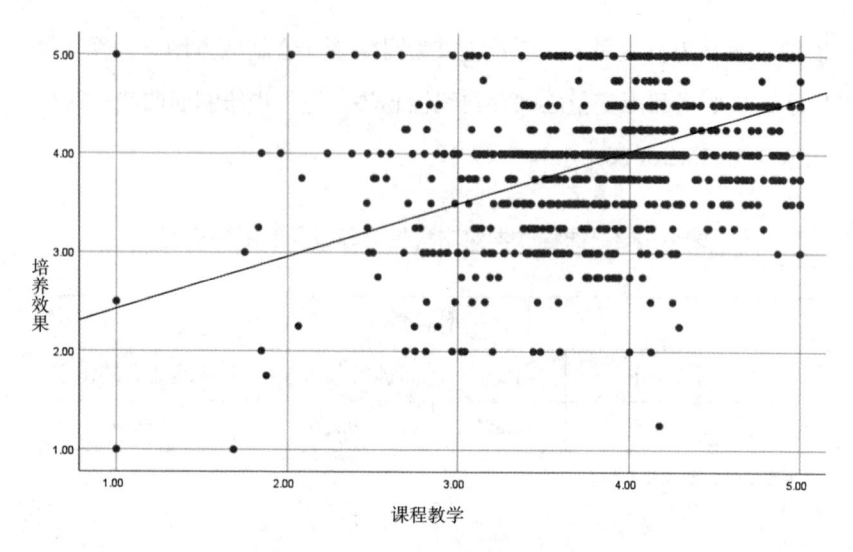

图 4-2　课程教学与培养效果散点图

在课程教学方面，所有专业的语言教师都采用了丰富的教学策略，注重与学生开展互动。在整体评价中，学生最为同意"专业课程设置适应社会经济发展的实际需要"。其余"非常同意"由高到低依次是"文文交叉类课程多""专业课程具有前沿性""专业课程结构合理"。可见该校整体的课程设置较为合理多样。在课程教材方面，教材内容的选择与专业要求相符合；教材设计符合先易后难、难易结合的要求；教材概念准确、理论阐述严谨，符合学生需求。但在访谈数据中，多数学生认为教材形式比较单一、教材内容缺乏前沿性。我们发现这可能受专业对教学资源要求差异的影响，双学位专业中的非语言类专业通常对教学材料的前沿性要求较高；教学材料较少，教师自编教学材料的情况较多，内容较为前沿，有时代性。而外语类、其他专业的现有资源相对较多，但是可能出现在较多的教学资源中选用过时材料的情况，导致学生对教材的满意度不高。如本科生 S8 提到双学位专业（国际政治）方面：

其实很多课的教材不会很固定,老师们会自己写教学内容,他们不一定会指定某一本教材,或指定一个参考的东西;不一定要按照那本书上的东西……所以老师们的案例都是非常紧跟时事的。我觉得主要还是因为书不是那么多,有一些著作可能很难下载或者购买到。

而本科生 S3 提到,日语专业有些教材内容较为陈旧:

有一些课程我们学的东西比较新,就比如口译课的材料都是最新的材料……也有用很老很老的教材的课程,比如说我们的核心专业课——精读课用的教材是十几年前的教材。我们上英语课,用的教材也很老,那本教材已经停产了,出版社不印也不卖了,市面上买不到,只能在学长学姐手里收二手的。

这说明当前的教材资源无法满足学生的学习需要,尤其是教材的前沿性难以保证,因此一方面教师本身需要二次开发教材,另一方面也亟须开发相关新的教材。[1]

在课程考核方面,上外较为注重学生的学术素养和科研能力,学期论文的考核形式受到师生认可。从学生的访谈反馈中可以看出,多名学生提到自己较为喜欢学期论文这一考核形式;并提到在写作过程中,教师更为注重激发学生的创造力。如此,起到的效果不仅在于提高学术写作能力,还在于促进学生多角度思考世界和拓展思维,这与前人研究[2]总结的"应按照'启发创新意识、注重训练过程、

---

[1] 何艳华、王雪梅:《多语能力导向的关键土著语言通识课程体系建构》,《外语教育研究前沿》2022 年第 3 期。
[2] 朱亚先等:《本科生科研能力培养之探索》,《中国大学教学》2016 年第 10 期。

提高综合素质'的理念培养本科生的科研能力"较为一致。如本科生 S1 表示：

> 我上的课都采用期末论文的考核形式，可能老师们希望我们从这门课里面，学到一些能帮助个人成长的东西，比如说怎么看这个世界，然后想想能不能以自己的角度去看世界。老师们不是要求去背诵什么东西来考核，而是更希望通过授课等去激发我们的创造力。

本科生 S3 也提到：

> 其实我个人最喜欢交论文……写论文能让我思考更多的东西，我可以去找一个感兴趣的点深挖，去接触一些现有的科研成果，写一些自己的想法和体会；或者读一本书，搜一些资料。感觉自己研究会比单纯填鸭式地背单词收获更多一些，我会有更多思考的空间。

这说明该校注重学术性、多语种的人才培养特色[1]，而这样的教学定位为增强优秀本科生的创新能力和学术兴趣提供了必要的教育环境、资源以及教学方法[2]，顺应了新时代高校人才培养注重本科生科研能力的需求。[3]

---

[1] 姜锋、李岩松：《"立德树人"目标下外语教育的新定位与全球治理人才培养模式创新》，《外语电化教学》2020 年第 6 期。

[2] 姜璐、刘晓光、董维春：《美国本科拔尖人才培养实践探究——以亚利桑那州立大学荣誉学院为例》，《比较教育研究》2021 年第 2 期。

[3] 蔡基刚：《高校英语教学范式新转移：从语言技能训练到科研能力培养》，《外语研究》2019 年第 3 期。

2. 价值因素

本研究对自变量 x（价值因素）和因变量 y（培养效果）进行线性回归分析。模型汇总结果（表 4-26）显示 R 方为 0.251，调整后 R 方为 0.250，说明自变量可以解释因变量 25% 的变化。对回归方程的显著性进行方差分析（表 4-27），F 值为 302.454，sig=0.00<0.01，说明回归模型在 0.01 的水平上是显著的，模型可以使用。系数 a 进一步检测了回归系数的显著水平，结果（表 4-28）显示常数项为 1.772，回归系数为 0.537，显著性 sig=0.00<0.01，说明回归系数在 0.01 的水平上显著，可以建立回归模型，即 y=1.772+0.537x。以价值因素为自变量 x，培养效果为因变量 y 绘制散点图。如图 4-3 所示，自变量和因变量之间存在线性趋势。进一步绘制回归线，即最优拟合线。

在对于本科生导师制的整体评价中，学生最为赞同本科生导师制对学生的思想品德塑造、心理健康、课程学习、专业知识建构有帮

表 4-26　价值因素对本科生培养效果的影响模型

模型摘要[b]				
模型	R	R 方	调整后 R 方	标准估算的错误
1	0.501[a]	0.251	0.250	0.634

a：预测变量，即价值因素。
b：因变量，即培养效果。

表 4-27　价值因素对本科生培养效果的影响方差分析

ANOVA[a]						
模型		平方和	自由度	均方	F	显著性
1	回归	121.517	1	121.517	302.454	0.000[b]
	残差	363.199	904	0.402		
	总计	484.716	905			

a：因变量，即培养效果。
b：预测变量，即价值因素。

表 4-28　价值因素对本科生培养效果的影响模型系数

模型		未标准化系数		标准化系数	t	显著性
		B	标准错误	Beta		
1	（常量）	1.772	0.131		13.569	0.000
	价值因素	0.537	0.031	0.501	17.391	0.000

系数[a]

a：因变量，即培养效果。

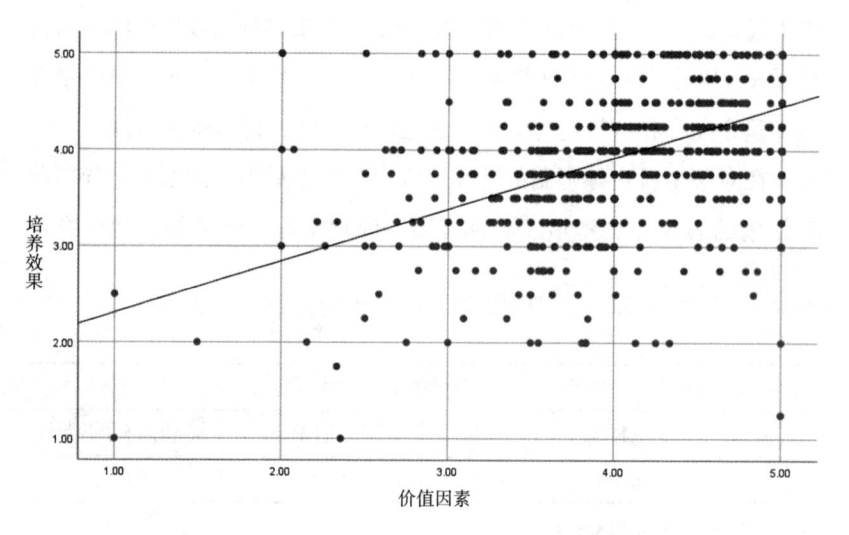

图 4-3　价值因素与培养效果散点图

助。这与该校立德树人的培养目标相一致，在访谈数据中也得到了较多验证，如本科生 S2 提到导师在帮助本科生解决问题、课程学习方面给予了较多指导：

> 我和班主任导师实际上平时还是挺亲近的，有什么问题就直接去微信上问他。因为我们班导也教我们翻译，我在翻译过程中可能会提出一些问题……觉得和导师的关系还是比较亲密的，老

师很看重我们的想法，不一定要求我们去怎么做，更多的还是看我们想要怎么做，特别是在翻译这方面……我觉得我们的老师给我的特别重要的一个帮助，就是让我去养成一些学习的习惯。

此外，在"本科生导师制对我的科研训练有帮助"中，学生"非常同意"的占比也较高（34.88%），这较为符合当前高校对于本科生学术能力培养的需求，体现了本科生导师制的重要作用。[1]但我们发现学术能力培养还需进一步加强，低年级本科生的学术产出意识还有待提高，这在数据中表现为有论文产出的多为高年级本科生。如本科生 S10 提到大四年级的学生与导师讨论科研论文的情况：

我觉得讨论科研论文要到高年级，比如说我现在和我的老师，到了写毕业论文的这个阶段，商量一下把这篇论文发出去了。其他时候的话，导师开导、指导点拨一下就行了。特别是大一、大二、大三年级的话，还是比较"放养"的，老师也不知道跟学生说什么好，学生也不知道要找老师干嘛。但有一位学长研究国际组织特别厉害，就跟着老师在本科期间发了论文。但是这种情况很少。

3. 课外实践

本研究对自变量 x（课外实践）和因变量 y（培养效果）进行线性回归分析。模型汇总结果（表 4-29）显示 R 方为 0.216，调整后 R 方为 0.215，说明自变量可以解释因变量 21.5% 的变化。对回归方程的显著性进行方差分析（表 4-30），F 值为 248.930，sig=0.00<0.01，

---

[1] 李世辉、李香花：《"学生-学术-学科"三位一体大学生创新能力培养模式研究》，《中国高等教育》2020 年第 8 期。

表 4-29　课外实践对本科生培养效果的影响模型

模型摘要[b]				
模型	R	R方	调整后R方	标准估算的错误
1	0.465[a]	0.216	0.215	0.648

a：预测变量，即课外实践。
b：因变量，即培养效果。

表 4-30　课外实践对本科生培养效果的影响方差分析

ANOVA[a]						
模型		平方和	自由度	均方	F	显著性
1	回归	104.656	1	104.656	248.930	0.000[b]
	残差	380.060	904	0.420		
	总计	484.716	905			

a：因变量，即培养效果。
b：预测变量，即课外实践。

表 4-31　课外实践对本科生培养效果的影响模型系数

系数[a]						
模型		未标准化系数		标准化系数	t	显著性
		B	标准错误	Beta		
1	（常量）	2.524	0.097		26.066	0.000
	课外实践	0.384	0.024	0.465	15.778	0.000

a：因变量，即培养效果。

说明回归模型在 0.01 的水平上是显著的，模型可以使用。系数 a 进一步检测了回归系数的显著水平，结果（表 4-31）显示常数项为 2.524，回归系数为 0.384，显著性 sig=0.00<0.01，说明回归系数在 0.01 的水平上显著，可以建立回归模型，即 y=2.524+0.384x。以课

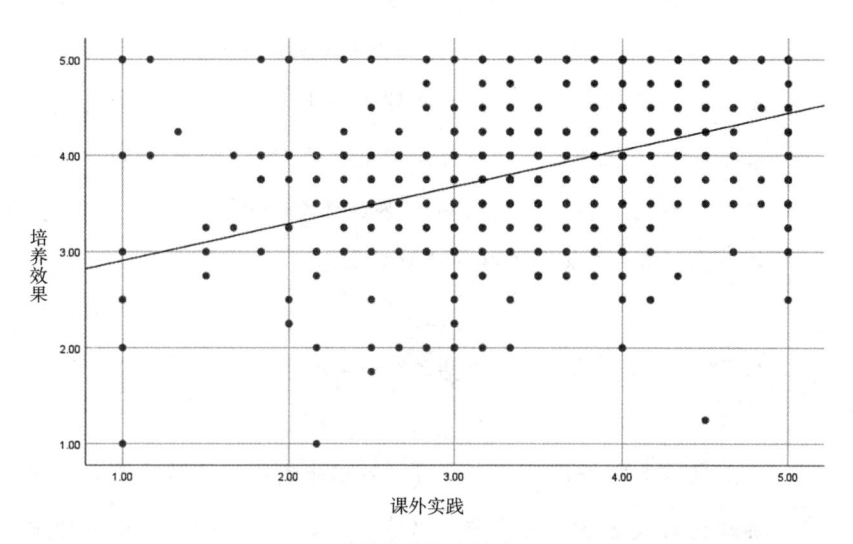

图 4-4　课外实践与培养效果散点图

外实践为自变量 x，培养效果为因变量 y 绘制散点图。如图 4-4 所示，自变量和因变量之间存在线性趋势。进一步绘制回归线，即最优拟合线。

在课外实践中，各类讲座，英语角、多语角、多语文化节等多语活动，各类工作坊的举办体现出学术性、多语种的人才培养特色。[①]本科生 S9 提到各类讲座的丰富性：

> 我觉得讲座是挺多的。我们院有一种午餐会，在每周三午饭的时候会有讲座，会邀请业内某领域的一位大咖人物，做线下或者线上的某一专题的讲座。每周一上外的一个公众号会整理出来这一周上外所有的讲座，我们都可以去听。

本科生 S3 提到多语活动让人印象深刻：

[①] 姜锋、李岩松：《"立德树人"目标下外语教育的新定位与全球治理人才培养模式创新》，《外语电化教学》2020 年第 6 期。

大一的时候，学校举办了一个非常大的多语文化的（活动），所有的语种都聚在一起，在全校各个地方打卡。那个活动我印象很深刻，很好玩，整个校园都是打卡点，可以体会到每一种语言的魅力。我感觉全校都在参加那个活动，还挺有意思的。我也知道每个星期有多语角这样的活动。

本科生 S7 还具体提及此类活动对自身的影响：

我感觉它提供了一个平台，可以张嘴去说英语，而且不管你说得好或者坏，大家都会以鼓励的姿态去面对，会鼓励你把心里的想法表达出来。而且在那里我认识了不同学院的很多朋友，还有老师之类的。

此外，在访谈数据中，多位学生提到自己有参与创新创业等项目的经历，并提到这对于自身的科研能力、创业思维和能力、跨学科能力发展具有较大影响，如项目经历较为丰富的本科生 S3 指出：

研究的话，我在我们学校世界艺术史研究所做研究助理，参加一些日本专项课题等。创新创业项目的话，我现在有一个国家级"大创"项目、一个市级"大创"项目，还负责了一个校级的"大创"项目。这些活动对我的帮助还是挺多的。首先我可以有一些基础的科研积累，培养一点创新思维。创业项目的话，我们做的算是一个小规模的旅游公司……虽然我们还没实施，但是写了两万多字，包括运营模式、风险控制、成本分析、市场规模、市场痛点等分析。它有一点类似于商科的同学在做的事情，也培养了我们的跨学科能力。

可见应设计多样化的实践活动，如多语活动、创新创业项目等，让学生将理论知识应用于实际情境中，提高其解决实际问题的能力。

4. 国际交流

本研究对自变量 x（国际交流）和因变量 y（培养效果）进行线性回归分析。模型汇总结果（表 4-32）显示 R 方为 0.019，调整后 R 方为 0.018，说明自变量可以解释因变量 1.8% 的变化。对回归方程的显著性进行方差分析（表 4-33），F 值为 17.192，sig=0.00<0.01，说明回归模型在 0.01 的水平上是显著的，模型可以使用。系数 a 进一步检测了回归系数的显著水平，结果（表 4-34）显示常数项为 3.981，回归系数为 0.08，显著性 sig=0.00<0.01，说明回归系数在 0.01 的水平上显著，可以建立回归模型，即 y=3.981+0.08x。以国际交流为自变量 x，培养效果为因变量 y 绘制散点图。如图 4-5 所示，自变量和因变量之间存在线性趋势。进一步绘制回归线，即最优拟合线。

外语类院校为学生营造国际化的学习环境和氛围是开阔其国际视野与提高跨文化交际能力的重要内容。[1] 国际交流项目应致力于创新多样化的项目形式，并重视与顶尖大学建立联系，以此培育具有国际视野的人才，使他们不仅能在外语学科研究中取得成果，还能在国际舞台上进行有效的成果传播和输出。[2] 上外将国际化办学视为核心发展战略，已先后与 62 个国家和地区的 440 多所大学、文教科研机构，以及国际组织建立了合作关系，是全球首批与联合国总部及各分支机构、欧盟委员会、欧洲议会签署合作框架协议的高校[3]，因此学生所能获取的国际交流机会较多，如本科生 S2 提到：

---

[1] 卢植：《创新型外语人才培养的理念与实践》，《外语教学》2018 年第 1 期。

[2] 范晨虹、党争胜：《"一带一路"背景下的国际化人才培养和高校外语教育改革》，《中国高等教育》2023 年第 20 期。

[3] 参见 http://www.oice.shisu.edu.cn/6523/list.htm。

表 4-32　国际交流对本科生培养效果的影响模型

模型摘要[b]				
模型	R	R 方	调整后 R 方	标准估算的错误
1	0.137[a]	0.019	0.018	0.725

a：预测变量，即国际交流。
b：因变量，即培养效果。

表 4-33　国际交流对本科生培养效果的影响方差分析

ANOVA[a]						
模型		平方和	自由度	均方	F	显著性
1	回归	9.046	1	9.046	17.192	0.000[b]
	残差	475.670	904	0.526		
	总计	484.716	905			

a：因变量，即培养效果。
b：预测变量，即国际交流。

表 4-34　国际交流对本科生培养效果的影响模型系数

系数[a]						
模型		未标准化系数		标准化系数	t	显著性
		B	标准错误	Beta		
1	常量	3.981	0.025		157.041	0.000
	国际交流	0.080	0.019	0.137	4.146	0.000

a：因变量，即培养效果。

　　基本上所有小语种专业的学生都有机会到国外的名校或目标语言最好的学校交流。但这基本上是需要选拔的，比如绩点最前面的可能有机会去。选拔难度实际上就是看报名的人数，比如说一共报了 6 个人，而只选 3 个人，就不大会安排专门的选拔考试。

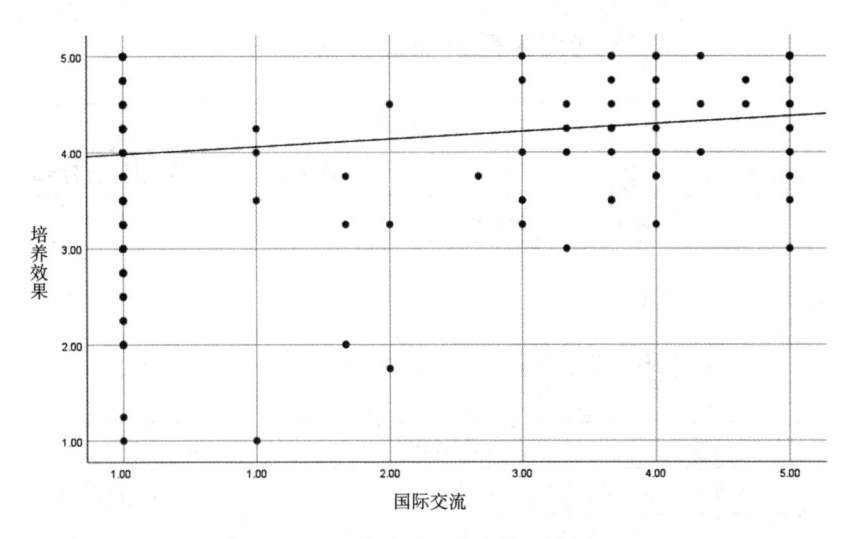

图 4-5　国际交流与培养效果散点图

5. 情感因素

本研究对自变量 x（情感因素）和因变量 y（培养效果）进行线性回归分析。模型汇总结果（表 4-35）显示 R 方为 0.250，调整后 R 方为 0.249，说明自变量可以解释因变量 24.9% 的变化。对回归方程的显著性进行方差分析（表 4-36），F 值为 301.853，sig=0.00<0.01，说明回归模型在 0.01 的水平上是显著的，模型可以使用。系数 a 进一步检测了回归系数的显著水平，结果（表 4-37）显示常数项为 1.802，回归系数为 0.508，显著性 sig=0.00<0.01，说明回归系数在 0.01 的水平上显著，可以建立回归模型，即 y=1.802+0.508x。以情感因素为自变量 x，培养效果为因变量 y 绘制散点图。如图 4-6 所示，自变量和因变量之间存在线性趋势。进一步绘制回归线，即最优拟合线。

学生较为认同学校的办学定位、人才培养目标、人才内涵、人才培养路径。这一点在访谈数据中得到较多验证。在被问到是否了解培养目标时，多数学生指出入学时就了解并直接回答出学校与具体学院或者专业的培养目标，如本科生 S3 提到：

表4-35　情感因素对本科生培养效果的影响模型

模型摘要[b]				
模型	R	R方	调整后R方	标准估算的错误
1	0.500[a]	0.250	0.249	0.634

a：预测变量，即情感因素。
b：因变量，即培养效果。

表4-36　情感因素对本科生培养效果的影响方差分析

ANOVA[a]						
模型		平方和	自由度	均方	F	显著性
1	回归	121.336	1	121.336	301.853	0.000[b]
	残差	363.380	904	0.402		
	总计	484.716	905			

a：因变量，即培养效果。
b：预测变量，即情感因素。

表4-37　情感因素对本科生培养效果的影响模型系数

系数[a]						
模型		未标准化系数		标准化系数	t	显著性
		B	标准错误	Beta		
1	（常量）	1.802	0.129		13.973	0.000
	情感因素	0.508	0.029	0.500	17.374	0.000

a：因变量，即培养效果。

"多语种+""会语言、通国家、精领域"的目标，是我们一开始入学就了解的……我们专业，我大概知道一点点，首先要非常熟练地掌握日语，了解日本国情，了解日本文化。如果可以的话，在经贸或者外交等各种领域之中发挥我们的专业特长。我们专业本身开的课程跟经贸、外交等其他学科关系不大，但

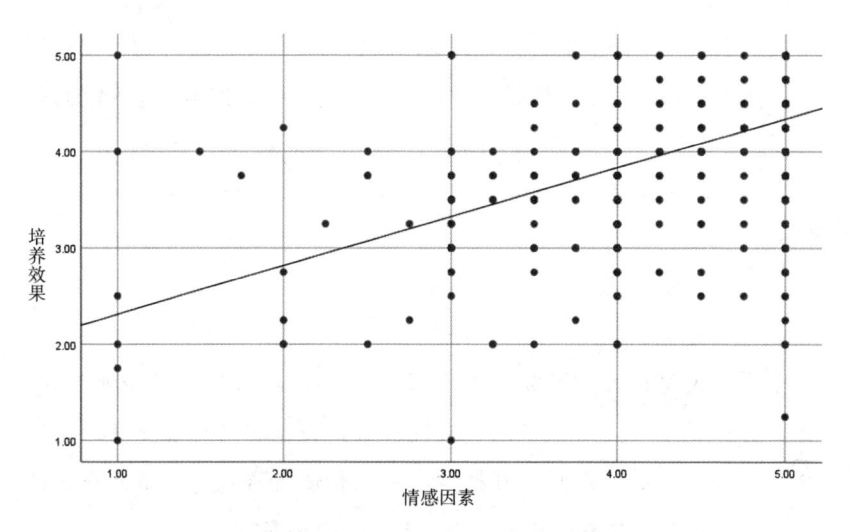

图 4-6　情感因素与培养效果散点图

是学院希望我们成为跨学科人才。

并且学校的"多语种+"氛围较为浓厚，如本科生 S5 提到：

> 学校到处都是这种语言景观，我作为学生也深受感染。我觉得这真的是一种潜移默化的感受，是一个很开放的、包容的、现代的感觉。其实这是很让人振奋的。我以后如果有空的话，自己会多学一点语言。

学生认同学校在本科人才培养方面的优良传统，如重视语言教学，尤其是语言基本功的培养（基本功的训练是上外人才培养的主要传统）。各学院都较为注重培养学生的语言能力，如本科生 S3 提到：

> 我们学院的教学传统就是每一届的大一、大二都是有早读的。但我们这一届可能是因为一入学就上网课，所以感觉不到这个早读传统。但是我听老师讲过，早读是一项传统。

学生认为上外"教师学识广博,认真敬业"(44.15%)的占比也较高,体现出师资队伍建设是人才培养的重要部分。如本科生 S4 提到:

> 就是所有的学生都可以约老师谈心,这个我印象还挺深的。

本科生 S6 也提到:

> 我觉得我们学校的整个教学传统还是比较包容和开放的。它可能确实没有很多理科院校那么严谨,但它可能更多的是比较外向型的,老师会有很多的知识拓展或者说有很多的资源使用,老师会鼓励学生更多地去融会贯通知识。

此外,学生较为同意人才培养中的"重视国际合作,推进人才的国际化培养"(43.49%)的优良传统,这与上外一直秉承的办学定位、人才培养目标、人才内涵、人才培养路径相一致。如本科生 S3 提到其所在的日本文化经济学院的国际交流资源丰富:

> 对我们专业来说,国际交流是很多的。基本上就是,只要你想出去交流,学院就一定会有项目。学院的项目是远远供大于求的。

以上学生对学校与学院的认同进一步证实了情感因素在人才培养过程中的关键作用。[①]情感对于学生的学习动机、参与度以及最终的学习成果都有着显著影响。当学生在学习环境中感受到情感上的支持和归属感时,他们更有可能积极参与学习活动,展现出更高的学习热情与创造力。同时,学生对办学定位、人才培养目标、人才内涵、人

---

① 王立非、宋海玲:《新文科指引下的复合型商务英语人才培养理念与路径》,《外语界》2021 年第 5 期。

才培养路径的认同也体现出学生爱校爱国的情感，体现出外语课程思政教学中的重要理念[①]，对个体及集体发展产生重要影响。因此，在制定人才培养方案中考虑情感因素，不仅能提高教育效果，还能促进学生全面发展，为他们未来的职业生涯和个人生活奠定坚实的基础。这种全面考虑情感因素的教育模式，更能满足当代社会对于全面发展人才的需求。

本研究通过问卷调查了人才培养各维度与培养效果的相关关系，并对该关系进行了深入剖析，发现了二者具有正相关关系，以培养维度中的课程教学、价值因素、课外实践、国际交流、情感因素对培养效果的正向影响最为显著，可见课程教学、价值因素、课外实践、国际交流、情感因素是提高培养效果的重要途径。

第二节　研究生人才培养现状与影响因素

一、研究生人才培养现状

我们将导师、其他师资、跨学科政策措施、"多语种+"理念、国际交流、国际学术发表、学术实践、学风建设、支持条件以及人才培养效果十个因子所涉及的各个题项的得分分别进行加总平均处理，通过计算变量进行数据转换，生成新的变量。以下我们将首先基于对新变量的描述性统计呈现研究的总体发现，进而对各维度每个题项的数

---

① 王雪梅：《关键土著语言通识课程视域下的外语教师课程力发展》，《山东外语教学》2021年第6期。

据所反映的情况进行逐一分析呈现，以比较全面地反映上外研究生人才培养的基本现状。

(一) 总体情况

如表 4-38 所示，在所有维度中，基于学生自我评价所反映的研究生人才培养效果的平均值为 3.78，说明学校还需要进一步深化研究生教育改革，不断提升人才培养的质量。学生对上外的学风建设、导师、其他师资以及支持条件的评价较高，反映出学校一直以来在推动学风建设、师资队伍建设（尤其是导师队伍建设）、提供软硬件支持等方面所做出的努力。与以上四方面相比，学生对跨学科政策措施、学术实践、国际交流、"多语种+"理念等方面的评价略低，这意味着今后学校在这些方面仍需采取进一步的措施。

表 4-38　基于新生成变量的描述性统计（研究生问卷）

	样本人数	最小值	最大值	平均值	标准差
学风建设	524	1.67	5.00	4.31	0.68
其他师资	524	1.50	5.00	4.27	0.69
导师	524	1.25	5.00	4.27	0.79
支持条件	524	1.00	5.00	4.05	0.77
国际学术发表	524	1.00	5.00	3.95	0.80
跨学科政策措施	524	1.25	5.00	3.85	0.76
研究生人才培养效果	524	1.00	5.00	3.78	0.74
学术实践	524	1.00	5.00	3.74	0.94
国际交流	524	1.00	5.00	3.65	1.01
"多语种+"理念	524	1.00	5.00	3.58	0.91

本题有效填写人数为 524。

（二）导师

导师在培养研究生的过程中发挥着关键作用。本次调查聚焦于导师的指导方式，同时关注导师指导的效果。从调查情况来看（图4-7），86.64%的学生只有一位导师，即学校多数学科专业仍采用单一导师指导的方式；7.25%的学生有两位导师；而采用导师组指导方式的学生只有6.11%。

我们进一步考察了导师在指导学生制定短期和长期的学术发展规划方面所发挥的作用。一方面，导师在制定培养方案时，要考虑到学生的选课自由，给学生提供自由选课的机会；同时也应起到引领和把关的作用，以确保学生的个人发展不偏离本学科的基本方向。调查结果显示，近70%的导师与学生共同制定了培养计划（图4-8），反映

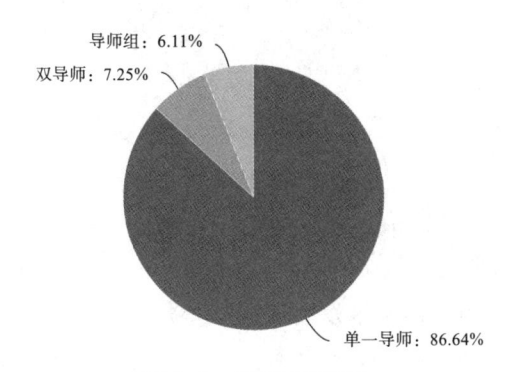

图4-7 导师制度情况

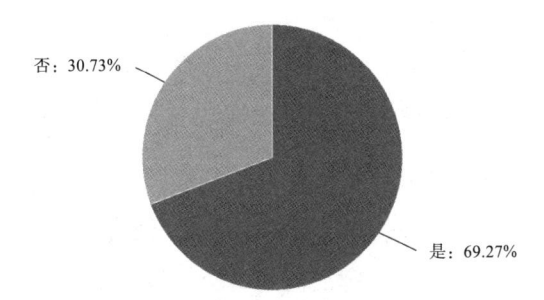

图4-8 导师参与制定学生的培养计划情况

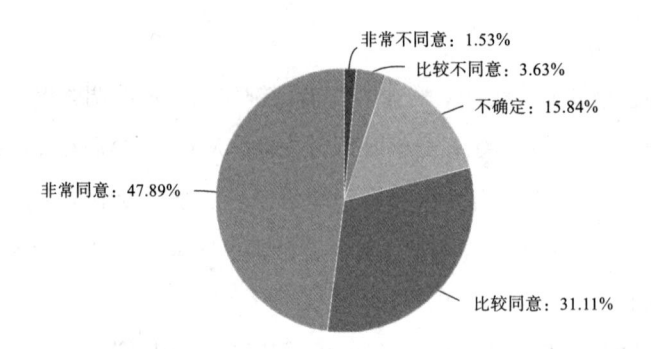

图 4-9　研究生针对"导师会参与制定我的长期学术发展规划"的反馈

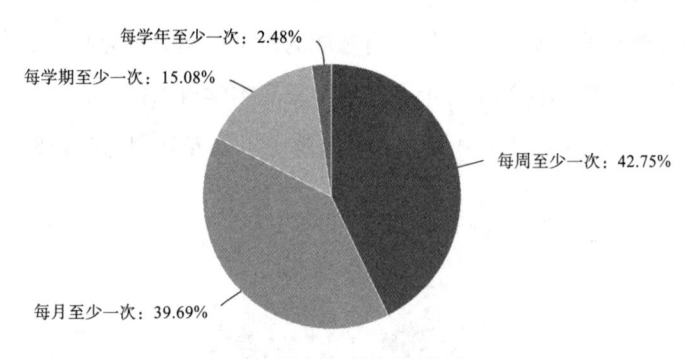

图 4-10　导师与学生的交流频率

出多数导师曾经指导过学生完善其知识体系。另一方面，针对"导师会参与制定我的长期学术发展规划"题项，共计近 80% 的学生选择了"比较同意"和"非常同意"（图 4-9），说明与短期规划相比，导师更加注重对学生的长期学术规划做出指导，这对于学生将来的学术发展会起到积极的推动作用。

导师与学生的交流频率对于其发展也会产生影响。一般而言，与导师交流越多，学生可能得到的指导就越多，也就越有利于学生的学术成长。本次调查结果显示，42.75% 的导师至少每周和学生交流一次，而选择"每月至少一次"的占 39.69%，还有 15.08% 的研究生提到每学期至少有一次与导师交流的机会，另有 2.48% 的研究生表示每学年至少交流一次（图 4-10）。这一结果表明，上外研究生与导师

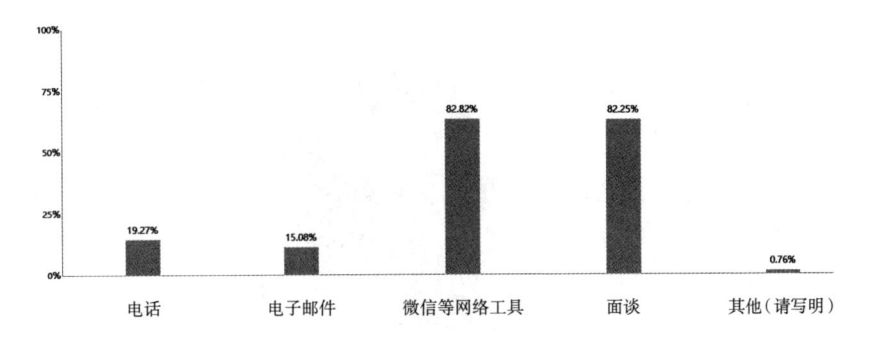

图 4-11　导师与学生交流的主要方式

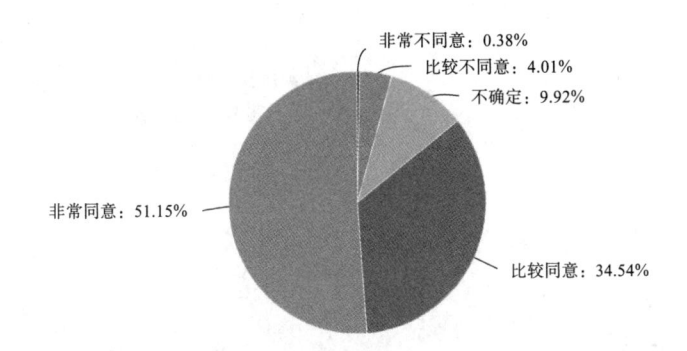

图 4-12　研究生针对"导师注重引导我关注学科前沿"的反馈

的交流频率总体不算太高，今后需要学校进一步明确相关要求，推动导师与研究生的日常交流进一步制度化。

就导师与研究生的交流方式而言，调查结果表明导师一般会通过多种方式与学生保持联系并给予指导。其中，微信等网络工具和面谈是使用最多的两种方式，两者的使用频率基本相当；其他的交流方式还有电话、电子邮件等（图 4-11）。

导师在引领学生关注学科前沿和帮助学生完成研究方法训练方面发挥着重要作用。本次调查结果表明，上外的研究生导师非常关注这两个方面。共计 85.69% 的研究生（选择"比较同意"和"非常同意"）表示导师注重引导他们关注学科前沿（图 4-12），而共计 81.11% 的研究生（选择"比较同意"和"非常同意"）表示导师重视对学生进行

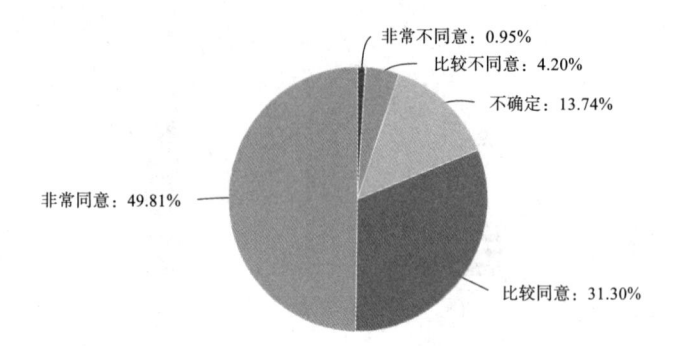

图 4-13 研究生针对"导师重视对我进行研究方法的训练"的反馈

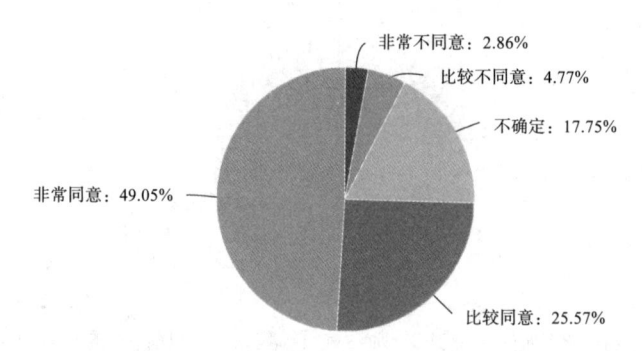

图 4-14 研究生针对"导师为我提供足够的参与课题研究的机会"的反馈

研究方法的训练(图 4-13)。共计 74.62% 的研究生(选择"比较同意"和"非常同意")表示导师会为学生提供足够的参与课题研究的机会(图 4-14),让学生在项目研究中关注学科前沿的研究问题,掌握并运用各类研究方法。

尽管上外是一所外语类高校,但近年来在新文科理念的指引下,学校越来越重视跨学科研究,这一点也反映在导师的培养理念上。针对"导师鼓励我开展跨学科研究,并能给予指导"这一题项,共计 78.62% 的研究生表示"比较同意"和"非常同意"(图 4-15)。在倡导跨学科研究的同时,多数导师还是希望学生的研究能够体现外国语大学的特色,针对"导师希望我的研究能够体现外语类院校的特色"这

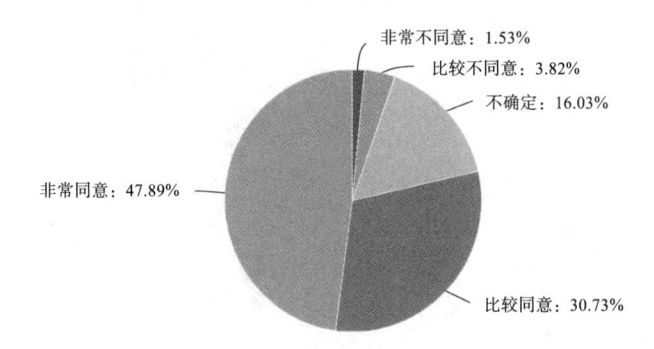

非常不同意：1.53%
比较不同意：3.82%
不确定：16.03%
非常同意：47.89%
比较同意：30.73%

图 4-15　研究生针对"导师鼓励我开展跨学科研究，并能给予指导"的反馈

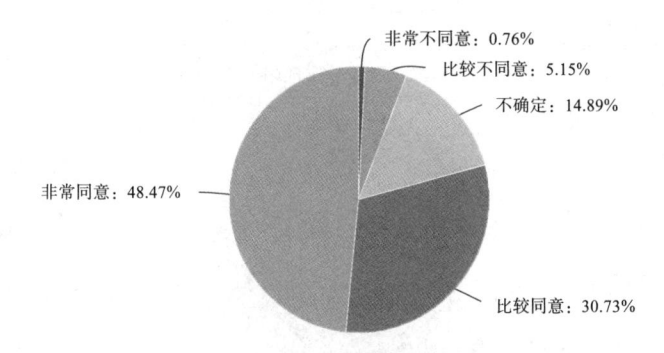

非常不同意：0.76%
比较不同意：5.15%
不确定：14.89%
非常同意：48.47%
比较同意：30.73%

图 4-16　研究生针对"导师希望我的研究能够体现外语类院校的特色"的反馈

一题项，共计近 80% 的研究生选择了"比较同意"和"非常同意"（图 4-16）。从导师的观点来看，今后上外的培养理念将突显坚守外语本色、倡导学科交叉的特征。

我们还调查了导师指导对于研究生学习与研究的有效性。结果显示，高达 88.36% 的研究生（选择"比较同意"和"非常同意"）认为导师的建议或反馈可以有效指导他们的学习与研究（图 4-17）。这说明导师指导的效果比较显著，也反映出学校在导师队伍建设方面取得了较好的成效。同时，高达 87.40% 的研究生（选择"比较同意"和"非常同意"）表示导师不仅指导学生做学问、做研究，也会给予学生思想政治、为人处事等方面的引导和启发（图 4-18）。这说明多数导师

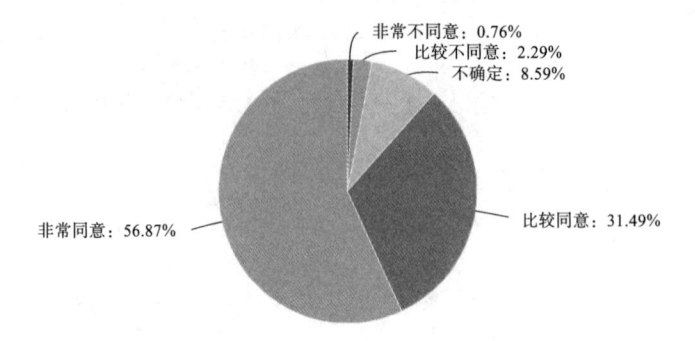

图 4-17　研究生针对"导师的建议或反馈能够有效指导我的学习与研究"的反馈

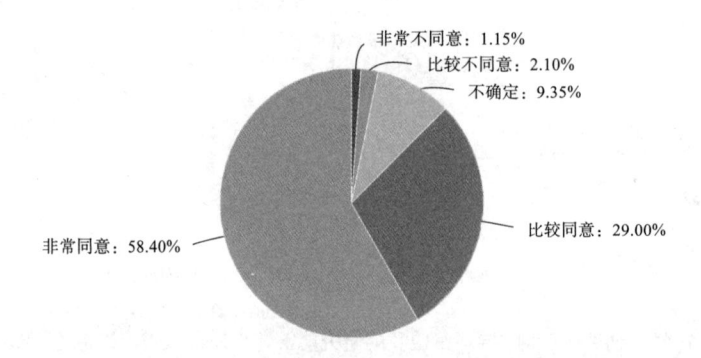

图 4-18　研究生针对"导师不仅指导我为学,也指导我为人"的反馈

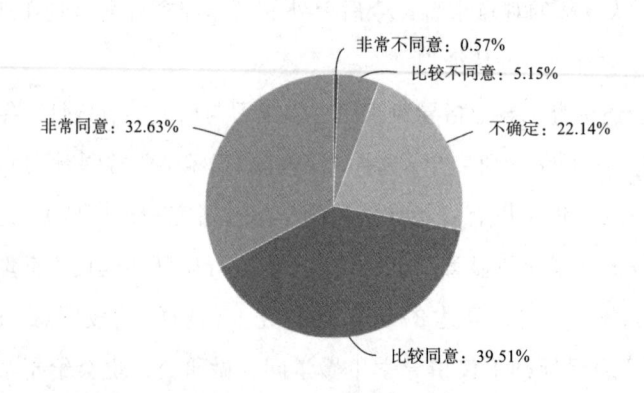

图 4-19　研究生针对"学校跨学科研究氛围浓厚"的反馈

能够践行立德树人的育人理念，不仅关注学生的思维能力培养以及学术研究方面的进步，同时还强调引导学生成为一个全面发展的人。帮助学生坚定理想信念，使学生成为兼具国际视野和家国情怀的科研人，这是学校研究生教育的一项重要使命，不仅需要导师的努力，也需要学校通过其他层面的相关政策措施进一步强化。

（三）跨学科政策措施

新文科战略背景下，通过学科的交叉融合来培养创新型研究生人才已经成为许多高校的共识。本次调查发现，上外从氛围营造、课程设置、体制机制等方面对研究生教育开展了深入改革，旨在积极探索跨学科人才培养的新路径。

首先，对于"学校跨学科研究氛围浓厚"这一题项，超过70%的研究生表示认同（选择"非常同意"和"比较同意"），说明总体而言跨学科研究在校内受到了重视；不过也应该看到39.51%的研究生仅表示"比较同意"，另外还有近30%的研究生没有表明态度或表示不同意（图4-19），反映出学校对跨学科研究仍需采取进一步的推动措施。进一步的方差分析（表4-39）表明，不同院系的跨学科氛围存在明显差异（F=3.25，p<0.01）。具体而言，学校近年来新成立的跨学科研究型院系——上海全球治理与区域国别研究院（成立于2018年）、语料库研究院（成立于2019年）的跨学科氛围要明显浓于其他院系（图4-20）。这表明近年来学校对于跨学科研究逐渐重视，同时也说明学校仍需进一步营造整体的跨学科氛围。

其次，在课程方面，多数研究生表示"学校开设的课程具有前沿性"（图4-21，共计75.38%的研究生表示"比较同意"和"非常同意"），并表示"学校的研究生课程教学突出对学生创新思维能力的培养"（图4-22，共计70.99%的研究生表示"比较同意"和"非常同意"）。同时，学校开设了许多文文交叉类课程，以及文理交叉或文

表 4-39 不同院系研究生对学校跨学科氛围认识的方差分析

分析项	院系	样本人数	平均值	标准差	F	p
学校跨学科研究氛围浓厚	英语学院	109	3.96	0.93	3.25	0.00**
	东方语学院	48	4.48	0.65		
	日本文化经济学院	26	3.96	0.77		
	俄罗斯东欧中亚学院	34	4.29	0.80		
	法语系	6	4.17	0.75		
	德语系	7	4.43	0.53		
	新闻传播学院	72	4.10	0.77		
	国际金融贸易学院	20	3.60	0.82		
	国际工商管理学院	13	4.15	0.90		
	法学院	19	3.37	0.76		
	国际关系与公共事务学院	15	3.73	0.96		
	高级翻译学院	10	3.10	0.57		
	国际文化交流学院	16	3.81	1.05		
	国际教育学院	43	3.65	0.92		
	西方语系	36	4.08	0.97		
	语言研究院	26	3.69	1.16		
	马克思主义学院	2	4.50	0.71		
	继续教育学院	2	3.50	0.71		
	体育教学部	1	4.00	—		
	文学研究院	15	4.20	0.68		
	上海全球治理与区域国别研究院	2	5.00	0.00		
	语料库研究院	2	5.00	0.00		
	总计	524				

**：p<0.01。

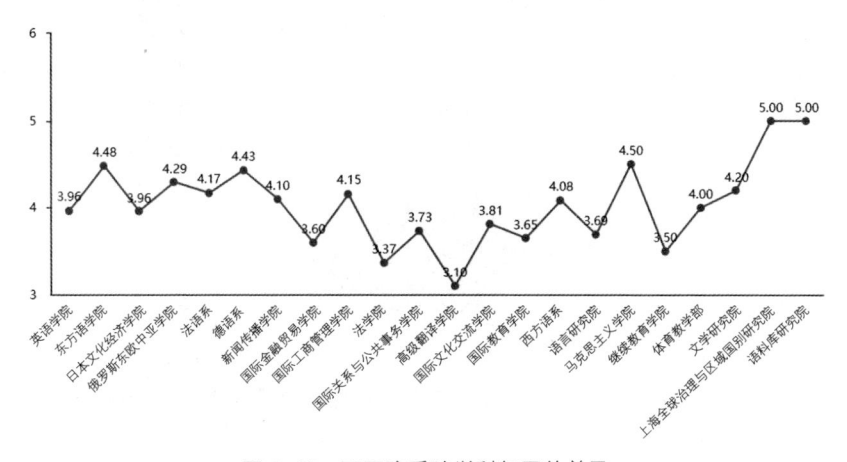

图 4-20 不同院系跨学科氛围的差异

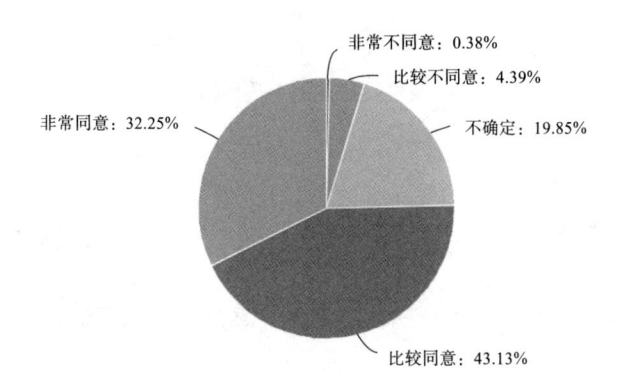

图 4-21 研究生针对"学校开设的课程具有前沿性"的反馈

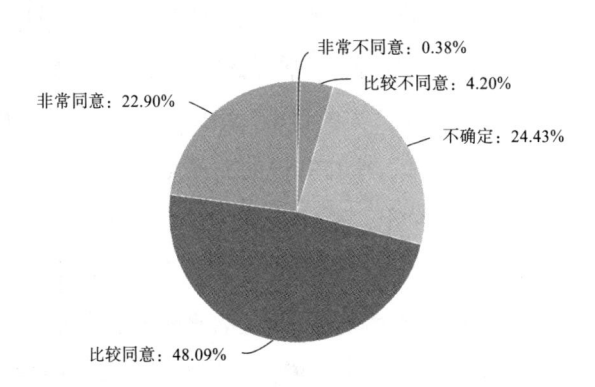

图 4-22 研究生针对"学校的研究生课程教学突出对学生创新思维能力的培养"的反馈

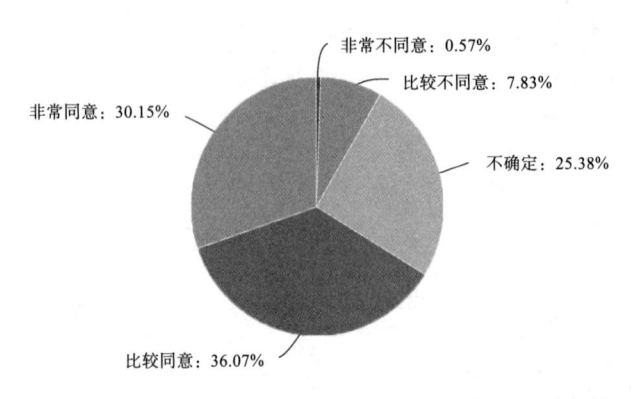

图 4-23　研究生针对"学校开设的文文交叉类课程多"的反馈

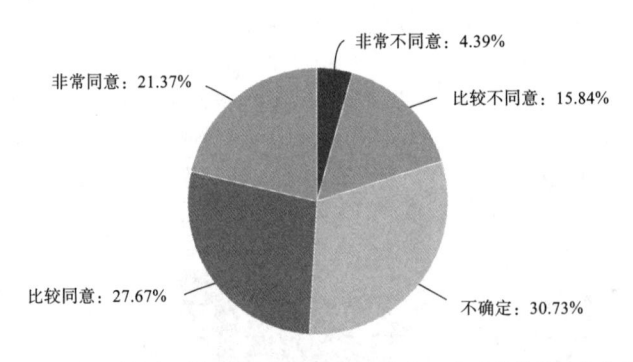

图 4-24　研究生针对"学校开设的文理交叉或文工交叉类课程多"的反馈

工交叉类课程，为学生构建了从事跨学科研究所需的知识体系与能力结构。但也应该看到，66.22% 的研究生对于"学校开设的文文交叉类课程多"表示了认同（选择"非常同意"和"比较同意"），对"学校开设的文理交叉或文工交叉类课程多"表示认可的却不足 50%，这说明与文文交叉类课程相比，学校开设的文理交叉或文工交叉类课程明显不足（图 4-23、图 4-24），这将不利于学生的跨学科能力培养。研究方法类课程既关系到学生的基本研究素养，同时也对其开展跨学科研究有着重要影响，而针对"学校开设的研究方法类课程多"这一题项，34.16% 的研究生没有明确态度或表示不同意（图 4-25），说明学校的研究方法类课程也需要加强。

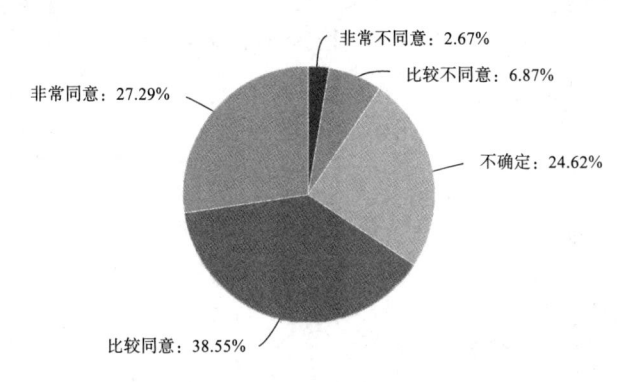

图 4-25　研究生针对"学校开设的研究方法类课程多"的反馈

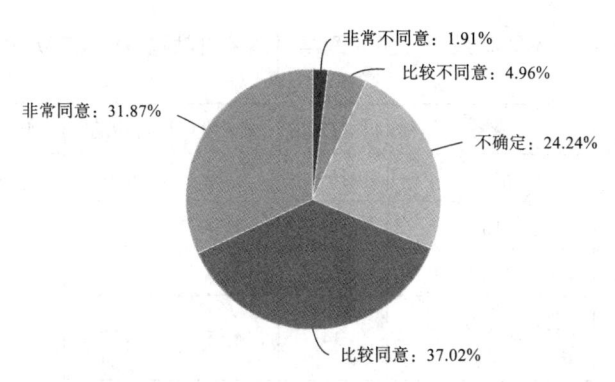

图 4-26　研究生针对"学校已建立跨学科、跨专业、跨层级选课制度"的反馈

最后，在建立促进跨学科人才培养的体制机制方面，学校也做了相应的努力。调查结果表明，共计 68.89% 的研究生对"学校已建立跨学科、跨专业、跨层级选课制度"表示"非常同意"和"比较同意"（图 4-26）。而针对"学校已建立有助于跨学科交叉研究的体制机制"题项，共计 64.69% 的研究生表示"非常同意"和"比较同意"（图 4-27），这一比例未到全体研究生的三分之二，也低于研究生对跨学科、跨专业、跨层级选课制度的认可度，反映出学校的跨学科研究与人才培养仍面临许多机制体制上的阻碍。同时，我们进一步比较了不同学院的跨学科体制机制建设（表 4-40），结果表明在这一问题上不同院

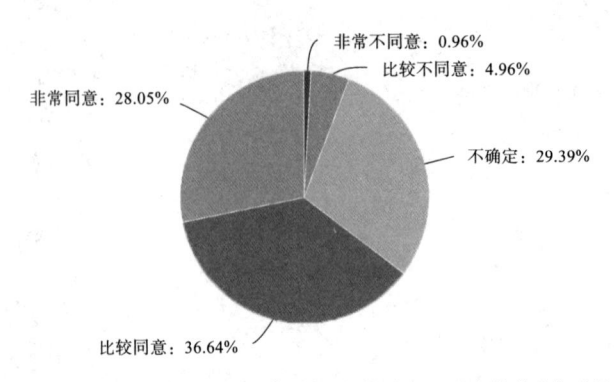

非常不同意: 0.96%
比较不同意: 4.96%
非常同意: 28.05%
不确定: 29.39%
比较同意: 36.64%

图 4-27 研究生针对"学校已建立有助于跨学科交叉研究的体制机制"的反馈

表 4-40 不同院系研究生对跨学科体制机制建设认识的方差分析

分析项	院系	样本人数	平均值	标准差	F	p
学校已建立有助于跨学科交叉研究的体制机制	英语学院	109	3.79	0.92	2.21	0.002**
	东方语学院	48	4.31	0.72		
	日本文化经济学院	26	3.85	0.78		
	俄罗斯东欧中亚学院	34	4.15	0.89		
	法语系	6	3.67	0.82		
	德语系	7	4.00	1.00		
	新闻传播学院	72	3.88	0.85		
	国际金融贸易学院	20	3.60	0.94		
	国际工商管理学院	13	4.15	0.99		
	法学院	19	3.37	0.76		
	国际关系与公共事务学院	15	3.80	0.94		
	高级翻译学院	10	3.10	0.99		
	国际文化交流学院	16	3.81	1.05		
	国际教育学院	43	3.77	0.78		
	西方语系	36	3.86	0.96		

续表

分析项	院系	样本人数	平均值	标准差	F	p
学校已建立有助于跨学科交叉研究的体制机制	语言研究院	26	3.50	1.24	2.21	0.002**
	马克思主义学院	2	4.50	0.71		
	继续教育学院	2	3.50	0.71		
	体育教学部	1	4.00	—		
	文学研究院	15	4.07	0.80		
	上海全球治理与区域国别研究院	2	5.00	0.00		
	语料库研究院	2	5.00	0.00		
	总计	524				

**：$p<0.01$。

系间存在显著差异（$F=2.21$，$p<0.05$），其中语料库研究院、上海全球治理与区域国别研究院的平均值显著高于其他学院（图4-28）。这与跨学科氛围调研的结果一致，同时也说明学校其他院系的跨学科融通之路仍面临许多现实困难。

（四）"多语种+"理念

"多语种+"是新时代上外人才培养的新理念。[①] 为了解这一理念在研究生教育中的贯彻落实情况，我们就研究生对"多语种+"理念的了解程度、研究生参与"多语种+"活动的情况、"多语种+"理念在人才培养中的具体体现，以及"多语种+"理念对研究生生涯的影响等展开调查，以下将呈现调查的具体结果。

首先，本次调查发现，多数研究生（近70%）对"多语种+"理念

[①] 曹德明：《"多语种+"卓越国际化人才培养理念与实施路径分析》，《外国语言与文化》2017年第1期。

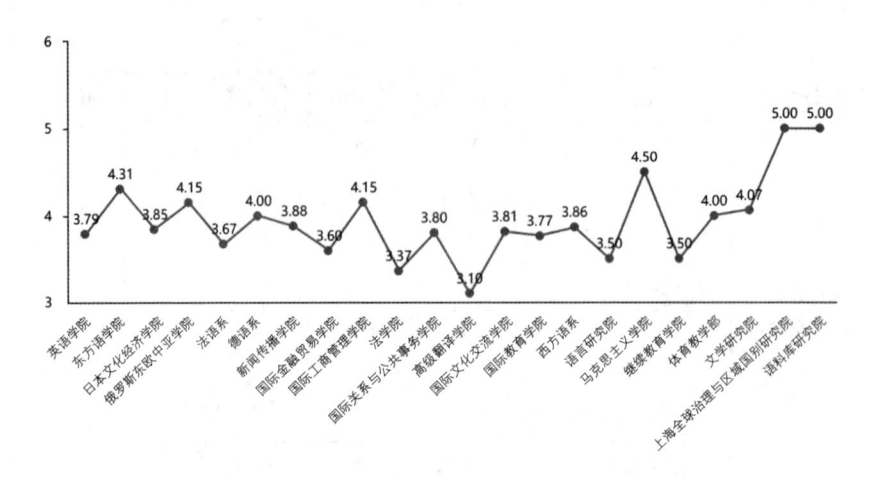

图 4-28　不同院系跨学科体制机制建设的差异

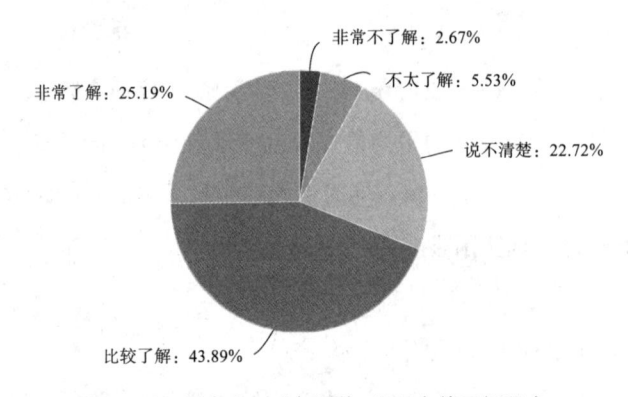

图 4-29　研究生对"多语种+"理念的了解程度

"非常了解"和"比较了解",但仍有超过 30% 的研究生表示不了解和"说不清楚"(图 4-29)。这种情况也影响到研究生对校内组织的各类"多语种+"活动的参与度。针对"您经常参与'多语种+'活动"这一题项(图 4-30),只有 38.36% 的研究生给予了积极的回应(选择"非常同意"和"比较同意")。

其次,本次调查还发现仅有不到 60% 的研究生(选择"非常同意"和"比较同意")认为自己所在的学科专业能体现出鲜明的"多语

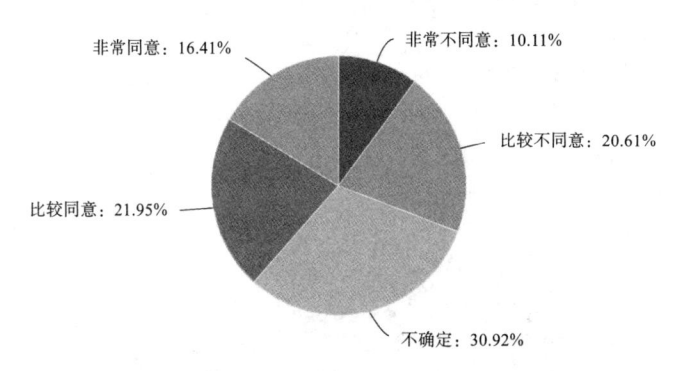

图 4-30　研究生针对"您经常参与'多语种+'活动"的反馈

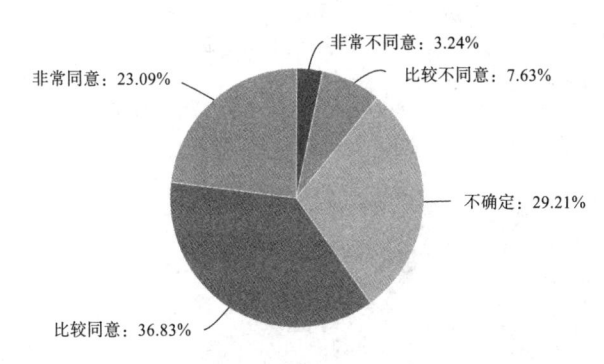

图 4-31　研究生针对"自己所在的学科专业能体现出鲜明的
'多语种+'特色"的反馈

种+"特色(图4-31)。仅有63.55%的研究生(选择"非常注重"和"比较注重")表示任课教师注重"多语种+"能力的培养,其中表示"非常注重"的仅占研究生总数的23.47%(图4-32)。这反映出"多语种+"理念在研究生教育教学中尚未得到普遍重视与全面落实。因此,该人才培养理念对研究生的影响也较为有限。调查结果显示,约45%的受访研究生(选择"影响一般""影响比较小"和"影响非常小")认为"多语种+"理念对自己的研究生生涯没有产生太大影响(图4-33)。

总之,尽管学校层面对"多语种+"理念予以高度重视,但无论

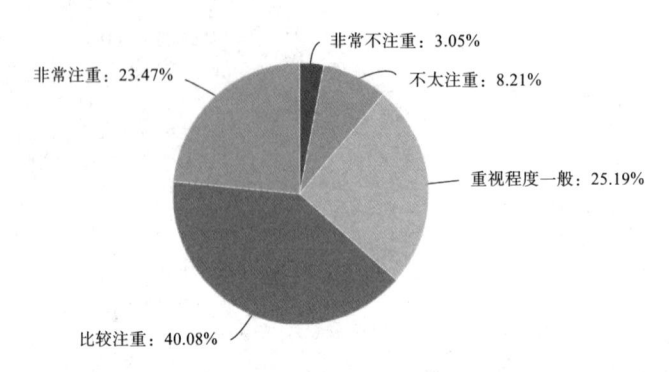

非常不注重：3.05%
非常注重：23.47%
不太注重：8.21%
重视程度一般：25.19%
比较注重：40.08%

图 4-32　研究生对"任课教师是否注重'多语种+'能力的培养"的反馈

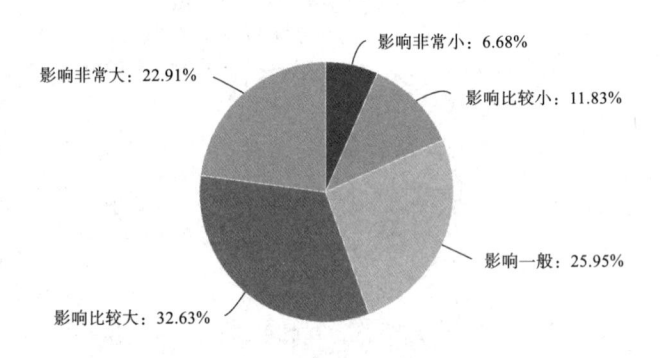

影响非常小：6.68%
影响非常大：22.91%
影响比较小：11.83%
影响一般：25.95%
影响比较大：32.63%

图 4-33　"多语种+"理念对研究生生涯的影响程度

是从事研究生教育的教师还是研究生本身，对该理念的理解和落实有待进一步加强，未来学校需要在"多语种+"氛围营造、"多语种+"课程打造、"多语种+"制度保障等方面加大力度，以确保"多语种+"理念进一步转化为人才培养实效。

（五）学术实践

学术科研实践是培养研究生学术能力和学术素养的重要途径。结合当前实际，我们主要对研究生申请校级科研项目的情况、作为参与者参与各类课题研究的情况、参与学术研讨会或学术演讲活动的情况，以及参与跨学科合作研究的情况进行了调查。

调查结果显示（表4-41），在申请校级科研项目方面，约57%的研究生（选择"非常同意"和"比较同意"）表示"有申请校级科研项目的机会"，约68%的研究生（选择"非常同意"和"比较同意"）表示"有参与各类课题研究的机会"，另有约78%的研究生（选择"非常同意"和"比较同意"）表示"有参与学术研讨会或学术演讲活动的机会"。从这些数据来看，学校为学生提供了较充足的基本学术实践的机会。不过，只有一半的研究生表示"有参与跨学科合作研究的机会"。根据前文所述，这可能是受到了学校整体的跨学科研究环境的制约。今后学校需要进一步优化跨学科研究的环境与政策，为研究生提供更多开展跨学科学术实践的机会，推动学生的学术成长。

（六）国际交流

国际交流合作对于帮助研究生了解国际学术前沿、拓展其学术视野具有重要的推动作用，对于外语类院校而言更是如此。我们重点调研了学生参与国际交流的情况，以及学校或导师提供的国际交流项目的数量、形式、质量等信息，以下将予以具体呈现。

本次调研中有一半以上的研究生无国际交流的经历。在有国际交流经历的研究生中，参与学术会议是最重要的方式，交流访学与公派联合培养只占很小的一部分（图4-34）。约60%的研究生（选择"非常同意"和"比较同意"）认为"学校提供的国际交流项目多"，约59%的研究生（选择"非常同意"和"比较同意"）认为"学校提供的国际交流项目形式多样"，约50%的研究生（选择"非常同意"和"比较同意"）认为"导师提供的国际合作项目多"，约56%的研究生（选择"非常同意"和"比较同意"）认为"学校提供的国际交流项目质量高"（表4-42）。以上数据表明，学校及研究生导师有必要进一步拓展国

表 4-41　研究生参与学术科研实践的情况

名称	选项	人数	比例（%）
有申请校级科研项目的机会	非常不同意	32	6.11
	比较不同意	58	11.07
	不确定	135	25.76
	比较同意	168	32.06
	非常同意	131	25.00
有参与各类课题研究的机会	非常不同意	21	4.01
	比较不同意	41	7.82
	不确定	105	20.04
	比较同意	213	40.65
	非常同意	144	27.48
有参与学术研讨会或学术演讲活动的机会	非常不同意	10	1.91
	比较不同意	32	6.11
	不确定	72	13.74
	比较同意	210	40.08
	非常同意	200	38.17
有参与跨学科合作研究的机会	非常不同意	27	5.15
	比较不同意	67	12.79
	不确定	166	31.68
	比较同意	148	28.24
	非常同意	116	22.14

际交流的途径，创新国际交流的形式，为学生提供更多的国际交流机会；同时，应致力于提升国际交流项目的质量，让研究生在国际交流的过程中能真正有所收获。

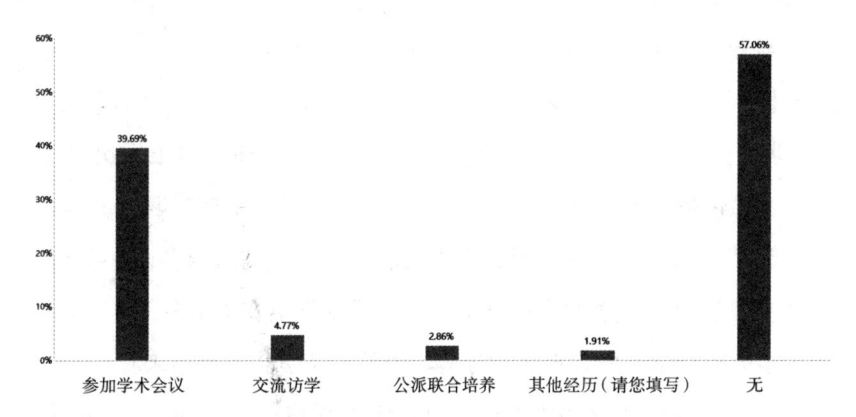

图 4-34　研究生参与国际交流的情况

表 4-42　研究生对学校国际交流项目的认可情况

选项	非常不同意 [人数（比例）]	比较不同意 [人数（比例）]	不确定 [人数（比例）]	比较同意 [人数（比例）]	非常同意 [人数（比例）]
学校提供的国际交流项目多	18（3.44%）	55（10.50%）	138（26.34%）	169（32.25%）	144（27.48%）
学校提供的国际交流项目形式多样	18（3.44%）	52（9.92%）	147（28.05%）	165（31.49%）	142（27.10%）
导师提供的国际合作项目多	22（4.20%）	58（11.07%）	178（33.97%）	136（25.95%）	130（24.81%）
学校提供的国际交流项目质量高	19（3.63%）	40（7.63%）	171（32.63%）	160（30.53%）	134（25.57%）

（七）国际学术发表

国际学术发表是提升国际学术话语权与影响力的重要途径。对于研究生而言，国际学术发表也有助于提高自身的学术外语能力，提升学术素养。本次调查发现（表 4-43），针对"学校鼓励研究生在国外学术期刊上发表论文"这一选项，83.78% 的研究生表示"比较同意"和"非常同意"，表明上外希望研究生能在国际学术舞台上发出自己的声音，传播学术成果，获得国际学术界的认可。学校采取了一些具体的配套措施支持学生的国际学术发表，例如积极出版多语种期刊，为学生提供国际学术发表的阵地；以及成立外语/多语种写作中心，为学生的国际学术发表提供指导等。当然，从学生的反馈来看，学生对于学校已采取的这些措施的认可度不是很高（选择"非常同意"和"比较同意"的学生比例在 60% 左右），说明今后学校在这些方面还要推出更多、更有效的措施。

表 4-43 学校对研究生国际学术发表的态度及相应的配套措施

选项	非常不同意 [人数（比例）]	比较不同意 [人数（比例）]	不确定 [人数（比例）]	比较同意 [人数（比例）]	非常同意 [人数（比例）]
学校鼓励研究生在国外学术期刊上发表论文	1（0.19%）	9（1.72%）	75（14.31%）	200（38.17%）	239（45.61%）
学校出版多语种期刊，为学生提供了国际学术发表的阵地	7（1.34%）	26（4.96%）	173（33.02%）	157（29.96%）	161（30.73%）
学校成立外语/多语种写作中心，为学生的国际学术发表提供了切实有效的指导	10（1.91%）	33（6.30%）	192（36.64%）	138（26.34%）	151（28.82%）

(八)其他师资

众所周知,导师在研究生人才培养中发挥着关键作用,但也不能忽视其他师资对研究生人才培养质量的影响。本次调查中,我们考察了学生对师资队伍的职称和年龄结构的看法,以及对教师在自己擅长的专业领域中开展研究与从事跨学科研究的看法。

调查结果表明(表4-44),大多数研究生(80%以上选择"非常同意"和"比较同意")认为学校师资队伍的年龄结构和职称结构合理,并且对教师在各自专业领域中开展研究的情况给予了充分肯定(86.45%的研究生表示"非常同意"和"比较同意")。更为重要的是,与前面对跨学科环境和机制体制的认知,以及研究生参与跨学科合作研究的情况不同,有超过86%的研究生(选择"非常同意"

表4-44 研究生对除导师外的学校其他师资的认识

选项	非常不同意 [人数 (比例)]	比较不同意 [人数 (比例)]	不确定 [人数 (比例)]	比较同意 [人数 (比例)]	非常同意 [人数 (比例)]
学校师资队伍的年龄结构合理	0 (0.00%)	10 (1.91%)	64 (12.21%)	223 (42.56%)	227 (43.32%)
学校师资队伍的职称结构合理	2 (0.38%)	9 (1.72%)	92 (17.56%)	216 (41.22%)	205 (39.12%)
学校的教师在自己的研究领域中开展了较深入的研究	1 (0.19%)	9 (1.72%)	61 (11.64%)	204 (38.93%)	249 (47.52%)
学校的教师知识广博,注重开展跨学科教学与研究	2 (0.38%)	7 (1.34%)	64 (12.21%)	204 (38.93%)	247 (47.14%)

和"比较同意")认为"学校的教师知识广博,注重开展跨学科教学与研究",这进一步说明学校的跨学科研究面临的主要挑战不是师资队伍综合素质不强,而是学校相对缺乏相应的制度、政策、机制与体制。因此,学校实际上拥有开展跨学科研究及培养跨学科、复合型、高层次的研究生人才的师资基础,学科交叉融合发展也有较大的潜力可以挖掘。学校需要以培养跨学科、复合型、高层次的人才为目标,不断革故鼎新,破除现存的各种壁垒,形成建设师资队伍的强大合力,为学生提供全面深入的学业和研究方面的指导,提升研究生人才培养的质量。

(九)学风建设

科学道德教育与学风建设是新时代学校立德树人的重要抓手。上外一直非常重视学风建设,每年都会发布《年度学风建设报告》,并采取多种形式开展优良学习风气的宣传教育活动,尤其重视培养研究

表4-45 研究生对学校学风建设的基本认识

选项	非常不同意 [人数 (比例)]	比较不同意 [人数 (比例)]	不确定 [人数 (比例)]	比较同意 [人数 (比例)]	非常同意 [人数 (比例)]
学校重视提升学生的学术规范意识	1 (0.19%)	4 (0.76%)	65 (12.40%)	203 (38.74%)	251 (47.90%)
学校重视加强对研究生的学术诚信教育	0 (0.00%)	3 (0.57%)	42 (8.02%)	189 (36.07%)	290 (55.34%)
学校建立了专门的学风建设机构和制度	4 (0.76%)	11 (2.10%)	115 (21.95%)	180 (34.35%)	214 (40.84%)

生的学术规范与学术诚信意识。本次调研的结果（表4-45）充分证明了这一点：85%左右的研究生（选择"非常同意"和"比较同意"）认为"学校重视提升学生的学术规范意识"，超过90%的研究生（选择"非常同意"和"比较同意"）认为"学校重视加强对研究生的学术诚信教育"，75%左右的研究生（选择"非常同意"和"比较同意"）认为学校已经建立了一套完善的学风建设机构与制度。对比这三个数据可以看出，目前学校在学风建设机构以及相关制度建设上还有提升的空间，可进一步做好学风建设的顶层设计，使研究生的学风建设逐步常态化、制度化。

（十）支持条件

提供学术科研所需的设施等支持条件对于研究生教育质量也有直接的影响。本次调查结果（表4-46）显示，上外研究生对教室、图书馆、研讨室、独立学习空间等基础条件的满意度最高（超过80%的研究生选择了"非常满意"和"比较满意"）；同时研究生对数据库、纸质与电子图书资源，以及网络、软件等支持条件的满意度也都在75%以上。相对而言，研究生对学校的实验室等科研场所与条件的满意度较低，66.8%的研究生表示"非常满意"和"比较满意"。在文理交叉、文工交叉的背景下，学校有必要进一步改善实验室等科研场所与条件，并确保相关设备对学生开放，应通过资源与数据共享实现设备和平台的"集约化应用"[1]，让设备及实验室平台为多学科建设和跨学科研究生人才培养服务，促进不同学科研究生之间的交流与互动，推动学科间的融通。

---

[1] 张淑林、裴旭：《高校集约性学科平台建设的探索与思考》，《学位与研究生教育》2004年第6期，第16—20页。

表 4-46　研究生对学校学术科研支持条件的满意度

选项	非常不满意[人数（比例）]	比较不满意[人数（比例）]	一般[人数（比例）]	比较满意[人数（比例）]	非常满意[人数（比例）]
教室、图书馆、研讨室、独立学习空间等基础条件	12（2.29%）	20（3.82%）	72（13.74%）	200（38.17%）	220（41.98%）
实验室等科研场所与条件	11（2.10%）	19（3.63%）	144（27.48%）	186（35.50%）	164（31.30%）
数据库、纸质与电子图书资源	8（1.53%）	17（3.24%）	96（18.32%）	206（39.31%）	197（37.60%）
网络、软件	4（0.76%）	13（2.48%）	102（19.47%）	216（41.22%）	189（36.07%）

（十一）学位论文写作

学位论文写作是研究生培养的重要环节。我们通过设置选择题的形式收集了上外研究生学位论文的选题来源及学位论文写作过程中遇到的困难。

首先，就选题来源而言，如图 4-35 所示，大多数研究生多依据个人兴趣自选学位论文选题（72.01%），也有一部分依托导师的课题进行选题（17.39%），少数学生的选题由导师指定（9.51%）。这说明学校总体上鼓励学生通过自主探究来寻找自己感兴趣的话题领域，学生选题有较大的自由度。

其次，如图 4-36 所示，总体而言，在造成研究生学位论文研究与写作困难的内部因素中，最主要的是"跨学科知识不足""研究方法掌握不扎实"，其次是"本学科知识基础不牢固""数据分析能力

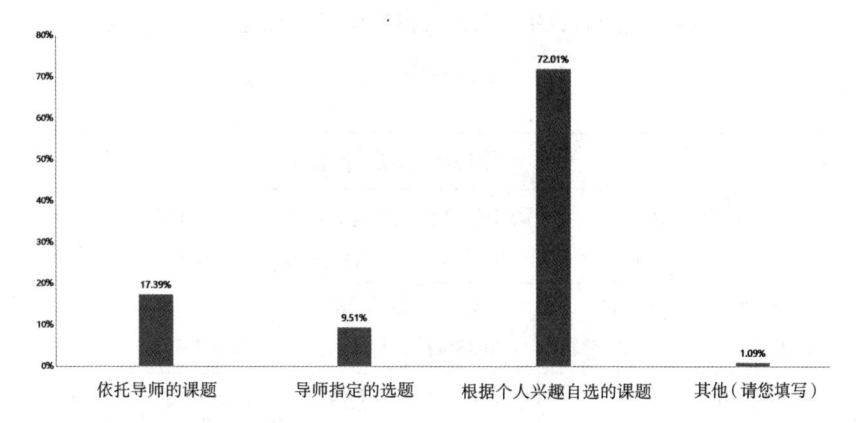

图 4-35　研究生学位论文选题来源

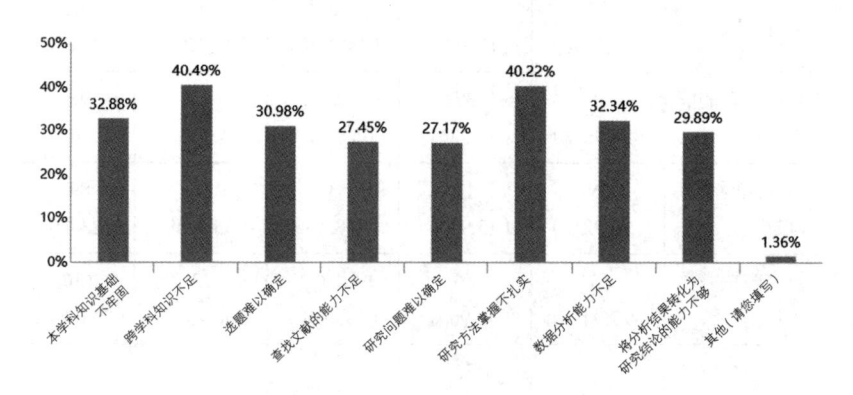

图 4-36　造成研究生学位论文研究与写作困难的内部因素

不足"。同时，我们进一步分析了已进入学位论文写作阶段的研究生情况（硕士二年级、硕士三年级、博士二年级、博士三年级），发现不同年级所感受到的困难存在明显差异（$\chi^2=78.094$，p=0.000）。如表 4-47 所示，针对"跨学科知识不足"来讲，博士三年级的比例为 42.86%，明显高于平均水平（34.02%）。针对"选题难以确定"来讲，硕士二年级的比例为 37.75%，明显高于平均水平（27.06%）。针对"查找文献的能力不足"来讲，硕士三年级的比例为 30.33%，明显高于平均水平（24.48%）。针对"研究问题难以确定"来讲，博士

表 4-47　造成研究生学位论文研究与写作困难的内部因素的卡方分析结果

选项	硕士二年级 （n=204）	硕士三年级 （n=122）	博士二年级 （n=34）	博士三年级 （n=28）	合计 （n=388）
本学科知识基础不牢固	66 （32.35%）	37 （30.33%）	5 （14.71%）	6 （21.43%）	114 （29.38%）
跨学科知识不足	62 （30.39%）	45 （36.89%）	13 （38.24%）	12 （42.86%）	132 （34.02%）
选题难以确定	77 （37.75%）	15 （12.30%）	5 （14.71%）	8 （28.57%）	105 （27.06%）
查找文献的能力不足	55 （26.96%）	37 （30.33%）	2 （5.88%）	1 （3.57%）	95 （24.48%）
研究问题难以确定	59 （28.92%）	17 （13.93%）	3 （8.82%）	10 （35.71%）	89 （22.94%）
研究方法掌握不扎实	57 （27.94%）	56 （45.90%）	10 （29.41%）	13 （46.43%）	136 （35.05%）
数据分析能力不足	43 （21.08%）	52 （42.62%）	7（20.59%）	11 （39.29%）	113 （29.12%）
将分析结果转化为研究结论的能力不够	35 （17.16%）	52 （42.62%）	6 （17.65%）	9 （32.14%）	102 （26.29%）

卡方检验：$\chi^2=78.094$，$p=0.000$。

三年级的比例为 35.71%，明显高于平均水平（22.94%）；硕士二年级的比例为 28.92%，明显高于平均水平（22.94%）。针对"研究方法掌握不扎实"来讲，博士三年级的比例为 46.43%，明显高于平均水平（35.05%）；硕士三年级的比例为 45.90%，明显高于平均水平（35.05%）。针对"数据分析能力不足"来讲，硕士三年级的比例为 42.62%，明显高于平均水平（29.12%）；博士三年级的比例为 39.29%，明显高于平均水平（29.12%）。针对"将分析结果转化为研究结论的能力不够"来讲，硕士三年级的比例为 42.62%，明显高于平均水平（26.29%）；博士三年级的比例为 32.14%，明显高于平均水平（26.29%）。以上数据可为今后上外的研究生教育提供如下启示：第一，博士生在写作阶段明显感到欠缺跨学科知识，因此学校和导师需要对博士生强化跨学科知识的教学与指导。第二，硕士二年级的学生在确定选题方面，以及博士三年级和硕士二年级的学生在确定具体研究问题上遇到了一定困难，表明学校对于学生问题意识的培养需要通过课程和日常的课题研究及其他学术训练予以强化。第三，博士三年级和硕士三年级的学生均反映研究方法不够扎实，数据分析能力偏弱，这说明学校应前置研究方法训练，在一、二年级强化学生驾驭研究方法和数据分析方法的能力，以免学生进入学位论文写作阶段后出现困难。第四，博士三年级和硕士三年级的学生均反映在将分析结果转化为研究结论方面遇到一定困难，说明学校与导师一方面应关注学生对学科基本知识的掌握和理解，培养学生理论联系实际的意识及能力；另一方面还需在平时对学生加强思维能力培养以及学术写作训练。此外，硕士三年级学生在文献查找能力上有所欠缺，学校可开发系统化的文献检索课程，并在校内加强对课程的宣传力度，拓宽此类课程的覆盖面。

最后，造成研究生学位论文研究与写作困难的外部因素主要是"难以进入期望中的研究现场""难以找到合适的研究对象"以及"时间太紧"等（图 4-37），也有少部分学生反映缺乏实验设备和资金支持等（如表 4-48 所示，卡方分析发现，在造成研究生学位论文研究与写作困难的外部因素方面，不同年级间没有显著差异）。这说明一方面学校和导师应加大对学生学位论文研究的支持力度，为学生进入

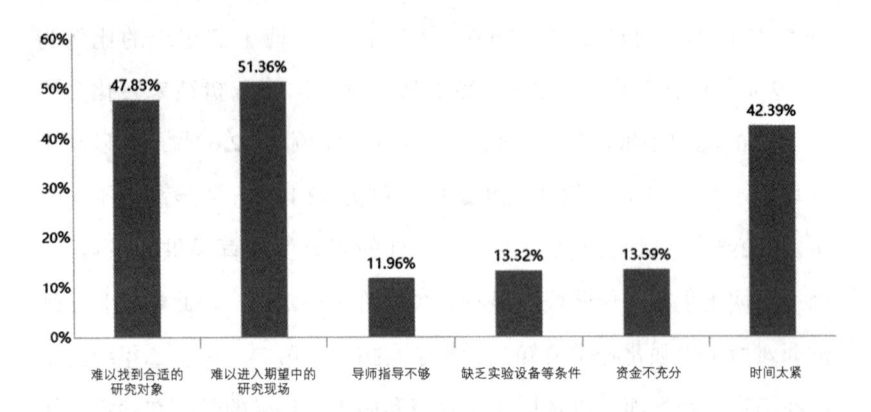

图 4-37 造成研究生学位论文研究与写作困难的外部因素

表 4-48 造成研究生学位论文研究与写作困难的外部因素的卡方分析结果

选项	硕士二年级（n=204）	硕士三年级（n=122）	博士二年级（n=34）	博士三年级（n=28）	汇总（n=388）
难以找到合适的研究对象	99（48.53%）	46（37.70%）	8（23.53%）	10（35.71%）	163（42.01%）
难以进入期望中的研究现场	93（45.59%）	60（49.18%）	8（23.53%）	14（50.00%）	175（45.10%）
导师指导不够	22（10.78%）	18（14.75%）	1（2.94%）	1（3.57%）	42（10.82%）
缺乏实验设备等条件	23（11.27%）	19（15.57%）	5（14.71%）	0（0.00%）	47（12.11%）
资金不充分	23（11.27%）	14（11.48%）	4（11.76%）	2（7.14%）	43（11.08%）
时间太紧	71（34.80%）	53（43.44%）	10（29.41%）	11（39.29%）	145（37.37%）

卡方检验：$\chi^2=15.793$，$p=0.396$。

研究场域提供直接而有效的帮助；另一方面学校也应进一步优化支持条件，根据学生需求，合理增加相关投入；此外对确有需要的学生，可通过课题立项等方式，适当给予必要的资金支持。

（十二）研究生人才培养效果

我们在调查中，从本学科知识的掌握与运用、问题意识、批判性思维、研究设计能力、学术外语交流与写作能力、跨学科知识与能力等角度，以学生自评的方式，考察学校研究生人才培养的效果。从表4-49中可以看出，平均估值最高的是对自己所从事的研究方向的知识与研究方法的掌握，其次是对本学科的知识和理论的运用，说明上外在研究生培养中重视学生的基本功，尤其强调对本学科的核心知识、理论、研究方法的理解与应用。除基本功外，具有问题意识与围绕问题进行研究设计的平均估值分布位居第三位和第四位，说明上外注重培养研究生的提出问题与解决问题的能力，而这也是研究生开展科研工作所需要的基本能力。同时，可以看出研究生在具有批判意识、运用外语开展学术交流与学术写作、开展跨学科研究等方面还存在一定的不足，今后学校的研究生教育应在这些方面不断加强以求取得突破。

为了进一步了解研究生培养效果在年级之间的差异，我们对以上几个方面的数据进行了方差分析（表4-50）。结果显示，在所考察的八个方面，年级之间均存在显著差异（$p<0.01$）。进一步比较发现（图4-38），除了硕士一年级略高、博士三年级略低外，其他各组在八个方面的得分均呈现逐渐递增的趋势，反映出研究生在学校期间自身各方面的知识与能力总体而言均得到了一定提升。硕士一年级的自我估值略高，可能是因为刚进入研究生阶段的学生对自身的评估还不够稳定和准确（本次调研开展时，硕士一年级的学生正处于第一学期的学

表 4-49　研究生对知识与能力的自我评估

选项	样本人数	最小值	最大值	平均值	标准差	中位数
了解本研究方向的知识结构与研究方法	524	1.000	5.000	3.947	0.740	4.000
能将本学科的知识、理论等用于解决研究实践中遇到的问题	524	1.000	5.000	3.905	0.784	4.000
具有问题意识，能提出研究问题，敏锐捕捉潜在的研究课题	524	1.000	5.000	3.796	0.865	4.000
能根据研究问题做出可行的研究方案或实验设计	524	1.000	5.000	3.786	0.843	4.000
具有批判意识，能够快速找到某项研究的不足	524	1.000	5.000	3.760	0.865	4.000
外语交流能力较强，能清晰表达自己的学术观点	524	1.000	5.000	3.750	0.907	4.000
具备开展跨学科研究的知识储备和能力	524	1.000	5.000	3.723	0.862	4.000
学术语言能力较强，能用外语撰写高质量的学术论文	524	1.000	5.000	3.599	0.976	4.000

习阶段）。而博士三年级的同学估值略低，这可能是在进入毕业论文撰写阶段遇到一定困难后对自我进行反思的结果（硕士研究生在论文写作中也会遇到一定困难，但与博士生相比，他们遇到的困难相对较少。有关硕博士研究生在毕业论文写作阶段的困难，详见上文），反映出他们在压力面前不断提高自我要求，因而做出了低于实际水平

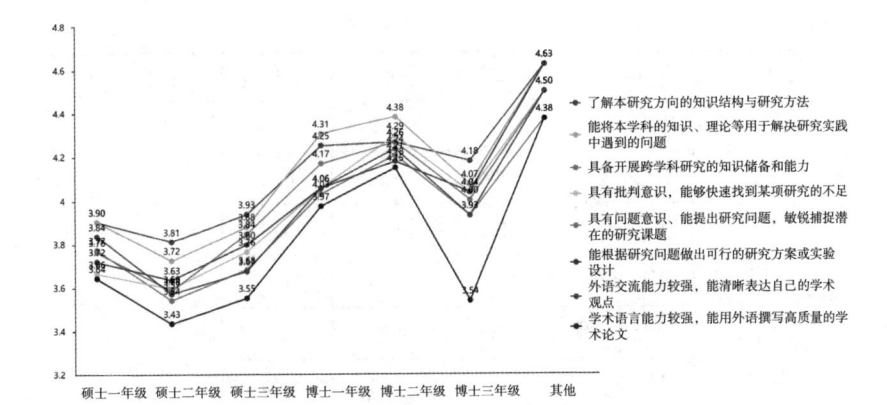

图 4-38 研究生知识与能力自我评估的年级差异示意图

表 4-50 研究生知识与能力自我评估的年级差异的方差分析

分析项	年级	样本人数	平均值	标准差	F	p
了解本研究方向的知识结构与研究方法	硕士一年级	92	3.90	0.77	5.10	0.00**
	硕士二年级	204	3.81	0.77		
	硕士三年级	122	3.93	0.68		
	博士一年级	36	4.25	0.60		
	博士二年级	34	4.26	0.67		
	博士三年级	28	4.18	0.67		
	其他	8	4.63	0.52		
	总计	524	3.95	0.74		
能将本学科的知识、理论等用于解决研究实践中遇到的问题	硕士一年级	92	3.90	0.77	7.42	0.00**
	硕士二年级	204	3.72	0.80		
	硕士三年级	122	3.88	0.78		
	博士一年级	36	4.31	0.62		
	博士二年级	34	4.38	0.55		
	博士三年级	28	4.07	0.72		
	其他	8	4.63	0.52		
	总计	524	3.90	0.78		

续表一

分析项	年级	样本人数	平均值	标准差	F	p
具备开展跨学科研究的知识储备和能力	硕士一年级	92	3.77	0.84	5.46	0.00**
	硕士二年级	204	3.54	0.86		
	硕士三年级	122	3.68	0.87		
	博士一年级	36	4.03	0.77		
	博士二年级	34	4.21	0.73		
	博士三年级	28	3.93	0.81		
	其他	8	4.38	0.74		
	总计	524	3.72	0.86		
具有批判意识，能够快速找到某项研究的不足	硕士一年级	92	3.66	0.89	6.10	0.00**
	硕士二年级	204	3.59	0.87		
	硕士三年级	122	3.76	0.83		
	博士一年级	36	4.06	0.83		
	博士二年级	34	4.29	0.63		
	博士三年级	28	4.04	0.79		
	其他	8	4.50	0.53		
	总计	524	3.76	0.87		
具有问题意识，能提出研究问题，敏锐捕捉潜在的研究课题	硕士一年级	92	3.76	0.93	6.43	0.00**
	硕士二年级	204	3.58	0.88		
	硕士三年级	122	3.84	0.81		
	博士一年级	36	4.17	0.77		
	博士二年级	34	4.26	0.57		
	博士三年级	28	4.00	0.72		
	其他	8	4.50	0.76		
	总计	524	3.80	0.86		

续表二

分析项	年级	样本人数	平均值	标准差	F	p
能根据研究问题做出可行的研究方案或实验设计	硕士一年级	92	3.72	0.86	5.01	0.00**
	硕士二年级	204	3.63	0.85		
	硕士三年级	122	3.80	0.84		
	博士一年级	36	4.06	0.75		
	博士二年级	34	4.18	0.72		
	博士三年级	28	4.04	0.74		
	其他	8	4.63	0.52		
	总计	524	3.79	0.84		
外语交流能力较强,能清晰表达自己的学术观点	硕士一年级	92	3.84	0.87	5.30	0.00**
	硕士二年级	204	3.57	0.92		
	硕士三年级	122	3.67	0.93		
	博士一年级	36	4.06	0.89		
	博士二年级	34	4.24	0.65		
	博士三年级	28	3.93	0.81		
	其他	8	4.50	0.53		
	总计	524	3.75	0.91		
学术语言能力较强,能用外语撰写高质量的学术论文	硕士一年级	92	3.64	0.91	4.82	0.00**
	硕士二年级	204	3.43	0.97		
	硕士三年级	122	3.55	1.02		
	博士一年级	36	3.97	0.91		
	博士二年级	34	4.15	0.74		
	博士三年级	28	3.54	1.00		
	其他	8	4.38	0.74		
	总计	524	3.60	0.98		

**：$p<0.01$。

的自我评估,其自评数据略低于博士一年级和二年级的学生,但在大多数方面仍高于硕士生。

二、研究生人才培养影响因素

对调查问卷数据的因子分析与描述性统计已反映出学生对培养效果的基本评估,以及导师、其他师资、跨学科政策措施、"多语种+"理念、国际交流、国际学术发表、学术实践、学风建设、支持条件等因素在研究生人才培养中的重要作用。本部分将采用多元线性回归方法,进一步分析、提炼相关数据,进而构建上海外国语大学研究生人才培养的影响因素模型,探明各因素对研究生人才培养效果的影响有何不同。同时,我们还将结合访谈数据,进一步说明导师、"多语种+"理念、跨学科政策措施、国际交流与国际学术发表等因素如何影响研究生人才培养的质量。

(一)相关性检验

为构建研究生人才培养的影响因素模型,我们首先需要对各维度自变量与人才培养效果因变量之间的关系进行相关分析。只有通过相关分析,才能以此为基础构建多元线性回归模型,讨论各因素的影响力。如前所述,本研究将导师、其他师资、跨学科政策措施、"多语种+"理念、国际交流、学术实践、支持条件、学风建设、国际学术发表等自变量,以及人才培养效果因变量所涉及的各个题项的得分分别进行加总平均处理,通过计算变量进行数据转换,生成新变量。采用"SPSS 26.0"中的双侧检测相关度分析方法,对转换后的量表项目进行相关分析。如表4-51所示,所有因子与人才培养效果之间的双侧检验显著性 p 值均小于为0.01(双侧),皮尔逊相关系数均大于0.5,说明各维度因素与人才培养效果都具有显著相关性。

表4-51　问卷各维度因素与研究生人才培养效果之间的相关分析结果

	人才培养效果	导师	跨学科政策措施	"多语种+"理念	国际交流	学术实践	支持条件	其他师资	国际学术发表	学风建设
人才培养效果	1.000									
导师	0.577**	1.000								
跨学科政策措施	0.642**	0.612**	1.000							
"多语种+"理念	0.603**	0.477**	0.640**	1.000						
国际交流	0.559**	0.497**	0.637**	0.552**	1.000					
学术实践	0.519**	0.544**	0.597**	0.502**	0.498**	1.000				
支持条件	0.526**	0.489**	0.672**	0.521**	0.569**	0.456**	1.000			
其他师资	0.538**	0.670**	0.699**	0.524**	0.562**	0.530**	0.570**	1.000		
国际学术发表	0.567**	0.498**	0.661**	0.583**	0.608**	0.526**	0.570**	0.579**	1.000	
学风建设	0.529**	0.573**	0.703**	0.509**	0.549**	0.494**	0.622**	0.630**	0.570**	1.000

** 表示在0.01水平（双侧）上显著相关，n=524。

（二）研究生人才培养的影响因素

经过相关性检验之后，我们采用多元回归分析方法，构建各维度影响因素与研究生人才培养效果之间的线性回归方程表达式，以确定各影响因素的重要性及其对人才培养效果的贡献度，进而从各影响因素出发，寻求新文科背景下外语类院校研究生人才培养的可行性路径。将转换后的导师、其他师资、跨学科政策措施、"多语种+"理念、国际交流、学术实践、支持条件、学风建设、国际学术发表等九个因素同时作为自变量，将人才培养效果作为因变量纳入回归方程，探求回归模型的适合度及显著性、拟合优度 R 方以及调整后的 R 方、描述统计量、回归系数及其显著性、共线性诊断结果，以此估计自变量对因变量的影响力。

研究结果（表 4-52）表明，九个维度共同作用形成的整体模式能够解释外国语大学研究生人才培养效果的 53.7%（调整 R 方 =0.529），解释力较高，各维度因素能够共同解释外国语大学研究生人才培养的效果。变异量显著性检验 F 值为 66.268；显著性检验 p 值为 0.000，小于 0.05，表明该回归模型整体解释变异量达到显著水平。各自变量对应的方差膨胀因子（VIF）值均小于 10，表明自变量之间不存在明显的共线性问题。从标准化系数来看，五个显著性回归系数中，导师、"多语种+"理念、跨学科政策措施的 Beta 系数绝对值较大，表明这三个预测变量对于研究生人才培养效果有较高的解释力；国际交流与国际学术发表对于研究生人才培养效果也有显著影响。而学术实践、支持条件、其他师资、学风建设对于因变量的影响未达到显著水平，表明这四个变量对研究生人才培养效果变量的变异解释效果很小。我们在访谈中也发现，师生均对这些影响有清晰而深刻的感知。

1. 导师

指导学生参与项目工作是上外许多导师提升人才培养质量的重要路径。教师 T45 认为：

表 4-52 新文科背景下外语类院校研究生人才培养的线性回归模型摘要

模型	未标准化系数 B	标准错误	标准化系数 Beta	t	显著性	共线性统计 容差	VIF
（常量）	0.701	0.161		4.362	0.000		
导师	0.202	0.041	0.217	4.977	0.000**	0.474	2.111
跨学科政策措施	0.171	0.054	0.177	3.147	0.002**	0.285	3.512
"多语种+"理念	0.181	0.034	0.224	5.359	0.000**	0.517	1.935
国际交流	0.079	0.031	0.108	2.517	0.012**	0.487	2.052
学术实践	0.056	0.031	0.072	1.786	0.075	0.559	1.788
支持条件	0.050	0.042	0.052	1.198	0.232	0.470	2.128
其他师资	-0.039	0.051	-0.037	-0.770	0.442	0.388	2.574
国际学术发表	0.087	0.041	0.095	2.127	0.034**	0.454	2.203
学风建设	0.008	0.050	0.008	0.169	0.865	0.425	2.354

整体模式：R 方=0.537，调整 R 方=0.529，F=66.268（p=0.000）。

以项目为抓手，通过项目让他们快速成长。我觉得很多类型的项目对学生的成长也十分有利。学生通过做一件件事，写一则则新闻，做一个个品牌项目，也包括做报告、出著作、编教材、上课、讲座等，能够获得真正的成长。通过做各种各样的项目，他们就慢慢会懂得论坛怎么办，工作坊怎么弄，要报、翻译如何处理，当然待人接物等方面的综合素养都会得到提升。像小蜜蜂一样，学生通过各个品牌的打造，总能吸到营养，从而使自身素质得到全方位提升。

同时，对于研究生而言，最重要的"项目"就是自己的学位论文。教师 T45 进一步强调：

作为导师，必须永远以学生的硕博论文为导向。我让学生做的任何事，一定和他们的硕博论文有关。一事多做，学生知道老师分配的这个工作和他们的硕博论文有关，一定和他们个人的成长有关。当然可以一事多做，比如学生在完成学位论文的过程中，可能获得了调研的经验和能力，可能写出了学术论文，等等。

除了学位论文这一"项目"，很多受访导师提到会让学生参与自己主持的科研项目。教师 T20 非常重视学生在项目中的收获。她强调：

我觉得博士生的学习和研究要落地，要实际去参与一些科研项目。我们一直提倡在"做"中学，"做"是很重要的，在"做"的过程当中会不断发现自己的问题。有些学生看了好多文献，也听了好多讲座，但是真正实操的时候却发现找不到兴趣点，也不知道该如何开展调查、收集数据，这主要就是由于缺乏"做"的经历。

硕士生 M4 参与了导师的上海市公共场所语言文字监测工作，他这样描述自己在项目中的收获：

这个项目的特殊之处在于，它和社会有非常广的交集，因为我们要到不同的场所里去收集资料。这个过程中可能会有一些阻碍，比如说我们去行政服务中心，里面拍照不太方便。这时候其实很锻炼我们随机应变的能力。我觉得这方面的收获挺多的。当然，我更多的是看到一些跟我们专业相关的语言文字使用规范方面的问题。在这个过程中，我看到了我们理论知识的转化，也认识到我们所做的工作的意义。

从硕士生 M4 的叙述中可以看出，从事项目研究工作是学生用所学的理论知识指导实践的重要机会，同时也在应用中实现能力迁移。在我们的调研过程中，项目式育人被反复提及，已经成为上外研究生人才培养的一大特色。

导师普遍重视集体研讨、同伴反馈在研究生培养中的关键作用。教师 T38 指出：

> 我们心理语言学方向需要做很多实验，大家在一起交流实验方面的各种问题，我觉得这是一种熏陶，实验室学术熏陶。其实我们这边有点类似于理工科的实验室，我们有实体实验室，也有虚体实验室，大家在这样一个环境里耳濡目染。从第一届博士生、硕士生开始，我们就注意营造这样一种氛围。大家互通有无，协作交流，比如说有一名同学掌握了某种技能，他就可以把技能传授给实验室的所有人，从而带动大家一起进步。

同时，导师的开放意识也有助于学生取得更大的突破。教师 T38 非常鼓励学生能够跟其他专业、其他学院做一些交叉研究，而不仅仅停留在导师过去发表的论文所涉及的领域和问题。他指出：

> 我们鼓励学生能够再往前走，要做我们过去没做过或者做得不是很成熟的东西，这个当然有风险，但还是要鼓励学生到学校的平台上去"跨、通、融"，不能局限于自己的专业里，要能够把我们做的语言研究和某个方向结合起来，比如跟教育结合起来，或者跟艺术结合起来，或者跟某一个具体的语种结合起来。

有了导师的鼓励和支持，学生自己就会主动去寻找这样的机会。例如教师 T19 就提到她的学生主动去选修其他学院老师开的课，并加入该老师的一个研究项目，并且这个学生还会将自己在课题组中的所思所想所获分享给自己的同门，从而形成两个团队的科研互动。后来经过教师T19的沟通，两个团队之间的沟通与交流进一步深入，一些合作机制正在逐步形成。教师T19坚信，这种合作"对于两个团队学生的成长都将是有利的"。

导师组在学校新兴的一些学科专业中逐渐普及。这对学校而言是一个新举措，而对于学生来说则是一个新机遇，学生能够由此接受更多导师的指导。教师T38提到：

> 我们有一个导师组，由五位老师组成，我们这个方向的学生都是在一起开组会，我们导师团队一起对学生进行指导，这是教学模式上的一个改进。原来的导师"一对一"或者"一对多"，现在是"多对多"；等于说现在是五个人的想法共同指引学生，而原来可能主要就是一个人的想法。

学生对于这种导师组的指导模式也给予了充分肯定。例如博士生D2认为导师组对自己的影响是"革命性的"：

> 我说这种影响是革命性的，真的是出于我自己内心的一种真实感受。举个例子，比如今天的导师例会轮到我分享，那我就能直接接受五位导师的指导。而且最神奇的是，五位导师可能对某些问题的看法还不太一样，他们自己也会讨论甚至辩论，这对我来说是个难得的机会。因为突然有这么多崭新的视角、崭新的想法出现在我的面前，我会结合自己的思考，融合百家之长。当然更多的时候我不会采纳所有专家的想法，因为我可能有自己的判断；而形成这个判断的过程，对我而言本身就是一种洗礼和锻炼。所以我真的特别感谢这个导师组。

此外，学校支持导师跨院系指导学生，也支持导师结合自己的学科背景和优势跨学科指导学生。比如，硕士生 M3 提到自己是英语学院英语语言文学专业的学生，但他的导师在新闻传播学院工作。由于他的导师申请到一些语言学和传播学交叉型的课题，他本人在跟随导师做研究的过程中，因此积累了很多跨学科知识，自己跨学科地看待问题、寻找解决问题的方案的能力也有了很大提升。

2. "多语种+"理念

学校的"多语种+"理念给学生留下了深刻印象。同时，这种理念也在不同的育人环节中得以践行。硕士生 M6 提及从开学典礼到此后学校举办的各种活动，她听到这个理念的次数越来越多，逐渐意识到自己应该朝着这个方向去发展。从硕士生 M6 的经历看，学校的理念最终获得了她的认同。她将这种理念与自己的专业学习结合在一起，产生了全新的感知和认识：

我们专业的课程设置，还有学校提供的很多多语种资源，确实让我感受到"多语种+"的这种办学理念。我身边就有很多同学，他们"二外"就选了法语、日语，学的人其实还是挺多的，包括很多公选课也可以选，比如说像我自己就选了技术法语这样的课。我觉得我们"多语种+"的优势首先在于语种上有很大的选择空间，不仅仅局限于英语这一个语种。第二点，"多语种+"体现的是复合型人才的理念，就我而言，学校的每个专业，可能都属于这种复合型专业，大家把语言当成一种工具，然后可以用它做一些传媒、国际政治、教育等方面的研究。我自己的体会就是这样。

访谈中，不少受访学生均表示"多语种+"是上外研究生人才培养的突出特点与优势。硕士生 M5 将自己在上外和本科学校的就读经历做了对比：

我本科不是在上外读的。本科的时候我们只专注于单一语种，循着单一路径进行学习。到上外读了研究生之后，"多语种+"理念为我的研究生学习生涯打下了一定的基础，我开始了双轨并行的语言学习。再加上对语言对象国的深入研究，这种双轨并行的特点将会伴随研究生的三年，我觉得一定会给我带来很大的变化。这可能就是上外带给我的不一样的收获。

除了多语的课程学习，各学院还会结合自身特色推出不同的"多语种+"活动，作为对这一理念的响应和落实。比如硕士生 M8 提到，她所在的法学院会组织学生开展法制新闻动态的编译，让学生将语言学习与专业学习密切结合，在这种专业实践活动中巩固自己所学的语言知识。她指出：

我研一的时候就参加了这个系列的活动，研二的时候做了法葡匈小组的组长。我们每年都会至少出版一本《法学译丛》。同学们自己去找各语种国家的相关论文，然后自己去联系作者，取得授权，之后开始翻译。去年我们出版的是跟卫生法制相关的书，今年会出一本环境法制的书。在我看来，这就是"多语种+"，这种理念的教育非常有助于开阔视野。

3. 跨学科政策措施

学校研究生教育非常注重培养学生的跨学科意识与能力。这种培养体现在顶层设计、课程设置、师资、政策机制等方面。

首先，在顶层设计方面，学校通过一系列特色项目实现对学生的跨学科教育。如区域国别研究特色研究生项目、多语种法律硕士人才项目等。以区域国别研究特色研究生项目拉美研究子项目为例，该项目招收的学生都有西班牙语的学习背景，学生进入该项目之后，可以同时选修国际关系与公共事务学院、西方语系两个院系的课程，获得两个院系的联合培养。硕士生 M2 这样评价自己在该项目中的学习感受：

  一方面你要保证语言过硬，另一方面你也要具备国际关系、国际政治方面的一些理论。导师给了我一个书单，我通过读这些书，掌握了做区域国别研究的一些基础。我能够感受到自己的综合优势。我在国际关系与公共事务学院这边提高了逻辑性，提升了自己的问题意识和分析能力，同时我也能够在西方语系的学习中感受到与语言文化学习相联系的人文、感性的一面。这对我今后的成长一定是有益的。

  除了这种涉及不同学院的校级人才培养特色项目，学校许多专业课程体系也体现出比较明显的跨学科性。访谈中，硕士生 M7 表示："我自己是经济商务类专业，但是根据我们的培养方案，我可以选一些金融类课程。这两个方向是同一个学科大类下的，但其实隔行如隔山，有很多金融方面的知识本来是我们接触不到的。但现在学校把这部分知识列入我们的培养方案，我就会有意识地多学一些金融学方面的知识，这有助于弥补我们在知识上的缺失，对将来就业也有好处。"硕士生 M8 是上外多语种法律硕士人才项目的学生，除了民法、刑法、经济法等常规的法律课程，她所在的学院"还会开设外国法制史、外国法律文明等一些涉外法律课程，接触英美法系、大陆法系、亚洲法系等涉外法律专题，而且这类课程相比其他学校要更多"。另外，学校经常会推出语言类、区域国别研究类等具有全校性质的教授研讨课，里面会涉及不同学科的知识内容，也以另一种形式丰富了学校的跨学科课程体系。除了促进语言与人文、语言与社科的交叉，学校近年来还通过推动文工交叉、语言与信息技术融合等实现研究生人才培养的创新升级。硕士生 M1 学习的是技术经济与管理专业。他这样描述自己的学习经历：

> 我这个专业在其他学校一般设在管理科学与工程学院。我印象最深的是我们学院开设的一些神经学方面的课程。在这些课程里我甚至学到了一些生物学的知识。我们会研究人脑的结构分布及其与人的行为的对应关系；我们也会进行脑电和神经实验，这与心理学和神经科学密不可分。你可以看出，我们的知识跨度其实是很大的。我们学院目前正在建脑电实验室，它是国家级的重点实验室，这可能也是我们与传统管理学的区别之一。

可以看出，这种人才培养的跨学科理念、机制与条件早已超出外语类院校人才培养的传统模式，进入全新的发展阶段。而学生在外语类院校学习这样的专业，往往还有机会发展自己的语言优势，让自己的知识与能力结构更为"复合"。硕士生 M1 自己就在日语学习方面取得了一定的成绩，而且他将日语学习与获取日本在消费决策领域的最新研究成果联系在一起，实现了真正的"跨、通、融"。

学校的教师在教学过程中都注意渗透跨学科的理念、知识与方法。例如，硕士生 M6 在访谈中提到：

> 我们的老师在这方面做得真的非常好。我的专业是教育技术，所以我们有很多教育技术学的课程，但我们的任课老师在教的时候会融入很多比较偏教育学的思想，这在很大程度上拓宽了我的研究视野。我在做选题的时候就不会局限于技术这方面，而是有了更多的选择、更多的考虑。再比如说教学营销设计、教学信息设计这些课程，老师会给我们介绍教育心理学方

面的一些知识。总之，老师会基于课程内容引入很多学科交叉的内容。平常上课的时候，老师还是挺注重这方面的。

在政策机制方面，学校也采取了许多具体措施。例如，教师T37提到学院在研究生层面做到了课程完全打通。整个学院的研究生执行同一张大课表，学院三个研究生专业的课表从周一到周五都不重合。一个专业的学生如果有意愿，完全可以学习另外两个专业的课程。这种安排从制度上确保了跨学科政策的落实。

除了院系内部不同专业之间课程的打通，学校层面也出台了促进跨院系融通的政策措施。硕士生M3指出："我是英语学院的，我们可以跨方向甚至跨学院进行选课。这可能也和我们理论语言学方向本身的特点有关系，我自己当时修的课程里面有不少都是语言研究院等其他学院开设的。学校在跨院系课程这方面都打通了。"

4. 国际交流

在国际交流方面，学校多措并举，通过推动研究生联合培养、中外合作办学、引入或开发国际在线开放课程、推动师资队伍国际化等多种方式，推动国际化研究生人才培养。

首先，拓展国际合作资源，支持研究生到海外相关国家的高校接受教育，以中外双方联合培养的形式提升人才培养质量。同时拓展中外合作办学渠道，例如上外—拜罗伊特大学的德语／经济学项目成为全国首个中外颁发文、理两个不同学位证书的项目。许多学生在这些培养项目中快速成长。例如，教师T21博士毕业于上外，读博期间就曾受益于中外联合的培养形式：

我在国外这段时间收益非常多。后面在国外发的一些文章，都得益于那段经历。同时，外方导师的指导特别专业，起的作用真的很大。他让我意识到在国外期刊发论文，与我竞争的是以西班牙语为母语的从事西班牙语言学研究的学者。我作为一个非母语者，不大占优势。他鼓励我从事汉西比较研究，让我接触到学术前沿，把我领到一条比较好的学术道路上。

在"走出去"的同时，学校还非常重视"引进来"。这方面主要体现在引入国际化的师资和课程。教师 T49 提到，依托高等学校学科创新引智基地，她所带领的学科开始邀请国际化的师资参与课程体系建设和人才培养实践。一方面，邀请国外名校的该领域的专家学者直接开设或者与中方教师合作开设学科前沿课程；另一方面，通过举办短期工作坊、专题讲座等形式，将更多智力资源引入学校，帮助学生开阔视野。硕士生 M4 非常喜欢外籍教师直接开设的线上专业课：

> 外教直接给我们上专业课，我觉得这本身已经很新颖、很国际化了，在我看来这与出国留学的感觉是一样的。但我们的实际效果可能比直接出国还要好，因为一方面外教会量体裁衣，会为我们量身定做课程，而且可以看出他在准备课程的过程中做了大量工作，加入了很多中国的例子，讲解更有针对性，使我们在理解的同时，深化了对本土问题的认识；另一方面由于听众都是中国学生，我们更能在互动交流时相互理解、相互促进。

总之，国际交流方面的创新举措有效提升了学校的研究生教育质量，在学生中间产生了良好的影响。国际交流不再流于形式，真正起到了促进学生发展的作用。

5. 国际学术发表

我们在调研中发现，上外出台了鼓励国际学术发表的举措，并且为研究生提供了许多国际期刊论文写作方面的指导。例如，硕士生 M4 说：

我们评奖学金这块，发表文章占的比重还是比较大的，而且对国际核心期刊发文的奖励力度似乎更高。

学校对国际学术发表的支持力度可以从学校出台的政策文件中得到印证。在《上海外国语大学研究生科研成果评分指标体系》中，研究生独立发表一篇国际期刊论文可以获得2.0分，而如果独立发表一篇SSCI收录的国际核心期刊论文，则分值可以达到8.0分（相比之下，独立发表一篇CSSCI收录的国内核心期刊论文只能获得3.0分）。

除了政策上的激励和引导，学校也非常注重为学生的国际学术发表提供指导。硕士生M3指出："在指导方面，不仅我们的专业方向课里面有国际期刊学术论文写作课程，而且学校的图书馆等也提供了大量的相关讲座，包括选题、数据库使用等等。"此外，学校相关学院还成立了"数字写作研究与服务中心"，推出国际期刊写作咨询服务，并开展与写作有关的教学研讨、学生服务和学术活动。中心专门聘请国际期刊写作与发表经验丰富的外籍教师为学生提供专门咨询，并建立常态化咨询服务机制，对咨询时间、地点、形式等做出详细安排。此外，这类机构也会组织专家讲座，提供更有针对性、互动性更强的专门化指导。

此外，尽管学术实践、其他师资、学风建设、支持条件等因素对研究生人才培养质量的影响没有达到显著性水平，但访谈中许多研究生还是强调了这些因素对自己产生的深刻影响。今后学校可持续加强这些方面的建设与支持力度，以推动研究生人才培养质量进一步提升。

总之，鉴于国内尚未有专门针对外语类院校研究生培养效果的相应研究工具，本研究主要采用信度检验、探索性因子分析等方法，开发了测量量表；并根据所收集的样本数据，运用多元线性回归分析对构建的模型进行了检验。研究结果证明了量表的有效性和量表所含因素对新文科背景下外语类院校研究生培养效果的解释力。同时，本研究结合访谈所获得的数据对影响因素进行了深入分析。

基于本研究的主要发现，我们认为以上外为代表的研究生教育需要从以下维度改进培养方式，提升研究生培养质量。

第一，将多语种优势融入研究生教育教学全过程，打造外语类院校人才培养的特色。在本研究考察的九个方面的因素中，"多语种+"理念对于外语类院校研究生人才培养质量的影响最大（标准化系数Beta=0.224，p=0.000）。外语对于研究生而言，既是掌握国别区域与全球知识的工具，有助于他们深刻理解对象国的文化和社会特点，以及其他群体的行为方式与思维模式特征；同时又是形成研究生自身全球素养和科研素养的推动力。以往的研究主要关注本科层面的人才培养过程中"多语种+"理念的推广与实施[1]，而较少探讨多语种对于拓展研究生全球视野和提升其科研素养的重要性。在新文科建设背景下，多语种优势将是外语类院校中非外语专业的研究生构建复合型能力与素养体系的重要载体。对于外语类院校而言，应让研究生深刻理解"多语种+"人才培养理念的深刻内涵，关注研究生"多语种+"能力的培养，鼓励研究生参与各种"多语种+"活动，积极将语言能力的培养和提升与学术科研实践相结合，让"多语种+"成为外语类院校研究生的重要底色。

第二，突出导师在提升外语类院校研究生培养质量过程中的作用。本次研究发现，导师对于外语类院校研究生人才培养的效果具有显著影响（标准化系数Beta=0.217，p=0.000），其影响力仅次于"多语种+"理念。导师在引领学生关注学科前沿、指导学生进行科研方

---

[1] 姜智彬：《"多语种+"：课程思政背景下外语人才培养的内涵、路径与成效》，《外语电化教学》2020年第4期，第18—21页；曹德明：《"多语种+"卓越国际化人才培养理念与实施路径分析》，《外国语言与文化》2017年第1期，第11—17页。

法训练、给予学生参与课题研究的机会等方面开展的工作能有效提升外语类院校研究生人才培养的效果。这些发现与以往教育学领域的相关研究结果相一致。[①] 不过，本研究以新文科理念为指导，不仅关注一般意义上的导师指导，如导师能否对学生的学术生涯发展给予指导，是否坚持立德树人等，还考察了导师是否关注学生开展的相关研究体现出外语类院校的特色，是否鼓励外语类院校的学生开展跨学科研究等。研究结果表明，高达78.62%的研究生（选择"比较同意"和"非常同意"的分别占30.73%、47.89%）表示导师鼓励自己开展跨学科研究并能给予指导；高达79.2%的研究生（选择"比较同意"和"非常同意"的分别占30.73%、48.47%）表示导师希望自己的研究能够体现出外语类院校的特色。这说明，未来外语类院校在研究生培养过程中，既要守住外语底色与特色，同时又要鼓励学生在导师指导下积极开拓，跨越传统的学科边界，推动学生跨学科能力和素养的形成及发展。

第三，全面推行鼓励跨学科研究的政策和措施，实现外语类院校研究生教育的跨越式发展。本研究构建的回归模型显示，跨学科政策措施会对外语类院校研究生人才培养效果产生显著影响（标准化系数Beta=0.177，p=0.002）。然而，本次调查亦发现，外语类院校虽然在研究生课程教学中突出创新思维能力的培养，尝试营造跨学科研究的氛围，建立有助于跨学科交叉研究的体制机制，但在关键的实施环节上仍存在一些问题。例如，就学校是否已经开设较多文理交叉或文工交叉类课程这一问题，总计超过半数的研究生（50.96%）选择了"非常不同意""比较不同意"和"不确定"；即使被问到文文交叉类课程

[①] 陈祎鸿：《论导师在研究生培养中的作用》，《学位与研究生教育》2009年第12期，第24—27页；苏娜：《基于研究生期望的导师胜任力模型研究》，《江苏高教》2020年第7期，第85—90页。

的开设情况，仍有超过三分之一（33.78%）的研究生表示"非常不同意""比较不同意"和"不确定"。这说明外语类院校在推进跨学科研究方面存在较大的提升空间。新文科建设倡导在学科交叉融合过程中实现知识创新和人的全面发展，今后外语类院校要进一步打破学科壁垒，实现跨学科、多学科交叉融合发展[①]，尤其是要在课程开发、课程设置等关乎政策落实的具体问题上提高行动力，探索行之有效的措施，进而形成具备"跨、通、融"特点的高质量研究生人才培养的新体系与新机制。

第四，充分认识到新文科背景下国际交流在外语类院校研究生人才培养过程中的重要性。本研究发现，国际交流会对外语类院校研究生人才培养的效果产生显著影响（标准化系数 Beta=0.108，p=0.012）。教育国际化背景下，推动国际交流已经成为提高研究生培养质量的时代呼唤，公派出国、联合培养、学历互认等多种形式的国际交流不仅可以让研究生接受更完善的科研训练[②]，也有利于将学生培养成可以跨越国界、拥抱差异性与多样性的"世界公民"。[③]然而，在本次调查中，只有 56.1% 的研究生（选择"非常同意"和"比较同意"）认同"学校提供的国际交流项目质量高"这一说法，近一半的研究生（49.24%）对"导师提供的国际合作项目多"这一说法表示不认同或不确定。这说明今后外语类院校要进一步拓宽国际交流渠道，努力提升研究生国际交流项目的质量，真正发挥国际交流在提升外语类院校研究生人才培养质量中的作用。

第五，建立支持研究生国际学术发表的相应体系，推动外语类院

[①] 杨柏岭：《大力推进新文科建设创新发展》，《光明日报》2021 年 9 月 17 日第 6 版。

[②] 陈新忠、李保忠：《我国研究型大学研究生培养的目标、策略与保障——基于"C9 联盟"高校政策文本的质性分析》，《现代教育管理》2020 年第 9 期，第 114—121 页。

[③] Maresi Nerad and Mimi Heggelund, *Toward a Global Ph. D.? Forces and Forms in Doctoral Education Worldwide*, University of Washington Press, 2008, p. 311.

校研究生国际学术交流能力的发展。新文科建设背景下，外语类院校一方面要倡导学生将论文写在祖国大地上；另一方面也要认识到研究生国际学术发表不仅有利于学生提升国际学术交流能力，更是传播本土学术成果、建构国际学术话语权的重要手段。[①] 因此，对于外语类院校的研究生而言，将本土的原创性成果在国际学术舞台上发表，可以增强研究生的学术责任感与使命感。除鼓励研究生在国外学术期刊上发表论文外，外语类院校还可以结合自身优势，采取一些更具特色的措施来推动研究生的国际学术发表。例如，外语类院校可以建立多语种写作中心，为学生的国际发表提供切实有效的指导；有条件的学校也可结合自己的学科布局，打造多语种学术期刊方阵，通过出版多语种期刊，为研究生提供国际学术发表的阵地等；此外，还应研究外语学术话语体系的特点，建构多语种学术话语语料库，并将研究成果与研究生的学术写作教学相结合，助力学生产出具有国际认可度的学术成果。

此外，线性回归结果显示，学术实践、支持条件、其他师资、学风建设四个因素对新文科背景下外语类院校研究生人才培养未产生显著影响。不过，这一结果可能与样本选取有一定关系，特别是学术实践的标准化系数 Beta 值达到 0.072（p=0.075），后续研究可进一步扩大样本范围和样本数量，进一步检验研究模型的有效性。

总之，我们结合新文科建设理念和外语类院校研究生教育的特点，采用探索性因子分析等统计学手段开发了包含九个维度的外语类院校研究生人才培养的影响因素量表，并以此为研究工具在上外开展了调查研究。多元线性回归模型显示，导师、"多语种+"理念、跨学科政策措施、国际交流、国际学术发表等因素对上外研究生人才培养

[①] 文秋芳：《学术国际话语权中的语言权问题》，《语言战略研究》2021 年第 3 期，第 76—85 页。

的效果产生显著影响。基于研究结果，我们为上外等外语类院校的研究生教育提出了相应建议。考虑到研究样本的局限性，后续研究可以调查更多院校，以确认或修正本研究提出的影响因素模型。

本章结合问卷和访谈数据，深入考察了当前上外本科与研究生人才培养的现状。同时还探究了影响上外人才培养效果的学校层面的不同因素。结果表明，就本科层面而言，人才培养效果与课程教学、价值因素、情感因素呈显著中度正相关，与课外实践、跨校培养、环境因素呈显著弱度正相关。就研究生层面而言，导师、"多语种+"理念、跨学科政策措施三个预测变量对人才培养效果有较高的解释力；国际交流与国际学术发表对于外语类院校研究生人才培养的效果也有显著影响；而学术实践、支持条件、其他师资、学风建设对于因变量的影响未达到显著水平。下一章将结合对上外人才培养典型案例的分析，进一步探究上外人才培养的特征。

// 第五章 //

上海外国语大学人才培养典型案例分析

第三章和第四章分别从历时和共时两个角度探讨了上外人才培养的历史与现状。本章将对上外人才培养中具有代表性的相关案例进行分析，包括本科生与研究生培养，以进一步分析上外人才培养的特征，挖掘案例中所体现的创新元素。在案例选择上，本研究一方面从学科专业角度考虑，考察国际新闻传播人才培养和语言政策与语言教育学科人才培养的路径及特征；另一方面从院系组织角度考虑，探讨卓越学院和高级翻译学院所进行的人才培养改革与创新。

第一节　本科人才培养典型案例

一、国际新闻传播本科人才培养

　　2021年5月31日，习近平总书记在中共中央政治局第三十次集体学习时强调，要深刻认识新形势下加强和改进国际传播工作的重要性和必要性，下大气力加强国际传播能力建设。2022年10月，二十大报告指出，要加强国际传播能力建设，全面提升国际传播效能，形成同我国综合国力和国际地位相匹配的国际话语权。随着我国综合国力和国际地位的提升，国际传播日益成为国家形象塑造、国家影响力提升的重要手段，其重要性和必要性日益彰显，外语类院校肩负着培养适应新时代国际传播需要的专门人才队伍的责任。

早在20世纪80年代初，为培养能够用外语从事对外宣传的人才，上外在加强语言专业建设的同时，创立了中华人民共和国成立以来首个国际新闻专业，在全国率先尝试培养掌握涉外文科专业知识和技能的高质量新型外语人才（后称"复合型外语人才"），为90年代学校实现由多语种外国语学院向多科性外国语大学的转型迈出了开拓性的第一步，"改变了外语教育教学的发展轨迹"[①]，被列入《新中国外语教育要事年表》。[②] 新闻传播学科和外语学科有着共同的学科基础，国际传播人才和外语类人才有着共通的素质、知识与能力要求[③]，二者在学理上具备较高的相通性和融合性。因此，本章选取了上外历史上第一个复合型专业——国际新闻专业，探析其改革发展历程与人才培养特征。

（一）国际新闻传播人才培养的改革探索

从1983年国际新闻专业设立至今，学校新闻人才培养已走过40年历程。40年来，该专业秉持着跨学科、国际化、实践型的培养特色，不断创新人才教学模式，拓展人才培养路径，培养了大批国际新闻传播人才，其综合实力在全国国际传播领域位于前列。虽然该专业从内涵到外延都经历了一些变化，但从学科性质来看同属新闻

[①] 于涵静、戴炜栋：《风雨兼程六十年，桃李芬芳不待言——戴炜栋教授访谈录》，《浙江外国语学院学报》2019年第4期，第2页。
[②] 群懿、李馨亭：《外语教育发展战略研究》，四川教育出版社1991年版，第197页。
[③] 陈法春：《大力发挥外语类院校培养国际传播人才的潜能与优势》，光明网，2021年7月11日，https://m.gmw.cn/baijia/2021-07/11/34985343.html。

传播一级学科,可以认为是同一个案例的不同发展阶段。因此本研究将聚焦国际新闻传播学科发展的三个关键时间点,即1983年国际新闻专业创立、2012年多语种国际新闻特色培养开端、2017年新闻传播大类培养启动,呈现不同历史阶段国际新闻传播人才培养的特征。

1. 国际新闻传播人才培养的基本特征

1983年6月,为解决对外宣传队伍力量薄弱的问题,学校在中宣部和教育部的指导下,在英语系增设了第一个非语言类专业——国际新闻,开始了复合型外语人才培养的试验。为保障"首战必胜"和人才培养的质量,学校从上海高校英语专业三年级即将升入四年级的学生中招生,再进行三年新闻专业训练,从而培养《中共中央关于加强对外宣传工作的意见》要求的"德智体全面发展的,政治素质好,精通外语,能从事对外宣传、新闻工作的专门人才,适宜到对外文化宣传部门以及其他涉外部门工作"。这种经过三年英语专业训练、具备较高英语水平的学生,再加上三年系统的新闻学习与实践,从而实现"英语+新闻"的复合培养。

综合而言,起步期的国际新闻传播人才培养突显了如下特征。

(1)跨学科招生与培养

国际新闻的跨学科特征在最开始的招生环节就得以体现。根据《上海外国语学院英语系国际新闻专业1983年招生简章》,第一批国际新闻学生广泛来自上海高校英语专业三年级,并需要通过"基础英语、英语作文与翻译、现代和古代汉语、国际政治知识"四门初试和口试复试,经过政审等环节筛选。根据1987届校友曲莹璞回忆:

我们这一届国际新闻专业生源,除了上外英语系的大三学生,还有同学来自上海大学、杭州大学和南京大学,入校后大家很快就融入在一起。这种招生方式也特别好,每个同学来自不同的学校，各有所长，互相交流学习。①

除了招录的学生，班级内还有新闻业内人士，如来自中央人民广播电台、中央电视台、中国新闻社、中国国际广播电台的新闻工作者。

他们的新闻经验非常丰富，对海外受众情况和做国际传播的使命都特别清楚，但是需要进一步提高外语水平。我们学生则对新闻实操缺乏知识和经验，所以大家就结对子，互相帮助。②

这种跨学科、跨学校的学生背景，一方面确保学生普遍保持着较高的英语水准，有能力在原有语言优势上进行新闻专业知识的融合；另一方面，学生和新闻从业人员能够较好地进行沟通互动与优势互补。

在培养方面，国际新闻专业在设立之初就将目标定为培养跨学科人才。有人曾把国际新闻的培养目标形象地称为变"六条腿"为"两条腿"③，其毕业生需要具备准确熟练的外语能力、专业的新闻实践能力，甚至开车技能等，从而解决专门为不会外语的驻外记者额外配备专职翻译和司机的问题。课程依据培养目标进行设置，后三年的双学位培养不仅总体课程量大、充实饱满，而且明显体现了两个学科的交叉融合。正如1987届校友江和平所言："既要修完大学四年级的所有课程，又要开始学习新闻专业，一周30多节课……但我感觉大四时收获最大，一方面一直保持着旺盛的学习热情；另一方面，学习更

---

① 樊娟等：《口述校史——曲莹璞：承上外精神，为中国发声》，上外档案校史博物公众号，2021年12月9日，https://mp.weixin.qq.com/s/P15ga-IhvhJ5SUqj-chNEw。
② 樊娟等：《口述校史——曲莹璞：承上外精神，为中国发声》，上外档案校史博物公众号，2021年12月9日，https://mp.weixin.qq.com/s/P15ga-IhvhJ5SUqj-chNEw。
③ 郭可：《国际新闻教育谈》，《新闻大学》1994年第2期，第62页。

加得法了。"[1] 王寰曾对 1983—1986 年国际新闻（英语）专业的教学计划进度表进行分析：第四至第六学年共开设了 38 门课程，130 学分。使用英语进行教学的课程 27 门，占全部课程数的 71%；在必修课程中，使用英语教学的课程比例更高，达到 90%。大量的新闻专业课，如新闻特写（6 学分）、英语新闻编辑与审稿（4 学分）、专题人物采访（2 学分）等都采用英语授课，强化了学生利用英语进行阅读、采访和写作的能力，使学生具备了使用中英双语进行新闻报道的能力。[2] 因此，国际新闻的课程设置不是英语课程和新闻课程的简单混合，而是两者的有机结合。

（2）国际化理念与师资

为了充分借鉴国外高校在对外传播领域的办学经验，在国际新闻专业建立之初，学校就组织了两个代表团分别赴英国和美国访问，对英美高校新闻专业的课程设置及人才培养模式进行实地考察，使上外的国际新闻专业与国际接轨。[3] 国际新闻专业 1986 届校友周树春接受访谈时指出："我印象里上外的教学方式和学习方法与美国、英国大学的新闻系都很类似，课程设置和教学的基本模式上很一致，专业教学很国际化。"[4] 1987 届校友曲莹璞指出："有一些外教特别好，我印象也特别深刻。有一位叫 Peter Petroski 的俄裔美国人给我们讲授美国新闻理论，这是一段特别不一样也比较难得的经历。外教课是

---

[1] 江和平：《上外校友深情回眸话上外》，上海外国语大学文明创建网，2012 年 4 月 19 日，https://wmcj.shisu.edu.cn/15/fe/c992a5630/page.psp。
[2] 王寰：《我国复合型外语人才培养改革的政策演进研究》，上海外国语大学 2021 年博士学位论文，第 73—75 页。
[3] 参见黄韵文、黄炎宁、赵芳来：《听教务处长们说上外的故事》，吴友富、曹德明主编：《语魅芬芳一甲子》，上海人民出版社 2010 年版，第 376—383 页。
[4] 樊娟等：《口述校史——周树春：从上外出发，融通中外，讲好中国故事》，上外档案校史博物公众号，2021 年 11 月 30 日，https://mp.weixin.qq.com/s/8wrNerY7nMwGYLIbn1 drEw。

我第一次接触到这种所谓讨论式的上课模式。他讲得并不多，主要是大家一起讨论，互相启发。我觉得收获很大，也很开阔眼界。这对于我后来两次到美国读书都很有帮助，你知道怎么上课，知道怎么准备，比两眼一抹黑直接去要轻松好多。"①

郭可（上外国际新闻专业1987届校友，曾任上外新闻传播学院院长）也回忆道：当时"英文报刊多达206种，还有大批英文版大众传播学、新闻学论著和教材"②。根据《上海外国语大学志》记载：

> 我校新闻……专业刚开始建设，这些新的涉外应用文科专业要聘请外国长期专家比聘请语言文学类专家难得多……为改变这种状况，学校拨出一部分长期专家的名额，改聘短期专家；另外通过校际交流等渠道聘请国外一流专家、学者来我校为新专业授课……短期专家对新专业建设有很大帮助。③

由此可见，学校将国际化对标理念融入课程设置、教学方式，以及教材等教学资源各方面，并想方设法地引进国际化师资力量，加强专业建设，提升育人能力。

（3）应用型实习与实践

始建的国际新闻专业还突显出较强的实践性和应用性。当时实行"定向招生、定向分配"的办法，上外的国际新闻专业对口国家广播电视部，学生毕业后也大部分被输送到对口单位。专业开办不到两个月，广播电视部就邀请师生来北京参观国际电台和中央电视台，并安排了

---

① 樊娟等：《口述校史——曲莹璞：承上外精神，为中国发声》，上外档案校史博物公众号，2021年12月9日，https://mp.weixin.qq.com/s/P15ga-IhvhJ5SUqj-chNEw。
② 郭可：《国际新闻教育谈》，《新闻大学》1994年第2期，第62页。
③ 戴炜栋主编，《上海外国语大学志》编纂委员会编：《上海外国语大学志》，上海外语教育出版社1996年版，第473页。

领导讲座与编辑记者的座谈。第一届国际新闻专业的教学方案中仅新闻实习这一环节就占20学分,时长达12周,同学们被分批轮流安排在中国日报社、新华社、北京周报社等单位实习。正如曲莹璞所言:

> 我们1985年的时候,实习就特别多,这也是国际新闻专业和其他专业不同的一点,真的是到一线去实操。新闻班的第一年就开始写东西,后来我们就开始比较长期地在北京各大新闻单位,包括中国日报社实习。①

这些课堂之外的实习环节构成了人才培养体系中至关重要的一部分,一方面学生把在学校中所学的新闻专业理论和策划、采访、编辑、翻译、写作、报道等技能在实际工作中加以综合运用;另一方面,学生在实战中不断提升新闻敏感性和洞察力,从捕捉素材、选择角度、英语沟通等细节上全方位锻炼自己,不断加深对所学知识的理解,逐渐掌握对外宣传报道的能力。上外校友江和平曾提及,这种"学习、实践、再学习、再实践"的过程对其日后在中央电视台工作有莫大的帮助。

2. 多语种国际新闻特色平台人才培养的特征

基于学校多语种优势和国际新闻专业近30年人才培养的实践经验,2012年,学校启动了多语种国际新闻特色平台,打破语种限制,跨院系选拔学生,培养既具备新闻学专业知识和技能,同时又精通两种或两种以上外语(如英语、法语、日语、西班牙语、俄语、阿拉伯语等)的高端复合型、创新型国际新闻传播人才。学院的多语种国际新闻特色人才培养项目还曾获得2017年上海市教学成果奖一等奖。

---

① 樊娟等:《口述校史——曲莹璞:承上外精神,为中国发声》,上外档案校史博物公众号,2021年12月9日,https://mp.weixin.qq.com/s/P15ga-IhvhJ5SUqj-chNEw。

此后，学院形成了"多语种＋国际新闻"的融合创新教学模式，在全国新闻传播学科中产生较大影响。

（1）突出复语／多语培养特色

有别于20世纪80年代国际新闻的"英语＋新闻"模式，多语种国际新闻特色平台整合了学校多学科、多院系、多语言的优势，突出了复语或多语的培养特色。平台以跨院系辅修形式运行，俄语、德语、法语、西班牙语、阿拉伯语、日语等全校各语种本科专业的学生经测试和面试后，在二年级进入多语种国际新闻辅修班学习，两年修满40学分可获得多语种国际新闻辅修专业证书。正如学院时任副院长陈沛芹教授在2012年4月多语种国际新闻特色班全校宣讲会上所言，特色班的同学是"精英中的精英"，"经过特色班培训的同学将能够熟练使用两种外语进行新闻采访与写作等活动"。[①] 培养方案设置了20学分以上的全英文课程或双语课程，如英语新闻作品分析、英语新闻采访与写作等，通过分析英美报刊中的新闻报道，帮助学生了解新闻报道的体裁、结构、重点、语言特点与风格等，并学习英文新闻采访、写作等，使学生具备英语新闻的采写能力；再加上自身四年的非英语的外语专业和英语强化学习，最终学生可以精通两种外国语、掌握两个专业的核心知识。2013年，该特色班还获批设立学校首个国家留学基金委优秀本科生交流项目，4个语种的9名学生获得前往法国、俄罗斯、西班牙、日本等国家的大学进行交流学习的全额资助。在国外学习的一年期间，学生既学习对象国的语言和文化，又进行新闻传播类课程的学习与实践，进一步提升了国际视野及跨文化沟通能力。

（2）建立协同育人机制

校媒联动的协同育人机制是多语种国际新闻平台的另一大特色。

[①] 《多语种国际新闻特色班第二次宣讲会举行》，上海外国语大学新闻传播学院官网，2012年6月28日，http://www.sjc.shisu.edu.cn/_t110/01/41/c85a321/page.htm。

2010年10月，新华社与上外签署《国际传播人才培养与科学研究基地战略合作协议》，确立了二者定向招生、合作开设国际传播课程、设立定点实习单位、联合培养学生等合作框架。多语种国际新闻特色平台正是这个战略协议的直接成果，时任新华社人事局副局长袁炳忠在首届多语种国际新闻特色班开班典礼上寄语新生，指出特色班为新华社等国际化媒体和机构"量身定制"外派记者，其创建初衷就是为对口的社会用人单位输送具有多种语言能力的国际新闻传播人才。在课程设计方面，时任院长郭可曾在首届多语种国际新闻特色班毕业典礼上指出，特色班是校媒合作结出的硕果，其教学根据社会需求设计课程，实现了学界师资和业界专家在人才培养上的互动；学院邀请资深媒体人，如《上海日报》创刊总编辑张慈赟担任高级英语新闻写作课程教师；学院整合最优质的教学资源，设计了高难度的全英语课程、实践课程和最前沿的讲座课程，如国际新闻概论、国际传播、国际前沿问题等特色课程，探讨全球化、信息化社会变革背景下的中外国际新闻媒体的现状、发展趋势，以及传播技术对全球传播与国际媒体的影响，提高同学们对国际事务的敏感度，为同学们作为"全球国际新闻人"从事将来的外宣工作打下基础。在实习实践方面，多语种国际新闻特色班学生学习一年并通过选优考核后，赴新华社、中国国际广播电台、中国日报社、上海电视台等中央与地方媒体，以及国际性媒体实习。早在2013年暑期，就有15名多语种国际新闻特色班的同学参加了新华社的岗位实习，还有部分同学参加了暑期海外新闻实践与新媒体培训等。

（3）加强教学管理保障

多语种国际新闻特色班是学校层面的跨院系的教学班级，而非行政班级，其生源来自不同专业背景，如果没有行之有效的管理机制保障教学活动的开展，培养效果将会受到影响。为此，学校和学院多措并举，在班级筹备、学生招生、教学开展、学生实习毕业方面都做了充分准备与细致安排。2011年12月1日，时任副校长冯庆华主持召开多语种国际新闻人才培养推进会,协调学校相关职能部门、教学部门和多语种院系,筹备下一年的开班工作;2012年,学院先后三次在松江校区举行全校层面的招生宣讲会,介绍开班的重要性、必要性,以及课程设置和办学特色。学院专门成立了多语种国际新闻特色班办公室,设有专门的办公场地,配备专门的教务管理人员,实行班主任制度,组织教师集体备课,带领学生外出参观实习,并编辑多语种国际新闻特色班学生学习手册。2012年9月和2015年6月,学校还分别为首届40余名学生举办了开班典礼和毕业典礼,两次典礼上新华社人事处领导、学校领导、教务处等职能部门的负责人、多语种各院系院长、多语种国际新闻特色班任课教师都参加并发言,体现出对此类人才培养的高度重视。时任校长曹德明教授曾在开班典礼上致辞:

> 为了尽早推进和落实这一项目,新华社和学校的领导,以及新闻学院、教务处、学生处、信息技术中心和各个多语种院系的领导一直保持着密切的沟通和协调,在大家的共同努力下,逐步形成了今天这样一个特色班。我相信这是一个创新的管理模式、教学模式和实践模式。①

学校和学院层面密切的协调沟通和精细的运行管理保障了多语种国际新闻传播人才培养目标的有效达成。

3. 新闻传播大类人才培养的基本特征

为打造适应"全媒化""融媒体"时代的国际新闻传播人才,新闻传播学院再一次创新人才培养模式,在全校范围内第一批实施大类招生和培养改革。2017年学院推出院内大类培养计划,从2019级起实

---

① 参见曹德明:《在多语种国际新闻特色班开学典礼上的讲话》,上海外国语大学编:《上海外国语大学年鉴(2013年)》,2013年版,第61页。

行新闻传播大类招生和"1+3"的培养模式,即入学后第一学年按新闻传播学进行大类培养,第二学年分流进入新闻学、广告学、广播电视学、网络与新媒体四个专业进行专业培养。从招生情况来看,2019级新生中将"新闻传播学类"作为第一志愿的比例比2018级提升了28.5%,2020级比2019级又增长了7%,说明大类人才培养对学生具有较强的吸引力。大类人才培养改革突出了如下特征。

（1）注重专业交叉融通

媒介融合背景下新闻传播学科各专业之间较高的融通度是开展大类培养的基础,根据《上海外国语大学本科专业人才培养方案（2020级学生）》,新闻传播大类将培养"具备扎实的新闻传播理论基础、过硬的融媒体传播能力,能够熟练运用全媒体传播技能进行媒介内容制作和媒介市场运营,能够不断学习新的媒介技术和传播方式的人才"作为人才培养目标。其大类培养方案的设置如表5-1。

其中大类平台课是新闻传播学科共同的基础课,构筑了新闻传播类的专业知识框架与体系。这些课全部被安排在第一和第二学期,共24学分,占人才培养方案总学分的15%；专业分流后的专业教育课,被安排在第三至第八学期,共62学分；大类平台课和专业教育课学分比约为1∶2.6,所占比例较高。这些大类平台课淡化了具体专

表5-1 新闻传播大类人才培养课程设置

课程类别	具体课程	学分	占比(%)
通识教育课	通识课程必修课、选修课	38	23.70
大类平台课	大类平台基础课程、大类平台选修课程、专业导入课程、大类实践教育课程	24	15.00
专业教育课	专业理论课、专业实践课	62	38.80
英语类课程	基础英语、英语阅读、高级英语等	36	22.50
共计		160	

业的属性，主要引介阐释新闻传播学科领域内重要的概念、事件、行为等，让学生深刻理解传媒与社会的互动关系和信息传播的客观规律等。具体包括媒介与社会、视觉艺术与技术、英语新闻写作基础、大众传播学、跨文化沟通、政治与传播、媒介与经济、传播与心理、大类实践等课程，帮助学生奠定理论和媒介技巧基础。另外，大类培养方案中还设计了4个专业的导入课程，即国际新闻报道、广告学导论、广播电视导论和数字网络基础，分别对应新闻学、广告学、广播电视学和网络与新媒体这4个分流专业，为后续专业分流打下基础。

（2）促进学生自主发展

大类培养给学生留出较多的自主选择空间，能够较大程度激发学生的积极性和自主性，有利于学生根据个性的不同构筑自己的知识体系与发展风格。在专业选择方面，学生按大类被录取后需要通过一年的学习再选择专业，此时对专业有了更加全面的认知；学院采取分流动员、政策宣讲、个人职业生涯规划咨询等多种形式，引导学生充分了解各专业的特色和培养方向，深入思考自身未来的发展路径。这些都能有助于学生理性选择专业，尽早建立专业认同，达到理想的学习效果。在课程选择方面，学院为更好地落实大类培养，在内部打通了4个专业的选修课程和实践资源，学生可以多轮次、跨专业、跨年级进行互选，即一个专业的所有核心课程与实践项目也提供给学院内部其他专业其他年级的同学选修。以实践项目为例，学院领导在访谈中介绍道：

> 开发了差不多20个实践项目，给学生提供多样化、尽可能丰富的实践选择，如新传快递、短视频制作、公众号运行等，有的跟着老师做大数据挖掘分析，有的跟着老师做研究型实践，有的还直接跟媒体合作，比如在一财编辑室学习财经的国际社交媒体平台运营……还有业界人士，我们校友直接来让学生做

汽车垂直媒体的运营项目。我们上海松江 App 英文频道也是由我们的师生团队组成英文编辑部提供每天稿件等。

丰富的课程和多元的实践机会能最大化地支持学生的个性化选择与多元发展，不仅提升了学生的自主学习意识，对于加强学生的综合素质和创新能力也大有裨益。

（二）国际新闻传播人才培养的基本特征

改革开放以后，上外开国际新闻教育之先河，在外语类院校中最早进行复合型外语人才培养探索，不仅实现了从单语种到多学科的转型，在学校发展进程中留下了浓墨重彩的一笔，其成功经验也为全国复合型外语人才的培养和外语学科的发展做出积极贡献。"在改革开放的 30 年中，培养复合型外语人才的试验是我国外语教育中影响最大、涉及范围最广的一次"[1]，其影响一直延续至今。40 年过去，上外的国际新闻传播人才培养一直与时俱进，创新改革，始终紧跟时代步伐，回应社会之需，并不断彰显跨学科、强协同、重实践、交叉融通的特色。

1. 从"英语+新闻"到"多语种+新闻"再到"深度通融"，国际新闻传播人才培养始终紧跟社会发展和时代步伐

上外国际新闻传播人才培养的三次关键性改革，都是对固有人才培养模式的实质性突破，是时代机遇和社会发展共同推动的结果，与中国融入世界的进程同频共振。

上外自建校到国际新闻专业建立之前，一直致力于培养外国语言文学的专门人才。随着社会主义现代化建设事业的发展，特别是改革

---

[1] 胡文仲：《英语专业"专"在哪里？》，《外语界》2008 年第 6 期，第 18 页。

开放以后,国家与世界各国在科技、经济、文化等领域的交流更加广泛和深入,高校的人才供给与社会的人才需求方面的不适应逐步显现。正如时任校长胡孟浩在 1984 年 12 月建校 35 周年大会的报告中所总结的,当时社会外语人员的数量和结构、高等教育结构、办学条件与上海经济体制改革都对外语教育提出了新要求,"外语类院校要培养新型外语人才——不仅熟练地掌握一至二门外语,而且还要掌握或懂得有关学科的基本知识"[①]。适逢中央此时推出加强对外宣传工作、加速发展新闻教育、培养新闻干部的战略部署和政策支持,于是第一个"英语+新闻"的复合型人才培养模式就在上外应运而生。在上外试点 10 年以后,许多高校特别是外语类院校也采用这种模式进行复合型外语人才培养探索[②],这说明复合型外语人才培养改革适应了当时的社会需求,受到社会认可。国际新闻专业的第一批任课教师、著名翻译家钱绍昌也指出:

>上外国际新闻专业前两届毕业生除了两名留校作师资外,全部被中宣部要了去,分配至新华社、中央电视台、中国日报社、外交系统和高校等要害部门。如今这些人全是重要的外宣骨干,分别担任着领导干部、外交官、教授或是名记者。[③]

学校国际新闻传播的第二次关键发展是建立多语种国际新闻特色平台,充分利用学校多个语种的学科优势,突破仅限于英语和新闻复合的国际新闻传播人才培养框架,把俄语、法语、日语、西班牙语等

---

① 胡孟浩:《改革教育体制培养新型外语人才——上海外国语学院的历史、现状及发展方向》,《外国语(上海外国语学院学报)》1985 年第 1 期,第 9 页。
② 戴炜栋:《我国外语教育 70 年:传承与发展》,《外语界》2019 年第 4 期,第 2 页。
③ 钱绍昌:《国际新闻专业三十年》,《新民晚报》2013 年 1 月 17 日 A29 版。

多个语种纳入教学，推动培养模式的国际化、多元化。培养出的学生既能在语言专业学习中熟练掌握两门外语，同时又能获得专业新闻知识与能力。这种拥有多语能力和复合型知识结构的国际新闻传播人才，符合在20世纪初全球化进程深刻的影响下，中国文化"走出去"战略和全方位、多层次、宽领域对外开放格局的时代要求。正如中国日报社副总编辑王浩曾提出："我们有的记者能够用俄语采访、英语成稿，这样的人才是未来国际传播的趋势。"另外，伴随着中国经济快速发展，国际舆论局面日益复杂，2009年中央下发《2009—2020年我国重点媒体国际传播能力建设总体规划》，明确提出把我国重点媒体国际传播能力建设纳入国家经济社会发展总体规划。为落实这项国家战略，国家媒体开始拓展对外传播渠道，全面推进国际传播体系建设。2010年，驻外记者最多、分布最广的新闻机构——新华社与上海外国语大学签署战略合作协议，时任新华社副社长周锡生在签字仪式上表示，协议的签署是积极贯彻落实中央关于加强国际传播能力建设部署精神的重要举措，双方将在国际传播人才培养、新闻学与国际传播学研究等方面开展合作，为我国国际传播事业培养和输送高端人才。上外再次抓住了国家对外文化宣传事业的发展契机，开创了"多语种+新闻"这一新的人才培养模式。

2014年被称为我国"媒体融合元年"，习近平总书记主持召开中央全面深化改革领导小组第四次会议，审议通过《关于推动传统媒体和新兴媒体融合发展的指导意见》。这是我国关于媒体融合发展的顶层设计，是指导媒体融合实践的纲领性文件。文件指出，随着数字和信息技术的发展，要推动传统媒体和新兴媒体在内容、渠道、平台、经营、管理等方面的深度融合，形成立体多样、融合发展的现代传播体系。而培养传媒人才的高校新闻传播类专业一直是以媒介性质为划分依据的，譬如新闻学是报纸杂志编辑，广播电视学是电视编辑等。随着媒体融合的深入，各媒体之间的界限不断模糊，过于单一化和专门化的人才培养模式显然已经不能满足时代需求了。在此背景下，新闻传播学院立足"外语＋新闻"的办学实践和已有的新闻学等4个专业的基础，再次进行教学改革：通过设置大类课、打通专业课、专业分流等举措，进行"深度通融"的大类人才培养。正如学院领导在访谈中所提及的：

> 我们学院几个专业的时代性、实践性都特别强，有很强的共通点和很高的融合度。现在我们面对的是一个传播泛化的时代，以前学生只能在新闻媒体单位从业，但现在各行各业的学生都要接触自己的用户，都需要用新媒体手段运营自己的微博、公众号、网站等，用人单位对学生能力的要求更加综合了。我们这种相对融通的培养，其实是瞄准社会需求的。

2. 保持跨学科、强协同、重实践的核心培养特色，培养复合型、创新型、应用型新闻传播人才

上外国际新闻传播人才培养在40年来的发展历程中，虽然肩负不同的时代责任，体现出鲜明的时代特色，但其跨学科、强协同、重实践等核心理念一以贯之，始终致力于培养复合型、创新型、应用型新闻传播人才。

国际新闻传播人才培养自改革之始就具备跨学科性质。其最初设立在学校英语系，以英语专业为依托招生培养，之后不断发展壮大，到独立成为学院，再到目前孕育出完整的本硕博新闻传播人才培养体系，一直坚持着上外的办学特色，即在保持语言优势的同时，加强新闻传播学科内涵建设，提升培养质量。这种两个学科相复合的特点体现在招生、课程、教学多个环节中，甚至体现在管理和思维模式上。经过这种模式培养出来的人才具有语言和专业的"双重优势"，尤其是具备较强的国际合作交流与跨文化能力，因此一经推出就受到社会

的肯定和欢迎。正如国际新闻专业1986届校友周树春所言：

> 80年代基本是面向Print Journalism平面媒体去培养新闻人才的，主要以写作为主。因此，上外国际新闻专业最基本、最好的，同时也是最强的优势就还是语言。[①]

学院领导在访谈中也指出：

> 新闻传播是最能跟外语融合在一起的一个学科，因为语言是非常重要的传播载体。我们（新闻传播学院）本科有多语种（国际新闻）辅修班，研究生有多语种（全球传播）硕士班。（这个专业）天然就和多种语言结合在一起，也能够把语言的优势最大化发挥出来，因此，跨学科特点是非常鲜明的。

除了外语学科和新闻传播学科之间的跨越和交融，随着国际新闻传播大类培养项目的开展，新闻传播学科内部也进行了深度融通，这种创新模式高度契合了我国新文科建设的发展指向。2020年发布的《新文科建设宣言》指出："应对新变化、解决复杂问题亟需跨学科专业的知识整合，推动融合发展是新文科建设的必然选择。进一步打破学科专业壁垒，推动文科专业之间深度融通、文科与理工农医交叉融合。"由此可见，在新文科建设的背景下，国际新闻传播学科内和学科间的交叉融通与整合发展的特点还将得到强化及延伸。

保持与新闻传播业界的联动协同和密切合作、突出实践育人也是上外国际新闻传播人才培养的核心特色。专业始建时就得到各大媒体

[①] 樊娟等：《口述校史——周树春：从上外出发，融通中外，讲好中国故事》，上外档案校史博物公众号，2021年11月30日，https://mp.weixin.qq.com/s/8wrNerY7nMwGYLIbn1drEw。

的大力支持，在师资组合、资金筹措、设备资料方面都得到了较强的保障；学生还得到了资助，并在这些新闻单位进行为期 8 个月的实习。[①] 学院深刻理解新闻传播学界、业界协同育人的重大意义，高度重视与政府以及国内重要媒体的合作共建，与新华社在 2010 年底签署了战略合作协议，这是上外首次与国家部委级单位实施深层次、实质性的战略合作[②]；之后，与中国日报社、上海市委宣传部等签署共建协议，将把握新闻传播人才培养规律、创新新闻传播办学模式、培养一流新闻传播人才和加强国际传播能力建设作为共建合作的重要内容。另外，学院还将协同合作的范围拓展到上海市级和区级官媒如东方广播中心、上海外语频道、第一财经、松江融媒体中心等，以及互联网媒体与企业如澎湃新闻、梨视频等，对接政府和市场的需求，打通校内外的优质资源，取得了丰硕的合作成果。基于新闻传播学科变化快、实践性强的特点，学院还通过联动和合作，吸纳业界力量，充实师资队伍；关注媒介行业变革，产出融媒体产品；打造动态实践体系，将学生输送到丰富多元的实战实践平台中去。在各类媒体实战中，学生融入业界环境，接受专业教师与业界人员的共同指导，"做中学"、"学中做"，实践成果直接接受市场检验，融合传播能力进一步提高，职业生涯发展目标也更加清晰。

近年来，在全球化、信息化和构建人类命运共同体的时代背景下，上外新闻传播学院紧紧围绕国家战略需求，不断优化"多语种+"人才培养路径，并充分发挥学科优势，搭建学术平台和案例库，打造全球传播学术高地，推动智库建设，提供咨政服务等，致力于为建设适应大变局下国际传播需要的专门人才队伍做出更积极的贡献。

[①] 郭可：《试论我国国际新闻教育模式》，《新闻与信息传播》2001 年秋刊，第 58 页。
[②] 参见吴友富：《在新华社与上外共建国际传播人才培养与科学研究基地战略合作协议签约仪式上的讲话》，上海外国语大学编：《上海外国语大学年鉴（2011 年）》，2011 年版，第 16—17 页。

国内其他外语类院校也经历了类似的发展过程。北京外国语大学国际新闻专业同样孵化于实力雄厚的传统英语学科，2014 年建立了专门学院。据《北京外国语大学志（2001—2010）》记载，英语学院下设新闻系，其课程包括英语课、新闻专业核心课和国际新闻传播专业通识课三大板块。其中英语类课程与英语专业的基本一致，要求学生毕业时通过英语专业八级考试，用英语撰写毕业论文；除中国新闻史等少数几门课程外，其他专业课均用英语讲授。可见在起步阶段，"英语＋新闻"是较为广泛应用的人才培养模式。新时代以来，北外国际新闻与传播学院依托多语种教学优势，形成了复语型、复合型、全媒体新闻实务等教学特色。时任学院领导姜飞认为，国际新闻传播人才培养不等于"新闻＋外语"，不等于"新闻编译"……需要广阔的视野和完善的知识结构。他将国际新闻传播人才培养要求细化为六个方面：三观、视野、实践、实战、多元和语言。[1] 大连外国语大学章彦等认为国际新闻传播专业应注重培养具有多语能力、话语权意识的复合型人才，应创新理念、内容与方法。[2] 中国传媒大学高晓虹等提出，国际新闻传播教育体系应突出"厚基础""强专业"的特点，打牢国际新闻传播业务功底；应发挥"多语种""跨文化"优势，培养融通中外的优秀人才。[3] 综而观之，在复杂的国际局势下，面临构建中国特色的传播体系、提升国际传播能力的艰巨任务，外语类院校国际新闻传播人才培养应立足多语优势与背景，保持核心竞争力；同时强化实践性，聚焦跨学科融通、多主体协同，已成为学界共识和努力方向。

---

[1] 姜飞：《新时期对未来国际新闻传播人才培养的思考》，《新闻与写作》2020 年第 7 期，第 42 页。
[2] 章彦、张恒军：《全媒体时代国际新闻人才培养创新模式探索》，《传媒》2019 年第 20 期，第 81 页。
[3] 高晓虹、冷爽、赵希婧：《守正创新：中国特色国际新闻传播人才培养研究》，《中国编辑》2022 年第 7 期，第 6—7 页。

二、卓越学院本科人才培养

20世纪70年代，马丁·特罗（Martin Trow）提出了高等教育大众化理论，该理论经厦门大学高等教育发展研究中心的研究人员引入中国。[1] 高等教育大众化理论以高等教育入学率为标准，将高等教育分为精英教育、大众教育、普及教育三个不同的发展阶段，不同阶段所培养出的高等人才在"质"与"量"上有根本区别。根据以上划分标准，可以推定我国高等教育正处于普及化阶段，因为我国高等教育毛入学率已经远远超过50%，已度过精英教育阶段，开启了大众化和普及化的教育进程。目前，我国高等教育稳步发展，高校教师队伍建设、课程体系建设、教材建设等方面的改革加速，基本满足了大众教育、普及教育对高等教育提出的新要求。然而，普及教育的发展并不意味着精英教育的消亡。不同于精英教育阶段的"少数人"教育，普及化阶段的精英教育有其独特内涵。这一阶段的"精英"是在时代提出更高的人才培养要求的背景下，为满足社会发展的迫切需要所培养的具备鲜明特长的卓越人才。此类人才的培养符合高校学生个性发展的要求和国家教育特色发展的需要。

荣誉教育兴起于欧美国家，是精英教育在国际高等教育进入普及教育阶段后的主要表现形式，也是大众教育时代以培养拔尖人才为目标，专门为学业上取得优异拔尖成绩的本科生所设计的特殊教育模式。追溯荣誉学院的历史，最早提出荣誉教育计划并付诸实践的当属美国斯沃斯莫尔学院[2]；也有学者认为荣誉教育起源于19世纪初的牛津大学。但无论荣誉教育起源于何处，这种教育模式始终聚焦于

---

[1] 邬大光：《高等教育大众化理论的内涵与价值——与马丁·特罗教授的对话》，《高等教育研究》2003年第6期，第6—9页。

[2] A. Rinn, "Rhodes Scholarships, Frank Aydelotte, and Collegiate Honors Education", in *Journal of the National Collegiate Honors Council*, 2003, pp. 27-39.

对少部分本科生的进一步教育。荣誉教育理念于20世纪进入我国，最早可追溯到1978年中国科学技术大学开办的少年班，包括之后的国家文科基地、理科基地建设项目，研究生教育创新计划项目，大学生创新性实验计划，基础学科拔尖学生培养试验计划等一系列创新人才培养项目计划均可纳入荣誉教育范畴。我国目前的荣誉教育以"珠峰计划""卓越工程师教育培养计划2.0"和"强基计划"等项目支持下设立的国内高校荣誉学院为代表。在荣誉教育理念的指导下，国内众多知名高校成立了专门的实验班和特色学院，如清华大学新雅书院、北京大学元培学院、上海交通大学致远学院、西安交通大学钱学森学院、浙江大学竺可桢学院等。这些学院通过确立人才培养目标和特色选拔制度，筛选出各自的潜力人才，为这些人才提供优越的学习环境，配备高水平的师资，旨在为国家与社会输送急需的高素质拔尖人才。

2015年，国务院印发了《统筹推进世界一流大学和一流学科建设总体方案》，提出了"双一流"建设的宏伟目标。高校本科教育作为"双一流"建设的重要基础，必须明确"一流"要求，尤其是各高校的荣誉学院在拔尖人才培养中更要突出"一流"特色。"双一流"建设对高校教育质量提出了新要求，各高校的荣誉学院应站在更高起点培养拔尖创新人才。

（一）卓越学院人才培养的现状分析

在推进"一带一路"倡议和构建人类命运共同体的时代大背景下，上海外国语大学于2015年12月成立卓越学院，学院以"格高志远，追求卓越"为宗旨，致力于实现培养兼具中国情怀和国际视野、擅长多元文化理解与沟通、在国际事务合作与竞争中善于把握机遇和争取主动的国际青年精英的宏观目标，旨在对接国家战略，培养一批具有国际视野、通晓国际规则、能够参与国际事务和国际竞争的具有全球治理能力的"多语种+"卓越国际化人才,以适应国家经济社会对外开放的要求。卓越学院是优秀上外学生获取"特别教育"和"精英培育"的荣誉学院,采用"双院制"管理模式(学籍所在学院+卓越学院),推行个性化培养,是上外培养优秀本科生的一个重要基地。学院依托强大的多语种学科和领域内高水平师资的优势,为学院学生配备教授级的"一对一"学业导师,实施三个层面的拔尖创新人才荣誉培养机制(荣誉学籍、荣誉证书、荣誉课程),建立四类人才培养平台(多语种高级翻译人才实验班、多语种国别区域人才实验班、多语种国际组织人才实验班、多语种外交外事人才实验班),为学院学生提供多元化的培养模式和个性化的培养方案。[①] 此外,卓越学院不仅提供前往世界一流大学学习的机会和多种奖学金,还主办卓越讲坛等一系列高端活动,为培养学生的综合素质,以及参与国际事务竞争所需的全球胜任力提供了多种渠道。

上外卓越学院以外语为特色,同时注重学生的专业特长。学生在良好的生态环境中取得了令人瞩目的成绩,他们在国际公共演讲比赛、全国英语演讲比赛等各类赛事中屡获佳绩,学院为国家外交外事、国际组织、高级翻译与国别区域研究领域输送了源源不断的优质国际化人才。卓越学院是上外教育教学改革的实验基地,学校希望通过支持卓越学院的创新发展,为继续深化"多语种+"卓越国际化人才培养改革提供借鉴。鉴于此,本研究以卓越学院为案例进行分析,希望能为上外的卓越国际化人才培养,以及其他外语类院校的荣誉教育提供借鉴。

1. 招生准入制度

遴选出真正具有潜力的拔尖创新人才既是高校开展荣誉教育的基

---

① 参见《上海外国语大学卓越学院人才培养定位》,上海外国语大学官网,http://www.honors.shisu.edu.cn/5486/list.htm,访问时间:2022年7月1日。

础工作和先决条件，也是高等教育教学改革的难题之一。作为上外最具竞争性的学习成长项目，卓越教育在课程数量、内容深度和广度等方面对学生的课业应对能力提出了更高要求，要求学生具备持续高效学习的能力。卓越学院荣誉计划一般只从综合成绩排名班级前五的优秀在校生中选拔，申请者通过"提交审核—笔试—面试"三轮测试进入卓越学院学习，最终录取比例较低。例如，2021年共有389名在校生向学院提交入学申请，最终46名学生获得录取资格，录取率仅约为12%。除了在校绩点、笔试成绩等既定学业成就之外，卓越学院还倾向于录取具有某种领域的特殊才能、广泛的兴趣爱好、强烈的成就动机、丰富的社会活动经历和卓越领导能力的学生。自建院以来，卓越学院不仅逐步构建起一套人才选拔与评价体系，而且建立了差异化动态进出机制——旋转流动制度。为确保人才培养质量，学院实行准入准出的"旋转门"式动态管理机制。新生中除了保送生生源外，卓越学院会面向所有在校生开放入学申请，进行选拔考试；并且根据学业计划完成情况，每个卓越班每学年有10%左右的学生回归专业所在学院进行学习。卓越学院鼓励这批优秀学生积极提升学业水平，有机会再次参加选拔，进入卓越学院继续学习。

2.高标准、多方向的人才培养目标

培养目标是人才培养的第一要素，是"培养什么人"的价值主张与具体要求。卓越学院致力于培养国家急需的国际化战略人才，基于上外多语种优势开设了多个方向的人才培养平台，包括多语种高级翻译人才实验班、多语种国别区域人才实验班、多语种国际组织人才实验班、多语种外交外事人才实验班四类，整体的人才培养目标高于各专业院系设置的培养目标；并且卓越学院一直鼓励学生考研深造，在本科阶段就为学生打好学术基础、培养科研兴趣、发掘学术潜力。面对新兴行业不断涌现和快速变化的世界，我们需要高水平和具有挑战性的教育计划，为提升本科拔尖学生的创新力和培养学术动机提供教育环境、资源与教学手段。①

第一，推进"一带一路"伟大事业离不开语言服务保障，语言翻译是最重要的语言服务。高校作为人才培养的高地，需要抓住这一发展契机，切实加强对多语种应用型翻译人才的培养，才能更好地为经济建设服务。②上外多语种高级翻译人才实验班致力于培养符合国家战略与社会发展需求的具备卓越的求实创新精神、熟练的多语转换能力和优秀的合作与领导才能的高素质、通识型、多语种高级翻译人才。第二，国别与区域研究是外国语言文学一级学科的新增方向，全球话语体系建设突出强调国别、语别，培养"会语言、通国家、精领域"的国别区域人才是外语类院校新的历史使命。多语种国别区域人才实验班凝练外国语言文学与政治学一级学科特长，结合学校非语言专业建设优势，旨在培养具有政治学研究视野或国别区域研究专长的多语种人才。第三，参与全球治理，以及争取国际话语权要基于广泛的知识生产与人才储备。③外语类院校具备跨语言、跨文化优势，是开展国际组织管理人才培养与研究工程的核心基地。多语种国际组织人才实验班有机融合了荣誉教育与上外国际公务员人才实验班的办学经验，旨在培养中外文水平优秀、具有国际视野、通晓国际规则、能够参与国际事务和国际竞争的公共管理人才。第四，外交外事人才是国家外交工作的第一要素。多语种外交外事人才实验班强调在确保学生中外文水平优秀的基础上，培养具有中国情怀、国际视野，通晓国际规则，熟知中国外交，了解国际关系，能够胜任国家、各级外交外

---

① 姜璐、刘晓光、董维春：《美国本科拔尖人才培养实践探究——以亚利桑那州立大学荣誉学院为例》，《比较教育研究》2021年第2期，第105—112页。

② 张健稳：《"一带一路"背景下多语种应用型翻译人才培养探讨》，《上海翻译》2018年第4期，第63—67页。

③ 阚阅：《全球治理视域下我国的国际组织人才发展战略》，《比较教育研究》2016年第12期，第16—21页。

事部门涉外工作的人才。

卓越学院旨在吸纳全校甚至全国的才智突出、满怀学术抱负的学生，并为他们提供优良的教育资源，使其在学院获得全面发展，并最终成长为终身学习者、创造性问题的解决者和具有全球视野的公民。卓越学院高标准与多方向的目标设置充分体现出对接国家战略进行人才培养的理念，深入贯彻了学校培养"会语言、通国家、精领域"的卓越国际化人才培养目标，实现了对高质量精英教育的坚守。

3. 课程体系与课程实施

卓越人才是上外举全校之力培养的结果，课程教学是最根本的培养途径，必须因时、因事、因人制宜，系统设置、实施多样化的卓越课程体系。卓越学院秉持高标准、严要求的课程教学原则和课程评价标准，要求学生必须养成挑战自我、迎难而上的习惯，为投入高端课程的学习做好准备。具体而言，通过卓越学院选拔的学生，除了修满所在学院规定的课程学分外，还必须修习卓越学院专门设立的一系列实验班课程，即卓越人才课程体系。该课程体系由五个基本板块构成（四个卓越板块+一个所在学院板块），课程设置契合培养目标要求，板块间相互配合，注重学生学科知识的"跨、通、融"交叉复合和人文素养的提升，力图促进学生在专业领域深耕，培养跨学科视野和能力，为学生的批判性思维，以及阅读、写作和沟通交流能力的发展打下坚实基础。卓越学院的荣誉课程一般是通识课程、英语强化课程、"多语种+"人才素养课程、国际课程和其他课外活动的多样化组合（图5-1）。

（1）通识教育

通识教育是基于全人教育理念和塑造学生人格这一目标而提出的，主要功能是塑造价值、培养能力和传播人类核心知识。卓越学院中所有类型的实验班的荣誉学生必须修习思政课程、语言课程、体育课程、计算机类课程、语文课程和卓越博雅课程。课程内容主要聚焦于公民基本思想政治素养、学生兴趣领域内的语言学习和人类社会发

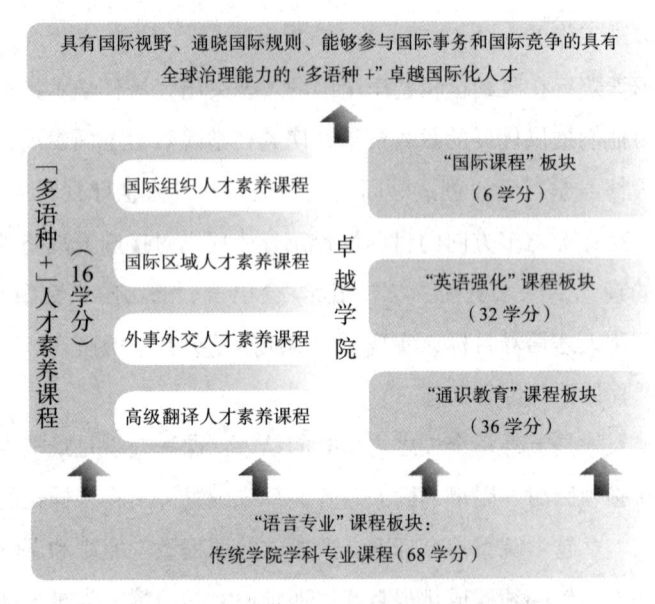

图 5-1　卓越学院人才培养课程体系

卓越学院人才培养课程体系由"多语种+"人才素养课程（16学分）和卓越学院课程组成。"多语种+"人才素养课程包括国际组织人才素养课程、国际区域人才素养课程、外事外交人才素养课程、高级翻译人才素养课程。卓越学院课程包括"国际课程"板块（6学分）、"英语强化"课程板块（32学分）、"通识教育"课程板块（36学分）。基础为"语言专业"课程板块：传统学院学科专业课程（68学分）。培养目标为具有国际视野、通晓国际规则、能够参与国际事务和国际竞争的具有全球治理能力的"多语种+"卓越国际化人才。

展中的关键国际关系与文化交际，涵盖哲学、历史、文学、科学、艺术等诸多方面，如政治哲学导论、国际关系、跨文化交际、伦理学、逻辑学等，有助于学生从多学科角度审视人类思想文明的异同，加强对人类社会文化多样性的感知。

（2）英语强化

卓越学院的"多语种+"人才培养理念要求进入卓越学院的学生至少能够掌握或者熟练使用两门及以上的外语。英语作为我国基础教育阶段学生的主要外语与国际上的第一通用语言，是卓越学院学生迈向国际舞台首先要掌握的。然而，这些学生经过层层选拔，已具备较高的英语水平，一般的大学英语教育较难满足他们的需要。卓越学院开设的"英语强化"课程板块旨在坚实学生的英语基础，尤其是口语、阅读、写作技能，如思维训练与口语传播模块、经典阅读与中国思考模块，以及学术思辨与文字表达模块。听力技能的训练被融入日常教学活动中，学院半数以上的课程为全英文授课，为学生提供了良好的二语习得环境，在此基础上学生的英语水平更上一层楼，也为学生第二外语的发展打下了基础。

（3）国际课程

国际交流与合作是荣誉教育的重要依托。即使在教育、科技发达的欧美国家，荣誉教育的学生广泛参与国际交流与合作项目仍然是其教育的重要手段。[①]卓越学院学生在入学后的第一个或第二个暑假赴海外参加为期5周的世界一流大学的国际课程学习，目前合作的院校有英国剑桥大学、牛津大学、伦敦大学亚非学院，美国乔治城大学，荷兰马斯特里赫特大学等国外知名高校。以马斯特里赫特大学的国际课程为例，卓越学院学生可选择的课程包括"跨文化传播""欧盟：和平、冲突与人权""荷兰艺术史""欧洲福利国家的多角度思考与挑战""积极心理学""医学伦理"等，课程内容广泛，涵盖欧洲的经济、政治和文化等诸多领域，并力图从更广泛的国际视角引导学生。此外，学生还有机会前往国际组织与公司实地参观，进行定期的短途旅行和活动，如参观著名的《马斯特里赫特条约》的签订地，以期为未来的国际化发展提供知识储备，拓展视野。

（4）"多语种+"人才素养课程

"多语种+"人才素养课程是卓越课程体系中最具区分度的课程，代表卓越学生的培养方向和发展领域，也是卓越学生区别于其他非卓越学院学生的重要标志。以多语种国际组织人才实验班为例，课程突出国际与全球视野，内容包括政治学、管理学及法学等多学科知识，如国际关系概论、全球政治大趋势、国际法、国际组织与全球治理、国际谈判与国际公文写作、国际政治经济学与国际发展、

[①] 于鸣鹭、陈华胜、杨永：《中国大学人才培养荣誉教育可实施路径浅析》，《高教学刊》2018年第22期，第5—8页。

国际组织专题研究等课程。外交学与外交政策分析、中国大国外交方略、领导力与外交礼仪则注重坚定学生的国家立场，让学生了解国家外交事务，培养其为国为民谋福祉的意识，增强政治定力。除以上知识课程以外，荣誉学生还必须修习一定学分的实践课程，在"做中学"的实践教学理念指导下，卓越学院为学生成长提供了大量实践平台。在此基础上的卓越实践与创新创业实践课程要求学生将所学的跨学科知识及技能付诸实践，让学生学会发现问题、分析问题和解决问题。

卓越学院以培养交叉复合创新型的多语种人才为使命，通过设置富有挑战性、多样化的课程，让学生在学术科研、社会实践等领域做到卓越突出，成为社会精英人才。上海外国语大学卓越学院与北京外国语大学北外学院设置的思政课、通识课、专业课、体育劳动课的一体化核心课程体系既强调育人的共性，又各有特性。[1] 总体来看，卓越学院课程具有以下特点：一是强调提质增效。卓越人才课程体系的差异化不能仅通过课程难度和数量的简单加码来体现，而是要在给予学生充分发展自由的前提下科学、系统地组织课程，避免课程简单加码而限制学生自主成长的情况。卓越学院设置了大量质效结合的课程，甚至是全英文课程。这些课程对于激发学生潜能、提升学生实践能力起到了很大的促进作用，解决了课程质与量的矛盾。二是校内校外课程联动。卓越学院特别注重"全人教育"，通过创设校内校外"一二三四"课堂，使各类课程有机联动，发挥育人作用，促进学生德智体美劳全面发展。其具体体现为抓住专业课堂教学育人主渠道，鼓励学生参与课外实践活动，提供校外创新、创业实习平台与境外联合培养、交换生项目等学习机会，以此来培养学

---

[1] 文秋芳：《"一体化"思政育人体系构建与实践应用——以培养"英法双语+专业"国际治理人才为例》，《外语界》2021年第2期，第2—9页。

生的家国情怀、专业素养、创新精神和全球眼光。三是体现新文科课程设计理念。新文科理念与钱学森"量智与性智结合、科学与哲学结合、科学与艺术结合、逻辑思维与形象思维结合、微观认识与宏观认识结合"的思想精髓不谋而合,卓越学院创造性地将"计算机数据统计""人文社会科学研究方法""逻辑学"等课程纳入人文学科的教育中,为实现"全人教育"理念服务。四是注重理论联系实际。在基础通识教育、专业教育、语言教育、卓越创新型教育的整体框架下,课程安排强调知识体系与个人成长路径的紧密关系。以多语种国际组织人才实验班为例,国际关系的系列课程要求学生将知识运用于演讲、辩论等相关课程中,定期撰写实践报告,从而引导学生从理论到实践再回到理论,帮助他们初步形成对学科领域的认识,以及对研究方法、范式的应用。

4. 师资配备

卓越的师资是卓越"多语种+"人才培养的重要前提条件。学院建立以来,上外通过"内培外引"的各种渠道选调、聘请卓越的高水平的师资队伍引领实验班学生成长成才,不仅包括从本校各学院、机构选调的资深教师、青年骨干,还包括从其他国内外高校聘请的优秀教师。一方面,学校坚持选派教学经验丰富的教师为实验班学生上课。以承担卓越学院2020—2021学年春季学期授课任务的53名教师为例,其中有正教授职称的教师为15名,有副教授职称的为10名,具有丰富教学经验的教师占比至少约五成。另一方面,学校大力引进校外、国外知名学者、教师作为重要的师资补充。学校利用各类资源,邀请此类教师进行跨院校开课,为学院学生开展长期或短期的授课、实践讲座,使学生能够接触到国际国内前沿知识,在不同类型院校的教师的多元教学模式下成长发展;同时针对学生需求,鼓励受学生欢迎的中青年骨干教师开课,这些教师发展潜力大,富有改革创新精神,教学效果好。

学业导师制是卓越学院为在籍本科生及卓越学院国际组织研究生项目学生提供的特别支持，是卓越学院培养机制中的重要一环，发挥为学生提供全方位的学业咨询和指导的作用。学业导师制使学生的语言能力、科研能力、创新能力培养有机结合，有利于更好地实现卓越学院本科生及研究生人才培养目标。通过双向选择的方式，学生根据自身的专业、特长等，确定符合自身发展方向的导师，再由导师根据学生情况进行选择，在适当条件下增加面试环节。学业导师主要从关心学生成长、科研能力优秀且具有创新精神的、具备硕士研究生指导资格的教授或副教授中聘任，一般具有多年的研究生培养经验。个性化的学习项目和动态化的培养方案要求学生与荣誉导师随时保持密切联系。卓越学院聘任的荣誉导师除了监督指导学生制定培养计划、定期听取学生学习汇报情况之外，还负责学生在校期间的人格塑造和价值观引导；帮助学生做好未来发展规划，明确成长目标，促进知识、能力与价值观的协调发展；培养学生的科研创新精神，组织并指导学生开展多种形式的科研训练，提升学生的研究能力，推荐具有科研潜力的学生进行深造；针对学生特点，对学生的就业和发展方向提供具体意见等。

5. 教材建设

卓越教材是卓越"多语种+"人才培养的重要资源，是教学内容的主要载体，直接决定教学和人才培养质量。上外成立了专门负责教材管理和研究等相关工作的教材工作处与研究院，主要职责在于及时了解国内外相关学科的教材发展动态，追踪教材发展前沿，对教材内容改革等问题进行研究，并提出本校教材方案。上外还为教材建设拨付专项资金，用于资助校本教材研发，开展教材研究活动和教材建设评估等。卓越外语人才培养所使用的教材不仅包括纸质书籍，还包括视频、图片、软件等多种形式，这些教材因各类课程教学目标的不同而有其独特性，供学生在课前预习和课上讨论。总体而言，卓越学院教材选用遵循以下原则。

第一，教材使用质量优先。卓越课程选用的教材首先要满足人才培养方案和课程教学大纲的基本教学需求；其次，卓越的培养目标对教材质量与教材内容提出了更高要求。因此，卓越学院在教材建设上秉持严谨认真的态度，倾向于选用由教育部指定的面向新时代的优秀教材、国家级精品教材和突出学科交叉融合特点的新教材，并严格按照《上海外国语大学教材管理办法》加强教材管理工作。

第二，根据课程目标灵活使用多样化教材。不同实验班所教授的课程教学内容相当丰富、新颖，既包括实践课程，也包括理论课程；每门课包含的知识面也相当广，教学需求多种多样，涉及不同学科。学生可在授课教师推荐的基础上自主选择相关方面的书籍进行学习，根据学术兴趣选择课堂要讨论的内容，因此多数课程并无指定教材。

第三，开发校本教材，体现外语类院校高端人才培养特色。卓越学院的人才培养理念具有开创性，体现高端外语人才的时代要求，开发对接高端教育目标的特色校本教材成为人才培养的必要环节。已有教材存在内容跟不上时代的情况，无法满足卓越人才培养需要，也没有对专业知识进行充分扩展。因此在教材选用过程中积极创造条件加强对经典教材、精品教材的二次开发，充分发挥教师能动性，鼓励有丰富卓越课程教学经验的、勇于创新的教师编著或参加编写卓越课程教材，成为卓越教材的研究者与设计者。此外，还应对接国际教育前沿，积极引进符合质量标准的优秀国外原版教材。

（二）卓越学院人才培养的基本特征

1.培养目标：追求学业成就与责任成长相结合的特色院校人才培养

"双一流"建设突出高校本身的办学特长和育人理念，尤其体现于高校的拔尖创新人才培养改革中，各具特色的拔尖创新人才培养模式引领着学校总体发展的方向，并为学校的整体发展积累经验。卓越学院是上海外国语大学的"缩影"；学院学生是学校各传统学院中的"精华"，是从全校筛选出的佼佼者，成绩优秀且综合素质较高。卓越学院投入了大量人力、物力、财力资源，为这些学生提供充足的学习机会。从培养方案中不难看出，卓越学院不仅重视学生书面语、口头语等基础语言技能的培养，确保学生成为未来社会活动的参与者、社会价值的贡献者和社会发展的创新者，而且还注重拔尖人才的学业成功，针对学生特点制定个性化的学业规划，表现出深厚的"全人教育、全面发展"意味。

在"一带一路"与人类命运共同体构建背景下，上外在全球治理人才培养、原创性研究产出与国际学术话语权提升等方面肩负着重要使命，但当前卓越学院的发展与国家的期待之间尚有一定距离。虽然卓越学院的建设投入多，培养出了一大批优秀学生，但如果这些学生"卓越"的目标仅仅是自己在将来能够"丰衣足食"，而不把国家复兴、民族崛起视为己任，势必会造成社会人力资源的严重耗损。因此，卓越学院有必要进一步强化对学生个人品德等价值层面的引导，增强为学生提供发展咨询、职业规划和指导等个性化支持服务能力，教育学生主动承担社会责任，将人才培养对接国家发展战略，明确新文科体系中学校的人才培养目标，完成提升国际话语权、传播好中国故事的重要任务。

总之，卓越人才的培养不仅要强调学生个人的成长需求，也要以"为国育才"为根本宗旨，使卓越人才的培养对接国家战略，为国家发展的急难问题储备人才。为此，在卓越拔尖人才培养整体设计上，应将外部与内部要求相结合，服务于国家社会发展战略需求；同时不忽视学生个体成长需求，达成培养目标和学生动机的统一，为学生探索、选择与发展最适合的方向提供系统支持，促进学生卓越成长，并实现培养社会卓越人才的高阶目标。①

2. 准入准出：实行综合评价与个性评价相结合的多维评价举措

人才评价贯穿荣誉教育对象准入到准出的整个过程，进行公平的、体系化的、多指标的评价是第一步。目前，很多国内大多数的荣誉学院采取标准化评价方式，即按照一到两次的考试成绩的排位进行选拔，选拔方式比较刚性。尽管这样的选拔方式具备一定公平性，但对卓越人才的发展性、动态性认识不足。诚然，学生是否"会"考试是评判其专业能力的重要指标，但考试成绩是否能决定其未来在科学研究或社会实践上的表现则难以断言，刚性的选拔模式在一定程度上会影响开发在某些领域有特殊专长的学生的潜力。个性化的培养与评价不应仅仅出现在学生进入卓越学院后，而应该在选拔这一阶段就得到重视，对学生的个性化培养资质进行综合考量，使个性化选拔对接个性化培养方案，能够进一步提升拔尖创新人才的培养质量和效率。因此，学校应鼓励学生学籍所在的学院在评价学生的过程中积极与卓越学院合作，以构建卓越新生选拔及评价体系，并自主研发考试报名系统，对在某些方面具备优势的学生给予一定的评价倾斜。

在个性化培养阶段，卓越学院为学生特别设置培养方案和高阶课程，然而在动态评价过程中始终无法脱离对传统评价方式的过度依赖，即仍以学生的综合成绩来决定他们留在卓越学院学习或是被"淘汰"。这种做法未能体现个性化培养特色，可能造成学生在"卓越中平凡"的现象，不利于学生的可持续发展。创新人才培养应尊重学生个体差异，教育评价也不例外，要始终根据学生个人发展目标展开。因此，有必要为卓越学院的学生量身制定成长学习计划，基于学业计划的质量对学生进行评价，从而保证人才培养的整体效果。

---

① 梁会青、李佳丽：《荷兰如何培养卓越人才——荷兰高校荣誉教育探究》，《外国教育研究》2021年第8期，第72—84页。

除了严格的人才遴选标准，卓越学院对"产品质量"的出口也要进行严格把控。目前，卓越学院学生必须完成168学分的课程修读，并在导师指导下高质量地完成学位论文写作才能满足毕业条件。数名毕业生前往外交部、联合国等机构工作，其他毕业生也大多就职于事业单位、外资企业或被送至顶尖院校深造，体现出人才培养的成效。未来可进一步严把质量关，且要用发展的视角定义卓越人才，在培养卓越人才知识与能力的同时，注重其心理建设。鉴于卓越学院实行"旋转门"式动态管理机制激发学生的竞争意识，有必要对被淘汰对象进行心理疏导等。

3. 贯通融通：确立本硕博贯通与课程师资融通相结合的全方位培养模式

目前卓越学院对研究生培养项目的探索处于起步阶段，学生仍以本科人才为主，这些学生经过四年卓越的生活学习，成为在专业领域中基础扎实、语言技能熟练的"多语种+"外语人才。虽然学院一直在有意识地培养本科高年级学生的研究能力，并取得了一定效果，但为进一步加强学生研究能力所提供的平台仍比较有限，学生仍以提高成绩取得其他学校或学院的保研资格（卓越学院本科班每年保研名额约为30人）为主，造成了人才培养在科学研究能力培养上的断链。未来卓越学院应着重考虑研究生层次的人才培养，继续搭建硕博学段学生的荣誉培养平台，实现卓越研究型人才的全学段成长。具体而言，硕士阶段的人才的培养一般分为以研究为导向和以专业为导向。以研究为导向的贯通式培养应首先明确个人研究领域，上外的优势主要集中在语言学科，卓越学院应为有志于语言学研究的学生提供定制项目，重心可放在学生学习前沿研究方法、培养研究能力上；而以专业为导向的荣誉研究生项目的重心应更多地放在提高学生的跨文化交际能力上，通过与专门的翻译机构等校外组织、机构合作的方式将学生培养成为专业化的卓越人才。

本硕博贯通培养离不开课程体系、师资力量的融通。各类课程及开课所需的教师队伍必须相互配合，形成完整的培养链条。为此，要综合考量本硕博一体化的课程体系，发挥专业课程与公共课程、理论课程与实践课程、校内课程与校外课程相结合的优势，制定培养方案，并配备充足的师资，将卓越学院在职教师群体中国家级或校级优秀学者的数量提高到一定比例，从而帮助学生在课程导师与学业导师的共同带领下最大化地利用各类资源优势。一方面，统一筹划学生在本硕博各学段的选课、考核、毕业等环节，以此保证学业生涯规划的系统性；同时，尽早吸纳学生加入导师的纵向科研课题项目，保证学生了解科研前沿，满足其科研能力需求。另一方面，实行"一制三化"的培养体系，即"导师制、国际化、个性化和小班化教学"，确保人才培养效果。导师既为身正为范的道德领路人角色，对学生身心发展给予正确的指导，也能帮助学生提升专业知识素养，在学生的专业选择、培养计划的拟订上发挥主导作用，并提前为他们打好学术研究基础。国际化培养是荣誉教育项目不可或缺的重要环节，出国访学、国际组织实习、参加国际学生论坛和院校联合培养等是荣誉学生开阔视野、突破自身格局的重要途径。个性化培养要充分体现"以德为先"的根本原则，遵循"以人为本"的教育理念，采取为每位学生打造独具特色的成长路径和学习方案的方式，帮助学生获得自由而全面的发展。小班化教学是荣誉教育的又一典型特征，有助于营造教师与学生共生互学的时间、空间，兼顾教师教学、学生学习效率，并为个性化培养和探究性学习创造良好环境。

4.质量保障：打造体制机制创新与教育环境优化相结合的卓越质量文化

高等学校的工作总是围绕一定的目标进行。在运行过程中，高等学校的运行机制会对高等学校的运行进行调节，使之趋近高等学校的工作目标。[①]机制类型包括信息机制、资源配置机制、质量保障机制、毕业就业保障机制等。例如，在资源配置方面，要打破"卓越"的特区边界，以深化院系合作，实现资源的外溢效应。非荣誉学生也应有机会接受荣誉课程，荣誉学院是跨专业、院系的学术组织，能够打破原有专业、院系的单科性人才培养局限，具有鲜明的组织优势。[②]上外卓越学院位于全校各层次、各学段人才培养架构的"高地"，可以进一步深化"校—院—系"的合作，实现卓越学院与各传统学院课程的整合，打破"荣誉特区"边界限制，通过整合各类人才培养计划，丰富学生类型以及学分换算手段，打造"自由学区"，兼顾卓越教育的公平与质量。在毕业就业保障机制方面，要持续观察社会就业规律变化，完善人才储备、供应链条。卓越学院可以在现有人才资源库的基础上健全各实验班学生毕业就业信息收集机制，建立学校、学院、专业动态互动的毕业就业信息共享平台，对实验班的毕业生持续进行成长调研，并为他们提供必要的毕业就业帮助，建立能够录入、分析、研究实验班毕业生的成长成才路径与特征的数据库，建立人才培养模型，为后续聚焦人才培养重点提供借鉴。在信息机制构建方面，要充分利用互联网信息维护优势，做好信息公开，保证信息的时效性、全面性，有助于卓越学院教学、科研工作的顺利开展。

机制内各因素的相互作用必定受到客观环境的影响或制约，良好的学习生活环境能够促进学生的全面成长成才，承载着卓越学院的育人文化。荣誉教育是对高等教育大众化所做出的回应，其实质是一种精英教育，这种教育的维护和人才培养质量的保证首先要求充足的资

[①] 肖昊、周丹：《美国公共基础教育财政的分配模式》，《教育与经济》2013年第3期，第69—72页。

[②] 姜璐、刘晓光、董维春：《美国本科拔尖人才培养实践探究——以亚利桑那州立大学荣誉学院为例》，《比较教育研究》2021年第2期，第105—112页。

源投入。① 上外卓越学院每年都会投入大量的人力、物力、财力来全面支持学院学生的课内、课外活动。专门的教学区域、活动空间旨在为学生营造舒适的学习环境，类型丰富且完善的奖助学金项目则在物质生活方面保证学生能全身心地投入个人学习计划，一系列的定制活动促使学生在独特的体验中全面成长成才。例如，卓越学院非常重视对学生的素质拓展，培养他们对文学、艺术等领域的浓厚兴趣，从而促使学生劳逸结合，提升学习和创新效率。为此，卓越学院积极为学生提供活动平台，开展多语角、读书会、创新竞赛等活动，营造努力学习、启迪心灵、积极科研的学院氛围；举办晚会、典礼、社团活动等形式的文化艺术活动，帮助学生丰富课外生活，陶冶情操，塑造健全人格。提供给学生"走出去"和"引进来"相结合的学术体验，"引进来"包括邀请国内外学界中有威信、有成就的专家学者进行宣讲，旨在帮助学生了解国际研究前沿，启发学生思路，辅助学业成长；"走出去"包括帮助学生走出校园，建立校外国际组织与社会企业实习基地，满足学生的社会实践需求，缓解毕业生步入社会的焦虑，这也为社会人才储备提供了充分的缓冲时间与空间，实现学校培养和社会就业双赢的局面。

卓越荣誉教育的根本目的是使有较强学习动机且智力聪慧的学生，在整个本科阶段最大限度发挥自身的优势，从而获得个人能力的提升。② 上海外国语大学卓越学院在不断借鉴其他类型的高校已有的高端人才培养经验的基础上，发展出了一套自身的卓越国际化人才培养体系，对外语类院校高端人才的培养有一定的借鉴启发作用，例如

---

① 程帆：《美国公立大学如何培养拔尖人才——以亚利桑那州立大学巴雷特荣誉学院为例》，《现代教育科学》2019年第12期，第107—113页。

② 雷鸣、韩中合、张磊：《"双一流"建设背景下高校荣誉学院拔尖创新人才特色培养模式探讨——以华北电力大学吴仲华学院为例》，《中国电力教育》2021年第3期，第61—63页。

北京外国语大学在 2017 年建立的北外学院，同样施行单独入学考试、开放式选课制度、动态管理机制等措施，发展出了优中选优、英法双语、学科复合、本硕贯通、中外联合等培养特色。①在"双一流"建设背景下，卓越学院将继续凝练新时期卓越外语人才内涵，改进外语人才培养模式，争取培养出更多掌握扎实的外语技能、深厚的外语学科的相关知识，以及具备严谨的逻辑思维、超强的跨文化交际力和换位思考能力的外语人才，并且为他们在未来发展中的语言实践与理论创新打下基础，帮助他们成为外语学界的领军人才。

第二节　研究生人才培养典型案例

一、语言政策与语言教育研究生人才培养

"语言政策与语言教育"是上海外国语大学于 2012 年在外国语言文学一级学科下自主设置的二级学科，是国内第一个以社会语言学、语言政策研究为核心的独立学科。初创时其名称为"语言战略与语言政策学"，于 2019 年改为现名；2023 年 6 月，经教育部备案核准，成为自主设置交叉学科。该学科属于广义和宏观应用语言学范畴。它以社会科学的视角与方法研究作为社会构建要素的语言问题，关注语言的存在与发展状态、社会应用情况，分析不同国家、民族、社会和文化背景下的语言战略与文化政策，探讨语言战略规划与语言政策制定

---

① 参见《北京外国语大学北外学院人才培养特色》，北京外国语大学官网，https://bwxy.bfsu.edu.cn/zspy/pyts.htm，访问时间：2022 年 7 月 1 日。

的理论基础及其在不同层面的实现途径、实施效果等,具有交叉性、宏观性、应用性的特点。该二级学科设在上外语言研究院,该研究院是集语言学科学研究和本硕博高端人才培养为一体的科研、教学机构,会聚了一批多语种、多学科背景的专家、教师,旨在通过整合跨学科资源,推动语言研究向综合化与科学化转型,培养复合型高端人才。该学科同时依托上海外国语大学中国外语战略研究中心开展科学研究和人才培养工作,该中心原为校级研究中心,于2011年成为国家语委的首家科研基地,主要从事国内外语言政策研究,是国家语言文字决策的重要智库,2019年正式获批成为高等学校学科创新引智计划的"语言政策与语言教育研究"学科创新引智基地。该中心的行政运作挂靠上海外国语大学语言研究院,形成了稳定、灵活的管理体制,为人才培养奠定了坚实的体制机制基础。

(一)语言政策与语言教育人才培养体系的改革探索

作为国内首家聚焦于语言政策的研究生人才培养的学科,上外的语言政策与语言教育学科经过十余年的探索,形成了较为完备的人才培养体系,取得了较好的成效。

1. 入学条件改革

作为一个带有跨语种、跨学科基因的学科,语言政策与语言教育学科对人才培养的入口进行改革,通过改革招生条件,吸引更多优秀本科生、硕士生报考。首先,在统招初试(包括硕士生招生和采用申请审核制之前的博士生招生)外国语考试科目上,从开始招生的第二年起只要求考英语(也有导师直接不限定学生的语种选择),改为要求学生入学后选修一门与入学考试的外语语种不同的第二外语,以便让更多具有不同语种背景的、有志于从事语言政策研究的学生有机会报考。其次,采用推免夏令营与普通招考相结合的方式,吸引对语言政策与语言教育研究感兴趣的学生。带有交叉性质的学科在招生时要比传统学科招生复杂得多，招生工作本身就应体现创新精神，除了基础知识和技能，还须重点考查学生从事跨学科研究的能力与潜力，在招生的每个环节均应体现出交叉性、前沿性。[①]语言政策与语言教育学科和其他相关院系协同，借助世界语言政策特色研究生项目，通过推免夏令营，利用相对较长的时间与学生接触，深入了解学生，从而使选拔工作更具科学性。最后，在对考生（主要是博士考生）学科专业背景的要求方面，该学科一直强调跨学科意识、知识和能力的重要性（具体如表 5-2 所示）。从表中可以看出，自开始招生起，该学科即希望学生具有教育学、语言学、社会学等人文社科类专业的学习背景；随着学科的发展，又进一步提出了法学、历史学、心理学、计算机科学、数据科学等方面的要求。总之，在研究生入学条件上，该学科突出跨语种、跨学科导向，强调打破语种界限与学科界限，为入学之后的综合培养打下坚实基础。

表 5-2　语言政策与语言教育学科博士生招生专业目录中关于考生学科专业背景的要求

导师编号	招生专业目录中的相关表述	表述出现的年份
导师 1	欢迎有跨学科（人文社科类）背景的学生报考。	2014
导师 2	欢迎有教育学或者语言学背景的考生报考。	2014、2015、2016、2017、2019、2020
导师 3	欢迎有跨学科（人文社科类）背景的学生报考。	2014、2015、2016、2017、2019、2020
导师 4	欢迎有跨学科（人文社科类）背景的学生报考。	2014、2017
导师 5	欢迎有跨学科（人文社科类）背景的学生报考。	2014、2015、2016、2017、2018、2019
导师 6	欢迎有跨学科（人文社科类）背景的学生报考。	2014

---

① 熊思东等：《交叉学科研究生培养研究》，南京大学出版社 2018 年版，第 141 页。

续表一

导师编号	招生专业目录中的相关表述	表述出现的年份
导师7	欢迎有跨学科（人文社科类）背景的学生报考。	2015
导师8	欢迎具有跨学科专业背景（特别是法律、计算机技术、社会学）的考生。（2015、2017） 欢迎具有跨学科专业背景（特别是社会学、社会心理学、教育学、法学）的学生报考。（2018、2019） 欢迎具有跨学科专业背景（特别是社会学、社会心理学、历史学、法律专业）的学生报考。（2020） 欢迎对社会语言学、语言法律、世界语言政策感兴趣的考生，欢迎有社会调查、数据库建设能力的考生报考。（2022、2024） 欢迎对社会语言学、国外语言政策、外语教育感兴趣的考生；有社会学、社会心理学、教育社会学背景的考生优先。（2023）	2015、2017、2018、2019、2020、2022、2023、2024
导师9	欢迎有教育学或者语言学背景的考生报考。（2016、2017、2018、2019、2020） 欢迎对外语学科规划、课程设计、外语教育感兴趣的考生报考。（2022） 欢迎对外语教育规划、课程与教材研究、教师发展感兴趣的考生报考。（2024）	2016、2017、2018、2019、2020、2022、2024
导师10	欢迎有跨学科（人文社科类）背景的学生报考。（2016、2017、2018、2019） 欢迎对欧框与外语教育、外语教材研究感兴趣的考生报考。（2021） 欢迎对欧框和外语教育，以及对外语教育和国别化汉语教材编写感兴趣的考生报考。（2022） 欢迎对语言声誉规划、欧框、国际中文教育本土化感兴趣的考生，有教学经验和借助语料库进行分析能力的考生优先。（2023）	2016、2017、2018、2019、2021、2022、2023
导师11	欢迎有跨学科（人文社科类）背景的学生报考。	2017、2018

续表二

导师编号	招生专业目录中的相关表述	表述出现的年份
导师12	欢迎有跨学科(人文社科类)背景的学生报考。(2019) 欢迎有跨学科(人文社科类、心理学、计算机科学等)背景的考生报考。(2020) 欢迎对技术支持的语言学习方向感兴趣的、具有教育学、外国语言文学、心理学、计算机科学等背景的考生报考。(2023、2024)	2019、2020、2023、2024
导师13	未明确提及对非外语学科背景的要求。(相关表述为"欢迎有俄语、中亚及中东欧国家语言背景的考生报考")	2020
导师14	未明确提及。(相关表述为"欢迎对外语政策与外语教育、外语教材研究感兴趣的考生报考")	2021、2022、2023、2024

2. 师资队伍建设

在推进师资队伍建设方面，上外的语言政策与语言教育学科采取了多种措施。一方面，该学科通过整合校内相关院系的师资资源，会聚了一支有多学科、多语种背景的导师队伍（表5-3）。总体而言，这支队伍具有以下主要特点。首先，从学科背景看，导师队伍以外国语言文学学科为主，兼有中国语言文学、教育学、人类学、传播学等，这为开展跨学科研究、培养跨学科人才提供了基本前提。其次，从外语语种看，导师团队呈现出鲜明的多语种特色。外语专业出身的导师中，其所学语种涉及英语、法语、西班牙语、日语、俄语、朝鲜语等，这有利于及时掌握世界各地语言政策研究与实践的最新动态，通过内部协同实现资源共享。最后，从该学科导师的研究领域看，除了传统的外国文学与外国语言学研究，导师们普遍比较关注语言战略与语言政策这类中观和宏观层面，这与该学科的主攻方向高度契合；同时，导师们的学术旨趣非常广泛，涉及教育语言学、语言政策史、语言学史等跟语言政策与语言教育密切相关的学科领域，为学科发展和

表 5-3　语言政策与语言教育学科研究生导师队伍情况一览表

导师编号	导师类别	专业背景	外语专业语种背景	研究领域
导师 1	博士生导师	外国语言文学	法语	法语语言文学
导师 2	博士生导师	外国语言文学	英语	句法学、语言哲学、教育语言学、口译研究
导师 3	博士生导师	外国语言文学	英语	语言战略与语言政策学
导师 4	博士生导师	外国语言文学	西班牙语	西语语言学、汉西语言文化比较、中国大学西语教学法研究
导师 5	博士生导师	外国语言文学	日语	日语词汇语法研究、教学与管理研究
导师 6	博士生导师	外国语言文学	俄语	俄语语言学
导师 7	博士生导师	中国语言文学、外国语言文学	朝鲜语	中韩语言对比、中韩语言文字关系史
导师 8	博士生导师	外国语言文学	俄语	社会语言学、语言战略与语言政策、语言学史
导师 9	博士生导师	外国语言文学、教育学	英语	语言教育、应用语言学
导师 10	博士生导师	外国语言文学	英语	二语习得研究、语料库语言学、语言规划与政策（汉语国际推广）
导师 11	博士生导师	外国语言文学、教育学	英语	语言教育规划
导师 12	博士生导师	教育学		在线教育
导师 13	博士生导师	外国语言文学	俄语	俄罗斯中亚语言政策与语言规划
导师 14	博士生导师	外国语言文学、传播学	英语	社会语言学、语言政策与语言教育、外语教育、跨文化交际

续表

导师编号	导师类别	专业背景	外语专业语种背景	研究领域
导师15	博士生导师，但在该学科仅指导硕士生	外国语言文学	日语	日语语言学、语料库语言学、计量文体学、东亚国家语言比较研究
导师16	硕士生导师	外国语言文学、人类学	英语	文化话语、语言民族志、语言学中的质性方法
导师17	硕士生导师	中国语言文学		中国近代语言与社会变迁、中国语言政策史
导师18	硕士生导师	中国语言文学、外国语言文学	英语	手语语言学、手语认知与处理、手语语料库与词典

人才培养打下了宽阔厚重的知识基础，不少导师在历史研究、比较研究、计量和语料库研究、民族志研究等方面耕耘多年，积累了丰富的研究经验，有利于培养研究生的方法意识和科学运用研究方法的能力。一般而言，导师宽广的研究领域和学术视野对研究生的选题与研究产生了深远而积极的影响。这里仅以2022届、2023届硕士生的毕业论文选题为例（表5-4），从表中可以看出，该学科硕士生的选题涉及语言与教育、语言与传媒、语言与经济、语言与法律、语言与医学等不同话题，运用了案例研究、民族志研究、历史研究等多种方法。

另一方面，该学科还在进一步完善校内专职师资队伍建设。从该学科发布的招聘简章（表5-5）中可以看出，该学科在考虑未来师资队伍建设时注重以下三个方面：第一，突出交叉学科背景的重要性，不仅要求未来师资能够进行语言学与社会学、教育学、历史学、民族学、传播学等人文社科专业的交叉，而且强调计算机科学的重要性。前者意在进一步夯实学科发展的知识基础，后者则希望在大数据和信息时代实现本学科研究工具的革新升级。值得注意的是，教育社

表 5-4　语言政策与语言教育专业 2022 届、2023 届硕士研究生
毕业论文选题一览表

学生编号	毕业论文选题
学生 1	生态视角下教师能动性的联结分析——以英语学习活动观的实践为例
学生 2	跨国婚姻家庭的语言政策研究——以中外跨国婚姻家庭的儿童语言教育为例
学生 3	意大利华裔青年在网络空间的多语实践研究——以 Instagram 为例
学生 4	中国现代会计术语的形成与标准化（1912—1949）
学生 5	聋校手语政策民族志研究——以某聋生普高班为例
学生 6	拔尖创新外语人才培养模式研究——以上海某大学荣誉学院为例
学生 7	中国手语语料库高频词初步分析及标注探讨
学生 8	日语外来语词形变异现象研究
学生 9	外语教育政策主体能动性研究——以上海市中小学非通用语种学习计划为例
学生 10	中国通用手语核心词汇研究
学生 11	新课程标准下的初中英语教师集体能动性研究
学生 12	作为微型社会的高校语言管理研究——以澳门大学为例
学生 13	法语专业毕业生就业力研究——一项针对培养模式的回溯性研究
学生 14	上海手语使用者的数词变体研究
学生 15	医疗领域中的手语服务研究——以 X 医院助聋门诊为例
学生 16	基于语言法律的当代乌克兰语言冲突研究

会学由于跨教育学、社会学两大学科，同时与语言政策的重要基础学科——社会语言学有共同关注的话题（比如均关注社会结构、社会化、社会变迁），因而对于语言政策与语言教育学科的发展和人才培养具有重要意义。第二，重视团队成员间的合作和融合。要培养跨学科复合型人才，首先需要构建复合型的师资队伍。虽然可以通过引进不同方向的人才来拓宽学科发展的视域，但只有形成高效的合作团队才能够实现学科智力资源的效益最大化。就简章而言，该学科不仅要

表 5-5　语言政策与语言教育学科发布的师资招聘岗位及相关要求

职位名称	职位类别	招聘人数	研究领域
（语言研究院）教学科研人员	专职	1—2 人	社会语言学、语言政策、语言教育；在研究定位上符合中心目标和特点

应聘人员基本条件：
1）具有良好的思想政治素质，组织纪律性强，作风优良，品行端正，作风严谨；
2）具有博士学位，国(境)外学位需提供教育部学历学位认证书；
3）具有岗位所需要的专业或技能，满足招聘岗位所规定的其他条件；
4）研究方向能融入我中心现有研究团队，愿意根据中心工作需求做适当调整；
5）团队合作意识好，有科研团队组织或单位管理经验的优先；
6）具有**交叉学科背景**，特别是"语言学＋其他相关学科"(社会学、经济学、民族学、人类学、传播学、历史学、社会心理学、教育学[**特别是教育社会学**]、法学、计算机科学）背景的优先；
7）有国际高水平大学的学习或工作经验、国际发表能力强的优先；
8）有**田野调查经验**的优先；
9）具有项目管理经验，能独立负责教学、科研、行政项目的优先；
10）获得过国家级科研项目或者其他高水平科研项目、奖项的优先；
11）熟练掌握 1—2 门外语、能用于开展研究和教学工作者优先。

加粗内容为招聘简章中原有格式。

求推动团队成员的合作，还希望新加入的教师能够与现有团队融为一体。新成员只有在学科文化上真正融入，认可学科追求的基本价值，才能在学科发展中积极主动贡献自己的智慧和力量。第三，强调外语能力与国际视野。简章明确指出，希望未来该学科的师资具备国外教育背景以及较好的国际发表能力，能够用一门以上的外语开展教学与研究。这一方面与上外作为外国语大学的基本导向有关，另一方面是因为该学科一直关注世界各地的语言政策、语言生活、语言教育，因此在该学科的人才培养中外语能力和全球意识至关重要。

除了整合校内智力资源以及建设相对固定的师资队伍，该学科还采用灵活多样的方式，将校外的智力资源引入校内，直接为学科的研究生人才培养服务。就举措而言，首先，通过中国外语战略研究中心平台，邀请中心的兼职研究员及其他教师在中国外语战略研究中心讲坛开展专题讲座，2011年以来已举办的活动超过500场，分为语言政策、语言教育、研究方法、学术视野四大系列，最大限度地让学生接触到最前沿的学术思想。其次，从其他高校、科研院所、行业聘请兼职教师，以拼盘课、专题工作坊的形式，围绕语言政策与语言教育领域的核心议题，与该学科的硕博士研究生进行近距离、小范围的深入探讨和交流互动；学生在老师的指导下开展选题与研究设计实操，获得比听讲座更为系统的学术训练。此外，在学校的支持下，借由学科和中心的平台，主办大型学术会议，如第三届中国语言政策与语言规划学术研讨会、首届社会语言学高端国际论坛、"语言与未来"青年学者工作坊等，让学生及时了解最新学术动态，进一步拓宽学术视野。

3. 课程体系开发

经过十余年的发展和完善，语言政策与语言教育学科成功构建了本领域首个完备的硕博士研究生课程体系，推出一系列原创性课程。博士和硕士课程体系有所不同，但设计思想基本一致。以下以该学科硕士生课程体系为例（表5-6），分析该学科在课程体系方面的主要特点。

首先，从课程结构角度来看，学科的基本理论、问题、方法类课程构成该课程体系的主体。其中，学位基础课有语言学理论、语言学研究方法以及语言与社会研究经典研读，最后一门课程兼具理论、问题与学术史性质。学位专业课中前4门课程进一步聚焦世界语言文字的基本问题、语言与教育接口的基本理论以及社会科学研究最重要的两种研究方法，同样突显了学科的基本理论、问题与方法的价值。学位专业课的另外4门课程则是对语言与社会关系这一语言政策研究的核心关注点的进一步深化，分别从语言学视角、政策视角、人类学视角、历史视角来探讨这一核心领域的基本问题和基本理论。

该课程体系在课程结构上的第二个特征在于突显了研究方法训练的重要性。在所有的34门课程（不含其他必修环节）中，备注为"方法类课程"以及在名称中带"方法"字样的课程总计达10门，占据课程总数的近三分之一；加上城市语言调查以及语料库方面的2门课程，方法类课程总数达13门，占比约为38.2%。如果只考察学位基础课、学位专业课、专业方向课这三类课程（29门），这一比例已经超过40%。可见，该学科课程体系特别重视社会科学研究方法的训练，旨在"授人以渔"，为学生独立开展研究打下坚实基础，增强学生发展的后劲。

其次，从课程内容上看，该课程体系具有典型的跨学科特征。一方面，交叉学科课程会涉及多个学科领域，课程基础知识覆盖面相对传统学科会更广阔。[1]如表5-6所示，语言政策与语言教育学科的课程体系至少涉及语言学、教育学、社会学、人类学、政治学、心理学、计算机科学等学科的内容。另一方面，由于其本身所包含的知识结构的丰富性，许多课程呈现的不是单一学科的知识体系，而是不同学科知识内容的整合。例如，教育语言学课程不是语言学加教育学，而是聚焦于语言与教育的互动关系[2]；语言人类学也不是语言学加人类学，而是从文化、社会、历史、实践、权力等不同维度研究语言现象。[3]总之，该学科的许多课程呈现明显的综合化特点，有助于学生形成跨学科融合型的知识结构。

最后，从课程类型上看，该学科的课程类型比较丰富，既有理论型的讲授课程，如语用学等；也有以发现问题、分析问题、寻找解决

---

[1] 熊思东等：《交叉学科研究生培养研究》，第142页。
[2] 沈骑、邓世平：《教育语言学视域下的中国高校外语学科"双一流"建设》，《中国外语》2018年第5期，第25—33页。
[3] 纳日碧力戈：《语言人类学》（修订本），陕西师范大学出版社2019年版。

表 5-6 语言政策与语言教育硕士生课程设置

课程类别	课程名称	开课单位	备注	组内选课要求
学位公共课	外国语 I、外国语 II	研究生院		必修
	新时代中国特色社会主义理论与实践	马克思主义学院		必修
	马克思主义与社会科学方法论	马克思主义学院		必修
学位基础课	语言学理论	语言研究院		必修
	语言学研究方法	语言研究院		必修
	语言与社会研究经典研读	语言研究院		必修
学位专业课	质性研究方法	语言研究院	基本方法	最少6门、最低12学分
	量化研究与 SPSS 应用	国际教育学院		
	教育语言学	国际教育学院	基本理论	
	世界的语言文字与应用	语言研究院	基本问题	
	社会语言学	语言研究院		
	语言政策研究	语言研究院		
	语言人类学	语言研究院		
	语言与社会变迁	语言研究院		
专业方向课	学术阅读与写作	英语学院	方法（拓展）	最少3门、最低6学分
	批判话语分析	语言研究院		
	内容分析与数据处理	新闻传播学院		
	计量语言学	语言研究院		
	语言与社会心理	语言研究院	语言政策方向	
	语言政策研究方法	语言研究院		
	外语教学理论与实践	语言研究院		

续表

课程类别	课程名称	开课单位	备注	组内选课要求
专业方向课	教育研究方法	国际教育学院	语言政策方向	最少3门、最低6学分
	语言习得	语言研究院		
	城市语言调查	语言研究院	语言生活方向	
	语言政策与语言规划研究	语言研究院		
	语言与文化遗产	语言研究院		
	语料库建设与应用基础	语言研究院		
	语用学	语言研究院		
	词语与社会	语言研究院		
	语料库与话语研究	语料库研究院		
	信息素养及文献资源获取与应用	研究生院		
	语言与认同	语言研究院		
公共选修课	公共选修课	研究生院		
	习近平治国理政思想专题研究	马克思主义学院		
其他必修环节	语言研究前沿工作坊	语言研究院		
	研究伦理与学术规范	英语学院		
	学术活动素养与专业实践	语言研究院		

问题为方案的研讨型课程，如语言政策与语言规划研究课程会涉及对高校语言政策、"一带一路"语言规划、语言安全等专题的思考与讨论；还有以实际操作、实践调查为主的课程，如内容分析与数据处理、城市语言调查等课程，教师会带领学生进行具体软件实操，指导

学生深入社会一线开展调查研究；当然，不少课程综合了以上课程类型的特征，如在社会语言学课程上，教师既会阐释一些该学科的理论观点，也会设计不同专题或提出研究问题与学生展开研讨，还会引导学生做一些语言态度经典实验等。总之，多元的课程类型有利于激发学生的学习兴趣，发展学生不同方面的能力，提升学生的综合研究素质。

4. 学术实践平台搭建

对于硕博士研究生培养而言，课程体系建设固然重要，但学术研究和专业实践亦是非常重要的环节，对于促进研究生理解吸收专业知识、提升创新能力、增强社会服务意识具有重要作用。[①]语言政策与语言教育学科通过多年积累，搭建了一个较为完整的研究生学术实践体系，为学生在学术科研和社会实践中不断成长搭建了良好的平台(图 5-2)。

该学术实践平台由两部分组成，一是科研训练平台，二是实践平台。在科研训练平台方面，该学科依托中国外语战略研究中心承接国家级的语言文字科研与资政任务，如以"世界语言生活状况报告"系

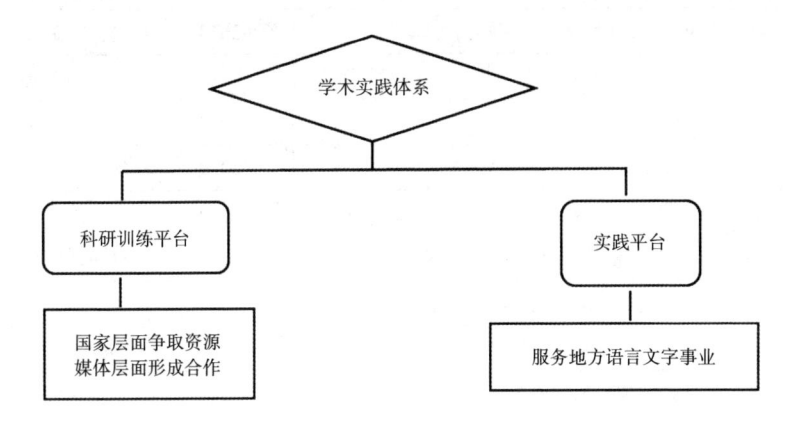

```
                    ┌─────────────┐
                    │ 学术实践体系 │
                    └──────┬──────┘
              ┌────────────┴────────────┐
        ┌─────┴──────┐           ┌──────┴─────┐
        │ 科研训练平台 │           │  实践平台   │
        └─────┬──────┘           └──────┬─────┘
    ┌─────────┴─────────┐       ┌───────┴────────┐
    │ 国家层面争取资源    │       │ 服务地方语言文字事业 │
    │ 媒体层面形成合作    │       └────────────────┘
    └───────────────────┘
```

图 5-2　语言政策与语言教育学科的高质量学术实践平台

---

① 刘国瑜、李昌新：《全日制专业学位研究生专业实践的探讨》，《教育理论与实践》2014年第 12 期，第 3—5 页。

列丛书为中心的品牌项目。该丛书以年度报告的形式每年出版，旨在向中国的语言政策决策者、管理者、研究者、教育工作者、媒体工作者等提供海外语言文字的情况报告，为更好地开展语言决策和管理、开展相关科研与人才培养工作提供借鉴或参考。目前该系列丛书已正式出版4部，发布报告近200篇。[①]语言政策与语言教育学科的硕博士研究生参与了其中多篇报告的撰写工作（表5-7）。"世界语言生活状况报告"丛书关注的是世界各地的语言生活、语言政策、语言教育、语言服务的最新动态，和语言政策与语言教育学科的核心议题高度一致，因此学生在撰写报告的过程中既可以应用自己平时学到的知识，深化对所学内容的理解，又可获得更前沿的研究材料及数据，为进一步研究打下基础。

表5-7　语言政策与语言教育学科研究生参与撰写
"世界语言生活状况报告"丛书的情况（部分）

序号	参与撰写的报告标题	出版年份	就读层次
1	英国的外语危机	2018	博士研究生
2	欧盟"伊拉斯谟＋计划"和多语教育未来	2018	博士研究生
3	英国汉语教学升温	2019	博士研究生
4	南非排外骚乱中的语言因素	2019	博士研究生
5	欧洲学校语言教育的数据报告（2017）	2020	硕士研究生
6	日本多语应对协会的语言服务	2020	博士研究生
7	韩国新冠肺炎疫情下的语言服务	2021	硕士研究生
8	联合国"国际本土语言年"	2021	博士研究生
9	世界旅游组织的语言工作	2022	博士研究生
10	全球在线语言学习最新进展	2022	博士研究生

[①] 中国外语战略研究中心：《学术研究：世界语言生活状况报告丛书》，http://www.cclpps.shisu.edu.cn/zxcs/list.htm。

该学科还通过与媒体合作，进一步培养学生的资料检索、整合、分析能力和不同文体的写作能力。其中，自 2020 年 1 月起，该学科与中国日报社《21 世纪英语教育》（2024 年起更名为《21 世纪英文报·英语教育》）合作开设"一带一路英语教育专栏"。该学科的硕博士研究生依托自身的多语种优势纷纷发声，撰写了一系列媒体专栏文章（截至 2024 年 1 月总数已超过 40 篇，表 5-8 中仅列出了 2023 年以来发表的相关文章信息）。英语教育实践与英语教育政策是该学科关注的重要课题，研究生通过为该专栏撰写文章，获得了对该议题更深刻的认识。除了利用校外资源打造学生科研训练平台，该学科还依托学校层面的导师学术引领计划项目及各位导师的课题，为学生提供更多更丰富的科研训练机会。总之，学生通过深度参与学科着力打造的校内外各类科研训练平台，开阔了学术视野，培养了自身的研究能力。

表 5-8　语言政策与语言教育学科研究生参与撰写
"一带一路英语教育专栏"的情况（2023 年以来）

序号	参与撰写的报告标题	出版时间	就读层次
1	津巴布韦：多措并举深化英语教育改革	2023 年 1 月	硕士研究生
2	波兰：多元力量助力英语教育发展	2023 年 3 月	硕士研究生
3	尼日利亚：英教服务国族构建与经济发展	2023 年 4 月	硕士研究生
4	奥地利：以全球化为导向发展英语教育	2023 年 5 月	硕士研究生
5	莫桑比克：多语背景下英语教育的挑战与机遇	2023 年 6 月	硕士研究生
6	斐济：多语社会中的英语教育政策	2023 年 7 月	硕士研究生
7	匈牙利：多元外语背景下大力发展英语教育	2023 年 9 月	硕士研究生
8	佛得角：单语主义背景下的英语教育改革	2023 年 10 月	硕士研究生
9	马尔代夫：搭建以英语为教学语的教育体系	2023 年 11 月	硕士研究生
10	肯尼亚：确立英语教育的中心地位	2023 年 12 月	硕士研究生
11	阿联酋：持续推进英语教育改革与发展	2024 年 1 月	博士研究生

除了科研训练方面的平台，该学科也为学生搭建了较好的实践平台，让学生能够直接参与各类语言文字社会服务。由地方语委支持指导、中国外语战略研究中心负责日常运行的上海市语言文字志愿服务总队及其开展的"啄木鸟"社会用语用字监测实践项目是这方面的典型代表。该项目旨在纠正公共场所的外文译写不规范现象，创造良好的城市语言环境。语言政策与语言教育学科的部分研究生发挥专业所长，深度参与了这一项目。[①]通过开展实地社会调查，学生一方面践行了服务社会的使命；另一方面也能增强问题意识，从现实生活中发现真问题，收集研究数据，从而实现"实践—服务—科研—育人"的协同与互动。

5. 国际交流合作开展

国际交流合作体现了学科和导师在国际学术界的影响力，直接影响了研究生人才培养的质量。[②]语言政策与语言教育学科依托中国外语战略研究中心，广泛开展国际交流合作，与许多国家的机构和学者建立了学术联系，为研究生培养注入了新动能。首先，与海外名校或科研机构建立正式的合作关系，在人才培养方面进行合作，比如与英国谢菲尔德大学合作开发课程，与俄罗斯国立莫斯科语言大学等高校合作共同指导研究生。其次，通过上海外国语大学的外国专家项目与国家的语言文字国际高端专家来华交流项目、"111 计划"等不同层次的引智途径邀请外国专家来校讲学或开展专题工作坊。从目前已开展的国际专家工作坊来看，其涵盖了语言政策、人类学、语言生态、语言教育等语言政策与语言教育学科的核心议题，以及相应的研究方法

---

① 陆梓华：《穿街走巷挑错别字 上海成立语言文字"啄木鸟"志愿者服务队》，《新民晚报》，http://newsxmwb.xinmin.cn/chengsh/2018/04/22/31380801.html。

② 周光礼：《中国博士质量调查：基于 U/H 大学的案例分析》，社会科学文献出版社 2010 年版。

与写作等，涉及语言学、人类学、生态学、教育学等学科的交叉融合，具有较强的针对性和跨学科性，旨在切实提升学生的跨学科研究能力。最后，该学科近年来通过直接邀请外国专家承担部分专业课程等形式，进一步深化国际交流合作，推进人才培养改革，例如，学科聘请国际语言政策研究学者戴维·约翰逊（David Cassels Johnson）承担了一学期的语言政策与规划研究课程的线上教学工作。这种方式比讲座和工作坊更全面，有助于学生搭建更为系统的学科知识体系。此外，在"引进来"的同时，该学科依托学校、语言研究院、中国外语战略研究中心等平台推动学生通过访学、参会等形式前往海外高校或科研院所进行交流，以扩大视野、增长见闻。

既有研究表明，国际交流有利于学科的交叉。[1] 对于语言政策与语言教育这类带有鲜明交叉性质的学科而言，国际交流合作不仅意味着可以实现学术交流与互动，也能够帮助学生更快进入学科前沿。语言政策与语言教育学科通过不断丰富国际交流合作的形式，深化国际交流合作的内涵，有效提升了研究生把握学科核心议题、提出研究问题的能力，对于提高研究生人才培养质量发挥了积极的推动作用。

（二）语言政策与语言教育人才培养体系的基本特征

总而言之，上外的语言政策与语言教育学科为了推动自身发展与人才培养，采取了许多富有特色的举措，取得了较好的成效，并在人才培养改革探索过程中形成了自己的特点。概而言之，主要体现在以下几方面。

第一，在培养目标上，对接国家战略需要，始终以培养高质量的卓越研究型人才作为学科人才培养的根本目标。学科原来的名称是

---

[1] 孙朝：《对我国优秀博士学位论文获得者的社会学分析》，华中科技大学2006年博士学位论文。

"语言战略与语言政策学",因此从一开始就瞄准了国家的战略需求,旨在对接国家的高阶需求。尽管后来基于就业市场方面的考量将学科名称进行了调整,但学科对接国家战略的基因并没有发生改变。从招生专业目录的要求,到课程体系建设,再到学术实践以及国际交流,该学科一直强调人才的高阶性与服务国家、服务社会的意识。比如在学术实践方面,对接国家语委的重要平台,为学生提供高质量的发表阵地;在社会实践层面,学生能够直接为地方的语言文字应用做监测工作。再如在课程方面,一些课程关注语言与社会的关系、语言与文化遗产等重要社会现实问题,都体现出该学科人才培养的战略意义和高远目标。

第二,多语种、跨语种。语言政策与语言教育学科通过入学条件、导师队伍、课程体系等方面的建设,突破了以语种划界培养人才的传统做法,真正打破了语种界限,实现了多语种,即学生的多语种背景、教师的多语种背景。近年来,一些课程甚至在课程内容和教学材料上呈现明显的多语种倾向,这将进一步使该学科的人才培养向着跨语种的方向深入发展。

第三,跨学科。语言政策与语言教育的跨学科特色十分明显。在招生要求上,欢迎各个学科尤其是人文社会科学背景的学生;在导师队伍建设上,会聚了外国语言文学、中国语言文学、教育学、传播学、人类学等不同背景的教师,其中有些老师本身就是多学科的教育背景;在课程设置上,语言研究院、英语学院、国际教育学院、语料库研究院等多个院所参与到该学科的课程体系开发与实施过程中,不同学科背景的教师通过拼盘课等形式又进一步实现了交叉;而研讨式、互动式的教学方式,也促进了跨学科内容的融合;基于问题导向的整合课程越来越多,课程呈现综合化;跨学科特色在研究方法上也得以体现,民族志、语料库、话语分析、量化研究等方法均被纳入学科的培养方案。

第四，重视项目式育人。语言政策与语言教育学科的学生一方面通过学生科研项目提升了问题意识和思维能力；另一方面通过实践项目锻炼了动手能力，实现了服务社会。学生在参与各类项目的过程中，运用和深化理解所学知识，并且在"做中学"，进一步获得更多来自科研实践和社会实践的鲜活知识，积累大量一手材料和数据，为进一步的学术研究打下坚实基础，形成项目与育人的良性互动。与课堂学习相比，该学科的学生通过大量科研实践和社会实践，得到更为全面的锻炼，各方面的能力均在做项目的过程中得到很大提升。

第五，国际化。在语言政策与语言教育学科，学生能接触到国际化的师资。这一方面体现在导师自身的国际化，即几乎所有导师都有海外留学或访学的经历，拥有宽阔的国际视野；另一方面体现在大量海外智力资源以承担课程、讲学、举办工作坊等各种形式被引入学科的人才培养过程；同时还体现在课程体系共建、共同指导学生等。除了师资国际化，学生还可以获得国际化的课程资源。除了请外国专家来讲课之外，许多课程在建设论证阶段就参考了国际前沿的方式，听取了海内外专家的意见与建议，具有鲜明的国际色彩。此外，通过国际化的交流项目，学生逐渐形成全球眼光与国际视野，掌握、理解国际前沿动态的能力也不断增强。

第六，全方位全过程育人。语言政策与语言教育学科的人才培养从课内延伸到课外，学生不仅通过课堂进行学习和研究，还通过学术讲座、工作坊、导师例会等方式获得知识与内化知识；不仅在校内展开学习，还通过各类项目将学习延伸到校外和网上。学生在校外开展社会实践和研究数据收集，同时通过网络走出国门，了解、收集世界各地语言生活与语言政策实践的相关资料，真正实现了课堂内外、校园内外、现实世界和网上世界的全过程、全方位学习。此外，该学科还从国家和地方语委等部门聘请兼具理论素养与实践经验的领导和工作人员担任兼职教师，进一步拓宽了育人渠道。

横向来看，语言政策研究近年来得到国内学术界的关注。一些高校在相关学科中设立了语言政策研究方向，也有一些高校将其自设为二级学科。就外语类院校而言，除上海外国语大学外，将语言政策研究作为二级学科的还有北京外国语大学。2014年，北京外国语大学国家语言能力发展研究中心成功申请并获得了"语言政策与规划学"二级学科硕士和博士学位授予权，随后开始了研究生培养工作。该中心整合北京外国语大学已有的"外国语言学及应用语言学"二级学科学位点的资源，通过加强与其他教学科研单位的合作，全力推进语言政策与规划学学科建设。该学科依托各类研究项目[①]，逐渐形成了国家语言能力、国别语言政策、世界语言生活三个主要的学科方向。该学科还通过撰写咨询报告、编写内参刊物《世界语言战略资讯》等形式参与社会服务。由此，该学科形成了人才培养、科学研究、社会服务三位一体的发展格局。从学科发展的实际来看，上外的语言政策与语言教育学科和北外的语言政策与规划学学科都关注宏观的国家语言战略、语言政策，同时均强调基于比较视角借鉴国外语言政策研究与实践的经验，也都将科学研究、人才培养和社会服务作为学科发展及建设的重要内容。不过，两校在具体发展路径上还是呈现出各自的特色。首先，在科学研究方面，上外的学科重点方向经历了从关注宏观语言政策到兼顾宏观、中观、微观各层面的转变，集中表现为学科名称从"语言战略与语言政策学"变更为"语言政策与语言教育"，从而通过语言教育将宏观政策与微观教学衔接起来，兼顾语言政策的制定、实施、评估等整个过程。在学科发展过程中，语言教育的地位和作用举足轻重。北外的学科重点方

[①] 关于北京外国语大学的语言政策与规划学学科开展的研究项目，参见 https://gynf.bfsu.edu.cn/xmcg/lxxm.htm。

向突显宏观特色，对接国家战略的倾向更为明显，主要从国家需求角度开展国家语言能力以及国别区域语言政策和语言生活研究。其次，在学科建设路径方面，上外的语言政策与语言教育学科选择了更具跨学科特色的尝试，目前已经成为自主设置交叉学科，从而能够更多地调动外国语言文学、政治学、工商管理学等校内多个一级学科的人力和物力资源来推动自身发展。北外的语言政策与规划学目前仍为外国语言文学一级学科之下的自设二级学科，其学科重心相对聚焦，学科队伍和学科平台也主要依托外国语言文学学科的现有资源。最后，在社会服务方面，上外的语言政策与语言教育学科在关注国家需求的同时，与所在城市和区域联系更加密切，参与了上海市的一系列研究及语言治理项目，服务地方发展；北外的语言政策与规划学学科则侧重对接国家重大战略，承担了国家语言能力、应急语言服务、中文国际影响力等国家级或省部级重要课题。

二、高级翻译学院研究生人才培养

上外高级翻译学院是上外研究生人才培养体系中的典型代表，在20余年发展历程中，创造了多个"国内首个/首批"，甚至"全球第一"。学院始终对接国家社会经济发展需求，秉持"培养高层次翻译研究和实践人才"的宗旨，整合国际国内学界与业界的优质资源，打造职业翻译人才培养体系，探索出一条具有创新性的国际化翻译高水平人才培养道路。其人才培养理念、规范、成效等不仅为国内翻译学科建设的发展做出了重要贡献，获得了国内学界与业界的高度肯定，也得到了联合国、欧盟委员会、欧洲议会、国际大学翻译学院联合会、国际会议口译员协会等国际组织的认可。以下将从学院研究生人才培养的改革探索和基本特征两方面进行论述。

（一）高级翻译学院人才培养改革探索

上外高级翻译学院于2003年成立，自开办以来，坚守办学初心，注重创新发展，不断拓展人才培养内涵，形成了相对齐备的研究生培养体系，取得了有目共睹的办学成效。我们将梳理学院发展历程，选取会议口译项目、翻译硕士专业学位等典型例证，探求分析学院人才培养的理念与特色。

1. 发展历程

2003年，为缓解国内同声传译等服务于高层次交流的高端翻译人才紧缺的局面，上海外国语大学高级翻译学院正式成立，成为当时全国唯一由教育部专项拨款建设的同声传译教学基地，建立了研究生层次的会议口译专业。时任教育部副部长吴启迪在学院成立仪式上发来贺信，称赞"上外同传基地的建成，为上外高级翻译学院加快培养国内专业同声传译人才奠定了基础，也标志着国内真正意义上的同声传译研究生教育进入了一个新阶段"[1]。2004年，高级翻译学院获准设立中国大陆第一个翻译学学科博士学位授权点和硕士学位授权点，标志着我国翻译学学科建设新阶段的开始。2007年，高级翻译学院获得全国第一批国务院学位委员会批准的翻译硕士专业学位点，是全国翻译专业研究生教育的发起单位，参与了翻译专业学位教育可行性的专家论证。2010年，高级翻译学院成为全国专业学位研究生教育综合改革试点单位，翻译硕士专业学位项目获批成为上海市研究生教育创新计划实施项目。2014年，国际化专业翻译人才培养模式建设获高等教育国家级教学成果奖二等奖。2015年，第一批阿英汉语对的两名学生正式入学，标志着学院多语言组合人才培养取得实质性的进展。2015年至今，学院设计并承担卓越学院多语种高级翻译人才培养

---

[1] 吴启迪：《上外同声传译基地揭牌仪式举行》，上海外国语大学编：《上海外国语大学年鉴（2003年）》，2004年版，第33页。

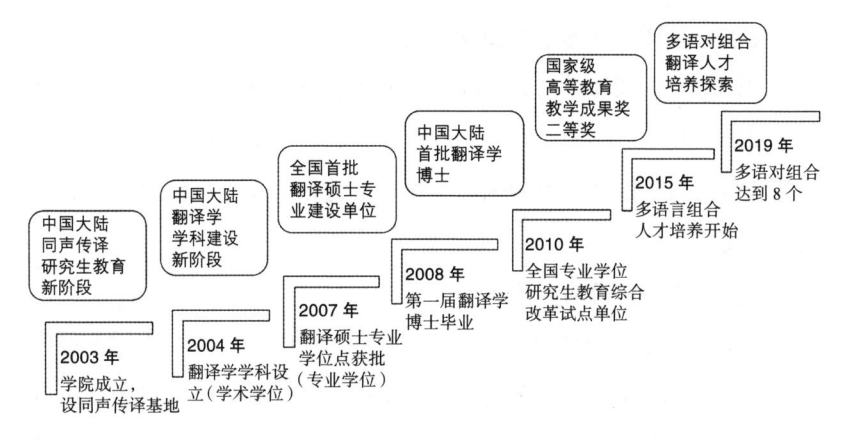

第五章　上海外国语大学人才培养典型案例分析 | 345

图 5-3　高级翻译学院发展历程

平台的翻译素养课程模块的教学任务，开始了高层次、应用型口笔译的本硕接续人才培养探索。2019年学院高级口笔译多语对组合拓展至8个（图5-3）。2021年新一届全国翻译专业学位研究生教育指导委员会成立，秘书处设在上外；2024年获批翻译专业博士学位授权点。

从发展历程来看，高级翻译学院自建立之日起，在同声传译研究生教育、翻译学学科确立和建设、翻译硕士专业发展等方面进行了探索性的创新改革，取得了多个"第一"的荣誉，一直走在全国前列。其人才培养体系在20年间不断得以丰富健全。在培养层次上，从最开始的会议口译证书项目，拓展到后来的硕博士研究生层次，形成了会议口译专业、翻译学、翻译硕士专业协同发展、互为补充的局面；在培养规格上，以学术研究为导向、偏重理论和研究的学术学位与以实践为导向、重视实践与应用的专业学位并重并举；在培养目标上，一方面培养研究能力出众的翻译学博士，另一方面培养专业素质和综合能力强的翻译实用人才；在培养方向上，研究型人才分口译研究、笔译研究、译学理论研究三个子方向，应用型人才分会议口译、公务商务口译、陪同口译、公共服务笔译、商务笔译、技术笔译、本地化翻译、人工智能辅助翻译等多个子方向；在语种储备上，从最初单纯的英汉语对互译，到逐步开设汉法英、汉俄英、汉阿英、汉西英等多语对翻译专业，到如今已涵盖联合国 6 种官方语文，外加日语、朝鲜语、德语，共 8 个多语对组合。综上所述，学院聚焦于高端翻译人才培养目标，与时俱进，引领创新，形成了方向齐全、内涵深厚的人才培养格局。

2. 会议口译项目培养体系

会议口译专业始建时即国家"一五"计划和"211 工程"的重点项目，学制两年，使命是"按照国际最高标准，提供全球一流的会议口译专业教育，以培养能胜任联合国、欧盟等国际组织、国际外交以及各种国际会议同声传译和交替传译工作的专业会议口译员"[①]。虽然这个项目不是学位教育，只发放会议口译专业证书，但它的含金量却很高，足以证明学生经过国际会议口译员协会和欧洲会议、国际大学翻译学院联合会的最高教学标准的培养后，能胜任国家外交外事、区域国际组织及国际会议的同声传译和交替传译工作。至 2021 年底，高级翻译学院已有 17 届毕业生，126 人获得专业证书，平均每年只有 7 名学生能够顺利完成学业。其培养流程如图 5-4 所示。

综合来看，其培养体系有如下特点。

第一，严格的选拔和准入标准。2003 年，第一批接受同声传译训练的是从 93 位考生中经过国际口译界知名专家和学校教授组考核遴选出的 8 名学员，他们的共同特点是"具有扎实的外语功底，健康的体格，良好的心理素质以及丰富的知识面"[②]。2008 年，280 名合格报考者中仅录取 9 名学生，录取率只有约 3.2%。入学考试设置多项环节，包含初试和复试，通过改写、写作、综合测试、双向笔译、摘要（缩写）

---

① 曹新宇、朱以财、柴明颎：《MTI 教育国际化与职业化的思考——上海外国语大学高翻学院柴明颎教授访谈录》，《东方翻译》2018 年第 6 期，第 69 页。
② 张智丽：《上外同传基地重金打造世界级人才 首批学员接受"魔鬼训练"》，《新闻晨报》2003 年 9 月 22 日。

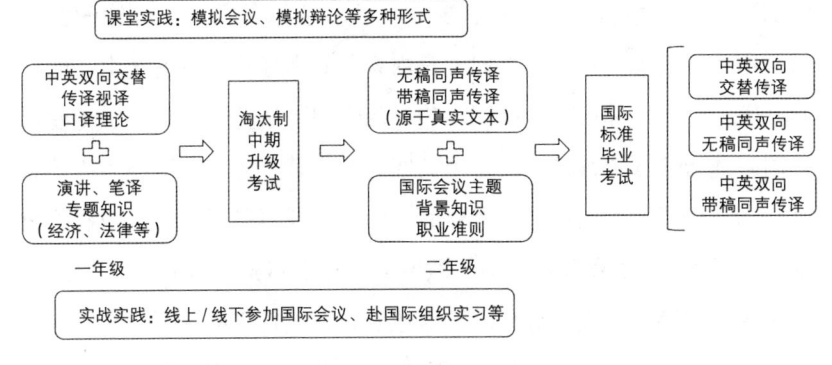

图 5-4 会议口译人才培养流程

等多种题型，以及复述、听译、即兴演讲、问答对话等多种方式考察学生的语言综合运用与表达能力、对信息和逻辑的分析与提炼能力、沟通技巧、世界知识、反应灵敏度及心理素质。学院领导曾指出：

> 口译员的工作是一种非自然的交流形态……是一个多任务处理过程，要求译员具备娴熟的注意力分配能力和信息处理能力。①

从口译性质来看，这种熟练驾驭工作的能力必须建立在完备扎实的语言基本功之上，通过高强度的专业化实践训练和积累而获取，同时学生还要有出色的文化修养与逻辑思考能力。严格的选拔和准入机制，才能确保每一名被录取的学生都具备成为一名合格的口译员的潜质。学员们进入班级，除了接受国际标准的教学，"每人每天自我训练的时间可能长达四五个小时"，《新闻晨报》曾用"魔鬼训练"来形容这种教学过程。

第二，引入国际考核和评价机制。 学院实行淘汰制，在学生第一

---

① 张爱玲：《专业口译人才培养体系探索——上外高翻综合改革专题理论文章（之二）》，《东方翻译》2012 年第 1 期，第 13 页。

年课程结束后举行中期考核，要求考生在听取一段约 5 分钟的源语后，用目标语忠实完整地重现发言内容，只有考核通过的学生才能顺利升级，进入口译第二阶段同声传译的学习。毕业考试设置了专业口译国际通行的 6 个科目，以及中英双向的交替传译、无稿同声传译和带稿同声传译。中期和毕业考核面对的考官并不是平时课堂的授课教师，而是 5—7 位来自联合国、欧盟委员会、国际会议口译员协会等组织的专职翻译组成的考官团，由他们直接进行实战评判。这些外部考官本身既是资深专业译员，又来自用人单位。在多位考官面前，学生的语言综合素养、认知水平、知识储备、心理素质等得到全方位的考察。毕业考核的标准只有一条：假如几周之后将要举办一场国际会议，你组建的翻译团队是否愿意选择这个学生？这种具有极高挑战度的实战考核为学生在真正进入行业前把牢了最后一道关。

学院在 2003 年成立之初，即强调与国际标准的接轨，以及与国际组织的合作。通过不懈努力，学院屡获国际翻译学界和国际组织的肯定，被赞誉为"上海模式"。2005 年，学院会议口译项目通过国际会议口译员协会的全面考核，成为中国唯一一所跻身于世界排行"15 强"的教学单位，英汉语对全球排名第一。2008 年，成为欧盟国际组织大学联络组的正式会员单位。2009 年，加入国际大学翻译学院联合会，与全球 42 所翻译人才培养高校共处同一交流平台。2012 年再次被评为国际会议口译教学单位，学院开设的英汉、法汉、俄英汉等多语对组合在国际口译人才培养领域具有先进水平。2016 年国际大学翻译学院联合会亚太办公室在学院正式成立。这一系列成就充分展示了国际学界对学院人才培养的肯定。另外，学院是国内第一家同联合国签署备忘录的院校，也是中国大陆唯一与欧盟委员会口译总司开展长期合作的院校。通过与联合国、多语翻译人才培养历史较为悠久的欧洲地区等保持密切的合作关系，学院成为国际业界认可的翻译专业人才培养基地，并持续增强自身的国际影响力。

3. 翻译硕士专业学位项目培养体系

翻译硕士专业学位，英文是"Master of Translation and Interpreting"，简称"MTI"，是经国务院学位委员会批准实施的全国专业学位教育。2007年，包括上外在内的15所试点教学单位获批成为最早开设该专业的院校，开启了全国翻译硕士专业学位教育的进程。该专业的设立和推广顺应了全球化信息时代翻译职业化发展的要求，相对于传统的外语教学，其培养目标与理念、课程设置、学位论文等均有很大不同。高级翻译学院通过开拓探索，在专业内涵发展和学科建设上取得了显著成绩，"是学界和业内公认的、我国翻译专业学位教育比较成功的院校"[①]。2011年10月，学院接受了翻译硕士专业学位研究生教育综合改革试点工作中期检查评估，专家组认为其"办学理念先进，培养目标明确，教学特色鲜明，双师型队伍质量高，实践经验丰富，国际化特点突出；实习基地紧密对接职业特色，注重产学结合"[②]；2013年3月，接受了首批翻译硕士专业学位试点院校评估，高级翻译学院在全国15所试点院校中位居第一；同年4月接受了改革试点项目实地验收，专家组的评价是"理念新、定位准、质量高、特色强、影响大……应该成为全国MTI教育的样板"[③]。

考虑到高级翻译学院在"专业笔译"这一方向上的教学理念和教学方法具有典型代表性，以下将以表5-9中的培养方案为例，分析其培养体系的特点。

第一，树立高层次、职业指向的培养目标和专业理念。全国翻译

[①] 何其莘：《翻译硕士专业学位建设的三大难点——从综合改革试点单位中期验收谈起》，《东方翻译》2012年第1期，第6页。

[②] 高级翻译学院：《教学与科研》，上海外国语大学编：《上海外国语大学年鉴（2012年）》，2012年版，第112页。

[③] 高级翻译学院：《教学与科研》，上海外国语大学编：《上海外国语大学年鉴（2014年）》，2014年版，第147页。

表 5-9　2019 级翻译硕士专业学位英语笔译方向研究生培养方案（专业课部分）

课程类型	课程名称	学分	最低学分要求	上课学期
学位专业课	英中基础口译	3	24	第一学期
	专业笔译理念 I	3		第一学期
	专业笔译 I	6		第一学期
	英中专业口译	3		第二学期
	专业笔译理念 II	3		第二学期
	专业笔译 II	6		第二学期
学位基础课	中西翻译简史	2	4	第三学期
	翻译概论	2		第四学期
	学位论文写作	2		第四学期
专业方向课	文件类翻译	3	选修	第一学期
	技术写作	3		第一学期
	计算机辅助翻译工具	3		第二学期
	基础法律翻译	3		第二学期
	经贸翻译	3	6	第三学期
	本地化项目管理	2		第三学期
	文学翻译 I	3		第三学期
	高级法律翻译 I	3		第三学期
	联合国文件翻译	3	6	第四学期
	术语与译后编辑：理论与实践	3		第四学期
	文学翻译 II	3		第四学期
	高级法律翻译 II	3		第四学期
专业实习	翻译专业实习	4	4	第五学期
总学分			44	

专业学位研究生教育指导委员会发布的《翻译硕士专业学位研究生教育指导性培养方案》指出，翻译硕士专业学位的培养目标是"培养德、智、体全面发展，能适应全球经济一体化及提高国家国际竞争力的需要，适应国家社会、经济、文化建设需要的高层次、应用型、专业性口笔译人才"。围绕"高层次、应用型、专业性"这些核心要素，高级翻译学院设计了相应课程和教学方法，并落实在每个具体的培养环节中。其中首要之举就是梳理专业内涵，明确专业理念，帮助学生梳理正确的专业意识。比如第一学期开设"专业笔译理念Ⅰ"，重点是通过真实翻译项目的具体案例阐释专业笔译的基本概念、学习方法和行业规范，引导学生树立适应时代与行业发展的翻译理念，掌握现代专业翻译项目的操作模式、流程、技巧。第二学期开设"专业笔译理念Ⅱ"，紧密衔接课程Ⅰ，采用实战式的"工作坊"训练模式，训练学生将笔译理念与方法运用到不同项目的翻译中，侧重培养译者的逻辑意识、读者意识和项目意识。一位接受访谈的笔译三年级学生说：

> 我一年级进来的第一节课就是专业笔译理念，这门课一定程度上颠覆并重塑了我的翻译观念……以前的英语语法式的教学束缚住了我们的头脑，等到真正地去接触职业翻译的时候，会发现以前那种语法式的字对字的转换和真正的翻译是背道而驰的。

在新生入学时，对学生进行针对性的专业理念教育，纠正传统认识的误解和偏差，对培养他们的专业兴趣、专业认知与情感具有重要意义，也为他们后续系统接受专业训练、形成正确的翻译行业观打下了良好基础。

第二，开展针对性强、挑战度高的课程教学与专业训练。第一、第二学期开设的、共计12学分的专业笔译课程可谓翻译硕士专业学位笔译专业的核心课程。其从英文写作和文体分析入手，训练学生掌握英文写作规律，熟知英文写作策略；再进行英汉双向翻译，其中侧重原文分析能力、译文组织能力；最后关注各类应用文本的翻译，教师通过实例分析与大量练习，"校正学生在翻译过程中的思维方式和逻辑习惯，帮助学生掌握翻译意识、翻译策略和翻译解决方案等专业笔译技能"①。第二至第四学期，根据市场需求和学院特色，设置了联合国文件翻译、法律翻译、经贸翻译、计算机辅助翻译工具、文学翻译等多个专题选修课，突出了特色性、前沿性与针对性。如，高级翻译学院与联合国各部门保持长期深度的合作关系，通过联合国文件翻译专题课程，帮助学生养成细心查证的职业习惯，积累联合国相关的知识背景和翻译规则，熟悉联合国各领域的话语体系。计算机辅助翻译工具课程的开设，则紧密对接了信息化时代翻译行业的趋势和要求，介绍了计算机辅助翻译中的术语与工具，如 Trados、MemoQ、SmartCAT 等，帮助学生提高语言服务工作的效率。从学分量上看，上外高级翻译学院 MTI 笔译方向总共 55 学分，其中专业课达到 44 学分，远高于《翻译硕士专业学位研究生教育指导性培养方案》中总学分不低于 38 学分的要求。从课程安排上看，硕士一年级课程平均每周专业课 12 学时以上，二年级平均每周专业课 8—10 学时以上。一位翻译硕士专业学位毕业生总结说："研究生期间是花了 110% 的努力在学习，是我整个求学生涯里面学的最努力的一个阶段……只要你稍微停下来，你就会被甩得很远。"

第三，注重学位论文的实践价值与意义。上外高级翻译学院是《上海市翻译硕士专业学位论文基本要求和评价指标体系》的研制单位，曾面向上海市其他培养单位的研究生导师进行论文指标体系的培训。学院基于几年的实践探索，全面总结了翻译硕士专业学位论文的

---

① 姚锦清：《翻译硕士专业学位（MTI）与专业笔译理念》，《东方翻译》2010 年第 4 期，第 11 页。

内涵特征：应"避免其学位论文学术化倾向"，定位为"整理和提炼翻译实践工作中的问题，综合运用所学知识分析并解决问题，培养学生在翻译工作中自我反思和自我提高的能力，确保其自身专业的可持续成长"①，其形式应为"案例分析报告"，其选题必须源于"真实的翻译实践"，突出"翻译专项任务特征"，最终从 5 个指标"选题（15%）、创新性（10%）、专业性（40%）、应用性（20%）、规范性（15%）"进行评价。② 以 2020 年校级优秀硕士学位论文《中国历史人物传记英译项目中专名处理的难点及对策——以〈九世班禅传〉英译为例》为例，该论文作者基于某出版社委托学院团队进行的《九世班禅传》汉英翻译项目，根据其在术语组承担的工作任务和翻译实践，归纳总结了中国历史人物传记中专有名词英译可能遇到的难点，并从兼顾语言转换、图书翻译特点和出版要求等方面提出针对性的英译策略。论文即从学生亲身参与的翻译项目出发，聚焦并剖析了专项文献翻译中的某一具体问题，综合所学理论知识，论述符合专业翻译理念与研究方法的解决方案。

（二）高级翻译学院人才培养的基本特征

上外高级翻译学院自成立以来，已发展成为高端翻译人才的孵化基地。学院从国家和社会需求出发，贯彻立德树人的根本要求，在多年的实践和探索中不断健全机制、强化特色，坚持行业与专业、学界与业界、国际与国内的融合和互动，形成了特征鲜明、内涵丰富的人才培养体系。主要有以下特征。

第一，紧密对接国家和区域发展需求，为社会输送精英型翻译

---

① 李红玉：《论 MTI 学位论文的整体设计——上外高翻综合改革专题理论文章（之五）》，《东方翻译》2012 年第 1 期，第 26 页。
② 柴明颎、李红玉：《上海市翻译硕士专业学位论文基本要求和评价指标体系》，《东方翻译》2013 年第 3 期，第 34 页。

人才。21世纪初期，中国加入世界贸易组织，进入对外开放新阶段；上海陆续主办上海合作组织第一次峰会、亚太经合组织会议等，成功取得2010年世界博览会主办权，在国家对外交往、海外贸易、文化交流的格局中扮演着日益重要的角色。中国，尤其是上海开始更多地融入世界发展格局，参与经济全球化进程，而当时能够胜任多种语言服务工作的高级翻译人才可谓屈指可数。"同声传译是当今世界流行的翻译方式，目前95%的国际会议采用同声传译。同声传译要求译者边听边译，原文与译文的平均间隔为3到4秒"，"目前国内同声传译人才不到30人……已被政府列入紧缺人才目录中"。① "据统计，2001年上海每3天就有一次国际会议，现在每3天就有两次国际展览，同传人才供需之间的缺口非常大。"② 上外瞄准了高端翻译人才供需严重不平衡的发展契机，成立了高级翻译学院。

> 该学院将着力培养能在大型国际会议和各种高层次国际交流活动中充当同声传译等高难度翻译工作的拔尖外语人才，从而在最近几年内缓解上海地区同声传译等拔尖外语人才严重缺乏的局面。这是上外发挥自身强项，积极为2010年上海世博会的成功举办和上海的新一轮发展作贡献的一项具体举措。③

从建立之日起，上外高级翻译学院就担起为日益频繁的对外交流活动培养高、精、尖翻译人才的使命。迄今为止，几乎所有会议口译项目的毕业生都在从事专业翻译和传播工作。

以上外高级翻译学院等为首倡议设置的翻译专业硕士教育亦是如

---

① 缪迅、褚宁：《同声传译人才有"摇篮"》，《解放日报》2003年4月23日。
② 陆静斐：《上海首个同声传译基地建成》，《文汇报》2003年9月22日。
③ 《培养同声传译拔尖人才 上外成立高级翻译学院》，《人民日报（海外版）》2003年5月5日。

此。21世纪以来，我国经济发展进入新的阶段，2010年成为世界第二大经济体，很快又成为世界第一货物贸易大国。随着我国综合实力的发展，出现了"中国翻译40年来的第二个高潮，这一轮高潮是为中国经济走出去服务，为中国的文化传播服务，为中国的理念走出去服务，近年更是为中国构建自己的国际话语体系服务"[①]。翻译人才原来只服务于社会外交、外事等特定领域，后来逐步成为各行各业的全面需求。为适应国家社会、经济、文化事业的发展对翻译专门人才的迫切需要，对接国家深化改革开放的战略，2007年，国家建立了以培养高水平、应用型职业翻译人才为目标的翻译专业硕士教育体系，这是"翻译学科发展里程碑式的成果"[②]。随着国家对外交往不断扩大，特别是2013年"一带一路"倡议的提出，高级翻译学院依托学校的多语优势与资源，与其他学院拓展合作，不断扩展和丰富语对组合，继续打造具有国际一流水准的翻译专业硕士培养平台，多语种接力同传也逐渐成为上外高级翻译学院的又一大品牌特色。

第二，始终坚持创新引领，打造硕博高端人才培养优势。学院的会议口译项目、翻译学硕博项目、翻译硕士专业学位项目在全国均属始创，引领推动全国翻译学科建设发展，在学界一直处于领军地位。其翻译学博士培养侧重学术性、研究性、前沿性，会议口译和翻译硕士培养则强调实践性、应用性和专业性。

2004年，学院在全国率先设立"翻译学"二级学科学位点。2005年首批共6名翻译学博士研究生入学。2008年，6名翻译学博士研究生通过答辩，成为"建国近60年我国内地高校培养的首批翻译学专

[①] 黄友义：《40年见证两轮翻译高潮》，《外国语（上海外国语大学学报）》2018年第5期，第10页。

[②] 仲伟合：《十年扬帆，蓄势远航：MTI教育十年回顾与展望》，《中国翻译》2017年第3期，第7页。

业博士"①。答辩委员会主席许钧教授指出，这次答辩意义重大，影响深远，是翻译学学科正名以后的第一批博士生答辩，可视为学科建设的标志。

在会议口译和翻译硕士专业学位教学上，学院将职业化、应用型理念贯穿于培养定位、师资队伍、专业实习等人才培养各方面。在培养定位上，一入学就让学生深刻认识到，自己的目标是会翻译，获得专业翻译的种种技能，能够按时按质地完成客户的翻译任务。以职业笔译为例，其需要"翻译业务洽谈、审阅原稿、编写术语、分稿、译稿、合稿、审核译稿、排版、终审等多道工序"②，因此，翻译硕士专业笔译方向的师生团队对待任何一个实战项目，都会按照项目经理分工、术语提取、个人初译、学生互校、教师审校、清读、定稿交付的统一流程来完成，保证译文的规范和质量。在团队完成项目的过程中，学生能够了解到具体翻译业务中的实际问题，在分析和解决问题中充分建立译者的职业意识；同时，面对信息化时代多人合作的翻译常态，学生的翻译项目管理与团队合作能力也得到了锻炼及提升。

在师资队伍上，学院认为职业化的师资队伍是职业化的翻译人才培养的前提，坚持打造一支具备翻译职业能力和素养的教师团队，通过聘请有丰富行业经验的专业译员授课讲学、引导教师充分参与职业翻译等多种途径进行师资建设。2003 年学院成立之初，即聘请了国际同声传译协会秘书长丹尼尔·基尔（Daniel Gile）担任学院兼职教授；加拿大籍的国际会议口译员协会会员杜蕴德（Andrew C. Dawrant）担任口译系主任，这也是上外历史上首次聘任外国人作为

---

① 曹继军：《我国首批翻译学博士从上外"出炉"》，《光明日报》2008 年 6 月 14 日。
② 柴明颎：《对专业翻译教学建构的思考：现状、问题和对策》，《中国翻译》2010 年第 1 期，第 54 页。

系主任。近几年，学院聘任了曾任联合国日内瓦办事处大会管理部口译司司长的李正仁教授担任执行院长，指导学院的实践型研究生教学、海外师资引进等工作。学院还将一批长期从事翻译和翻译管理的人才补充到教学队伍中。可以说，学院的专业课教师，不仅仅是站在讲台上授业解惑的教师，更是手把手传道的"师傅"。他们长期从事联合国文件翻译、政务外交文本翻译、图书翻译、法律翻译、会议口译等专项翻译或翻译管理工作，这种活跃的职业状态和投入度也为学生树立了职业楷模。

为了让学生一出校门就经得起行业和社会的检验，学院与国内外翻译需求方和语言服务人才培养单位合作，共建实习基地，搭建学生职业发展平台，帮助学生提前适应职业角色。学院根据人才的不同类型和不同特点，针对性地选择不同单位共建实习基地，形成校企共育的最大合力。如学院经过前期翻译岗位市场调查，确定了翻译硕士专业实习基地的四个定位：国际组织和政府机构、媒体、国内外企业、翻译或语言服务公司，再在每个定位中主动寻找合作伙伴，建立实习基地。2018年去往联合国、政府外办、企业等实习基地的学生达80余人。另外，学院还自建实习中心，一方面为社会各界提供优质翻译服务；另一方面，吸纳学生参与到翻译业务中，在教师指导下熟悉翻译行业规则，尽快成长为业界需要的专门人才。

第三，始终坚持国际化特色，汇聚合作共赢发展动力。上外高级翻译学院的国际化专业翻译人才培养模式曾获国家级教学成果奖二等奖，其国际化的思路已融入师资、课程、实习、考核、社会服务等各环节，成为整个人才培养体系的有机组成部分。为达到高层次、专业型翻译人才培养目标，学院自成立起就主动与国际组织、国际翻译专业顶尖高校开展全方位的合作交流。如师资方面，学院一直保持聘任外籍资深翻译专家的传统。他们大多都有在国际组织、国外高校供职的丰富经历，在学院中不仅开设各类讲座和长短期课程，还参与到培养方案设计、考试评价等培养过程以及师资培训过程中。以 2019 年为例，学院聘请了来自 9 个国家的 20 名外国专家从事学院 8 个语种的高级口笔译专业教学，其中长期任职专家 11 名，短期授课专家 9 名。与俄罗斯莫斯科大学、瑞士日内瓦大学、法国巴黎第三大学及美国蒙特雷高级翻译学院等多所国际翻译专业顶尖高校的合作，有效补充了多语资源，拓展了翻译人才培养的发展路径。欧洲会议口译专家、口译师资培训专家马修·派瑞（Matthew Perret）不仅承担翻译专业硕士西英汉口译方向及会议口译专业的教学任务，还为学院口译教学团队进行师资培训，提升专业教师的教学水平。

　　学院和国际组织等携手合作，获得了共赢多赢的效果。学院采用项目化的管理方式，对接国际组织的高端翻译任务，按照专业流程对学生进行严格的实战训练；学生接触真实的会议文本，在教师的指导下磨炼自己的翻译能力，形成优秀的职业素养，如力求用词精准、术语统一，注重团队协作，保持客观公正的立场等；国际组织则提供多岗位实习机会，为学生的职业发展搭建了桥梁，如学院与联合国全球传播部合作完成联合国旗舰刊物《联合国纪事》《联合国概况》《联合国 2020 年全球传播战略》《联合国在行动》系列视频文本、日常网页、国际日主题新闻等多项翻译工作，以精湛的专业素养、优质的团队管理、稳定的译文质量屡次获得赞誉。联合国全球传播部新闻媒体司长姜华曾评价"上外高翻基于项目的实战训练教学模式和联合国全球传播部的项目需求完全吻合"，"无论时间多紧、任务多重，团队成员和老师都能始终保证高质量、严把关、守时效"。[①]学生通过在联合国的实习，了解联合国的组织架构和运作模式，不仅加强了专业能

[①]《联合国全球传播部与上外高翻合作六周年庆典在上外召开》，上海外国语大学文明创建网，https://wmcj.shisu.edu.cn/ea/3b/c990a125499/page.htm。

力，也拓展了国际视野，对全球治理、文化差异、构建人类命运共同体有了更加深刻的认识。学生的培养质量在实战、实习中得到认可，促成学院和国际组织未来更多的合作可能，形成了多方共赢的正向循环，汇聚了源源不断的发展动力。

在新文科背景下，依托"多语种+"办学战略，学院秉持一贯的创新精神和国际化发展思路，把握时代脉搏，持续凝练内涵，在口笔译跨学科研究、校企共建联合实验室、国际国内社会服务等方面开拓新局面，为持续推动全国翻译专业创新发展、培育高端中译外人才贡献力量。

从全国同类学校横向比较的维度看，北京外国语大学高级翻译学院的翻译专业的人才培养呈现相似特点。该院前身可追溯至1979年国务院批准举办的联合国译员训练班（部），专门培养从事联合国文件翻译的笔译人员和为联合国会议提供同声传译的口译人员。时年正值改革开放春风吹遍全国，对高层次对外交流和翻译人才的需求迫切，因此译员训练班"从1979到1993年，为联合国机构和国家各大部委输送了280多名高层次人才"[①]，其中包括前驻美大使、外交部前副部长等。1994年，北外高级翻译学院成立，以服务国家现实需求为目标，进行翻译专业建设和人才培养。2007年，北外、上外同时获批设立翻译硕士专业学位点，开启了翻译职业化教育，进入转型发展时期。北外高级翻译学院也同样注重与国际合作交流，在2008年加入国际大学翻译学院联合会，与联合国、欧盟、联合国教科文组织等国际组织机构建立了良好的关系。由此可见，融入服务国家发展大局，以社会需求和职业化发展为导向，坚持国际化标准、高质量要求，培养高层次、专业型翻译人才是北外和上外高级翻译

[①] 杨丹：《翻译专业教育与一流外国语大学建设》，《当代外语研究》2019年第6期，第7页。

学院在几十年发展历程中总结的经验与践行的原则；努力成为全国翻译学科建设的探索者、推动者和示范者，也是二者致力达成的共同目标。

  本章以国际新闻传播专业、卓越学院、语言政策与语言教育学科、高级翻译学院为例，探究了上外在本科层面和研究生层面所开展的人才培养创新，梳理了每个案例改革探索与创新实践的进程，并提炼了相关基本特征。下一章将在第三章、第四章、第五章的研究发现基础上，整体探讨上外办学过程中所体现的人才培养的传承与创新。

第六章

上海外国语大学人才培养的传承与创新

此前三个章节分别调研了上海外国语大学人才培养的历史、现状，分析了相关典型案例。本章将以传承和创新为两条主线，总结上外人才培养的典型特征。学校从建校初期大力培养俄语翻译人才到改革开放初期培养多学科复合型人才，再到新时代背景下培养全球治理人才，实现了从单语种到多语种、从多语种到多学科、从多学科到"多语种+"的跨学科发展。在一定意义上，"守正"与"创新"这对辩证统一词是以上外为代表的外语类院校育人的核心原则。

第一节　人才培养的原则：守正、创新

　　所谓守正创新，包括守正和创新两个方面。"守正"语出《史记》"循法守正者见侮于世，奢溢僭差者谓之显荣"，意为恪守正道；"创新"语出《魏书》"革弊创新者，先皇之志也"，意为吐故纳新。前者在哲学意义上可理解为按照事物的本质要求和发展规律来办事；后者是积极发挥主观能动性进行创造性实践。守正创新即在事物的本质要求和发展规律的指导下，通过创造性劳动，将事物推向全新的发展阶

段。其中守正是保障和前提，创新是路径与动力，二者辩证统一，不可偏废。

2021年，十九届六中全会审议通过的《中共中央关于党的百年奋斗重大成就和历史经验的决议》赋予了"守正创新"重大的历史意义和现实价值。国家的高等教育事业同样把"守正创新"视为重要的发展原则。2020年教育部《新文科建设宣言》发布，其基本遵循之一即"坚持守正创新。在传承中创新是文科教育创新发展的必然要求。丢弃传统，就是自断根基；不求创新，必然走向枯竭。新文科建设既要固本正源，又要精于求变，要立足两个大局，不断从中华优秀传统文化中汲取力量，主动适应并借力现代信息技术手段，实现文科教育高质量高水平发展"。之后，各高校或联盟纷纷响应新文科号召，聚焦于"守正创新"，举办学科发展的高端论坛，如2021年12月第三届中国高校外语学科发展联盟年会倡导"守正创新、交叉融合，共建一流外国语言文学学科"，其中上海外国语大学、广东外语外贸大学、对外经济贸易大学、上海对外经贸大学等高校领导均开宗明义地提出"守正创新"这一学科建设理念。清华大学、同济大学、哈尔滨师范大学等在2021年都专门举办了与"外国语言文学学科的守正与创新"相关的高端论坛，交流讨论外国语言文学学科在新时代背景下的发展方向，并认为"守正创新"这一命题常议常新，可以为外语学科的发展繁荣持续提供鲜活的思路。四川外国语大学党委书记邹渝认为，站在新的历史起点，外国语大学必须从全局性、科学性、针对性、前瞻性战略布局的高度，探索和实践教育改革新路径，这一新路径总体而言就是守正创新。① 可见，无论是国家高等教育统一层面，还是全国各外国语大学层面，抑或是各校外语专业层面，都将守正创新既作

---

① 邹渝：《守正创新：新时代外国语大学的教育改革》，《光明日报》2020年9月29日。

为取得历史成绩的重要法宝，也作为未来持续性突破和发展的战略指引。

作为国内知名的外语学府，上外同样坚信守正创新对于迎接外语教育和学校发展新契机有着重要意义。正如时任上外党委书记姜锋和校长李岩松2022年的新年献词所述：扎根中国、为党育人、为国育才；世界眼光、学贯中外、胸怀天下；全球话语、脚踏实地、守正创新……是中国外语教育的新任务新机遇。通过运用访谈、问卷等多种研究方法对学校的人才培养历史演进的分析，本研究认为，守正创新原则同样适用于学校的人才培养工作。上外的守正，是固本强基，是尊重外语教育发展规律，充分传承与发扬上外人才培养的优秀传统；上外的创新，是主动求变，是牢牢把握世界大势和时代之需，与时俱进培养卓越外语人才，勇当全国外语教育先锋。上外70多年的人才培养经验证明，只有守正固本，方能永葆上外人才培养的底色与本色；只有改革创新，才能打造上外人才培养的特色与亮色。坚持守正与创新的统一，上外才能持续培养保持底色、彰显特色的卓越外语人才，为实现中华民族伟大复兴做出上外人的独特贡献。

第二节　人才培养的传承

建校70余年来，学校的人才培养层次从本科生到硕士、博士研究生不断拓展，人才培养类型从中国学生到来华留学生不断扩大，人才培养专业和方向从语言类到多学科不断丰富。如第三章所述，学校人才培养的历史可大致划分为三个主要发展阶段：建校起到20世纪80年代初培养外语专门人才、1983—2016年并举培养语言类人才与复合型人才、2016年至今培养"多语种+"卓越国际化人才。尽管经历了数次人才培养战略的转型与人才培养模式的迭代，学校在悠久的办学历史中仍积淀了许许多多优良的办学传统和深厚的文化底蕴。以下将从坚守本土底色、坚守外语学科之本、坚守国际视野三方面论述。

一、坚守本土底色

与中华人民共和国同龄的上外从诞生之日起就自带红色基因，强调家国情怀，坚持社会主义办学方向，坚守中国国情和本土底色。从人才培养目标来看，学校始终牢记为党为国育人的办学使命，服务于国家和区域经济发展需要；从人才培养过程来看，学校一贯坚持立德树人，注重思政建设，构建有外语类院校特色的育人模式。

学校的人才培养目标始终高度对标社会人才需求。中华人民共和国成立之初，为学习苏联建设经验，国家急需俄语翻译人才。1949年11月，学校在《解放日报》上刊登招生简章。1950年2月，陈毅市长在举行第一批学员开学典礼时亲临学校，勉励大家早日成才当好翻译，在向全国介绍苏联先进经验的过程中当好桥梁。之后学校开设语种增多，培养外语专门人才。20世纪80年代初，随着国际新闻双学位的设立，学校开始培养国家急需的能够使用外语，尤其是英语的对外宣传人才，复合型人才的培养拉开序幕，学校的外语人才培养目标转向为改革开放后的市场经济服务，一大批复合型、应用型外语人才活跃在中外交流的各个领域。新时代以来，随着国家日益走近世界舞台中央，日益深入参与全球治理，学校确立了"多语种+"办学战略，培养能够参与全球治理与全球事务的卓越人才。学校一直坚守高等教育"国家队"的定位，主动将学校发展融入国家发展格局，勇担责任和使命；另一方面，紧密结合上海经济社会开放性发展的特点，培养了大批深受用人市场欢迎的外事外宣、国际贸易、语言教育和服务等领域的优秀人才，为区域发展提供了人才支撑。

学校历来重视立德固本，注重外语专业教学与思政教育深度结合。建校初期，学校继承中国人民抗日军事政治大学的办学传统，把坚定政治方向放在首位，要求学生具有革命人生观和为人民服务的精神。除了辅导员制度，20世纪60年代学校建立了班主任制度，一般由精读课的任课教师兼任，负责日常思想教育和管理工作；"教师除了教学，还深入班级参加学生政治学习和活动，帮助学生解决思想问题和生活困难，师生关系融洽，教书育人作用明显"，学校"要求教师在选材和讲课中有意识地注意思想性，把育人有机地融合在教书中"。[1] 学校在全国率先提出"建设具有外语类院校特色的思想政治教育体系"，是上海课程思政整体改革的领航高校之一。2018年，学校的课程思政教育教学改革创新与其他学校共同获得国家级教学成果奖一等奖。学校还是国内首批推进《习近平谈治国理政》多语种版本进高校、进教材、进课堂的试点高校之一，将《习近平谈治国理政》多语文本"基因式"地融入人才培养方案、教材和课程中，铸牢学生理想信念根基，涵养家国情怀，提高用外语讲好中国故事的能力。曾任天津外国语大学校长的陈法春指出，"外语类专业学生长期置身目标语文化语境，存在受其思想观念、话语体系浸染的潜在风险，必须具备更强的政治定力、更高的政治判断力和政治领悟力、更加自觉自信的文化意识"[2]，因此，外语类院校对学生的国家立场和价值取向的培养显得尤为关键与迫切。2021年学校第十五次党代会更是将"政治定

---

[1] 戴炜栋主编，《上海外国语大学志》编纂委员会编：《上海外国语大学志》，第416页。
[2] 陈法春：《大力发挥外语类院校培养国际传播人才的潜能与优势》，光明网，2021年7月11日，https://m.gmw.cn/baijia/2021-07/11/34985343.html。

力"放在人才培养关键素养的"四力"(政治定力、语言能力、学科能力和话语能力)之首。

二、坚守外语学科之本

从"华东人民革命大学附设上海俄文学校""华东人民革命大学附设外文专修学校""上海俄文专修(科)学校""上海外国语学院"到如今的"上海外国语大学",学校几度更名,但"外文""外语"却永远是每个时期学校校名的关键词。学校曾用"立校之本""强校之路""创新之匙"来强调语言在学校举足轻重的地位,以下两方面体现得尤为明显:第一,外国语大学是学校的本质属性,学校的其他学科均以外语学科为依托延伸而得以建立和发展;第二,学校从始至终高度重视培养学生扎实的语言基本功与语言应用能力。

学校的外语学科孕育并滋养了新闻传播学等其他文学学科,以及教育学、经济学、管理学、法学、工学等多个其他学科,为学校目前的学科发展和人才培养格局奠定了坚实的基础;学科本身内涵也在不断丰富,在夯实根基的同时,持续打造新的学科增长点。就本科层次而言,从20世纪80年代初期开始,学校开始在传统语言人才培养的基础上,尝试探索培养同时掌握外语和另一门非外语类专业知识技能的复合型人才;到2021年底,这种非语言类专业已增至21个,占所有本科专业数的40%左右。2019年,学校跳出语种本身,在全国设立了首批语言学本科专业,培养能够开展语言科学研究、利用前沿方法和技术解决语言实际问题的专门人才。就研究生层次而言,20世纪80年代学校培养了国内第一批俄语和英语博士;2004年设立大陆首个翻译学学科博士学位授权点;2012年始建国内首个以社会语言学、语言政策研究为核心的独立二级学科——语言政策与语言教育;2018年,学校成为全国外语类院校中一级学科博士学位授权点最多的院校。简而言之，学校的本科和研究生层次的教育从单一的外语学科发展到辐射推动其他学科本硕博人才培养体系的建立健全，从学习语言技能到研究语言科学，从侧重语言教学到关注语言理论与政策，都是围绕语言衍生开来并发展壮大的。

坚守外语学科之本还体现在狠抓学生基本功，尤其是语言实践能力的培养上。正如何兆熊教授所回忆的，自己在1960年被上外录取时，国家正值困难时期，但学校克服了极差的客观条件，在教学中狠抓学生基本功训练，让学生受用一生；这一点也成为学校的优良传统。"扎实的语言基本功""过硬的语言能力""外语好"几乎是本研究访谈的50位教授每人都提到的"上外特质"。外语专业本身的课程设置和培养环节一向以卓越的外语沟通能力与人文素养为目标，非语言类专业一直强调与外语学科密切融合，突出外语优势。其人才培养方案中英语课程的比重一直远高于其他学校，现在每个本科专业至少还保留30学分的英语强化必修模块，而且将英语表达与写作能力作为必不可少的培养要求。另外，晨读、集体备课、批改作业等举措，本科生导师制和导师接待等制度，以及严谨、勤奋的教风学风为人才培养质量提供了可靠保障。外语教育家王季愚写到，"吕叔湘曾说，外语不过关，只能当第二流、第三流人才，我认为吕先生的话切中要害，令人深思"[1]；曾任西安外国语大学校长的杜瑞清认为"外语在复合型外语人才培养中为'本'，是稳定、不变的……要以外语技能这一不变，应付其他的千变万化"[2]。正是基于语言的根本性与重要性，学校第十五次党代会上提出"始终坚持语言为立校之本，始终保持语言作为办学特色的战略定力，围绕语言特色找方向、定战略、配资源、带队伍，努力将学科特色转化为办学优势"。

---

[1] 王季愚：《回顾与展望——为中国外语教学研究会成立大会准备的发言稿》，《外国语（上海外国语大学学报）》1981年第5期，第5页。

[2] 杜瑞清：《复合型外语人才的培养及实践》，《外语教学》1997年第2期，第34页。

三、坚守国际视野

坚持国际化办学，培养兼具中国情怀和国际视野、擅长多元文化理解与文明沟通的人才是学校70多年来一直坚持的重要战略，现已融入学校发展的各环节，形成了系统化、全方位的国际化工作格局。就人才培养这一高校核心之职能而言，国际化特色广泛体现在培养模式、课程体系、校园环境等多个维度，其中最为重要的是教师和学生两方面的"引进来"和"走出去"。

在引才引智方面，学校筹建初期，首任校长姜椿芳就邀请了柯索夫斯基、鲍罗琴那等20多位苏侨教师来校任教，到1952年苏侨教师达70余人。学校给每个班都配备了苏侨教师，负责精读课和会话课教学，为学生提高外语听说能力打下了良好基础。这批专家开设课程、培训教师、编写教材，他们"业务好，教学经验丰富，工作认真负责……为我校开展正规化办学作出了贡献"[1]。改革开放后，学校是国内最早与国外高校和学术团体建立联系的高校之一；1980年起开始与国外高校签署协议，建立校际交流关系。至20世纪90年代初，学校年均聘任约42位外国专家，"数量质量都比从前有较大提高，推动了我校教育改革与发展"[2]。随着语种的增设，尤其是近年来新增共建"一带一路"国家战略语种专业，学校的国际专家学者的面貌也越来越多元。2016—2020年，学校共聘请长期境外专家473名，短期境外专家达902名。除了"引进来"，教师"走出去"也是提高语言文化水平和教学质量的重要途径。20世纪50年代中期，学校选派第一批留学生赴苏联留学，青年教师胡孟浩（1981—1990年为上外校长）即其中之一，他在莫斯科期间作为中国留学生代表，还亲耳聆听了毛泽东主席的教诲；60年代，学校又先后派出10多位教师和高年级学

---

[1] 戴炜栋主编，《上海外国语大学志》编纂委员会编：《上海外国语大学志》，第472页。
[2] 同上书，第473页。

生赴古巴、苏联、法国等留学，"回校后多数任教"[①]。改革开放后，出国进修规模持续扩大，1977—1994年公派出国进修的教师达697人。到2020年底，学校拥有出国研修经历的教师比例达到88.4%。不同文化的交融和对话拓宽了访学教师的国际视野，有助于他们借鉴国际先进教育理念；学校对出国研修的教师还要求"每人带一两门精品课程回来"[②]，因此课程体系也得以不断丰富。

在学生双向交流方面，学校深化与世界高水平大学的学生交换、联合培养、学分互认机制，为本科生和研究生提供了大量拓展全球文化视野、丰富学习和文化体验的海内外交流机会，鼓励学子放眼全球，提升其服务于世界文明进步的意识及能力。至2021年，学校开发了140多个交换生项目及50多个联合培养项目，实现学生项目各重点学科、非通用语种专业、复合型专业在对象国和地区的全覆盖，多个小语种专业甚至达到100%出国率；同时，密切对接国家留学政策和项目，受国家留学基金管理委员会公派出国留学的人数排名多年位于全国高校第10名左右。除了学分项目，学校大力提倡学生进行海外田野调查、短期游学和国际组织实习等，让学生站在更广阔的平台上，扩大多元文明理解力与对外话语能力。与之对应，学校的来华留学生教育也在改革开放后蓬勃发展。1981年学校招收了第一批暑期汉语进修生，共27人；1984年对外汉语教学专业获批设立，是全国最早设置该专业的4所高校之一；1994年，外国留学生数量突破300人，分别来自27个国家；2019年，学校拥有来自120个国家和地区的本硕博留学生5000人，其规模和质量在全国名列前茅。学校一直致力于搭建文化交流、互鉴的平台和桥梁，让更多的上外学子能够提升话语能力，通晓国际规则，拥有更宽阔的知识结构与胸怀格

---

① 戴炜栋主编，《上海外国语大学志》编纂委员会编：《上海外国语大学志》，第382页。
② 曹德明：《国际化是中国大学的大趋势》，新华网，2012年12月5日。

局，在全球治理中发挥越来越大的作用；同样，让"走进来"的留学生能够深刻理解中国文化的精神内涵，感知中国的发展变化，成为中国故事的讲述者与传播者。

第三节　人才培养的创新

习近平总书记强调，创新是引领发展的第一动力，抓创新就是抓发展，谋创新就是谋未来。创新不仅是国家和民族兴旺发达的不竭动力，同样也决定着教育事业和高校的未来和成败。"新时代新使命要求文科教育必须加快创新发展"，国家新文科建设"本质是问题驱动式创新"[①]，尤其是"面对中国高等教育的新需求、新变化、新阶段、新特征、新考验……要大力推进人才培养范式的新变革"[②]，面对以创新为导向的未来，我们十分有必要以"突破局限、勇于创新"为关键词，回溯总结上外人才培养史上的创新经验，从而为今后学校建设寻找充分依据和可行路径。

一、创新人才培养理念

人才培养理念是学校人才培养工作的导向和指引，决定着学校教育改革的方向与步伐，也决定着人才培养采取的模式及举措。学校一

[①] 宁琦：《社会需求与新文科建设的核心任务》，《上海交通大学学报（哲学社会科学版）》2020年第2期，第13页。

[②] 吴岩：《积势蓄势谋势　识变应变求变》，《中国高等教育》2021年第1期，第5页。

直注重推陈出新，与时俱进，以理念创新为先导，结合不同的历史时代背景和社会发展特征进行深层次的理性思考，审视自身历史使命及时代价值，调整办学定位与战略，厘定人才培养内涵。学校在不同时期提出了复合型外语人才、"多语种+"卓越国际化人才等培养理念，形成了鲜明的上外人才培养特色，取得了显著的人才培养成就。

20世纪80年代初，随着以经济建设为中心的改革开放步伐加快，市场经济和社会发展对外语人才提出了新的要求，学校开始积极思考探索人才培养如何为社会主义"四个现代化"服务的改革问题。在国家中宣部和教育部的指导与支持下，学校经过设想求证与调研讨论，率先打破传统外语人才理念和培养框架，提出既掌握外语又掌握一门专业的人才培养改革思路，设立了第一个复合型专业——国际新闻（英语），成为全国外语类院校中首家进行复合型外语人才培养探索的学校。自那时起，复合型外语人才培养理念逐渐成为上外人才培养的标志之一，学校毕业生也因其"外语+专业"的双优势和较强的适应能力深受用人单位的肯定与市场的欢迎。1999年教育部公布的44所直属高校毕业生排行榜中，上外本科就业率名列全国同类高校第一、本市高校第二[1]；时任副市长周慕尧评价"上外毕业生以其复合型、高质量而受到用人单位的广泛欢迎"[2]。学校50周年校庆之际，无论是教育部贺电，还是上海市领导贺信，均提到了学校复合型和外向型的高级外语人才特征，高度肯定了这种新型办学模式的优势，认为学校"在外语教学改革和高校教育体制改革方面迈出了坚实的步子"[3]。学

---

[1] 徐敏：《外语与新兴学科"嫁接"课程为各类学生"定制"上外复合型人才成市场新宠》，《解放日报》1999年12月15日。

[2] 周慕尧：《建校50周年庆典大会讲话》，上海外国语大学编：《上海外国语大学年鉴（1999年）》，2000年版，第22页。

[3] 黄菊：《建校50周年庆典贺信》，上海外国语大学编：《上海外国语大学年鉴（1999年）》，第66页。

校敏锐地捕捉到社会对外语人才具备复合技能的这一要求转变,将学校的外语优势同其他学科进行"嫁接",树立了全新的复合型人才培养理念,开辟了一条符合社会与市场需求的现代化办学新路径。

进入新时代,随着"一带一路"倡议的实施和提速,高水平多语种专业人才成为社会急需人才;全球化发展对外语人才的需求呈现出综合、多元和多层次的特点,对"培养'一精多会''一专多能'高素质国际化复合型人才"提出了更高的标准。时任上外校长曹德明2017年接受《青年报》专访时谈道:"传统外语单一学科的理念、外语技能和专业知识简单叠加的培养已经不能适应新形势的要求,从战略高度整合外语教育目的和学习组织方式从未这样迫切。"学校再一次瞄准国家战略和社会发展需要,在综合学校多语种、跨学科、跨文化的资源与优势的基础上,于2015年在全国高校中率先提出"多语种+"战略。"多语种"指的是至少精通两门以上第二语言,具有出众的跨文化沟通能力,或具有较强的全球理解能力[①];"+"强调多学科贯通和融合。该创新理念基于新时代外语人才应具备的多语种能力、高专业素养和多学科背景三大基本特质,体现出了人才培养的跨学科性、融合性、开放性、多元性特征,再次赋予上外人才培养以全新内涵,也高度契合国家在2020年全面启动的新文科建设的精神。2021年,学校第十五次党代会对于"多语种+"办学战略进行了进一步阐发,明确其核心是融合了政治定力、语言能力、学科能力和话语能力的全球话语能力。这一理念的提出,推动了"实现专注语言教育教学向开展国别区域全球知识领域创新的转型升级"[②],是学校对服务于国家的全球治理人才和国际传播人才队伍建设的又一创新探索。

---

① 姜锋:《培养"多语种+"的国际化人才》,《人民日报》2017年6月8日第17版。
② 姜锋:《牢记初心使命 提升全球话语能力》,《中国教育报》2021年7月31日第4版。

二、创新人才培养机制

随着时代发展和办学理念的调整，尤其是人才培养重心从外语技能人才到复合型人才、复合型国际化外语人才和"多语种+"卓越国际化人才的逐渐转变，学校不断探寻人才培养的新机制与新路径，注重强化特色、分类实施，注重聚合资源、多方协同，在教学管理制度改革、培养模式创新上做出有益探索及大胆实践。

在教学管理制度方面，学校在20世纪50年代就不断完善教研组等教学组织，建立了学籍制度。改革开放后，学校开始制定教学计划，编写教材，健全各项管理制度等。1993年，为配合普通高等学校收费改革试点工作，学校在全国高校中率先试行学分制，开始探索建立具有上外特色的教育教学制度，主要内容包括"二二分段制"、模块结构课程体系、弹性学制等。这些改革举措力求突出"学生知识结构的完整性、学习课程选读的顺序性、理论与实践相结合的紧密性、学科间的渗透性和发展学生特长的灵活性"[1]，得到了社会各方的积极反响，招生上"近几年报考学生是录取数的三倍"，就业上"毕业生总是供不应求"。2016年学校开始实施完全学分制，建立了转专业、免修、免听、重修等系列配套学籍制度，并增设大类平台课等，进行培养方案优化升级，注重学生的道德修养和人文底蕴、语言知识和语言能力、国际视野和批判思维、跨文化沟通能力和团队精神、创新意识和实践能力的多维度提升及培养。在实施学分制的过程中，学校一方面牢牢抓住外语人才培养的特殊性，保证了学生外语基本功的相对优势；另一方面不断增加扩大学生选择课程、专业、学习进度等

---

[1] 教务处：《建立具有上外特色的学分制》，上海外国语大学编：《上海外国语大学年鉴（1995年）》，1996年版，第123页。

自由度，有助于学生根据个性需要构筑能力组合，更符合当今社会对外语人才的开放性和多样性需求。

在人才培养模式方面，学校20世纪80年代初打破单一外语技能型人才的思维束缚，通过分类实践，形成了三种培养模式：传统的语言文学专业人才、双语制的复语人才、复合型外语人才。90年代，学校将培养模式凝练为"四型一辅"，分别是"外语专业型、复合型（外语+专业）、方向型（外语+专业方向）、双语型以及辅修专业"[①]。21世纪初，随着双学位制的实施，人才培养模式调整为"四型一辅一制"，即"外语专业型、专业方向型、双外语型、专业+外语型、主辅修制和双学位制"。2017年，为落实"多语种+"卓越国际化人才战略，学校开始实施专业特色型、多语复合型、战略拔尖型三大类人才培养模式。[②]在拔尖战略人才方面，学校整合全校优质资源进行跨院系强化培养，先后成立国际公务员人才实验班和卓越学院；在高端外语人才方面，学校设立了全面接轨国际标准的高级翻译学院；在多语特色人才方面，学校本研层次的多语种新闻人才、多语种金融人才、多语种法律人才、区域国别人才培养等全面展开。人才培养模式演进呈现出两个特点：一是培养方式越来越灵活，人才规格的可拓展性增强。主修、辅修、双学位、境外交流、联合培养、跨校选课、创新创业等各种机会可供学生自主选择，每位学生可定制个人专属的成长路径。二是办学格局越来越开放，内外部资源融通度提升。从内部来看，学校各语种、专业、学科之间的交叉融合不断深入；从外部来看，学校与国内外其他高校、政府、企业等在人才培养方面的合作更加密切，资源更加丰厚。

---

① 戴炜栋主编，《上海外国语大学志》编纂委员会编：《上海外国语大学志》，第118页。
② 姜锋、李岩松：《办好新时代的外语高等教育》，《光明日报》2017年11月10日第8版。

三、拓展国内外影响力

上外素有"新中国高等外语教育发祥地之一"和"江南第一高等外语学府"的美誉,是全国外语人心目中的一块"高地"。70多年的办学历程中,学校砥砺奋进,上下求索,尤其善于抓住新机,开拓新局面,在人才培养办学理念、体制机制上持续改革创新,走在时代前沿,不仅为社会培养了大批杰出人才,而且塑造了良好的社会形象与声誉,国内外影响力与日俱增。

学校一直保持领先的学科优势,人才培养实力和改革前进步伐走在全国外语类院校前列。早在1963年,学校即被列为全国重点高等学校,直属教育部领导。1994年,原"上海外国语学院"正式更名为"上海外国语大学",成为全国第一批外国语大学,同时被列为国家教育委员会和上海市共同建设的首批学校之一。1995—1997年,在由中国高等教育评估研究会、上海市教育科学院高等教育研究所、中国学位与研究生教育学会评估委员会三大权威机构评定的中国大学的评价排名中,学校连续三年在外语类院校中名列榜首。1996年,学校被列入全国"211工程"建设高校。2017年,学校入选国家"双一流"建设名单。在教育部第四轮学科评估中,学校外国语言文学学科获评A+,与北京大学、北京外国语大学并列全国第一,也是拥有一级学科博士学位授权点和博士后科研流动站(外国语言文学、政治学、工商管理)数量最多的外语类院校。在软科中国大学学科精度排名(2020、2021年)、GDI大学一流学科排行榜(2022年)中,学校外国语言文学学科均位列语言类高校的前列。秉持着改革创新和追求卓越的强烈意识,学校以前瞻性、战略性的思维理念,敢于摆脱传统路径,实现了人才培养的跨越式发展。

学校为国家复合型外语教育政策的实施提供了良好的先期试点和

引领示范作用[1]，也为中国特色的外语学科和外语类院校发展添上了浓墨重彩的一笔。鉴于学校20世纪80年代开始的复合型人才培养取得了有目共睹的改革成效，其他外语类院校普遍效仿，改变了原来的专业培养模式。[2] 1993年10月召开的第八届全国外语类院校协作年会明确了"培养复合型人才是高等外语类院校的发展方向"。继而，20世纪90年代末教育部出台《外语专业面向21世纪本科教育改革的若干意见》，明确提出外语专业要培养复合型人才。直至今日，复合型高端人才也是国家新文科建设的培养重点。另外，学校在国际新闻、国际经贸、国际会计、国际法等复合型专业蓬勃发展的基础上接续奋进，做深做强，成为全国外语类院校中第一所拥有文学、理学、经济学、法学等多个学士学位授予权的学校，也是全国外语类院校中第一家获得复合型专业硕士点和复合型专业一级博士点的学校，为外语学科与非外语学科深度融合、创新发展，以及外语类院校优化布局、拓展空间提供了新范式和新视角。

学校推进教育对外开放和全球教育合作，提升在海内外的美誉度和影响力。学校已与全球六大洲62个国家和地区的440多所大学、学术机构及国际组织建立了合作关系，也是全球首批与联合国总部及各分支机构、欧盟委员会、欧洲议会签署合作框架协议的高校，并以中国首个成员单位的身份加入了多个高水平的国际学术联盟。为积极推介优秀教育资源在世界范围内的共享，学校开发了全英文跨文化交际课程，向全球学习者开放，成为亚洲第三、中国首门上线Future Learn平台的国际慕课。学校还建立了全国高校中首家多语种外文门户网站群，打造了一张独特的国际名片——多语种外文网，让世界听

---

[1] 王寰：《我国复合型外语人才培养改革的政策演进研究》，上海外国语大学2021年博士学位论文，第141页。

[2] 张绍杰：《改革开放40年外语人才培养——成就与反思》，《中国外语》2019年第1期，第5页。

到更多中国大学的声音,并以上海为例讲述中国发展,展现中国文化。以上外为代表的外语类院校将在服务中外人文交流、促进世界文明互鉴,在我国高等教育从"追赶者"向"并跑者"和"领跑者"的转型升级进程中做出积极贡献。

本章全面梳理了上外人才培养的传承与创新。研究发现,上外始终坚守本土底色,坚守外语学科之本,坚守国际视野,实现立德树人;同时,上外勇立时代潮头,始终对接国家战略和社会发展需求,不断更新人才培养理念,创新人才培养机制,拓展国内影响力。上外作为外语类院校的典型案例,其传承与创新也是外语类院校育人的共性特征。

结 语

一、研究发现

在新时代背景下，随着国际影响力逐渐增强，我国正在逐渐融入世界舞台的中心。因此，外语类院校的人才培养呈现出多元化、多层次和多领域的特点。本研究一方面梳理了上外人才培养的历史脉络，另一方面也为新时代外语人才培养探寻了创新路径。具体而言，本研究回答了三个问题：①上外人才培养历史演进的模式与特征如何？②上外人才培养的现状如何？③上外人才培养的影响因素有哪些？

本研究采用混合研究方法，首先以文献资料为主要分析对象，通过整理和分析已有数据，总结上外人才培养的历史演变模式。随后以上外的本科生和研究生作为研究样本，进行大规模问卷调查，了解上外本科生和研究生的人才培养现状以及影响因素。同时，以上外的本科生和研究生及教师为研究对象进行访谈，深入了解培养现状与影响因素，分析上外人才培养的典型案例，凝练上外人才培养的传承与创新内容。最后，以上外的本科生和硕士生人才培养典型案例为基础，总结上外人才培养的典型特征，探索以上外为代表的外语类院校的人才培养模式。以下为研究发现。

针对问题①，本研究通过历时梳理，提炼上外人才培养的演进模式及其特征。研究发现上外人才培养的历程分为以语言类人才培养为导向的阶段、语言类人才与复合型人才培养协调发展的阶段，以及以"多语种+"卓越国际化人才培养为导向的阶段三个阶段，详细阐述了各阶段人才培养的主要理念、核心内容、保障机制及人才培养的主要效果。此外，研究指出上外人才培养的历史演进呈现如下特征：首先，自建校至今，上外人才培养理念的内涵得到持续丰富；其次，学校人才培养的演进呈现系统化、综合化的特点；最后，在不断转变、丰富的同时，上外的人才培养始终坚守外语特色，始终坚持对接国家的战略需求和时代的发展趋势，并且始终坚持立德树人，重视学生价值观引领。

针对问题②，基于对量化数据和质性数据的综合分析，本研究从本科生和研究生两个层面呈现了上外人才培养的现状。在本科人才培养方面，学生对于课程设置，教材资源，考核方式，教师评价，课外实践，跨学科、跨院系、跨层级及跨校培养，跨国培养，本科生导师制方面较为满意，认同各维度能够符合专业要求和实际需要，但是在项目形式和项目质量方面还需加强。在研究生人才培养方面，学生对上外的学风建设、导师、其他师资以及支持条件的评价较高。与以上四个方面相比，学生对跨学科政策措施、学术实践、国际交流、"多语种+"理念等方面的评价略低，建议学校在这些方面可采取进一步的措施。

针对问题③，基于混合式研究，本研究探究了本科人才培养和研究生人才培养的相关影响因素。结果表明，就本科层面而言，人才培养效果与课程教学、环境因素、价值因素、情感因素显著相关，环境因素、文化因素、跨校培养对人才培养的影响未达到显著水平。就研究生层面而言，导师、"多语种+"理念、跨学科政策措施三个预测变量对人才培养效果有较高的解释力，学校采取的国际交流举措与推动学术成果国际发表的举措对于研究生人才培养效果也有显著影响，而学术实践、支持条件，以及其他师资、学风建设对于因变量的影响未达到显著水平。

基于以上问题，本研究结合典型案例，探索学科／专业层面和院系机构层面的创新改革。在学科/专业层面，选取国际新闻传播作为本科人才培养典型案例，选取语言政策与语言教育学科作为研究生人才培养典型案例；而院系机构层面的典型案例，则分别选择了卓越学院和高级翻译学院。在梳理每个案例的基础上提炼典型特征。最后从传承与创新视角分析了以上外为代表的外语类院校的人才培养特征，其中"传承"体现为坚守外语学科传统、倡导国际视野，"创新"则在人才培养的理念、机制、体制等维度上体现为战略性、跨学科性、融合性。

二、研究启示

通过以上分析可见，外语类院校人才培养的质量涉及教育管理部门、高校、教师、学生等不同维度，有赖于多方协同努力。

第一，对于各级教育管理部门而言，有必要进一步明确相关人才培养理念，贯彻立德树人理念，彰显战略性、时代性。各级教育管理部门在人才培养方面扮演着重要角色，可以通过采取一系列创新措施，如促进跨学科教育、推进数字化转型战略、落实课程思政教育等来推动教育体系的改进和学生的全面发展。此外，为适应社会和经济变革，各级教育管理部门需确保政策、资源等的合理分配，重视外语类院校在外语人才培养方面的引领作用，彰显其多学科、跨文化的特色，使之更好地服务于"一带一路"、高等教育高质量发展等战略需求。

第二，对于高校而言，应进一步明确学校优势与区位特色，基于发展目标开展人才培养的传承和创新。经过70多年的人才培养实践，上外的经验明确表明，只有坚守传统、巩固基础，才能使外语类院校的人才培养保持其根本和本质；同时，也只有进行改革和创新，才能够铸就外语类院校人才培养的特色与优势。外语类院校人才培养须坚守根本、巩固基础，尊重外语教育发展规律，积极传承并弘扬人才培养的卓越传统；同时注重创新，积极主动变革，明确"多语种+"卓越国际化人才培养目标，设置多语课程，鼓励外语教育传统专题研究并通过融媒体广泛宣传，加强有组织科研、有组织教学、有组织师资队伍建设，确保创造积极的学术氛围，促进学术发展和教育质量提升。

第三，对于教师个体而言，应进一步明确自己的职业规划，一方面传承优良的语言文化与学术研究传统；另一方面服务于高等教育新常态背景下的新要求，将跨学科、课程思政、数字化转型战略等融入自身的专业发展中，从教师知识、能力、价值观等方面促进自身发展。教师在制定自我提升和专业发展计划时，可参加包括研讨会、课程研究、教育培训等专业发展活动，并积极反思实践、不断学习，关注新理念与新方法。

第四，对于学生个体而言，应进一步提升自己的学校认同感，理解学校的课程设置，教材资源，考核方式，教师评价，课外实践，跨学科、跨院系、跨层级及跨校培养，跨国培养等人才培养举措对自身发展的重要意义；积极认同学校的办学定位、人才培养目标、人才内涵和人才培养路径；并且，明确专业学习与职业发展规划，能够保持政治定力、语言能力、学科能力和话语能力，发挥多语优势，为国家"一带一路"建设、国家整体的全球话语能力建设贡献力量。

三、研究创新

首先，从理论角度看，本研究旨在通过审视历史进程、研究现阶段发展情况、总结成功经验以及抽取相关规律，丰富外语类院校人才培养的相关研究；通过深入分析上外人才培养模式的历史演进，更好地解读外语类院校人才培养的改革和创新过程。外语类院校人才培养的相关因素的研究也将为制定具体的分类分层的人才培养方案提供理论依据。特别是在"双一流"、课程思政和新文科建设等教育战略下，本研究探讨学科交叉、思政教育、实践培养等因素对外语类院校人才培养的影响，将为外语教育研究与外语人才培养领域提供新的理论框架。

其次，在教育实践上，本研究通过分析具体的上外案例，凝练具有上外特色的人才培养模式，为同类院校提供参考借鉴，推动教学模式改革，提升外语类院校人才培养的质量，为"一带一路"建设、构建人类命运共同体等国家战略提供一定参考。

最后，在研究方法上，本研究以文献检索所获得的资料为基础，对人才培养研究进行了文献综述；采用问卷法和访谈法，研究了上外人才培养的历史演进、现状以及影响因素；通过分析各种文本资料，总结出上外人才培养的历史演进与典型案例。这种多元的数据收集方式，结合多源数据观点和综合分析验证，构建了一个全面的研究框架，具有一定推广价值。

四、研究局限性与展望

由于时间、研究条件等因素的限制，本研究数据主要源于一所院校，相关研究结论的适用面有一定的局限，未来研究可进一步完善其他外语类院校或者各类高校（如综合类、理工类等）的相关资料，探究其他院校人才培养的历史演进模式与特征、人才培养的现状以及人才培养的影响因素。

本研究采用了文献法、问卷法、访谈法等研究方法，虽然已尽力确保数据之间互相验证，但若辅以课堂观察，研究课堂教学、教材使用和课程评估的实际情况，研究结果将更具说服力。未来研究可以关注课堂实践，以更直观地了解人才培养的效果，进一步完善验证相关模式的可行性。

— 附　录 —

附录一　本科人才培养调查问卷

亲爱的同学：

　　您好！我们正在做一项关于学校本科人才培养情况的调查研究，希望能得到您的协助。问卷的每一个问题都没有标准答案，请根据您的实际情况回答问题。本问卷为匿名问卷，所得数据仅供研究使用。本问卷共29题，填写本问卷大概需要6分钟，非常感谢您的支持！

1. 您的性别 [单选题]
○男　　　　　　　　　　○女

2. 您所属的年级 [单选题]
○大学一年级　　　　　　○大学二年级
○大学三年级　　　　　　○大学四年级

3. 您所属的院系 [单选题]
○英语学院　　　　　　　○东方语学院
○日本文化经济学院　　　○俄罗斯东欧中亚学院
○法语系　　　　　　　　○德语系
○新闻传播学院　　　　　○国际金融贸易学院
○国际工商管理学院　　　○法学院
○国际关系与公共事务学院　○国际教育学院
○西方语系　　　　　　　○语言研究院

○其他_____

4. 您的专业（不含辅修）[单选题]
○外语类专业（包括各外语语种专业、英语教育、商务英语、语言学）（请跳至第5题）
○四个双学位专业（"德语+工商管理""英语+国际政治""外交学+法语""翻译+工商管理"）（请跳至第7题）
○其他专业（请跳至第7题）

5. 您的语言技能课（如综合英语、视听说、泛读等）老师经常采用的教学策略[多选题]
□与学生展开互动
□让学生在课堂进行专题发言
□组织学生分组进行讨论
□给出明确任务及任务说明，让学生围绕任务进行学习
□在课堂组织游戏、表演节目
□课堂小测验
□组织竞赛
□其他_____

6. 您的专业课（如文学、翻译、语用学、社会语言学等）老师经常采用的教学策略[多选题]
□与学生展开互动
□让学生在课堂进行专题发言
□组织学生分组进行讨论
□给出明确任务及任务说明，让学生围绕任务进行学习

□在课堂组织游戏、表演节目

□课堂小测验

□组织竞赛

□其他_____

* 填写完该题，请跳至第 9 题。

7. 您的语言课老师经常采用的教学策略［多选题］

□与学生展开互动

□让学生在课堂进行专题发言

□组织学生分组进行讨论

□给出明确任务及任务说明，让学生围绕任务进行学习

□在课堂组织游戏、表演节目

□课堂小测验

□组织竞赛

□其他_____

8. 您的专业课老师经常采用的教学策略［多选题］

□与学生展开互动

□让学生在课堂进行专题发言

□组织学生分组进行讨论

□给出明确任务及任务说明，让学生围绕任务进行学习

□在课堂组织游戏、表演节目

□课堂小测验

□组织竞赛

□其他_____

9. 关于您所在专业的课程，请您选择[矩阵量表题]

	非常不同意	比较不同意	不确定	比较同意	非常同意
9-1 您所在专业的课程设置适应社会经济发展的实际需要	○	○	○	○	○
9-2 您所在专业的课程结构合理	○	○	○	○	○
9-3 您所在专业的课程形式多样	○	○	○	○	○
9-4 您所在专业的课程具有前沿性	○	○	○	○	○
9-5 您所在专业开设的文文交叉类课程多	○	○	○	○	○
9-6 您所在专业开设的文理交叉或文工交叉类课程多	○	○	○	○	○

10. 关于您专业课使用的教材，请您选择[矩阵量表题]

	非常不同意	比较不同意	不确定	比较同意	非常同意
10-1 教材形式多样	○	○	○	○	○
10-2 教材内容的选择与专业要求相符合	○	○	○	○	○
10-3 教材内容反映了本学科的前沿研究成果	○	○	○	○	○
10-4 教材概念准确、理论阐述严谨，符合学生需求	○	○	○	○	○
10-5 教材设计符合先易后难、难易结合的要求	○	○	○	○	○

11. 您的老师使用的教学资源类型，请您选择[多选题]

□教科书　　　　　　　　　□教师自编教学材料
□课件　　　　　　　　　　□图片、音视频等多媒体素材

□试题　　　　　　　　□微课、慕课等网络课程
□期刊论文　　　　　　□报纸文章
□其他＿＿＿＿＿＿＿＿＿

12. 关于您所学课程的考核方式，请您选择［矩阵量表题］

	非常不同意	比较不同意	不确定	比较同意	非常同意
12-1 课程的考核评价方式多样	○	○	○	○	○
12-2 各种课程考核方式的构成比例合理	○	○	○	○	○
12-3 课程考核方式能够科学检测学生的学习效果	○	○	○	○	○

13. 您所学课程最经常采用的考核方式［多选题］

□作业　　　　　　　　□课堂表现（发言、汇报展示等）
□平时测验　　　　　　□考勤
□期中考试　　　　　　□期末考试
□学期论文

14. 关于您对本校老师的整体评价，请您选择［矩阵量表题］

	非常不同意	比较不同意	不确定	比较同意	非常同意
14-1 科研水平高	○	○	○	○	○
14-2 教学能力强	○	○	○	○	○
14-3 信息技术素养好	○	○	○	○	○
14-4 有敬业精神	○	○	○	○	○

15. 关于本科生导师制，您是否同意以下表述：您的本科生导师对您的以下方面有帮助［矩阵量表题］

	非常不同意	比较不同意	不确定	比较同意	非常同意
15-1 课程学习	○	○	○	○	○
15-2 专业知识建构	○	○	○	○	○
15-3 科研训练	○	○	○	○	○
15-4 职业生涯规划	○	○	○	○	○
15-5 思想品德塑造	○	○	○	○	○
15-6 心理健康	○	○	○	○	○
15-7 日常生活	○	○	○	○	○

16. 关于任课老师的课程思政教学，请您选择［矩阵量表题］

	非常不同意	比较不同意	不确定	比较同意	非常同意
16-1 老师会在课堂上与我们讨论当下国际国内的热点问题，引导我们思考	○	○	○	○	○
16-2 老师会挖掘课程内容背后的人物、故事和规律等体现出来的精神，对我们进行社会主义核心价值观教育	○	○	○	○	○
16-3 老师会结合课堂内容引导我们关注中华优秀传统文化、革命文化、社会主义先进文化	○	○	○	○	○
16-4 老师会结合课堂内容提醒我们养成文明行为、规则意识、法治意识，遵守公共秩序	○	○	○	○	○
16-5 老师会结合课堂内容对我们进行职业理想和职业道德教育	○	○	○	○	○
16-6 老师身正为范、严于律己，潜移默化地影响我们	○	○	○	○	○

17. 关于学校的课外实践活动，请您选择［矩阵量表题］

	非常不同意	比较不同意	不确定	比较同意	非常同意
17-1 学校举办的各类讲座促进了我的发展	○	○	○	○	○
17-2 学校开展的各类工作坊促进了我的发展	○	○	○	○	○
17-3 学校组织的各类竞赛促进了我的发展	○	○	○	○	○
17-4 学校组织的创新创业等项目促进了我的发展	○	○	○	○	○
17-5 学校组织的学生校外实习促进了我的发展	○	○	○	○	○
17-6 英语角、多语角、多语文化节等多语活动促进了我的发展	○	○	○	○	○

18. 您是否参加过学校的各类国际交流项目［单选题］

○是　　　　　　　　　　○否（请跳至第20题）

19. 关于您对学校的国际交流项目的看法，请您选择［矩阵量表题］

	非常不同意	比较不同意	不确定	比较同意	非常同意
19-1 学校提供的国际交流机会多	○	○	○	○	○
19-2 学校提供的国际交流项目形式多样	○	○	○	○	○
19-3 学校提供的国际交流项目质量高	○	○	○	○	○

20. 关于您对学校的办学条件的看法，请您选择［矩阵量表题］

	非常不同意	比较不同意	不确定	比较同意	非常同意
20-1 学校的教室、图书馆、研讨室、独立学习空间等基础条件能够满足我的学习需要	○	○	○	○	○
20-2 学校的实验室等科研场所与条件能够满足我的学习需要	○	○	○	○	○
20-3 学校的数据库、纸质与电子图书资源能够满足我的学习需要	○	○	○	○	○
20-4 学校提供的网络、软件等条件能够满足我的学习需要	○	○	○	○	○

21. 您认为学校哪些办学条件应加强［多选题］
□加强实验室建设　　　　□加强校外实习基地建设
□购买图书与数据库等电子资源　　□改善校内网络条件
□扩建运动场地　　　　□新建或改建教室、自习室
□其他＿＿＿＿＿＿＿＿＿＿＿＿

22. 您是否参观过文化场馆（如上外世界语言博物馆）［单选题］
○是　　　　　　　　　○否（请跳至第25题）

23. 关于文化场馆（上外世界语言博物馆）对您个人发展的作用，请您选择［矩阵量表题］

	非常不同意	比较不同意	不确定	比较同意	非常同意
23-1 语博馆展出的内容丰富了我的专业知识	○	○	○	○	○

续表

	非常不同意	比较不同意	不确定	比较同意	非常同意
23-2 语博馆展出的内容提升了我的文化素养	○	○	○	○	○
23-3 语博馆展出的我国语言文字相关内容提升了我的家国情怀	○	○	○	○	○
23-4 语博馆展出的世界语言文字相关内容有助于我形成世界眼光	○	○	○	○	○

24. 您参观文化场馆（上外世界语言博物馆）的目的 [多选题]
□ 参与语博馆组织的各类讲座　　□ 因专业学习需要而来馆学习
□ 增长见识　　　　　　　　　　□ 休闲娱乐
□ 担任语博馆的志愿者、讲解员等 □ 集体活动，要求必须参加
□ 其他_____

25. 关于学校的跨学科、跨院系、跨层级及跨校培养等，请您选择 [矩阵量表题]

	非常不同意	比较不同意	不确定	比较同意	非常同意
25-1 跨学科、跨院系的选课制度对我的发展有帮助	○	○	○	○	○
25-2 跨层级的选课制度对我的发展有帮助	○	○	○	○	○
25-3 跨校辅修、互认学分制度对我的发展有帮助	○	○	○	○	○
25-4 学校与许多校外机构建立合作培养机制对我的发展有帮助	○	○	○	○	○

26. 关于您在多大程度上认同学校的以下办学定位、人才培养目标、人才内涵、人才培养路径，请您选择 [矩阵量表题]

	非常不同意	比较不同意	不确定	比较同意	非常同意
26-1 我认同学校提出的致力于建成国别区域全球知识领域特色鲜明的世界一流外国语大学的办学定位	○	○	○	○	○
26-2 我认同学校提出的"会语言、通国家、精领域"的"多语种+"卓越国际化人才培养目标	○	○	○	○	○
26-3 我认同学校将政治定力、语言能力、学科能力、话语能力列为学生的关键素养的提法	○	○	○	○	○
26-4 我认同学校着力推进的"跨、通、融"的人才培养路径	○	○	○	○	○

27. 您认为学校在本科人才培养方面的优良传统是 [多选题]
□重视语言教学，尤其是语言基本功的培养
□实施本科生导师制，指导学生成才
□注重实践教学，培养实践能力
□教师学识广博，认真敬业
□重视国际合作，推进人才的国际化培养
□重视第二课堂建设，拓展学生的学习方式
□其他_____

28. 请您对自己各项能力进行评价 [矩阵量表题]

	非常不同意	比较不同意	不确定	比较同意	非常同意
28-1 我能够保持政治定力和判断能力，在世界眼光下保持自己的文化认同、民族认同和国家认同	○	○	○	○	○
28-2 我具备全球化时代的语言能力，精通至少一门外语，能够用其开展跨文化沟通	○	○	○	○	○
28-3 我具备熟练掌握并应用某一专业领域知识的能力	○	○	○	○	○
28-4 我具有较好的话语能力，能讲清、讲好中国故事，并且能够让外国人听得懂	○	○	○	○	○

29. 请您填写您对学校人才培养的其他建议 [填空题]

_____

附录二 研究生人才培养调查问卷

亲爱的同学：

您好！我们正在做一项关于学校研究生人才培养情况的调查研究，希望能得到您的协助。问卷的每一个问题都没有标准答案，请根据您的实际情况回答问题。本问卷为匿名问卷，所得数据仅供研究使用。本问卷共52题，填写本问卷大概需要10分钟，非常感谢您的支持！

1. 您的性别 [单选题]
○ 男　　　　　　　　　　　○ 女

2. 您所属的年级 [单选题]
○ 硕士一年级　　　　　　　○ 硕士二年级
○ 硕士三年级　　　　　　　○ 博士一年级
○ 博士二年级　　　　　　　○ 博士三年级
○ 其他

3. 您所属的院系 [单选题]
○ 英语学院　　　　　　　　○ 东方语学院
○ 日本文化经济学院　　　　○ 俄罗斯东欧中亚学院
○ 法语系　　　　　　　　　○ 德语系

○新闻传播学院　　　　　○国际金融贸易学院

○国际工商管理学院　　　○法学院

○国际关系与公共事务学院　○高级翻译学院

○国际文化交流学院　　　○国际教育学院

○西方语系　　　　　　　○语言研究院

○马克思主义学院　　　　○继续教育学院

○体育教学部　　　　　　○文学研究院

○上海全球治理与区域国别研究院　○语料库研究院

4. 您所在的二级学科的名称（请您填写入学招生目录或研究生管理系统中的规范名称）[填空题]
　　_____

5. 您的具体研究方向 [填空题]
　　_____

6. 您觉得研究生管理系统中的二级学科培养方案是否符合您个人发展的规划与需求 [单选题]
○非常不符合　○比较不符合　○难以确定　○比较符合　○非常符合

7. 导师是否与您共同制定了个人培养计划 [单选题]
○是　　　　　　　　　○否

8. 您的个人培养计划符合您的学术发展需求 [单选题]
○非常不符合　○比较不符合　○难以确定　○比较符合　○非常符合

9. 您对学校各培养环节的满意程度［矩阵量表题］

	非常不满意	比较不满意	一般	比较满意	非常满意
课程教学	○	○	○	○	○
学术活动	○	○	○	○	○
中期考核	○	○	○	○	○
导师指导	○	○	○	○	○
国际交流	○	○	○	○	○
学位论文	○	○	○	○	○

10. 您对学科综合考试这一环节的满意程度（仅博士生回答，硕士生不必回答该题）［单选题］
○非常不满意　○比较不满意　○一般　○比较满意　○非常满意

11. 您对所在二级学科的各类具体课程的满意程度［矩阵量表题］

	非常不满意	比较不满意	一般	比较满意	非常满意
学位基础课	○	○	○	○	○
学位专业课	○	○	○	○	○
专业方向课	○	○	○	○	○
学位公共课	○	○	○	○	○
其他公共选修课	○	○	○	○	○

12. 学校开设的课程具有前沿性［单选题］
○非常不同意　○比较不同意　○不确定　○比较同意　○非常同意

13. 学校开设的文文交叉类课程多［单选题］
○非常不同意　○比较不同意　○不确定　○比较同意　○非常同意

14.学校开设的文理交叉或文工交叉类课程多［单选题］
○非常不同意　○比较不同意　○不确定　○比较同意　○非常同意

15.学校开设的研究方法类课程多［单选题］
○非常不同意　○比较不同意　○不确定　○比较同意　○非常同意

16.学校课程的教学方式［单选题］
○以教师讲解为主
○以学生讲解为主，教师点评
○以学生之间讨论为主，教师适当引导
○其他（请写明）_____

17.学校的研究生课程教学突出对学生创新思维能力的培养［单选题］
○非常不同意　○比较不同意　○不确定　○比较同意　○非常同意

18.研究生课程的考核形式能够公正评价学生的学术能力与学术素养［单选题］
○非常不同意　○比较不同意　○不确定　○比较同意　○非常同意

19.您有参与下列学术实践活动的机会［矩阵量表题］

	非常不同意	比较不同意	不确定	比较同意	非常同意
参与各类课题研究	○	○	○	○	○
申请校级科研项目	○	○	○	○	○
参与学术研讨会或学术演讲活动	○	○	○	○	○
参与跨学科合作研究	○	○	○	○	○

20. 您入学以来参与过的研究课题的数目［单选题］
○ 0个（请跳至第23题）　　　○ 1—2个
○ 3个　　　　　　　　　　　○ 4个
○ 5个及以上

21. 您入学以来参与过的研究课题与您个人研究方向相关［单选题］
○非常不同意　○比较不同意　○不确定　○比较同意　○非常同意

22. 您的研究能力在参与课题的过程中得到提升［单选题］
○非常不同意　○比较不同意　○不确定　○比较同意　○非常同意

23. 学科综合考试全面考察了本学科的基本知识，为您的学位论文奠定了理论基础（仅博士生回答，硕士生不必回答该题）［单选题］
○非常不同意　○比较不同意　○不确定　○比较同意　○非常同意

24. 中期考核能够发挥以评促学、以评促研的作用［单选题］
○非常不同意　○比较不同意　○不确定　○比较同意　○非常同意

25. 您目前的导师指导方式［单选题］
○单一导师　　○双导师　　　○导师组

26. 您与导师的交流频率［单选题］
○每周至少一次　　　　　　　○每月至少一次
○每学期至少一次　　　　　　○每学年至少一次

27. 您与导师的交流方式［多选题］
□电话　　　　　　　　　　　□电子邮件

☐微信等网络聊天工具　　　　　☐面谈
☐其他（请写明）_____

28. 您的导师具有以下特征 [矩阵量表题]

	非常不同意	比较不同意	不确定	比较同意	非常同意
导师注重引导我关注学科前沿	○	○	○	○	○
导师重视对我研究方法的训练	○	○	○	○	○
导师提供足够的参与课题研究的机会	○	○	○	○	○
导师指导我做出长期的学术生涯发展规划	○	○	○	○	○
导师鼓励我开展跨学科研究，并能给予指导	○	○	○	○	○
导师希望我的研究能够体现出外语院校的特色	○	○	○	○	○
导师的建议或反馈能够有效指导我的学习与研究	○	○	○	○	○
导师不仅指导我为学，也指导我为人	○	○	○	○	○

29. 您是否同意以下对学校师资情况的评价 [矩阵量表题]

	非常不同意	比较不同意	不确定	比较同意	非常同意
学校师资队伍的年龄结构合理	○	○	○	○	○
学校师资队伍的职称结构合理	○	○	○	○	○
学校教师在自己的研究领域中开展了较深入的研究	○	○	○	○	○
学校教师知识广博，注重开展跨学科教学与研究	○	○	○	○	○

30. 入学以来，您有过哪些国际交流的经历 [多选题]
□参加学术会议
□交流访学
□公派联合培养
□其他经历（请您填写）_____
□无

31. 您对国际交流项目的看法 [矩阵量表题]

	非常不同意	比较不同意	不确定	比较同意	非常同意
学校提供的国际交流机会多	○	○	○	○	○
学校提供的国际交流项目形式多样	○	○	○	○	○
导师提供的国际合作项目多	○	○	○	○	○
学校提供的国际交流项目质量高	○	○	○	○	○

32. 您目前是否已经开始做学位论文的准备 [单选题]
○是　　　　　　　　○否（请跳至第36题）

33. 您学位论文选题的来源 [单选题]
○依托导师的课题
○导师指定的选题
○根据个人兴趣自选的课题
○其他（请您填写）_____

34. 造成您学位论文研究与写作困难的内部因素 [多选题]
□本学科知识基础不牢固
□跨学科知识不足

☐选题难以确定

☐查找文献的能力不足

☐研究问题难以确定

☐研究方法掌握不扎实

☐数据分析能力不足

☐将分析结果转化为研究结论的能力不够

☐其他（请您填写）＿＿＿＿＿＿＿＿＿＿＿＿

35. 造成您学位论文研究与写作困难的外部因素 [多选题]

☐难以找到合适的研究对象　　☐难以进入期望中的研究现场

☐导师指导不够　　　　　　　☐缺乏实验设备等条件

☐资金不充分　　　　　　　　☐时间太紧

36. 您对学校开展学术科研的设施等支持条件的满意程度 [矩阵量表题]

	非常不满意	比较不满意	一般	比较满意	非常满意
教室、图书馆、研讨室、独立学习空间等基础条件	○	○	○	○	○
实验室等科研场所与条件	○	○	○	○	○
数据库、纸质与电子图书资源	○	○	○	○	○
网络、软件	○	○	○	○	○

37. 您对所在学院或研究院的学术环境的满意程度 [单选题]

○非常不满意　○比较不满意　○一般　○比较满意　○非常满意

38. 学校的跨学科研究氛围浓厚 [单选题]

○非常不同意　○比较不同意　○不确定　○比较同意　○非常同意

39. 学校已建立有助于跨学科交叉研究的体制机制 [单选题]
○非常不同意　○比较不同意　○不确定　○比较同意　○非常同意

40. 学校已建立跨学科、跨专业、跨层级的选课制度 [单选题]
○非常不同意　○比较不同意　○不确定　○比较同意　○非常同意

41. 学校重视提升学生的学术规范意识 [单选题]
○非常不同意　○比较不同意　○不确定　○比较同意　○非常同意

42. 学校重视加强对研究生的学术诚信教育 [单选题]
○非常不同意　○比较不同意　○不确定　○比较同意　○非常同意

43. 学校已建立专门的学风建设机构和制度 [单选题]
○非常不同意　○比较不同意　○不确定　○比较同意　○非常同意

44. 您所在的院系采取了以下哪些培养方式 [多选题]
□围绕课题或论文展开团队研讨
□以实验室为纽带开展交流与合作
□聘请讲座教授，拓展学生视野
□定期举办学术沙龙或学术研讨会
□定期举办学院师生研讨会，强化师生联系
□开展研究生跨校联合培养
□其他（请写明）_____

45. 您是否了解学校"多语种+"的人才培养理念 [单选题]
○非常不了解　○不太了解　○说不清楚　○比较了解　○非常了解

46. 您所在的专业能体现出鲜明的"多语种+"特色[单选题]

○非常不同意　○比较不同意　○不确定　○比较同意　○非常同意

47. 您认为,给您上过课的老师是否注重"多语种+"能力的培养[单选题]

○非常不注重　○不太注重　○重视程度一般　○比较注重
○非常注重

48. 您经常参与"多语种+"的活动[单选题]

○非常不同意　○比较不同意　○不确定　○比较同意　○非常同意

49. 您认为"多语种+"的人才培养理念和人才培养模式对您的研究生生涯[单选题]

○影响非常小　○影响比较小　○影响一般　○影响比较大
○影响非常大

50. 关于研究生国际学术发表情况,请您选择[矩阵量表题]

	非常不同意	比较不同意	不确定	比较同意	非常同意
学校鼓励研究生在国外学术期刊上发表论文	○	○	○	○	○
学校出版多语种期刊,为学生提供了国际学术发表的阵地	○	○	○	○	○
学校成立外语/多语种写作中心,为学生的国际学术发表提供了切实有效的指导	○	○	○	○	○

51. 以下对您的学术能力和学术素养的评价，是否符合实际情况［矩阵量表题］

	非常不符合	比较不符合	难以确定	比较符合	非常符合
了解本研究方向的知识结构与研究方法	○	○	○	○	○
能将本学科的知识、理论等用于解决研究实践中遇到的问题	○	○	○	○	○
具备开展跨学科研究的知识储备和能力	○	○	○	○	○
具有批判意识，能够快速找到某项研究的不足	○	○	○	○	○
具有问题意识，能提出研究问题，敏锐捕捉潜在的研究课题	○	○	○	○	○
能根据研究问题做出可行的研究方案或实验设计	○	○	○	○	○
外语交流能力较强，能清晰表达自己的学术观点	○	○	○	○	○
学术语言能力较强，能用外语撰写高质量的学术论文	○	○	○	○	○

52. 您对学校"多语种+"卓越国际化研究生人才培养还有哪些建议［填空题］

_____

附录三　教师访谈提纲

第一部分　学生经历

1. 您是哪一年来到学校的？当时是什么样的原因选择了上外呢？

2. 您当年读的是哪个学院？哪个专业？

3. 您读书的时候，学校外语专业人才培养的定位和目标是什么呢？学校想把咱们培养成什么样的人？

4. 我了解到您的本科阶段，应该是上外复合型人才试点的重要时期，您所学的专业就是复合型专业，可以请您回忆一下当时的课程、教材、教师等方面的情况吗？您觉得当时上外在人才培养上有些特色？您从中获得了哪些提升？

5. 当时毕业难不难？要求高不高？上过哪些课，您还有印象吗？有没有特别难忘的课程？学业上有没有导师指导？

6. 当时同学们的学习情况如何？有出国学习的机会吗？

7. 同学们的就业情况如何？有哪些职业选择？

8. 作为一名上外学子，您读书时，觉得上外的学风有哪些特点？学校的教学理念、教学模式等等，哪些让您觉得印象最为深刻？

第二部分　教学经历

9. 您是哪一年留校工作的？什么原因促成您在上外从事教学工作呢？

10. 您执教过哪些课程？学生都来自哪个专业？本科生还是研究生呢？

11. 您执教专业课程多年以来，比较侧重培养学生哪些方面的能力？通过什么方式去培养呢？

12. 我知道您直到现在，还在上新闻传播类的专业课，另外您也一直从事语言的教育与研究，可以请您谈谈上外的本科和研究生教育对您的教学和研究产生了哪些影响吗？可以请您结合亲身经历对30年以来上外人才培养体系的变化做一个评价吗？

13. 在多年专业课教学过程中，您的教学模式、教学内容、教学方法和考核方式等方面有没有经历一些变化？是如何把国家、社会发展对人才的需求，以及学校人才培养定位的调整融入教学的？能分享一些例子吗？

14. 作为一名教师，您觉得学校的教风有什么特点？学校的教学理念、方法或者模式有哪些值得传承的地方？学校在人才培养方面保留了哪些优良的教学传统呢？还存在哪些不足？又有哪些创新？

第三部分　导师经历

15. 作为"语言政策与语言教育"二级学科的博士生和硕士生导师，您觉得该学科在学科方向的凝练、学术队伍的打造、学科平台的建设方面有哪些举措？

16. 作为交叉学科的导师，您做得非常成功。您主要从哪些方面提升自己的指导能力？您在指导这种交叉学科的硕博研究时，具体采取了哪些措施？

第四部分　行政工作经历

17. 语言研究院是一所集语言学科学研究和本硕博高端人才培养为一体的科研、教学机构，跨学科特征非常鲜明。语言研究院在本硕博跨学科人才培养方面有什么举措？

18. 中国外语战略研究中心是国家语言文字工作委员会正式设立的首家科研基地。中心工作在学校的人才培养方面发挥了哪些作用？

19. 目前学校第十五次党代会报告中提出学校强调"多语种+"战略，尤其是"跨、通、融"，确立了培养能够参与全球治理和全球事务的卓越人才的目标。您能谈谈对学校提出的发展学生的全球胜任力与培养全球治理人才的理解和认识吗？

20. 您认为在外语教育中强调全球胜任力的培养，主要侧重于强化哪些能力素养呢？

21. 为实现党代会确立的发展学生的全球胜任力与培养全球治理人才目标，语言研究院有哪些设想和规划？

附录四　本科生访谈提纲

访谈导语：

同学，您好！我们是×××老师研究团队的成员，因"传承与创新视角下的上外人才培养研究"项目需要，想请您谈谈您的学习和生活经历，以及对推动上外人才培养的建议等。

1. 您是哪一年考入上外的？读的是哪个学院？哪个专业？当时因何种原因高考志愿填报了上外呢？
2. 您了解您所在专业的培养目标吗？
3. 学院开设的本专业课程总体来说有什么特点？可以举例描述一下您上过的最难忘的课程吗？
4. 学校提供的跨专业、跨年级，甚至跨校修读机会多吗？都有哪些跨学科课程可以选择？
5. 课程考核方式有哪些？哪种印象比较深或对您帮助最大？
6. 您觉得教师的教学在哪些方面最打动您？一般来说，教师在学业上如何要求同学们？教师在课堂上会融入一些思政元素吗？
7. 有哪些老师或者学校举办的哪些活动对您有深刻的影响？体现在哪些方面？能否列举一些入学至今印象较深的案例？
8. 班导和您交流的机会多吗？都是怎样指导您的呢？
9. 您觉得学校使用的教材能否体现前沿性？除了教材，还会用什么材料？学校的学习资源是否丰富？都通过什么渠道去获取？
10. 您是否了解学校"多语种+"的人才培养理念？您认为自己在

哪些方面能体现出"多语种+"特色？您参与过学校的多语交流平台吗？您认为"多语种+"的理念对您的本科生涯有哪些影响？

11. 您觉得学校提供的赴外交流机会多吗？交流形式、交流质量如何？

12. 您参与过课题研究、社团活动或者大学生创新创业项目吗？这些活动或项目对您的帮助体现在哪些方面？

13. 您对学校的教室、图书馆、研讨室、独立学习空间、实验室等条件，以及数据库、纸质与电子图书资源、网络、软件等满意吗？

14. 入学初，您觉得您的语言素养、专业知识与能力是什么样的？现在有哪些变化？

15. 您觉得学校的学风如何？在加强本科生诚信教育与学术规范方面，您了解学校有哪些举措？

16. 您了解学校"会语言、通国家、精领域"的人才培养理念吗？您是否有志于成为全球治理人才？您觉得学校为此采取了哪些举措？效果如何？

17. 入学以来，您感受到学校/学院有哪些鲜明的教学传统？

18. 您对学校的在线教学有何评价？有哪些建议？

附录五 研究生访谈提纲

访谈导语：

同学，您好！我们是×××老师研究团队的成员，因"传承与创新视角下的上外人才培养研究"项目需要，想请您谈谈您的学习和生活经历，以及对推动上外人才培养的建议与对学校培养具备全球胜任力的人才的认识。

1. 您是哪一年考入上外的？您所在的学院、学科专业是什么？具体研究方向是什么？当时是什么样的原因选择了上外呢？

2. 您了解您所在学科专业的培养目标吗？

3. 从您的角度来看，学院开设的本专业课程总体来说有什么特点？您可以具体描述一下您上过的最难忘的课程吗？

4. 除了专业课，学校提供的跨专业、跨年级，甚至跨校（辅修）修读机会多吗？都有哪些跨学科课程可以选择？您觉得对您帮助最大的是什么？

5. 课程考核方式有哪些？哪种考核方式给您留下比较深的印象或对您帮助最大？

6. 您的导师是谁？您可以简单描述下他/她吗？他/她对您有哪些要求？平时交流多吗？您觉得他/她对您有哪些帮助或影响？导师会引领您做跨学科研究吗？

7. 导师会让您参与一些项目研究吗？您在其中承担什么角色？您觉得有哪些收获？

8. 您觉得教师的教学在哪些方面最打动您？一般来说，教师在学业上怎样要求同学们？教师在课堂上会融入一些思政元素吗？

9. 有哪些教师（导师除外）对您的影响最大？体现在哪些方面？学校师资队伍的年龄结构合理吗？职称结构合理吗？您觉得学校教师注重开展跨学科教学与研究吗？

10. 您对平时学习使用的教材满意吗？除了教材，还会用什么材料？学校的学习资源是否丰富？都通过什么渠道去获取？

11. 您是否了解学校"多语种+"的人才培养理念？您参与过"多语种+"的活动吗？您认为"多语种+"的理念对您的研究生生涯有哪些影响？

12. 您觉得学校提供的国际交流机会多吗？交流形式、交流质量如何？在上外期间，您本人有国际交流的经历吗？有哪些收获？

13. 入学初，您觉得您的学术能力和学术素养（如知识结构与研究方法、跨学科研究、批判意识、问题意识、外语交流能力等）如何？现在有哪些变化？

14. 您目前的同学的学习情况怎么样？之前的同学就业情况如何？有哪些职业选择？

15. 学院对研究生有什么学术要求？学校给研究生提供了哪些国内/国际发表资源、鼓励政策和发表指导？

16. 您觉得参与学术实践活动的机会多吗？发表过中/英文期刊论文吗？申请过什么项目？参与过学术研讨会或学术演讲活动吗？参与过跨学科合作研究吗？

17. 您对学校的教室、图书馆、研讨室、独立学习空间、实验室、科研设备，以及数据库、纸质与电子图书资源、网络、软件满意吗？有何建议？

18. 您觉得学校重视提升研究生的学术规范意识吗？学校开展了哪些学术诚信教育？据您了解，学校是否建立了专门的学风建设机构和制度？

19.在培养学生的全球胜任力和全球治理能力方面，您认为学校已经采取了哪些措施？效果如何？迫切需要开展的工作还有哪些？

20.入学以来，您感受到学校/学院有哪些鲜明的传统（教学、学术等）？

21.您对学校的在线教学有何评价？有哪些建议？

附录六　教师访谈节录

采访人：非常感谢老师能接受我们的采访。您本硕博各个阶段都是在上外度过的，毕业后也一直在上外从事教学与研究工作，相信您对学校的人才培养理念与实践一定有非常深刻的理解，所以我们想请您谈一谈您在上外读书、教学、研究的体验。

Z 老师：好的，说起来我在上外已经 30 多年了。我是 1991 年来上外读的本科。那时候还没有新闻传播学院，只有一个传播系，我读的是教育技术学，这个专业当时刚办不久，属于复合型专业，我应该是第二届本科学生。当时社会上对这个专业还不太了解，所以在我毕业的时候，学校把专业名称改成"传播（英语）"，这样学生毕业找工作会方便一些。后来学校又恢复了"教育技术学"这个专业名称，一直办到现在。当时括号里有英语，就是为了告诉别人我们也学英语。

采访人：当时这个专业的人才培养的定位、目标是怎样的？

Z 老师：上外在此之前是纯外语类的学校，后来最早开始从英语系里设置新闻专业，慢慢发展复合型专业。学校当时有一个电教馆，也就是上海外语音像出版社的前身。电教馆里有一批外语音像材料方面的专家，学校当时决定以电教馆为基础，成立教育技术学专业，最早是从专科开始培养的。当时音像还是挺热门的，学校希望培养出的学生将来可以从事与出版有关的行业，一方面为自己学校的音像出版社培养人才；另一方面也为社会上的一些机构，比如中央电化教育馆，还有中央广播电视大学等输送人才。刚进校的时候大家都很困惑，到上外怎么会学教育技术？再加上我们也不太了解这个专业，所以很多同学来了以后度过了一段迷茫期。但是这个专业的同学后来出路都还挺好的。学生当时是被挑选过来的，本来大家的第一志愿选的都不是这个专业，当时我们的系主任周秉勋老师很有魄力，把各个系里成绩好的学生都挑过来，只要写愿意接受调剂的都挑过来了。

说实话，后来学生毕业后也没有完全按照当初定的目标去电教馆，有一批去了学校；也有的去了外交部、上海市政府等部门；还有当时比较流行的是去外企，我们班大多数同学去了一些外企；也有去银行的，就业面挺广泛的。因为我们当时英语学得挺多的，一、二年级的要求跟英语系是一样的，只是到高年级的时候，我们不学文学、语言学，而是学教育技术学方面的一些内容，我们当时还辅修广告专业，这些东西都挺实用，实操的东西比较多。

采访人：当时的师资情况如何？

Z老师：英语老师是上外自己的老师。专业课老师有一批是转行过来的，这批老师原本也是学英语的，但自己去学了一些教育技术学的内容，同时系里也去电教馆请了一些老师来，此外也有从校外外聘的。我记得我们的录音老师胡隆老师是从交大过来的，他本身非常懂录音的理论与实践，非常专业。还有来自南航的老师，本来就是从事技术工作的工程师，教我们摄像。我们的摄影老师本身也是学校做宣传工作的摄影老师，她是北京电影学院摄影系毕业的，资质比较高。所以当时的师资我觉得挺多元的，有学校内部的，也有从外面请的。

采访人：您当时学的课程特别广泛？

Z老师：是的，要学摄像、录音这种技术类的课程，还要学美术类的课程，因为我们要会构图。我们有很多这种实践性的课程，我记得我们刚来的时候同学之间不太熟悉，摄影老师带我们去当时的闸北公园拍照，一边学一边拍，大家慢慢就熟悉了。还有那年下了特别大的雪，老师带我们到操场上拍雪景，也特别有趣。现在有人说我拍照拍得好，我说我算是学过的。

采访人：对，您拍照拍得特别好。

Z老师：没有没有，就是学过一点。

采访人：您觉得您学的这个专业有哪些特色？

Z老师：当时国家对外语人才需求很大，所以学生只要外语好，找工作肯定没问题，但是我觉得当时我们领先了一步，学校意识到单有外语是不行的，要培养一批外语特别好，同时也具有专业上的理论知识和实践技能的人才，要两条腿走路。我觉得这个理念挺好，虽然很多同学没有从事电教馆这类工作，但我认为我当时学的东西，有些可能是技能方面的，有些可能是帮一个人打开视野的。因此，我觉得大家实际上都受益于上外复合型人才培养的理念。我记得很清楚，教育技术专业致力于培养学生发现问题、分析问题、解决问题的能力，当时觉得这话特别空，但其实现在想想挺有道理的。比如说我们当时学教学设计，要让大家明白在课堂当中怎样能够把各种资源利用起来，去发现问题，做一个有效的设计，等到有问题时怎么样去调整，等等。我觉得这些东西可能对同学们后来的工作都会有帮助。学生进入工作岗位后，看到问题不会束手无策，而是会去分析这个问题的原因，并寻求解决问题的办法。我们学校现在很多部门的中坚力量都是当年教育技术专业毕业的，一直以来学校也特别欢迎教育技术专业毕业的同学留校，因为我们代表上外特色，不仅外语好，而且学的东西都很实在。

采访人：当时有没有您印象比较深的课程？

Z老师：摄影课特别好，我们的摄影老师直到现在仍经常在微信群里与大家保持联系和沟通。当时我们拍照以后要去洗片子，进暗房，把照片洗出来，最后要裁剪，这整个过程我们都学了，而且都去实践了，这让我觉得我不是业余的。经过系统学习，其实大家挺专业的。在工作中我们也会用到当年学到的这些知识。比如说，我们学过拍视频，虽然当时学的是拍别人，但后来当我自己被别人拍的时候，我大概也知道自己对着镜头应该怎么处理，我的景别应该怎么样，等等，这些知识都是从当时学的技术型课程里获得的。

采访人：当时使用的教材您还有印象吗？

Z老师：跟英语学院一样，英语课我们用的是李观仪老师的《新编英语教程》。除此之外，大多数课程用的是自编教材。摄影、摄像、录音等课程的教材都是老师自编的。我印象特别深，印刷厂机器印出来的，A4纸大小，上面有一张薄薄的蓝色封面，封面上写着课程名称，大多数是这种教材。我后面几届才慢慢有了一些国内出版的相关教材。

采访人：当时教学的理念、模式，给您留下了哪些印象？

Z老师：我觉得当时有些做法其实跟现在提倡的东西是不谋而合的，比如倡导实践教学。当时像摄影这类课程肯定要学理论，但它其实倡导实践与理论相结合，课程考核也是既有理论又有实践。我记得特别清楚，当时我们要参加期末考试，但我们还得交照片，我们要自己选不同景别的照片，包括特写，每一种弄好以后交上去，老师会给你评。所以我觉得当时的教学很注重实践性，评价是多元的，不是说一次考试就结束了。

另外老师给我们上课的时候，也体现了现在所讲的课程思政的理念。老师会从国家发展、个人发展的角度来给我们解释为什么要学这个专业、这些技能。

还有一点，当时的教授岁数都比较大，专业性很强，对我们真的是满腔的热情，真的是所有心思都放在培养学生上。除了上课，老师们在课外陪着我们的时间是很多的。

采访人：刚才请您谈了您作为学生的经历。您毕业以后就留校了，对吧？您能讲讲本科毕业以后的经历吗？

Z老师：我1995年本科毕业就留校了，留校以后就直接从事本科教学工作。我上大二的时候，我们传播系就跟新闻系合并成为新闻传播学院了，我毕业以后就留在新闻传播学院。当时其实特别缺师资，也没有各种各样的条条框框，学校和学院里认为你足够优秀，你自己愿意接这个课，那你就可以去上。

我教的首先是英语的通识课，即听力课，一周两节的课，还教传播学，用英语教传播学，因为当时上外特别提倡用原版教材来教专业课，所以在我们专业里面基本上老师上这类课都会用原版教材，而且要求尽可能用英语来上课，当时我拿了两三本原版教材就开始上这个课。

教了一段时间以后，我就考了研究生。我硕士读的是英语语言文学专业，但当时其实是各个方向的老师都在那个学位点上带学生。我们当时的新闻传播学院院长张祖忻老师，他就是带英语教学方向的，比较偏重教育技术这一块，我读研时就跟着他做英语教学、教育技术这个方向的研究。读完硕士，2005年我当了硕导以后就开始带研究生。我教的主要是计算机辅助外语教学这一块的课，等于是我自己学过的一些内容，也是我们教育技术专业的同学要学的。等到我读博士的时候，就完全回归英语语言文学这一块。我的博导是戴炜栋教授，当时跟他做的是二语习得、应用语言学这方面的研究。博士毕业后我也跟其他老师一起上一些应用语言学领域的拼盘课，讲的内容包括学习者、学习风格、二语习得、学习策略等。

采访人：您比较侧重于培养学生的哪些能力？

Z老师：第一个，我觉得上外的学生外语一定要好，所以我们坚持外语文献的阅读学习。因为像我们很多教育技术专业的研究生同学，他们来的时候可能本科是教育技术专业的，英语并不是很好，我们强调要让他们看原版的教材、原著，让他们看完以后用英文来讲，自己写东西尽量用英文来写。英语能力对他们来说应该是非常重要的，不然跟国外的同行交流时，有想法讲不出来也不行。

另外一个就是研究能力。问题都是从实际中来的，所以我们希望学生尤其是研究生能够关注一些实际问题，也就是回到刚才我讲的，研究生要有发现问题的能力，要在学习过程中把这个问题分析好、解决好。

所以，一个是英文原版文献的阅读能力；另一个是研究能力，要有问题意识，强调有问题导向的研究。这两块我挺重视的。

采访人：这么多年来，您的这种培养理念有没有发生一些改变？

Z老师：肯定有些变化。特别是到语言研究院以后，首先第一个专业变了，像之前做得最多的是英语教学这一块，现在是语言政策与语言教育研究，虽然也偏外语，但是我觉得这两个肯定不一样。所以现在我的理念就是：第一，我们对学生的培养更为全面、深入，因为现在整体上国家对研究生的质量要求都高了。第二，我觉得我们处于知识信息爆炸的时代，可能我以前更多侧重教知识，现在我更多关注学生对知识的挖掘、组织与运用。第三，让学生自己在能够搜索海量信息的基础上，获得看问题的不同视角。第四是归纳总结的能力。第五，要能解决问题，并且进行理论探索。我刚才讲到问题导向，这个"问题"必须是真实的问题，要有价值；有些问题它确实是一个真实的问题，但可能也是个性化的问题，那它就没有价值或者价值不大。同时，现在培养硕士博士，我觉得要让他们敢于做理论探索，使自己的研究对社会有所贡献。总的来说，现在可能站位更高了，要求也更高了。

整体上，以前的学生可能上好课、学好习就可以了；现在的学生还要把相当大的工夫花在课外，要在课外花更多的时间，这是跟以前相比一个很大的区别。

采访人：您刚才讲的时候主要提到了研究生，那么对于本科生而言呢？

Z老师：本科生也是一样的。我现在给本科生上课，会把一些硕士课程内容放到本科阶段，我的内容可能不会讲得那么高深，但是有些基础东西我会让学生知道。虽然内容简单，但是学生仍然要有一个问题意识，也要对整个课程有一个系统理解，自己课外也要去补充学习；上课时我也组织他们讨论，也让他们做汇报。所以这些方面我对本科生和研究生的要求是一样的。

我觉得语言研究院的本科生真的挺优秀，最近我在他们做课堂展示汇报的时候发现，虽然我可能不给他们很多参考资料，只有一个主教材，偶尔给他们发一两份参考资料，但从学生的汇报来看，我觉得其实体现出他们是有吸收能力的，所以现在我也是开始一点点把研究生的课程内容下放到本科教学。本来我觉得在本科课堂上主要是我来教学生，但现在我也开始有意识地培养他们的研究能力，所以也会给他们提一些要求。比如上个学期给语言研究院的本科生上语言政策与语言教育课，这学期给他们上语言与社会心理课，我也是用的那套跟研究生一样的主教材。我很惊讶，他们的汇报有的时候比硕士生做得还好，所以我觉得可能我这个思路是对的，如果在本科阶段能够培养学生的研究兴趣，后面他们读硕士、读博士就更有方向性。

总体而言，我觉得现在差不多是"一条龙"了，只是说要求上可能会有一个层级。比如说本科生只要能把主要内容汇报出来，有自己的想法，能够关注到现实问题，并且提炼成一个研究问题，去探究一下就可以了；硕士生则要做很好的文献搜索，换言之你的研究是要有基础的；博士生要有自己的贡献，理论上要有一些延伸，要有跨学科、跨方向的意识，甚至要能够引领别人的研究。

采访人：我觉得您这个理念很超前。

Z老师："一条龙"嘛，我正好有机会去上本科生的课，发现了一批好的苗子，所以我就做了这样一种尝试。

采访人：您现在也是"语言政策与语言教育"自设二级交叉学科的博导，您对这个学科的研究生人才培养有哪些思考？

Z老师：我其实是"新兵"，我才开始带博士生。但我有几个理念。第一，作为研究生，要找准定位，不要只做自娱自乐的研究，要突显研究的价值。价值来自几方面，一是个人经历与个人认知，二是试着去发现和解决自己所处环境中的一些实际问题，三是从社会需求、国家发展的角度考虑问题。第二，我希望研究生能够出成果。学生有了成果意识，他们就想要出成果，就会为出成果而努力。我了解到一些有经验的导师，会让学生一入学就在读书的同时也思考研究问题，这样的学生，到一年级结束时就有可发表的成果了。我觉得这也是我要学习的。出成果背后其实是育人的逻辑，如果学生能够出成果，我觉得对他们是特别好的一件事情，不仅能够增加自信，也能够为后续研究打好基础。作为导师，我可以起到监督、引导、鼓励、推动的作用。有时候导师如果对学生提要求了，学生努力了，就能实现；如果导师不做要求，学生可能也就浑浑噩噩、得过且过。不要觉得学生就是学习的，其实研究生是一个研究者，要有问题意识和成果意识。当然我自己也刚开始做博导，没有很多特别好的想法，但我希望能够让学生读完以后觉得不虚此行。等到毕业的时候，学生应当觉得自己通过这几年的学习,已经为今后的工作做好了准备,而不是说一到社会上就束手无策了,那不行。

采访人:我们知道您带了一个啄木鸟的团队,这方面您能不能给我们介绍一下?

Z老师:我们现在倡导要做能够服务社会、服务国家的学术研究,我觉得我是在践行这样一个理念的。像我带的啄木鸟团队,它主要是开展一些力所能及的上海城市国际化建设的改进工作,因为在上海的公共场所会有一些外文标识或景观,有些是错的,我们怎样来改善?一方面这是一个城市形象的问题;同时这也是一个城市功能的问题,一个营商环境的问题。外国人到中国来,如果他看到的公共场所的语言都是错的,生活工作就会受影响。目前我带着同学们在做,我们这边有上海市志愿者协会下属的上海市语言文字志愿服务总队,我负责总队的运维工作。刚刚过去的暑假,我带着全校60多位同学,有本科硕士博士,其中包括很多语言政策与语言教育专业的学生,做上海各个区的语言文字监测。我们有监测点,学生去监测点做田野调查,有问题就拍下来或者记录下来,然后我们再总结、讨论,并反馈给相关部门,帮助他们改进。

采访人:请问您还有哪些独到的育人理念或举措?

Z老师:我有一些自己的思考,也有一些实现自己理念的途径。首先,学生有无限可能,作为老师,秉承相对比较开放的一个心态,不要去给学生设限。我刚才讲到,给本科生上课时,我的做法是很开放的。另外,我觉得要为学生提供一切可能的资源,为学生提供做事和展示的平台。有些时期可能是暂时看不到成果的,但是学生只要认真做,做的时候善于思考、总结,我相信到某一天就会化作他们自己的能力。我对学生讲,他们对什么感兴趣就直接告诉我,我会提供资源给大家，向大家开放我认为适合他们的各级各类资源。这样一来，学生就能够进入这些实际的场景去实践、研究，这对他们而言是非常好的锻炼。他们自身有提升能力素养的需求，社会上也有这个需求，那我作为老师就负责搭建这个桥梁。所以只要同学们有需求，我愿意在他们的发展之路上搭建桥梁，为他们提供机会。我们这两年从社会上也争取了不少资源，包括我们开展实践、研究的机会。学生可以借助这些机会进入一个个真实的场景中，等于说他们除了课堂学习以外，又可到更广阔的天地去学习、实践，从而获得不同于课堂学习的成长和提升。

采访人：您可以举个具体的例子吗？

Z老师：我在闵行的一所中学做外语课程顾问，负责给一些教学改革项目提供指导。这些项目当中的一些活动，我就会让学生参与。原本项目成员主要是中学老师，更多会从老师的角度考虑问题，那我推荐的学生进入项目组以后，更多会从研究者的角度来考虑。双方互相讨论、碰撞、交流，结果就是双方都觉得很有收获。

采访人：您担任中国外语战略研究中心的副主任，该中心在人才培养中发挥了怎样的作用？

Z老师：中国外语战略研究中心在人才培养方面发挥了非常重要的作用。其实有的同学跟老师都是这个研究中心的成员，中心所有的活动大家都可以参与，每个人都可以为中心的建设添砖加瓦。具体到人才培养上，比如说大家通过中心这个平台接触了很多优秀的国内外学者，了解到学术研究的最前沿，更重要的是中心请到的专家愿意帮助我们的学生，不仅是解答问题，也包括提供研究和个人发展方面的建议。

中国外语战略研究中心 2019 年获科技部和教育部批准，成为语言政策与语言教育学科创新引智基地，入选国家"111计划"。我们依托基地引进大批国外专家，建设了一个优质专家资源库。在我们第一批28位专家中有16位国外专家，一部分来自俄罗斯科学院，是成建制引进的，大概占一半；另外一部分是世界排名前100的高校的教授，其中有5位海外院士。我们一方面请他们来做讲座、开课程、举办工作坊；另一方面也邀请他们就语言政策与语言教育的人才培养方案、学科发展规划，提建议、进行论证，为中心的学科发展和人才培养献言献策。作为一个领域的资深专家，他们可以为中心的未来发展指明方向；同时也能提供一些资源，为中心与国际学术界的交流搭建桥梁。当然目前我们也在不断探索，相关的机制体制和配套措施都在构建中，学校也很重视，很多政策都有利于我们的发展，包括中外联合导师制，以及我们的师生到这些专家所在的高校或机构访学等，都在逐步推动当中。我们希望让学生更多地受益，学生受益了，我们这个平台也会受益，我们的学科建设就会受益。我们希望能够把同学们培养得更优秀，给他们提供更多的支持、更多的资源，形成一个良性循环。

采访人：当前学校强调"多语种+"战略，学校第十五次党代会也提到了"跨、通、融"，尤其提到了全球治理人才培养，您对学校提出的培养学生的全球胜任力、全球治理能力有哪些思考和建议？

Z老师：随着中国在国际社会发挥越来越重要的作用，这方面的需求越来越迫切，学校结合本身的特点与优势，提出这样一种战略肯定是对的。我简单谈谈自己的一些想法。

第一，我们培养的学生应该有很强的国际沟通能力。国际沟通能力不是一种空的提法，它是综合能力，包括了语言、文化、专业与交际的整合，包括了学生的技能和态度。学校现在就是希望为学生提供更多机会，把学生打造成具备这种综合能力的人才。我要强调的是，学生不管学多少语种，首先要把中文和第一外语学好。

第二，我们要重视培养学生的问题意识、责任感、使命感。我一直很赞同课程思政教育，其实以前没有提这个概念的时候，我们也一直在开展思政教育。这方面要坚持，要强化，要有一些创新的实现路径，润物细无声。

第三，我想从我们老师的角度来说，每位老师尽自己努力，把自己的专长发挥出来。一个学生会面对很多老师，如果他能从每位老师那里汲取一些优点或营养，那我相信这个学生会越来越好，所以我觉得要让每位老师动起来。老师们一方面要认真领会学校的精神；另一方面自己还要有创新的想法和举措，把学校的理念体现到日常的教学和学生指导工作中，这样才能保证学校的理念落到实处。

语言研究现在是多元的，是融合的。在"跨、通、融"方面，语言研究院在这两年有一些变化值得关注，不同的方向、不同的专业正开始加强交流并逐步融合。"跨、通、融"让我们看到了美好的发展前景。学校也很重视，投入了大量资源。我希望语言政策与语言教育方向的同学们也去学学眼动仪，去看看核磁共振怎么操作和应用。如果我们在做政策研究时能从神经语言学中汲取一点方法或者理论，那一定会很有价值。

采访人：好的，谢谢。请您再回顾一下，30多年来，您觉得学校有哪些优秀的传统值得传承？

Z老师：我谈谈个人的感受。第一，我觉得上外是一所很务实的学校，不管是我接触的领导也好，老师也好，同学也好，大家都很务实，大家都是在踏踏实实做事，我觉得这是特别好的。第二，上外以外语专业见长，学科建设其实也跟国际接轨，这一直是学校的传统和优势。学校位于上海这样一个国际化程度很高的城市，这方面的优势值得进一步发扬。此外，上外的整个发展过程是没有割裂的，学校办学中的任何一次进步都是建立在此前发展的基础之上。从最早的复合型专业，到现在的"多语种+"，都是一脉相承的，所以我觉得上外的整个发展过程是有机发展、可持续发展，而不是跳跃式的割裂发展，所以上外是一所有传承的学校。我觉得这样挺好，这样做我们心里比较有底，因为我们做的创新和改变都是有基础的。

采访人：您选择上外并一直坚持到现在的原因是什么？

Z 老师：其实不是我选择了上外，而是上外选择了我，上外这个平台成就了我。在不同历史阶段，我都觉得我留在上外是做了一个正确的选择。上外也给了我很多机会，让我一直能不断进步。从一个年轻老师到一个稍微有点经验的老师，从硕导到博导，一直都能有新的追求、新的目标，以及实现目标的路径。我永远能够看到前面有一个东西在指引着我往前走。另外，上外的整体氛围是比较开放包容的，给了我发挥和施展的空间。也许自己遇到过困难或坎坷，但至少知道自己在努力，而且我知道在这个学校，只要我努力，我坚持，目标总有实现的那一天。

采访人：谢谢老师接受我们的访谈。

Z：我正好借此机会回顾了一下我和上外相遇的 30 多年，谢谢你们给我这个机会。

附录七 本科生访谈节录

访谈人：您是哪一年考入上外的？读的是哪个学院？哪个专业？当时是什么样的原因高考志愿填报了上外呢？

P同学：我是2019级，我当时考新传的时候，它是一个大类，我们当时大类招生，所以说第一年我们都没有分专业，都是新闻传播学类的。

访谈人：新传是不是2019级开始进行大类培养，你们是第一届？

P同学：对的。确实还挺好的，我觉得这种大类招生就可以自己选择（自己喜欢的专业）。我在报上外的时候，其实不是很想学语言，当时我看到新传宣传的名气很大，叫什么国际传播，感觉很厉害。

访谈人：那时候分数应该也是很高吧？

P同学：还行，也不是很高。

访谈人：您了解您所在专业的培养目标吗？您觉得学校想把你们培养成什么样的人？

P同学：我刚刚查了一下，国际化厚基础实践型人才培养特色。我们网络与新媒体专业是培养掌握全球网络信息传播的基本理念与新媒体实践能力，能熟练运用网络新媒体技术开展全球范围内的内容生产创意策划以及新媒体创业活动，具有国际沟通能力的全球化、网络化传播人才。严怡宁老师给我们上课的时候也说，我们网新专业是想把我们培养成一个产品经理，我觉得它上面讲的这些东西其实都有所涉及，但是我觉得不够深入。如果想成为一个合格的产品经理，还是要自己付出很多努力才行。

访谈人：学院里开设的课程，总体来说您觉得有什么样的特点？可以举个例子描述一下。

P同学：因为我现在是网络与新媒体专业。单从字面上来说的话，我就选了非常多的课，它们都叫"数字+×××"，比如说"数字分析编程""数字界面设计""数字化营销""数字媒体与网络""社交网络"，这种就非常多，带了数字和数据的。从授课类型上来讲，我觉得网新课还是比较偏实践的，而且会用到一些数据代码软件，相对来说比较高科技一点的东西。

访谈人：那就可以说是比较前沿的，感觉还是跟社会需求结合得比较紧密的，能够体现一定的前沿性。您觉得哪个课程最难忘、最受益？

P同学：其实网新很多课，对我来讲都很有意思。我主观上认为做作业最痛苦，但是我学到最多的一门课，就是我们上个学期钱进老师的数据新闻报道课。

访谈人：怎么痛苦法？

P同学：他上课，每节课不定时会突然有一个quiz。这个quiz是按照你的提交速度来给你打分，前几名是多少分，后面多少分，所以就太着急了，做的时候心脏怦怦跳，很有挑战性。

访谈人：都是什么样的问题？

P同学：基本上他上课给我们演示一些，因为我们是数据新闻报道课嘛，他会教我们怎么去收集一个数据，然后把这个数据处理成我们想要的一个模式。关于怎么分析这个数据，他会教我们一些我们自己从来没有听说过的一些小软件和小网站，都还挺好用的。

访谈人：是不是锻炼了你们实践操作的能力，另外一个就是应变能力？

P同学：确实挺好的。我们最后的大作业主要是一个比较主观的小组作业，你做成什么样还是自己的问题。但是我们小组想精益求精，做一个数据新闻的作品。我们做的是电信诈骗方面的，首先需要去中国裁判文书网"爬"数据，"爬"完数据之后，数据非常大非常杂，这些数据要整合很久，还要分析，要找文献，最后把这些数据全部都可视化成一些非常美观的图表，根据图表来写新闻稿，最后再做一个网页，把数据新闻稿放在上面。这还是挺困难的。我做得太痛苦了。

访谈人：它是通过案例或者项目去推进学习的方式，边做边学，而不是说拿一本书去讲一些概念。这种授课模式对你们来说还是挺受益的吧？

P同学：是的。

访谈人：除了专业课，学校提供的跨专业、跨年级，甚至跨校（辅修）修读机会多吗？都有哪些跨学科课程（文文交叉、文理交叉或文工交叉类）可以选择？

P同学：我们学院，因为刚刚也讲了，刚开始是大类，后面就慢慢分专业。其实专业分完之后，我们也有很多机会跨选其他专业的课程，只是需要一些抢课的手续罢了。学校层面，我看到很多大类平台课是可以选的，因为我之前选过国际金融贸易学院的一门课——统计学课。但是我发现它需要有一些先修课程，最后就退掉了，所以它还是有一些学科壁垒在的。如果不是本学院的课，盲选其他学院的课，就可能会有这样一些问题。

跨校修读的话，我是在东北片区的高校跨校辅修里面。我辅修的是复旦的法学，是线上读的，我都读完了，感觉还好，只是每周六不能出去玩而已。都是还挺不错的老师，也有很多很厉害的教授给我们讲课，有一些老师非常严格，有一些老师的人格魅力非常强。

访谈人：课程的考核方式有哪些？我觉得你们可能更多样化一些。

P 同学：就像刚才你说的，对新传来说作品也即实践比较多，但是网新的话更偏向于完成一个大的作业或者说作品，论文形式会比较少，而且我也比较喜欢做大作业，不喜欢写论文。

访谈人：大作业的选题都是怎么选的？是老师帮你们选，还是你们选？

P 同学：分老师的。有的老师会给你一些参考题目，你可以在里面选。有的老师是你可以自己先选，选完之后把这个选题给他，然后他会给你指导之类的。

访谈人：大作业都是以小组为单位完成吗？还是一个人的？还是都有？

P 同学：有个人作业也有小组作业，看具体形式。如果说这个作业量太大的话，一个人就不可能完成。

访谈人：小组是老师帮你们分好，还是你们自己分？

P 同学：基本上都是自己分。如果说工作量比较大的话，有 6 个人的；但是小一点的话，就 4 个人。

访谈人：总体来说，您觉得哪些老师在教学上给您留下深刻印象，比如说哪方面很严格，或者是哪方面造诣很深，以及哪些老师治学严谨等，另外课程上有没有一些思政方面的引领？

P 同学：我个人非常喜欢知识渊博、出口成章的老师，所以就特喜欢高凯老师。他语速非常快，言之有物，你会发现他真的懂很多东西，还很有人文关怀，上他的课我觉得很过瘾。他表面上有点儿"刀子嘴豆腐心",但其实是很幽默的一个人。还有吕楠老师,真的人太好了。我特别欣赏她这种能与学生沟通的老师,她会跟你交流,而且不单单只是讲一些学业上的问题,真的会关心你的生活。比如说我们有个同学失恋了,她会过来安慰。她平时也会加入我们的聊天,很生活化。还有很多外聘的老师,我去旁听了一下,真不错。

访谈人:有哪些老师或者学校举办的哪些活动对您有深刻影响?体现在哪些方面?能否列举一些入学至今印象较深的案例?

P同学:杨雪老师。我上过她的"视觉文化媒介素养",虽然她的课作业很多,但是我觉得真的玩得很开心,因为她经常组织一些活动,比如说探索校园什么的。我们平时可能不会注意到校园有什么植物,这些植物都在哪个角落,它们有多好看。但在课上她会带学生在校园里面探索,很好玩。另外就是松江文化,我之前对历史不是很感兴趣,不知道松江有什么历史,她有一节课给我们介绍松江的文化,我发现原来松江这么有历史底蕴。之前上海就在松江府,还有很多传说之类的,她让我们用艺术的视角来重新看待松江,我就觉得非常不错。

访谈人:除了课,再说一些第二课堂,就是活动方面,你觉得不错的案例?

P同学:我肯定要讲一下我们上外的世界语言博物馆。博物馆的各种活动,如"博物馆奇妙夜"的活动,办得太好了,我太喜欢了。

访谈人:班导和您交流的机会多吗?都是怎样指导您的呢?

P同学:××老师。因为我是他实践课的学生,跟他平时交流的机会挺多,但是据我所知,其他同学应该跟他没有交流,他不像其他班导一样会找别的学生聊天。就是刚开学的时候,大家过来开了一个会,他说有问题可以来找他。

访谈人：您觉得学校使用的教材是否体现前沿性？除了教材，还会用什么材料？学校的学习资源是否丰富？都通过什么渠道去获取？

P同学：确实我们大一可能会用一些教材。现在除了英语课，还有一些理论课，其实这些实践课的教材不是很多。前沿性是指哪方面？是指它出版的频率还是最新出版？

访谈人：比如说它能体现国际上先进的理论，能结合比较新的信息技术等。

P同学：我想一下，因为我们现在确实用的教材也不多。

访谈人：除了教材，老师们上课还用什么呢？

P同学：老师上课都有自己的一套大纲，有自己的讲法，有的不会给教材，而是给你推荐一些参考资料来读。比如说我上学期上了吕楠老师的传播学研究方法课，没有一个固定的教材，只是给我们一些推荐书目。这些书目也有国外的比较经典的一些书。吕楠老师给我们上课的时候也会讲一些刚出的核心期刊，英文的，我觉得这也是有前沿性的。新传，还有网新这个专业本来就是与时俱进、发展特别快的，所以我们的教材其实不是很多。

访谈人：您觉得学校的学习资源丰富吗？您平常找资料方便吗？

P同学：还可以。比如说要找一些论文的话，一般去图书馆里面找，而不是找纸质书。上外图书馆的资料库好像不会买一些理工科方面的，因为我前段时间也在搞比赛，要找一些流水管相关的参考文献，就找不到。因为学校没有买这种资源，所以我只能借其他学校的资源来用。这个也能理解，我们学校应该没有理工科。

访谈人：您是否了解学校"多语种+"的人才培养理念？您觉得您能体现出"多语种+"特色吗？您参与过学校的多语交流平台吗？"多语种+"的理念对您的本科生涯有哪些影响？

P同学：我当然了解，我是讲校史馆的，我非常了解，但我不是语言类专业，英语还没学好，所以还不是多语种人才。学校到处都是这种语言景观，我作为学生也深受感染。我觉得这真的是一种潜移默化的感受，是一种很开放的、包容的、现代的感觉。其实这是很让人振奋的。我以后如果有空的话，自己会多学一点语言。

访谈人：国际交流的机会多吗？

P同学：2019级的我知道希腊语好像都出去了，其他的据我所知是没有的。我来上海还有一个原因是我要出国。

访谈人：您参与过课题研究、社团活动或者大学生创新创业项目吗？这些活动或项目对您的帮助体现在哪些方面？

P同学：确实很多，我不知道哪个是最大的课题研究，但是我想讲我的支教。课题研究只是跟着老师做一些舆情分析等，我大一的时候加了很多课题研究，一直在搞的。但是支教对我的帮助太大了。支教就是去年暑假去长沙的一个城中村，一个郊区，教当地的小朋友。通过支教，首先综合能力上我肯定是有提升的；还有就是人际关系，我认识了很多新的志同道合的朋友。我觉得最重要的是对我个人价值观念的塑造，让我觉得自己有一个完整的人格。其实支教是我很久以来的一个梦想，甚至我初中高中的时候，就想等我大学毕业了，要去支教一年两年，但是现在没这个想法了。人总会变的，我体验一下就好了。支教结束之后，我发现原来世界上还有这么多不同面。因为我们一直在大学里，身边基本上都是同龄人，要不就是老师和比我们年纪大的学姐与学长。但是你去了那边会发现你被小朋友们当作最值得信赖的人，真的是感觉不一样的。我刚去小朋友就特喜欢我，有一个小女孩可漂亮了，一上来就一直黏着我，我们最后要提前离开的时候，她也舍不得我走，还加了微信，经常过来问我们什么时候还去。

访谈人：你在那边支教多久？

P 同学：时间不长，我们去那边准备了一周，支教两周，总共三周。而且我们这个是那种创新型的支教，并不是说去那边教小朋友们语数英。我们的支教相当于夏令营那种，通过一些有趣的知识、有趣的东西来教他们各方面的一些知识，比如历史、文化等，还有一些性教育之类的。我们的课程除了这两个大主题之外，每个人还有一个自己的主题、自己的兴趣课，根据自己的喜好来给小朋友们设计课程。我觉得参加支教队真的是人生中很重要的一个经历。我们准备了一年。课程内容也不可能自己随便写写去教小朋友，而是做完课程设计后，先给支教队的同伴们试讲，还要反复改。学校有一个雨滴公益社，我们是公益社里面的一个支教队。

访谈人：对学校的教室、图书馆、研讨室、独立学习空间、实验室等条件，以及数据库、纸质与电子图书资源、网络、软件等满意吗？

P 同学：我觉得学校的教室设施都挺不错的，希望能给"一教"多安点空调。图书馆这些基础设施也很好，但是我真的很希望图书馆能把预约系统好好搞一下，占座的情况就会少很多。我看到占座就很恼火，虽然我现在也不怎么去图书馆，因为人很多。我之前去其他大学，发现它们也是有图书馆预定系统的，完善得都很好，我觉得可以去稍微学习一下别人怎么搞系统的。然后研讨室，我觉得挺好的，但是我希望多一些，因为有时候经常约不到。独立的学习空间其实是蛮多的。我觉得上外已经做得很好了。实验室我进得也不多，我觉得文科好像也不需要什么实验室。数据库电子资源也不错，除了刚刚我前面说的，可能一些理工科的资源不太能找到，其他都还蛮好的。

访谈人：入学初，您觉得您的语言素养、专业知识与能力如何？现在有哪些变化？

P 同学：我起码还是读了两年半的，有一定的提升，比如语言素养。我觉得可能进步最多的是专业知识和相关的一些能力。我觉得上了大学之后，经过新传的一些专业培训，我变得更加……不能叫"社牛"，但我真的更加能和不同的人沟通了，而且我现在还挺喜欢跟别人聊天讲话的。专业知识也基本都涉猎了，让我搞还是可以搞的。

访谈人：您觉得学校的学风如何？在加强本科生诚信教育与学术规范方面，您了解学校有哪些举措？

P 同学：我觉得不是所有人都非常刻苦、非常"卷"的才叫好的学风。我觉得好的学风是每个人都有自己的选择，你可以很"卷"，也可以很自我地追求自己想要做的事情。我觉得我们学校的学风挺好的，不像有一些学校，学生们每天出门都不打扮，去上课，非常痛苦地学习。我们学校有很多每天把自己的仪态整理得很好，多才多艺，同时学习也非常棒的学生。这是我心目中的一种好的学风。本科生诚信教育和学术规范的举措的话，考前教务处经常发一些通知，教务老师考前给大家开了个会什么的。

访谈人：您了解学校"会语言、通国家、精领域"的人才培养理念吗？是否有志于成为全球治理人才？您觉得学校为此采取了哪些举措？效果如何？

P 同学：我曾经梦想成为一名国际组织的工作人员，现在也有这个想法。我就是喜欢在国际组织工作，像是在为全世界的所有人种、所有国家的人民打工，我觉得还挺好的，我挺想成为全球治理人才的。我觉得学校成立卓越学院就是为了专门培养全球治理人才，我们学校的公众号也经常发一些校友经验，如在国际组织里实习的学长学姐们的一些经验。他们都好厉害，我觉得是上外的天之骄子。

访谈人：入学以来，您感受到学校或学院有哪些鲜明的教学传统？

P同学：哈哈，是做"pre"吗？上外就是"上海pre大学"，"中国pre大学"。

访谈人：这个就是学术互动，或者说以研讨为主，能够激发学生参与。您如何评价学校或学院的在线教学？

P同学：我现在课不多了。其实我目前为止也只上过一节网课——刚刚上午上的那一节，之前上的都是线下课。我希望学院能提前给一些年纪比较大的教师进行线上教学的培训，因为老师们刚开始用还不是很熟练，需要提前熟悉一下软件怎么用之类的。其他都挺好的。

访谈人：谢谢您接受我们的访谈。

P同学：不客气。

附录八 研究生访谈节录

访谈人：您是哪个年级哪个专业？

W同学：我是翻译专业硕士，英语笔译专业。

访谈人：具体的研究方向就是笔译，对吗？

W同学：我们开学的时候会选具体的研究方向。我记得当时有公共服务方向、商务笔译方向、人工智能方向，我选的是公共服务笔译方向。

访谈人：笔译一届大概有多少同学？

W同学：我们这一届好像是60多个人，具体是多少我记不太清了，应该是60多个。

访谈人：口译大约多少人？

W同学：好像跟我们差不多，可能比我们少一点。

访谈人：当时考研为何选择上外？

W同学：因为大四的时候，我比较喜欢翻译。当时在查资料，看到上外的翻译教学方面，在国内处于领先，就特别想来上外学习，再加上之前也有学姐考到上外读研，跟她交流的过程中我也觉得上外的教学方面、师资方面都挺符合我的期待，就想来试一下。

访谈人：3年也快结束了，您觉得这3年收获大不大？

W同学：挺大的。

访谈人：您是否了解自己所在学科专业的培养目标？刚来的时候老师告诉您，要把您培养成什么样的人？

W 同学：没有特地说要把我们培养成什么样的人，但是从我们的课程设置，还有一些授课内容中，能够了解到学院想把我们培养成什么样的人。拿我们笔译专业来说，要做到能够熟练地翻译各个领域的文本。

访谈人：您觉得这个课程总体而言有什么特点？比如说突出实践等？有没有特别难忘的课程？

W 同学：我觉得课程的设置总体而言挺丰富的，而且也特别合理。研一的时候是让我们去塑造翻译理念，所以就有姚锦清老师的专业笔译理念课；研二研三就会细分成各个不同领域，比如说经贸领域、法律翻译、文学翻译、联合国文件翻译等。

除了笔译方面的课程，我们研一时学院也会开设口译专业的课程，还有一些提升我们综合素质的课程，比如说中国文化概要、中西翻译简史以及一些思政课程。

总体来说，我觉得课程设置是特别丰富的。我印象最深的课还是我来到上外以后上的第一节课，就是姚锦清老师的专业笔译理念课。我觉得这个课真的可以说一定程度上重塑了我的翻译观念。

访谈人：您是不是以前对于翻译职业也好，对于这个专业也好，有一些认知误区或者偏差？

W 同学：比如，姚老师经常说我们被以前的语法翻译法教学束缚了头脑，等到真正去接触翻译时，会发现这种语法式的字对字的转换和真正的翻译背道而驰。

访谈人：好的，其实这对于一个刚进来的同学，激发他的专业认同等各方面应该是有挺大作用的。

W 同学：我觉得这个课作为来到上外的第一节课，真的特别让人有那种颠覆的感觉。

访谈人：除了专业课之外，学校提供的研究生层面上的跨专业、跨年级，包括跨校的修读机会多不多？

W 同学：我个人感觉我们学院可能稍微少一点，因为我们在虹口，主要修读的一些课程还是自己本学院的。如果想去旁听别的专业课是可以的，但是感觉周围可能很少有人会跑一趟松江去上一节课。

访谈人：这是一个现实的困难。从考核方式来说，本科的时候就是很简单、比较基础的一些句子篇章翻译，您觉得研究生的考核方式有哪些不一样的地方？有哪些考核方式让您印象比较深刻？

W 同学：我们现在的考核方式主要就是考试和考查。考试一般是口译课用得比较多。我记得好像还有联合国文件翻译、中西翻译概要等用的是考试的方式。课程最后会以期末考试这种方式来检验大家的学习成果。但是其实绝大多数的课程用的是考查的方式，把对学生一年的考查落到了平时每一次的翻译任务中。通过学生每一次上交的作业、在课堂讨论中的表现来评判最后的分数。我觉得两种方法其实都挺有效的。如果是口译课的话，通过学生最后翻译一段内容，也能够掌握口译的水平。像我们的笔译，的确是您平常翻得怎么样，就代表了您这个人的翻译水平。我觉得都能对大家的学习成果做出一个挺好的检验。

访谈人：还是根据课程的性质进行考核。您导师是谁？

W 同学：我的导师是 × 老师。

访谈人：能不能简单给我们介绍一下，您导师平常如何带领您去进行一些学术实践或者学术研究，对您有哪些要求？

W 同学：我觉得 × 老师在我读研期间给了我很多帮助，他自己有很多的翻译项目，不管是校内的一些翻译项目，像"DGC""全球城市论坛"这些，还是他自己在外面的一些翻译资源，他都会拿过来给我们共享。我自己的翻译项目大部分都是从 × 老师这里获得的。从这些项目里面，不管是我自己翻译，还是通过 × 老师的审校去学习他的审校稿，都使我有很大的提升。因为翻译本来就是一个实践性的学科，需要不断地去接触市场里面真实存在的材料，然后才能不断提高您自己的翻译水平。我觉得通过不断的实战，自己的翻译能力确实有了很大的、很明显的提升。而且×老师平常对我们要求特别严格，我记得在翻译联合国文件的时候，我们专门有一个联合国议员的QQ群，每次×老师在审校的过程中发现什么问题，就会把所有问题都放到这个群里面，我们再去讨论，去查证。×老师也对我们查证的要求特别严格，他跟我们说，哪怕原文再模糊，我们都不能模糊地去翻译，不能以模糊对模糊，我们一定要去把原文掰开了，揉碎了，仔细地去看原文到底是什么意思，然后我们才能准确地去传达出原文作者想要表达出来的意思。

访谈人：刚才您说有一个"DGC"是吗？

W同学：这就是我们学院和联合国全球传播部之前开展的一个合作。我们学院每年都会有16名英语笔译或者英语口译专业的学生加入"DGC"的团队中，负责为联合国全球传播部翻译一些稿件，主要是涉及联合国官网的一些内容的翻译，还有联合国拍摄的一些视频脚本的翻译，以及联合国的期刊《联合国记事》。这些都是英文翻译成中文。

访谈人：团队翻译是怎样的一个流程？

W同学：我们的翻译流程其实是比较复杂的，除了有译员之外，还有项目经理。我们拿到一篇稿子以后，先由项目经理进行分工，分配到个人；个人进行初译，初译完毕之后互校；学生之间互校之后是×老师来审校，审校完之后交还初译做清稿去通读；通读完之后还要交回项目经理去做定稿；定稿完了以后，我们才会交给联合国那边。哪怕一篇再短的文章，我们也会经历这么多的步骤，就是为了能够保证最后交出来的质量是过关的。

访谈人：大家的角色是怎么分配的？

W同学：我们每年都有一个团队，这个团队里面有3名项目经理是固定的。他们专门承担项目经理的角色。但是项目经理有一种身兼数职的感觉，他们既是项目经理，也是初译者，同时也是互校者。其他同学轮流进行初译和互校。

访谈人：总体而言，您觉得高翻学院的老师在哪些教学方面比较打动学生？还有在学业上如何要求学生？

W同学：我觉得老师们在教学的过程中最打动我的，除了他们自身的翻译能力、翻译技巧的精湛，还有对待翻译充满热忱和严谨求实的态度，对我产生了很大影响，哪怕我毕业之后可能不从事专业翻译这样的工作，也能够给我以后的工作带来很多启发。

访谈人：因为翻译，您会接触很多国外的译本什么的。平常在课堂中，您有没有观察到，教师在翻译课堂上有一些思政的引领和融入？

W同学：我们平常上笔译课的时候，讨论的资料会涉及一些政府类的文本的翻译，口译课的时候也会用到领导人的讲话，所以我觉得我们的翻译材料应该算是融入了一些思政元素的。

访谈人：学校师资队伍的年龄结构和职称结构合理吗？学校教师注重开展跨学科教学与研究吗？

W同学：我觉得我们学院的教师结构还是比较合理的，年龄上面既有姚老师等翻译界的大佬给我们重塑翻译理念，又有黄老师这种实战经验特别丰富的审校老师来给我们上翻译课。还有年轻一代的老师，比如说赵老师、王老师这样的青年教师，平时也会跟我们做非常多的深入的讨论，不管是就业方面还是翻译方面，所以我觉得它整体的设置都是非常合理的。我知道我们的专业笔译老师是比较精通计算机辅助翻译的，因为他本身在大学的时候读的是理工科，后面才转行去学翻译，所以他特别喜欢技术类的翻译，他给我们上课的时候也会教我们运用非常多的技术软件，让我们翻译的文本很多都是一些技术行业或者自然科学行业的。

访谈人：从教材上来看，您是否满意？除了教材还会有一些别的学习材料吗？材料丰富吗？

W同学：其实我们的教材很少用市面上那种纸质版的教材，这跟我们之前在本科的时候可能有挺大的区别。因为之前本科的时候大家都是统一发教材的。在高翻读研期间，我发现我们很少使用这种纸质的，一般都是授课老师自己准备教学内容提前发给我们，或者使用电子版的教学内容，我觉得这可能跟我们的专业有关，因为我们翻译专业本身就是更加注重实战的，是注重实践多于注重理论的学科，所以老师们搜集的一些市面上现有的语料，也能让我们更加了解、接近当前的翻译市场。

访谈人：如何评价学校的图书资源？比如说您去图书馆查资料，想查的基本上都能查到吧？您觉得还有哪些欠缺或者不足的地方？

W同学：因为现在大家基本上使用电子资源比较多，学校的图书馆官网也会给我们提供非常多的电子资源，所以在我们写论文的时候，基本上想查的内容都能查到。

访谈人：您有没有了解学校"多语种+"的人才培养理念？有没有参与过"多语种+"的活动？或者说这种理念对您的研究生学习过程有没有一些影响？

W同学：我之前对"多语种+"也有了解。在去松江开会的时候，就听领导们提到这个理念，我还特地去查了一下，其实就是说既要精通两门以上的外语，又要具备一种跨文化沟通、跨文化交际的能力。

我觉得我们学院在"多语种+"方面应该也做得挺好，因为我们学院是一个翻译学院，本身就设置了非常多的语种，包括英语大语种，还有一些小语种。学校在我们研一的时候开设了第二外语的课程，大家可以根据自己的兴趣爱好去选择一门小语种学习。之前我们学院举办的多语种接力同传赛，我去观摩过，参赛者真的很厉害。我感觉每个人在上去接力同传的时候，都在发光。

访谈人：能不能稍微解释一下多语种接力同传的原理，怎么接力的？

W同学：它其实就是以中文为轴心语，然后在多语种之间进行接力同传，比如说第一棒是西班牙语，第二棒是阿拉伯语。

访谈人：在这3年中您有没有一些国际交流的机会？

W同学：有的，因为我们学院和联合国、欧盟这些国际组织都有很多合作，经常会给我们学生提供一些国际交流的机会。我曾经以远程的方式参与了联合国的一个实习项目，就是负责联合国中文官网的一个页面的更新和翻译，为期3个月。

访谈人：快毕业了，这3年以来，您觉得自己的学术能力，包括知识结构、研究方法、问题意识，还有交流能力等，有哪些方面的提升？

W同学：这3年我最大的感受不只是某一方面有提升，而应该是整体综合素质和3年前相比有了比较大的变化，因为3年前我对于翻译只是略懂皮毛，而且在各项事情的协调方面，除了学习，在一些工作上也是懵懵懂懂的，什么都不太会。但是这3年以来，通过不断地去实战，不断地去翻译，不断地参加各种项目，担任项目经理，担任实习生等，我能够全方面、全方位地去提升自己的翻译能力、组织协调能力。而且最重要的是通过在课堂上的学习，我所收获的这种翻译理念，不仅影响到我未来的翻译工作，还影响到我未来的做人。比如我们黄老师经常说的，"一定要尊重原文去查证，不要想当然地去翻任何一篇文章，也不要想当然地去做任何一件事情"。反正这种潜移默化的影响是特别大的。

访谈人：总体来说，您班级有几个同学？

W同学：我们班是21个人，一共3个班。

访谈人：您觉得同学们整体的学习态度、学习情况怎么样？是不是也挺"卷"的？进来之后大家肯定觉得竞争挺大的吧？

W同学：非常大，我记得第一节课的时候，老师让我们做自我介绍。我感觉周围的人好像在还没有进高翻之前就已经做了很多翻译实践了，感觉大家的学习能力也都特别强。我们上课的时候经常会有课堂讨论环节，大家的思维都特别活跃。这种思维碰撞，每次都能够给我很多不同的启发，我也能够从大家身上学到特别多。

访谈人：据您所知，包括以前的学姐学长，他们的就业情况怎么样？

W同学：我们班现在大部分人其实是选择去教师行业的，据我所知有去双语学校的，有去一些大专或者本科院校的，还有去初高中的。因为初高中也有编制，相当于又当老师，又考了一个编制。也有的成为自由译者，或者去专门的公司做专业翻译。还有的就是做审校。还有一部分去了互联网公司，像这样的话就可能是跨领域，没有继续从事翻译。还有一小部分打算考公务员。我们专业要读博的不多，但是MA专业读博的好像还是挺多的。

访谈人：学校有没有要求学生做一些跟自己的实践相关的研究？

W同学：像我们专业在毕业时是要求写出一篇翻译实践报告的，即根据自己的一些翻译文本、翻译实践的经历，要能够找到一个研究的点，写出一篇完整的翻译实践报告。

访谈人：是毕业论文吗？

W同学：这其实就是我们的毕业论文。因为我们是专硕，所以毕业论文不要求像学硕那样去研究某一个特别深奥的学术议题，只是让我们在翻译的文本中找出一个想要去研究的点，做深入的研究。

访谈人：就是即使是论文也要和实践紧密结合。您如何评价学校的教室、图书馆、独立学习空间，实验室等这些硬件设备，以及学校的数据库、电子图书资源、网络这些软件设备？

W同学：我记得研一的时候，我们在平常的练习过程中，发现学校的口译室好像不太够，经常找不到能够练口译的地方。我们也和辅导员、院长都进行了反映，后面学校就给我们很贴心地安排了很多的口译教室让我们去练，而且还特地做了一张空教室的排班表，我们可以看哪一天哪个教室有空，然后就可以去那边练，所以我觉得总体来说，学校有认真地去倾听我们的一些诉求，在这些软件、硬件方面也尽力地去满足我们的要求。我觉得还挺好的。

访谈人：对于口译教室，您有什么特殊要求吗？

W同学：口译需要学生张嘴去练，所以可能有的时候一个教室只能容纳几个人或者一个小组，不可能像自习室那样谁都可以来。

访谈人：学术的规范意识很重要。像您写期末论文或者翻译的时候应该也是有学术规范的。您听过学校有哪些学术诚信、学术规范方面的宣讲和介绍？

W同学：我觉得最直接的就是我们研二的时候开的一个学术论文写作课。在这个课上，授课老师就学术写作规范进行了非常详细的阐述，告诉我们论文写作时应该注意哪些方面；还有一些诚信意识，比如不要剽窃等，基本上是在课堂上面，以讲课的方式来告诉我们的。

访谈人：学校或学院有没有专门的学风建设机构和制度？

W 同学：这个我好像不太了解。

访谈人：好的。目前中国逐渐走向世界舞台的中央，需要更多的人才阐释我们的立场和观点，所以在人才培养方面强调培养能够参与全球治理的人才。其实学校也一直在强调此类人才的培养。您觉得学校采取了哪些措施？如果想达到这样的效果，还有哪些需要提高的空间？

W 同学：我之前了解过学校好像设立了卓越学院，这应该算是一个挺好的尝试。其实我了解卓越学院是因为之前参与了一个翻译卓越学院简介的项目。这个学院好像分了不同的班级，比如说翻译人才，还有区域国别人才、国际组织人才等。我觉得成立卓越学院能够培养一批具有全球胜任力的人才。

访谈人：对，因为整体是往这个方向设计的。进校 3 年来，您感觉到学校，特别是您学院有没有鲜明的教学传统？有没有一直沿用下来的，让您印象很深刻的，觉得比较好的传统？

W 同学：我印象最深的就是我们学院的翻译项目，它有一个传统叫"老带新"。因为我们学院很多的翻译项目都是长期性的。以"DGC"为例，我们是长期和联合国那边合作的，但是学生是一批接着一批换的，为了保证中间的衔接不出错，就需要这样一个"老带新"的制度，其实就是学姐或者学长带学弟学妹。

访谈人：具体怎么带？

W 同学：大概是 3 个月的时间，我们不断地手把手地教他们怎么去处理文本，怎么去进行审校，怎么去进行通读清稿，怎么去翻译等，让他们能够更快地上手。同时我们也会设置检验他们翻译能力的不同的小测试，最后确保大家都已经真正上手，都已经了解要翻译的东西了，然后才会彻底让下一届的学弟、学妹接棒。

访谈人：一年轮一回对吗？基本上是研一还是研二的同学参与比较多？

W 同学：像"DGC"这个的话，它是每年研一第一学期结束，第二学期开始的。

访谈人：三年级是不是没有什么课程了？

W 同学：是的，其实我们从去年 9 月开学的时候就已经没有课程了，大家基本上都在写论文求职，我们在 12 月的时候也已经完成了毕业论文的答辩。所以现在大家基本上如果找到工作，就已经开始去实习了；没有找到工作，就还是继续去面试。

访谈人：您觉得在线教学如何？

W 同学：之前 2020 年的时候，我们也是采取过一次线上的，那时候我也参加过线上的培训，我觉得其实线上的培训的教学内容跟线下没有什么区别，但缺少了真人的互动感。你是只能看得到老师的，但是同学们你是看不到的，讨论的时候感觉隔着一个屏幕，大家也感觉讨论得没有现场那么激烈。

访谈人：谢谢您分享您的经历和体会。

W 同学：不客气。